证券行业专业人员一般业务水平评价测试辅导教材（2023）

《证券市场基本法律法规》考点突破及模拟强化

证券行业专业人员一般业务水平评价测试辅导教材编写组　编著

电子阅读

中国财经出版传媒集团
中国财政经济出版社

图书在版编目（CIP）数据

《证券市场基本法律法规》考点突破及模拟强化 / 证券行业专业人员一般业务水平评价测试辅导教材编写组编著．-- 北京：中国财政经济出版社，2023.2

证券行业专业人员一般业务水平评价测试辅导教材．2023

ISBN 978 -7 -5223 -1848 -6

Ⅰ.①证…　Ⅱ.①证…　Ⅲ.①证券法－中国－资格考试－自学参考资料　Ⅳ.①D922.287

中国国家版本馆 CIP 数据核字（2023）第 018321 号

责任编辑：郁东敏　　　　责任印制：刘春年
封面设计：中通世奥　　　　责任校对：徐艳丽

《证券市场基本法律法规》考点突破及模拟强化
《ZHENGQUAN SHICHANG JIBEN FALYU FAGUI》KAODIAN TUPO JI MONI QIANGHUA

中国财政经济出版社 出版

URL：http：//www. cfeph. cn

E - mail：cfeph@ cfeph. cn

社址：北京市海淀区阜成路甲 28 号　邮政编码：100142

营销中心电话：010 -88191522

天猫网店：中国财政经济出版社旗舰店

网址：https：//zgczjjcbs. tmall. com

北京时捷印刷有限公司印刷　各地新华书店经销

成品尺寸：185mm×260mm　16 开　25 印张　461 000 字

2023 年 2 月第 1 版　2023 年 2 月北京第 1 次印刷

定价：60. 00 元

ISBN 978 -7 -5223 -1848 -6

（图书出现印装问题，本社负责调换，电话：010 -88190548）

本社质量投诉电话：010 -88190744

打击盗版举报热线：010 -88191661　QQ：2242791300

编写说明

“证券行业专业人员一般业务水平评价测试辅导教材（2023）”，对应“金融市场基础知识”和“证券市场基本法律法规”两门考试科目。每种图书分“考点突破”和“模拟强化”两部分，帮助考生应对证券业务水平测试，帮助读者梳理、掌握和学习从事证券业务应知的金融市场基础知识和法律法规，为考生和读者提供重要参考。

“考点突破”：书中的“考点突破”相关内容各章节与教材章节一一对应，以教材、大纲为蓝本，就每章知识点、考点和难点设计了试题，涵盖教材绝大部分内容。试题量大，题型全面，内容的系统性强，并对易错、易混的题，都给出了详细的答案与解题思路。

“模拟强化”：书中含“模拟试卷”一套三种，以实际考试为参考，题型、题量、题分及难易程度等与实际考试基本类似，希望考生能在规定的时间内完成，以熟悉考试进程，合理安排时间，并可对自身弱点进行针对性学习。

“电子阅读”：为方便考生熟悉考试场景，提升应试和实操能力，本套辅导读本配套了“电子阅读”学习平台，方便读者和考生在碎片化的时间里利用手机、ipad等电子产品随时随地提高知识储备量。购买本书的读者可扫描扉页上的“电子阅读”二维码访问、注册，并根据网页提示激活相关权限。注意，此二维码，一个手机号只能领用一次，可重复登陆。

“中财培训”：“中财培训”学习平台，就“金融市场基础知识”和“证券市场基本法律法规”两个考试科目往年试题分析和教材疑难解析进行线上培训，读者可以扫描本书封底“中财培训”二维码，进入相关学习界面，选择学习章节解读等更多升值、增值视频资料。

由于编写时间紧迫，书中难免有不足、疏漏和错误之处，恳请广大读者海涵并指正。有关本套辅导教材的勘误，也可扫描“电子阅读”二维码访问，以了解最新勘误情况。

辅导教材编写组

2023年2月

目　录

第一部分　考点突破

第一章　证券市场基本法律法规

一、单项选择题。以下备选项中只有一项最符合题目要求，不选、错选均不得分。

1. 下列对法的概念的描述，错误的是（　　）。

A. 法是由国家制定或认可并由国家强制力保证实施的

B. 法是反映特定物质生活条件所决定的统治阶级意志

C. 法是以确认、保护和发展对统治阶级有利的社会关系和社会秩序为目的的规范系统

D. 法是以保障和约束为内容

答案：D

解析：本题考查法的概念。法是由国家制定或认可并由国家强制力保证实施的，反映特定物质生活条件所决定的统治阶级意志，以确认、保护和发展对统治阶级有利的社会关系和秩序为目的的规范系统。故选项 A、B、C 正确。法是以权利和义务为内容，而非“保障和约束”，故选项 D 错误。

2. 下列关于有限责任公司与股份有限公司的说法，错误的是（　　）。

A. 有限责任公司和股份有限公司都是以其全部资产对外承担民事责任

B. 有限责任公司和股份有限公司都可以公开发行股份募集资金

C. 在股东人数上，有限责任公司设立时股东在 50 人以下，股份有限公司股东人数无上限

D. 在股份流动性上，有限责任公司股份转让前须征求其他股东意见，股份有限公司则无过多限制

答案：B

解析：本题考查有限责任公司与股份有限公司的区别。股份有限公司可以公开发行股份募集资金，有限责任公司不可以，故选择选项 B。

3. 以下关于股份有限公司股份转让的说法，错误的是（　　）。

A. 记名股票，由股东以背书方式或者法律、行政法规规定的其他方式转让

B. 无记名股票的转让，由股东将该股票交付给受让人后即发生转让的效力

C. 发起人持有的本公司股份，自公司成立之日起 1 年内不得转让

D. 公司董事、监事、高级管理人员等在任职期间每年转让的股份不得超过其所持有本公司股份总数的 35%

答案：D

解析：本题考查股份有限公司股份的转让。公司董事、监事、高级管理人员应当向公司申报所持有的本公司的股份及其变动情况，在任职期间每年转让的股份不得超过其所持有本公司股份总数的 25%，而非“35%”，故选项 D 错误。另外，所持本公司股份自公司股票上市交易之日起 1 年内不得转让，选项 C 正确。

4. 下列关于董事、监事、高级管理人员等责任和义务的说法，错误的是（　　）。

A. 董事、监事、高级管理人员应当遵守法律、行政法规和公司章程

B. 董事、监事、高级管理人员不得利用职权收受贿赂或者其他非法收入

C. 股东会或者股东大会要求董事、监事、高级管理人员列席会议的，董事、监事、高级管理人员应当列席并接受股东的质询

D. 董事、高级管理人员独立行使职权，对监事会或者不设监事会的有限责任公司的监事无义务上的要求

答案：D

解析：本题考查董事、高级管理人员、监事等的义务和责任。董事、高级管理人员应当如实向监事会或者不设监事会的有限责任公司的监事提供有关情况和资料，不得妨碍监事会或者监事行使职权，因此选项 D 错误。

5. 下列关于公司财务会计制度基本要求的描述，错误的是（　　）。

A. 公司应当依照法律、行政法规和国务院财政部门的规定建立本公司的财务、会计制度

B. 有限责任公司应当依照公司章程规定的期限将财务会计报告送交各股东

C. 股份有限公司的财务会计报告应当在召开股东大会年会的 15 日前置备于本公司，供股东查阅

D. 公开发行股票的股份有限公司必须公告其财务会计报告

答案：C

解析：本题考查公司财务会计制度的基本要求。股份有限公司的财务会计报告

应当在召开股东大会年会的20日前置备于本公司，供股东查阅；公开发行股票的股份有限公司必须公告其财务会计报告。因此选项C中“15日”为错误表述。

6. 下列关于公司实际控制人的说法，错误的是（　　）。

A. 公司实际控制人就是公司的控股股东

B. 通过投资关系，能够实际支配公司行为的人是实际控制人

C. 通过协议，能够实际支配公司行为的人是实际控制人

D. 通过人事安排，能够实际支配公司行为的人是实际控制人

答案：A

解析：本题考查公司实际控制人的规定。公司实际控制人，是指虽不是公司的股东，但通过投资关系、协议或者其他安排，能够实际支配公司行为的人，故选项A说法错误。

7.《合伙企业法》是为规范合伙企业的行为，保护合伙企业及其合伙人、（　　）的合法权益，维护社会经济秩序，促进社会主义市场经济的发展而制定的。

A. 债权人　　B. 债务人　　C. 自然人　　D. 受益人

答案：A

解析：本题考查《合伙企业法》的立法宗旨。

8. 关于合伙企业的说法，下列表述正确的是（　　）。

A. 合伙企业是非法人企业

B. 合伙企业的财产独立于股东

C. 合伙人承担有限责任

D. 与合伙企业相比，公司的人合性更高

答案：A

解析：本题考查合伙企业的特点。

9. 关于合伙协议的订立，下列说法错误的是（　　）。

A. 在订立合伙协议、设立合伙企业时，应当遵循民法下的自愿、平等、公平、诚实信用原则

B. 合伙企业设立时，合伙协议应由全体合伙人协商一致，可以书面形式或口头订立

C. 合伙人和合伙企业在长期的生产经营活动中始终遵守约定的规则

D. 明确合伙人之间的权利义务有助于维护合伙企业正常的经营秩序

答案：B

解析：本题考查合伙协议的订立形式。合伙企业设立时，合伙协议应由全体合伙人协商一致，且必须以书面形式订立。

10. 在设立合伙企业合伙人应当以书面方式签订合伙协议，下列哪项不属于书面载明事项（　　）。

A. 合伙企业的设立年份

B. 利润分配、亏损分担方式

C. 合伙人的出资方式、数额和缴付期限

D. 合伙企业的解散与清算

答案：A

解析：本题考查书面订立协议的载明事项。除选项 BCD 外，合伙协议还应当载明下列事项：合伙企业的名称和主要经营场所的地点；合伙目的和合伙经营范围；合伙人的姓名或者名称、住所；合伙事务的执行；入伙与退伙；争议解决办法；违约责任。选项 A 不属于合伙协议应当载明的事项。

11. 关于合伙企业财产的转让和处分，下列说法错误的是（　　）。

A. 合伙人在合伙企业清算前，不得请求分割合伙企业的财产

B. 合伙人转让其有合伙企业中的全部或者部分财产份额时，应当通知其他合伙人

C. 合伙人向合伙人以外的人转让其在合伙企业中的财产份额的，除合伙协议另有约定外，在同等条件下，其他合伙人有优先购买权

D. 合伙人以其在合伙企业中的财产份额出质的，无须经其他合伙人一致同意

答案：D

解析：本题考查合伙企业的财产的转让。合伙人以其在合伙企业中的财产份额出质的，须经其他合伙人一致同意；未经其他合伙人一致同意，其行为无效。

12. 关于新合伙人入伙的说法，下列说法错误的是（　　）。

A. 入伙的新合伙人与原合伙人享有同等权利，承担同等责任

B. 新合伙人对入伙前合伙企业的债务承担无限连带责任

C. 原合伙人应当向新合伙人如实告知原合伙企业的经营状况和财务状况

D. 新入伙的合伙人可以不经全体合伙人一致同意

答案：D

解析：本题考查新合伙人入伙。新合伙人入伙除合伙协议另有约定外，应当经全体合伙人一致同意。

13. 合伙协议未约定合伙期限的，合伙人在不给合伙企业事务执行造成不利影响的情况下，可以退伙，但应当提前（　　）通知其他合伙人。

A. 20 天　　B. 30 天　　C. 40 天　　D. 60 天

答案：B

解析：合伙协议未约定合伙期限的，合伙人在不给合伙企业事务执行造成不利影响的情况下，可以退伙，但应当提前30日通知其他合伙人。

14. 关于特殊普通合伙人，下列说法错误的是（　　）。

A. 特殊的普通合伙企业名称中应当标明“特殊普通合伙”字样

B. 合伙人王某在执业活动中非因故意或者重大过失造成的合伙企业债务，仅由王某承担无限连带责任

C. 特殊的普通合伙企业应当建立执业风险基金，办理职业保险

D. 合伙人执业活动中因故意或者重大过失造成的合伙企业债务，以合伙企业财产对外承担责任后，该合伙人应当按照合伙协议的约定对合伙企业造成的损失承担赔偿责任

答案：B

解析：本题考查特殊普通合伙人。合伙人在执业活动中非因故意或者重大过失造成的合伙企业债务以及合伙企业的其他债务，由全体合伙人承担无限连带责任。

15. 关于执业风险基金，下列描述错误的是（　　）。

A. 普通合伙企业应当建立执业风险基金

B. 执业风险基金用于偿付合伙人执业活动造成的债务

C. 执业风险基金应当单独立户管理

D. 执业风险基金有助于减少合伙企业的财务风险

答案：A

解析：本题考查执业风险基金的内容。应当建立执业风险基金是特殊的普通合伙企业。

16. 清算结果，清算人应当编制清算报告，经全体合伙人签名、盖章后，在（　　）内向企业登记机关报送清算报告，申请办理合伙企业注销登记。

A. 10 日　　B. 15 日　　C. 20 日　　D. 25 日

答案：B

解析：本题考查合伙企业的清算规则。

17. 下列企业中，（　　）应该对企业债务承担无限责任或无限连带责任。

A. 有限责任公司　　B. 有限合伙企业

C. 国有独资公司　　D. 普通合伙企业

答案：D

解析：本题考查合伙企业的特征。普通合伙人对合伙企业的债务承担无限责任或无限连带责任。

18. 有限合伙人不得以（　　）出资。

A. 知识产权　　B. 实物　　C. 货币　　D. 劳务

答案：D

解析：本题考查有限合伙企业的出资。有限合伙人可以用货币、实物、知识产权、土地使用权或者其他财产权利作价出资。有限合伙人不得以劳务出资。

19.《证券法》于 1998 年 12 月 29 日经第九届全国人民代表大会常务委员会第六次会议通过，并于（　　）起正式实施。

A. 1999 年 1 月 1 日　　B. 1999 年 5 月 1 日

C. 1999 年 7 月 1 日　　D. 1999 年 10 月 1 日

答案：C

解析：本题考查《证券法》的实施时间。

20.《证券公司监督管理条例》属于（　　）。

A. 法律　　B. 部门规章　　C. 行政法规　　D. 自律管理规划

答案：C

解析：本题考查证券法律体系的组成部分。《证券公司监督管理条例》属于证券市场的行政法规。

21. 下列关于证券市场法律法规的说法，正确的是（　　）。

A.《证券公司风险处置条例》属于自律性规则

B.《证券发行与承销管理办法》属于行政法规

C.《证券投资基金法》属于法律

D.《公司法》属于行政法规

答案：C

解析：本题考查证券法律体系的组成部分。《证券公司风险处置条例》属于行政法规；《证券发行与承销管理办法》属于部门规章；《公司法》属于法律。

22. 在中华人民共和国境内，股票、公司债券、存托凭证和国务院依法认定的其他证券的发行和交易，适用（　　）。

A.《保险法》　　B.《证券法》

C.《担保法》　　D.《证券投资基金法》

答案：B

解析：本题考查《证券法》的应用。《证券法》的适用范围是在中华人民共和国境内，股票、公司债券、存托凭证和国务院依法认定的其他证券的发行和交易。

23. 关于证券发行，下列说法错误的是（　　）。

A. 证券发行包括公开发行和非公开发行

B. 未经依法注册，任何单位和个人不得公开发行证券

C. 非公开发行证券的，可以采用广告公开方式

D. 公开发行公司债券筹集的资金，不得用于弥补亏损和非生产性支出

答案：C

解析：本题考查证券发行。非公开发行证券的，不得采用广告、公开劝诱和变相公开方式。

24. 下列关于行政托管的表述，错误的是（　　）。

A. 行政托管是自我整改的一种处置措施

B. 国务院证券监督管理机构先可以将问题证券公司行政撤销或关闭，再指定有关机构对其进行托管

C. 行政托管是对无自我整改能力的证券公司，委托专门的托管机构经营管理，保证正常交易，保护投资者利益

D. 托管期限一般不超过 12 个月

答案：A

解析：本题考查行政托管的概念。托管是对无自我整改能力的证券公司，委托专门的托管机构经营管理，保证正常交易，保护投资者利益。行政托管并非一种自我整改的处置措施。

25. 下列不属于公司内幕信息的是（　　）。

A. 公司的经营方针和经营范围的重大变化

B. 公司发生重大债务和未能清偿到期重大债务的违约情况

C. 公司生产经营的外部条件发生的重大变化

D. 公司发生清偿到期债务的情况

答案：D

解析：本题考查公司内部信息。公司发生清偿到期债务的情况不属于公司内幕信息。

26. 关于禁止交易行为，下列说法错误的是（　　）。

A. 公司的经营方针和经营范围的重大变化属于内幕信息

B. 发行人及其董事、监事、高级管理人员不是内幕知情人

C. 利用虚假或者不确定的重大信息，诱导投资者进行证券交易属于操作市场

的行为

D. 与他人串通，以事先约定的时间、价格和方式相互进行证券交易属于操作市场的行为

答案：B

解析：本题考查禁止交易行为。发行人及其董事、监事、高级管理人员是内幕知情人。

27. 关于收购行为完成后的事项，下列说法正确的是（　　）。

A. 收购期限届满，被收购公司股权分布不符合上市交易要求的，股票应当终止上市交易

B. 收购行为完成后，被收购公司无须变更企业形式

C. 在上市公司收购中，收购人持有的被收购的上市公司的股票，在收购行为完成后的 15 个月内不得转让

D. 收购行为完成后，收购人与被收购公司合并，并将该公司解散的，被解散公司的原有股票无须更换

答案：A

解析：本题考查收购行为完成后事项。收购行为完成后，被收购公司不再具备股份有限公司条件的，应当依法变更企业形式，故选项 B 错误；在上市公司收购中，收购人持有的被收购的上市公司的股票，在收购行为完成后的 18 个月内不得转让，故选项 C 错误；收购行为完成后，收购人与被收购公司合并，并将该公司解散的，被解散公司的原有股票由收购人依法更换，故选项 D 错误。

28. 根据法律主体在法律关系中的因果关系，法律关系可以分为（　　）两类。

A. 确认性法律关系与创设性法律关系

B. 纵向法律关系与横向法律关系

C. 双边法律关系与多边法律关系

D. 第一性法律关系与第二性法律关系

答案：D

解析：本题考查法律关系的分类方式。按照不同法律关系之间的因果关系，可以将法律关系分为第一性法律关系与第二性法律关系。故选项 D 正确。选项 A、B、C 的划分方法分别是按照法律主体发生的方式、在法律关系中的地位差异、主体数量等维度进行分类，而非按照因果关系维度，故非本题答案。

29. 下列关于证券的发行、交易活动，描述正确的是（　　）。

A. 公开、公义、公正是必须遵循的“三公”原则

B. 证券发行人比交易活动参与人具有优先地位

C. 交易活动应秉承自愿、无偿、诚实信用原则

D. 证券发行和交易活动应遵守有偿原则

答案：D

解析：本题考查证券发行和交易活动的原则。证券发行、交易活动应遵循的“三公”原则指公开、公平、公正原则，故选项 A 中“公义”不相关；证券发行、交易活动的当事人具有平等的法律地位，故选项 B 错误；证券发行、交易活动应遵守自愿、有偿、诚实信用的原则，而非“无偿”，故选项 C 错误，选项 D 正确。

30. 下列不属于《证券投资基金法》立法宗旨的是（　　）。

A. 提高基金投资效率

B. 规范证券投资基金活动

C. 保护投资人及相关当事人的合法权益

D. 促进证券投资基金和资本市场的健康发展

答案：A

解析：本题考查《证券投资基金法》立法宗旨。选项 A 不属于其立法宗旨。

31. 下列不属于对证券公司及其分支机构的外部约束机制的是（　　）。

A. 业务审批　　B. 风险防范和控制

C. 注册资本要求　　D. 禁止同业竞争

答案：B

解析：本题考查证券公司及其分支机构的业务经营约束机制。根据《证券法》和《证券公司监督管理条例》等法律法规的规定，选项 A、C、D 属于外部约束机制，B 属于内部约束机制，因此选 B。

32. 以下不具有独立财产及法人资格，不能独立享有权利并承担责任的组织是（　　）。

A. 子公司　　B. 分公司　　C. 以上都是　　D. 以上都不是

答案：B

解析：本题考查分公司的法律地位。分公司具有非独立性，不具有法人资格，不能独立享有权利、承担责任，没有独立的财产，其所有资产属于总公司，故选项 B 正确。

33. 下列不属于基金合同当事人的是（　　）。

A. 基金管理人　　B. 基金销售人　　C. 基金持有人　　D. 基金托管人

答案：B

解析：本题考查基金合同当事人的概念。基金合同当事人包括基金份额持有人、基金管理人和基金托管人。

34. 下列关于基金托管人，说法错误的是（　　）。

A. 基金托管人通常由有实力的商业银行或者信托投资公司担任

B. 基金托管人需要对所托管的不同基金财产分别设置账户

C. 基金托管人可以按照规定监督基金管理人的投资运作

D. 计算并公告基金资产净值，确定基金份额申购、赎回价格

答案：D

解析：本题考查基金托管人主要职责。基金托管人是指按照法律、法规的规定和基金合同的约定，在证券投资基金活动中承担基金资产保管、基金资金清算、交易监督、会计核算等职责的商业银行或其他金融机构。本题中，计算并公告基金资产净值，确定基金份额申购、赎回价格是基金管理人的主要职责之一。

35. 设立管理公开募集基金的基金管理公司应具备一定的条件，下列说法正确的是（　　）。

A. 主要股东最近2年没有违法记录

B. 注册资本不低于10亿元人民币，且必须为实缴货币资本

C. 设立公开募集基金的管理公司应经过中国证券基金业协会批准

D. 取得基金从业资格证的人员应达到法定人数，董事、监事、高级管理人员具备相应的任职条件

答案：D

解析：本题考查基金管理公司成立的条件。根据《证券投资基金法》第十三条的规定，设立管理公开募集基金的基金管理公司，应当具备的条件有：（1）有符合《证券投资基金法》和《公司法》规定的章程；（2）注册资本不低于1亿元人民币，且必须为实缴货币资本；（3）主要股东应当具有经营金融业务或者管理金融机构的良好业绩、良好的财务状况和社会信誉，资产规模达到国务院规定的标准，最近3年没有违法记录；（4）取得基金从业资格的人员达到法定人数；（5）董事、监事、高级管理人员具备相应的任职条件；（6）有符合要求的营业场所、安全防范设施和与基金管理业务有关的其他设施；（7）有良好的内部治理结构、完善的内部稽核监控制度、风险控制制度。

36. 私募基金管理人提供的登记申请材料完备的，中国证券投资基金业协会应当自收齐登记材料之日起（　　）个工作日内，以通过网站公示私募基金管理人基

本情况的方式，为私募基金管理人办结登记手续。

A. 10　　B. 20　　C. 30　　D. 60

答案：B

解析：本题考查非公开募集基金管理人的登记规定。

37. 根据《证券投资基金法》的相关规定，未经批准擅自设立基金管理公司或者未经核准从事公开募集基金管理业务的，对直接负责的主管人员和其他直接责任人员给予警告，并处（　　）罚款。

A. 1万元以上10万元以下　　B. 2万元以上20万元以下

C. 3万元以上30万元以下　　D. 5万元以上50万元以下

答案：C

解析：本题考查未经批准擅自设立基金管理公司或者未经核准从事公开募集基金管理业务的法律责任。

38. 未经注册，擅自公开或者变相公开募集基金的，责令停止，返还所募资金和加计的银行同期存款利息，没收违法所得，并处所募资金金额（　　）罚款。对直接负责的主管人员和其他直接责任人员给予警告，并处（　　）罚款。

A. 1%以上5%以下；5万元以上50万元以下

B. 1%以上5%以下；10万元以上100万元以下

C. 1%以上10%以下；5万元以上50万元以下

D. 1%以上10%以下；10万元以上100万元以下

答案：A

解析：本题考查未经注册，擅自公开或者变相公开募集基金的法律责任。

39. 未经登记，使用“基金”或者“基金管理”字样或者近似名称进行证券投资活动的，没收违法所得，并处违法所得（　　）罚款；没有违法所得或者违法所得不足100万元的，并处10万元以上100万元以下罚款。对直接负责的主管人员和其他直接责任人员给予警告，并处（　　）罚款。

A. 1倍以上5倍以下；3万元以上30万元以下

B. 1倍以上5倍以下；5万元以上50万元以下

C. 1倍以上10倍以下；3万元以上30万元以下

D. 1倍以上10倍以下；5万元以上50万元以下

答案：A

解析：本题考查未经登记，使用“基金”或者“基金管理”字样或者近似名称进行证券投资活动的法律责任。

40. 根据《证券投资基金法》的相关规定，擅自从事公开募集基金的基金服务业务的，责令改正，没收违法所得，并处违法所得（　　）；没有违法所得或者违法所得不足 30 万元的，并处 10 万元以上 30 万元以下罚款。对直接负责的主管人员和其他直接责任人员给予警告，并处（　　）罚款。

A. 1 倍以上 5 倍以下；3 万元以上 10 万元以下

B. 1 倍以上 5 倍以下；5 万元以上 20 万元以下

C. 1 倍以上 10 倍以下；3 万元以上 10 万元以下

D. 1 倍以上 10 倍以下；5 万元以上 20 万元以下

答案：A

解析：本题考查擅自从事公开募集基金的基金服务业务的法律责任。

41. 根据《证券投资基金法》的相关规定，基金管理公司变更持有 5% 以上股权的股东，变更公司的实际控制人，或者变更其他重大事项，应当报经国务院证券监督管理机构批准。未经批准擅自变更的，责令改正，没收违法所得，并处违法所得（　　）罚款；没有违法所得或者违法所得不足 50 万元的，并处 5 万元以上 50 万元以下罚款。对直接负责的主管人员给予警告，并处（　　）罚款。

A. 1 倍以上 5 倍以下；3 万元以上 10 万元以下

B. 1 倍以上 5 倍以下；5 元以上 20 万元以下

C. 1 倍以上 10 倍以下；3 万元以上 10 万元以下

D. 1 倍以上 10 倍以下；5 万元以上 20 万元以下

答案：A

解析：本题考查基金管理公司未经批准擅自变更重大事项的法律责任。

42. 根据《证券投资基金法》的相关规定，公开募集基金的基金管理人的董事、监事、高级管理人员和其他从业人员以及基金托管人的专门基金托管部门的高级管理人员和其他从业人员，其本人、配偶、利害关系人进行证券投资，应当事先向基金管理人申报，并不得与基金份额持有人发生利益冲突。未按照上述规定申报的，责令改正，处以（　　）罚款。

A. 1 万元以上 10 万元以下　　B. 3 万元以上 30 万元以下

C. 5 万元以上 50 万元以下　　D. 10 万元以上 100 万元以下

答案：B

解析：本题考查违反证券投资限制规定的法律责任。

43. 基金管理人、基金托管人违反规定，未对基金财产实行分别管理或者分账保管，责令改正，处（　　）罚款；对直接负责的主管人员和其他直接责任人员给予警告，暂停或者撤销基金从业资格，并处（　　）罚款。

A. 5 万元以上 50 万以下；5 万元以上 50 万元以下

B. 5 万元以上 50 万以下；3 万元以上 30 万元以下

C. 3 万元以上 30 万以下；3 万元以上 30 万元以下

D. 3 万元以上 30 万以下；5 万元以上 50 万元以下

答案：B

解析：本题考查未按规定对基金财产实行分别管理或者分账保管的法律责任。

44. 根据《证券投资基金法》的相关规定，基金管理人、基金托管人及其董事、监事、高级管理人员和其他从业人员玩忽职守，不按照规定履行职责的，责令改正，没收违法所得，并处违法所得（　　）罚款；没有违法所得或者违法所得不足 100 万元的，并处 10 万元以上 100 万元以下罚款；基金管理人、基金托管人有上述行为的，还应当对其直接负责的主管人员和其他直接责任人员给予警告，暂停或者撤销基金从业资格，并处（　　）罚款。

A. 1 倍以上 5 倍以下；5 万元以上 50 万元以下

B. 1 倍以上 5 倍以下；3 万元以上 30 万元以下

C. 1 倍以上 10 倍以下；5 万元以上 50 万元以下

D. 1 倍以上 10 倍以下；3 万元以上 30 万元以下

答案：B

解析：本题考查基金管理人、基金托管人及其董事、监事、高级管理人员和其他从业人员玩忽职守，不按照规定履行职责的法律责任。

45. 根据《证券投资基金法》的相关规定，基金管理人的股东、实际控制人未按照国务院证券监督管理机构的规定及时履行重大事项报告义务的，对直接负责的主管人员和其他直接责任人员给予警告，暂停或者撤销基金或证券从业资格，并处（　　）罚款。

A. 1 万元以上 10 万元以下　　B. 2 万元以上 20 万元以下

C. 3 万元以上 30 万元以下　　D. 5 万元以上 50 万元以下

答案：C

解析：本题考查未按照国务院证券监督管理机构的规定及时履行重大事项报告义务的法律责任。

46. 根据《证券投资基金法》的相关规定，证券交易内幕信息知情人或者非法获取内幕信息的人违反《证券法》的规定从事内幕交易的，责令依法处理非法持有的证券，没收违法所得，并处以违法所得（　　）的罚款；没有违法所得或者违法所得不足50万元的，处以50万元以上500万元以下的罚款。单位从事内幕交易的，还应当对直接负责的主管人员和其他直接责任人员给予警告，并处以（　）的罚款。

A. 1倍以上5倍以下；10万元以上100万元以下

B. 1倍以上5倍以下；20万元以上200万元以下

C. 1倍以上10倍以下；10万元以上100万元以下

D. 1倍以上10倍以下；20万元以上200万元以下

答案：D

解析：本题考查违反从事内幕交易的法律责任。

47. 违反《证券法》的规定，操纵证券市场的，责令依法处理其非法持有的证券，没收违法所得，单位操纵证券市场的，还应当对直接负责的主管人员和其他直接责任人员给予警告，并处以（　）的罚款。

A. 10万元以上100万元以下　　B. 20万元以上200万元以下

C. 30万元以上300万元以下　　D. 50万元以上500万元以下

答案：D

解析：本题考查从事内幕交易、操纵证券交易价格及其他不正当的证券交易活动的法律责任。

48. 根据《证券投资基金法》的相关规定，基金管理人、基金托管人和其他基金信息披露义务人应当依法披露基金信息，并保证所披露信息的真实性、准确性和完整性。基金信息披露义务人不依法披露基金信息或者披露的信息有虚假记载、误导性陈述或者重大遗漏的，责令改正，没收违法所得，并处（　）罚款；对直接负责的主管人员和其他直接责任人员给予警告，暂停或者撤销基金从业资格，并处（　）罚款。

A. 5万元以上50万元以下；3万元以上30万元以下

B. 5万元以上50万元以下；5万元以上50万元以下

C. 10万元以上100万元以下；3万元以上30万元以下

D. 10万元以上100万元以下；5万元以上50万元以下

答案：C

解析：本题考查基金信息披露义务人不依法披露基金信息或者披露的信息有虚假记载、误导性陈述或者重大遗漏的法律责任。

49. 根据《证券投资基金法》的相关规定，基金份额登记机构应当妥善保存登记数据，并将基金份额持有人名称、身份信息及基金份额明细等数据备份至国务院证券监督管理机构认定的机构。其保存期限自基金账户销户之日起不得少于（　）。

A. 5 年　　B. 10 年　　C. 20 年　　D. 30 年

答案：C

解析：本题考查基金份额登记数据的保存年限。

50. 根据《证券投资基金法》的相关规定，非公开募集基金募集完毕，基金管理人应当向中国基金业协会备案，基金管理人未备案的，处（　　）罚款。对直接负责的主管人员和其他直接责任人员给予警告，并处（　　）罚款。

A. 10 万元以上 50 万元以下；3 万元以上 10 万元以下

B. 10 万元以上 50 万元以下；5 万元以上 10 万元以下

C. 10 万元以上 30 万元以下；3 万元以上 10 万元以下

D. 10 万元以上 30 万元以下；5 万元以上 10 万元以下

答案：C

解析：本题考查基金管理人未按规定办理基金备案的法律责任。

51. 根据《证券投资基金法》的相关规定，非公开募集基金，不得向合格投资者之外的单位和个人募集资金或者转让基金份额。违反上述规定，向合格投资者之外的单位或者个人非公开募集资金或者转让基金份额的，没收违法所得，并处违法所得（　　）罚款；没有违法所得或者违法所得不足 100 万元的，并处（　　）罚款。对直接负责的主管人员和其他直接责任人员给予警告，并处（　　）罚款。

A. 1 倍以上 5 倍以下；5 万元以上 50 万元以下；3 万元以上 30 万元以下

B. 1 倍以上 5 倍以下；10 万元以上 100 万元以下；3 万元以上 30 万元以下

C. 1 倍以上 10 倍以下；5 万元以上 50 万元以下；3 万元以上 30 万元以下

D. 1 倍以上 10 倍以下；10 万元以上 100 万元以下；3 万元以上 30 万元以下

答案：C

解析：本题考查向合格投资者之外的单位或者个人非公开募集资金或者转让基金份额的法律责任。

52. 基金销售机构未向投资人充分揭示投资风险并误导其购买与其风险承担能力不相当的基金产品的，对直接负责的主管人员和其他直接责任人员给予警告，撤销基金从业资格，并处（　　）罚款。

A. 1 万元以上 10 万元以下　　B. 2 万元以上 10 万元以下

C. 3 万元以上 10 万元以下　　D. 5 万元以上 10 万元以下

答案：C

解析：本题考查基金销售机构未向投资人充分揭示投资风险并误导其购买与其风险承担能力不相当的基金产品的法律责任。

53. 根据《证券投资基金法》的相关规定，基金份额登记机构未妥善保存或者备份基金份额登记数据的，责令改正，给予警告，并处（　　）以下罚款；情节严重的，责令其停止基金服务业务。对直接负责的主管人员和其他直接责任人员给予警告，撤销基金从业资格，并处（　　）罚款。

A. 10 万元以上 50 万元以下；3 万元以上 10 万元以下

B. 10 万元以上 50 万元以下；5 万元以上 10 万元以下

C. 10 万元以上 30 万元以下；3 万元以上 10 万元以下

D. 10 万元以上 30 万元以下；5 万元以上 10 万元以下

答案：C

解析：本题考查基金份额登记机构未妥善保存或者备份基金份额登记数据的法律责任。

54. 基金份额登记机构隐匿、伪造、篡改、毁损基金份额登记数据的，责令改正，处（　　）罚款，并责令其停止基金服务业务。对直接负责的主管人员和其他直接责任人员给予警告，撤销基金从业资格，并处（　　）罚款。

A. 10 万元以上 50 万元以下；3 万元以上 30 万元以下

B. 10 万元以上 100 万元以下；5 万元以上 50 万元以下

C. 10 万元以上 50 万元以下；5 万元以上 50 万元以下

D. 10 万元以上 100 万元以下；3 万元以上 30 万元以下

答案：D

解析：本题考查基金份额登记机构隐匿、伪造、篡改、毁损基金份额登记数据的法律责任。

55. 基金投资顾问机构、基金评价机构及其从业人员违反规定开展投资顾问、基金评价服务的，处（　　）罚款；情节严重的，责令其停止基金服务业务。对直接负责的主管人员和其他直接责任人员给予警告，撤销基金从业资格，并处（　　）罚款。

A. 10 万元以上 50 万元以下；3 万元以上 10 万元以下

B. 10 万元以上 50 万元以下；5 万元以上 10 万元以下

C. 10 万元以上 30 万元以下；3 万元以上 10 万元以下

D. 10 万元以上 30 万元以下；5 万元以上 10 万元以下

答案：C

解析：本题考查基金投资顾问机构、基金评价机构及其从业人员违反规定开展投资顾问、基金评价服务的法律责任。

56. 信息技术系统服务机构未按照规定向国务院证券监督管理机构提供相关信息技术系统资料或者提供的信息技术系统资料虚假、有重大遗漏的，可对直接负责的主管人员和其他直接责任人员给予警告并处（　　）罚款。

A. 1 万元以上 2 万元以下　　B. 1 万元以上 3 万元以下

C. 1 万元以上 5 万元以下　　D. 1 万元以上 10 万元以下

答案：B

解析：本题考查信息技术系统服务机构未按照规定向国务院证券监督管理机构提供相关信息技术系统资料，或者提供的信息技术系统资料虚假、有重大遗漏的法律责任。

57. 会计师事务所、律师事务所未勤勉尽责所出具的文件有虚假记载、误导性陈述或者重大遗漏的，对直接负责的主管人员和其他直接责任人员给予警告并处（　　）罚款。

A. 1 万元以上 10 万元以下　　B. 2 万元以上 10 万元以下

C. 3 万元以上 10 万元以下　　D. 5 万元以上 10 万元以下

答案：C

解析：本题考查会计师事务所、律师事务所未勤勉尽责所出具的文件有虚假记载、误导性陈述或者重大遗漏的法律责任。

58. 基金服务机构未建立应急等风险管理制度和灾难备份系统或者泄露与基金份额持有人、基金投资运作相关的非公开信息的处以（　　）罚款；情节严重的责令其停止基金服务业务。对直接负责的主管人员和其他直接责任人员给予警告撤销基金从业资格并处（　　）罚款。

A. 10 万元以上 30 万元以下；3 万元以上 10 万元以下

B. 10 万元以上 30 万元以下；5 万元以上 10 万元以下

C. 10 万元以上 50 万元以下；3 万元以上 10 万元以下

D. 10 万元以上 50 万元以下；5 万元以上 10 万元以下

答案：A

解析：本题考查基金服务机构未建立应急等风险管理制度和灾难备份系统或者泄露与基金份额持有人、基金投资运作相关的非公开信息的法律责任。

59. 证券投资基金按运作方式不同，可分为（　　）。

A. 债券基金、股票基金与混合基金　　B. 封闭式基金与开放式基金

C. 成长型基金与收入型基金　　D. 契约型基金与公司型基金

答案：B

解析：本题考查证券投资基金的分类。按运作方式不同，证券投资基金可分为封闭式基金与开放式基金。

60. 某证券公司在2021年9月1日开始行政重组。根据《证券公司风险处置条例》，下列说法正确的是（ ）。

A. 2022年10月1日完成重组

B. 2022年9月30日完成重组，但未申请延期

C. 2022年8月31日申请延期获批，延期到2023年8月31日

D. 以上选项均不符合规定

答案：D

解析：本题考查行政重组期限。行政重组期限一般不超过12个月。满12个月，行政重组未完成的，可向国务院证券监督管理机构申请延长期限6个月。

61. 下列可以参加证券公司风险处置的是（ ）。

A. 被处置证券公司的董事

B. 被处置证券公司的合规负责人

C. 注册会计师

D. 涉嫌犯罪正在被立案侦查、起诉

答案：C

解析：本题考查参与处置证券公司风险工作的机构或人员。有下列情形之一的机构或者人员，禁止参与处置证券公司风险工作：（1）曾受过刑事处罚或者涉嫌犯罪正在被立案侦查、起诉；（2）涉嫌严重违法正在被行政管理部门立案稽查或者曾因严重违法行为受到行政处罚未逾3年；（3）仍处于证券市场禁入期；（4）内部控制薄弱、存在重大风险隐患；（5）与被处置证券公司处置事项有利害关系；（6）国务院证券监督管理机构认定不宜参与处置证券公司风险工作的其他情形。

62. 我国的期货市场法律体系以（ ）为核心，由法律、行政法规、部门规章、规范性文件及自律规则共同组成，为期货投资活动的正常运行保驾护航。

A. 《期货和衍生品法》

B. 《期货交易管理条例》

C. 《期货公司监督管理办法》

D. 《期货经营机构诚信信息管理办法》

答案：A

解析：本题考查期货市场法律体系。

63. 期货公司办理变更注册资本且调整股权结构，应当经国务院期货监督管理机构核准，国务院期货监督管理机构应当自受理申请之日起（ ）内作出核准或者不予核准的决定。

A. 10日　B. 20日　C. 30日　D. 60日

答案：B

解析：本题考查期货公司业务许可制度。

64. 根据《期货和衍生品法》的相关规定，违反本法第十三条的规定从事内幕交易的，责令改正，没收违法所得，并处以违法所得（　　）的罚款；没有违法所得或者违法所得不足50万元的，处以50万元以上500万元以下的罚款。单位从事内幕交易的，还应当对直接负责的主管人员和其他直接责任人员给予警告，并处以（　　）的罚款。

A. 1倍以上5倍以下；10万元以上100万元以下

B. 1倍以上5倍以下；20万元以上200万元以下

C. 1倍以上10倍以下；10万元以上100万元以下

D. 1倍以上10倍以下；20万元以上200万元以下

答案：D

解析：本题考查期货和衍生品内幕交易的法律责任。

65. 根据《期货和衍生品法》的相关规定，编造、传播虚假信息或者误导性信息，扰乱期货市场、衍生品市场的，没收违法所得，并处以违法所得1倍以上10倍以下的罚款；没有违法所得或者违法所得不足20万元的，处以20万元以上200万元以下的罚款。对直接负责的主管人员和其他直接责任人员给予警告，并处以（　　）的罚款。

A. 10万元以上100万元以下　　B. 20万元以上200万元以下

C. 30万元以上100万元以下　　D. 50万元以上200万元以下

答案：A

解析：本题考查期货和衍生品交易编造、传播虚假信息的法律责任。

66. 根据《期货和衍生品法》的相关规定，法律、行政法规和国务院期货监督管理机构规定禁止参与期货交易的人员，违反本法第五十三条的规定，直接或者以化名、借他人名义参与期货交易的，责令改正，给予警告，没收违法所得，并处以（　　）的罚款；属于国家工作人员的，还应当依法给予处分。

A. 2万元以上20万元以下　　B. 3万元以上30万元以下

C. 5万元以上50万元以下　　D. 10万元以上100万元以下

答案：C

解析：本题考查直接或者以化名、借他人名义参与期货交易的法律责任。

67. 根据《期货和衍生品法》的相关规定，非法设立期货公司，或者未经核准从事相关期货业务的，予以取缔，没收违法所得，并处以违法所得（　　）的罚款；没有违法所得或者违法所得不足100万元的，处以100万元以上1 000万元以下的罚款。对直接负责的主管人员和其他直接责任人员给予警告，并处以（　　）的罚款。

A. 1倍以上5倍以下；10万元以上100万元以下

B. 1倍以上5倍以下；20万元以上200万元以下

C. 1倍以上10倍以下；10万元以上100万元以下

D. 1倍以上10倍以下；20万元以上200万元以下

答案：D

解析：本题考查非法设立期货公司的法律责任。

68. 根据《期货和衍生品法》的相关规定，提交虚假申请文件或者采取其他欺诈手段骗取期货公司设立许可、重大事项变更核准或者期货经营机构期货业务许可的，撤销相关许可，没收违法所得，并处以违法所得1倍以上10倍以下的罚款；没有违法所得或者违法所得不足20万元的，处以20万元以上200万元以下的罚款。对直接负责的主管人员和其他直接责任人员给予警告，并处以（　　）的罚款。

A. 10万元以上100万元以下　　B. 20万元以上200万元以下

C. 30万元以上300万元以下　　D. 50万元以上500万元以下

答案：B

解析：本题考查骗取设立许可、变更核准或者期货业务许可的法律责任。

69. 根据《期货和衍生品法》的相关规定，境外期货交易场所和期货经营机构未向国务院期货监督管理机构申请注册的，对直接负责的主管人员和其他直接责任人员给予警告，并处以（　　）的罚款。

A. 10万元以上100万元以下　　B. 20万元以上200万元以下

C. 30万元以上300万元以下　　D. 50万元以上500万元以下

答案：A

解析：本题考查境外机构未就提供直接接入境外交易场所服务以及接受境内机构交易转委托申请注册的法律责任。

70. （　　）是被处置证券公司破产清算的前置程序，通过行政清理核查清查公司资产、债权债务，处理公司未履行完毕合同，以保护客户和债权人的利益。

A. 行政清理　　B. 行政撤销　　C. 行政接管　　D. 行政托管

答案：A

解析：本题考查行政清理的概念。行政清理是被处置证券公司破产清算的前置程序，通过行政清理核查清查公司资产、债权债务，处理公司未履行完毕合同，以保护客户和债权人的利益。

71. 根据《期货和衍生品法》的相关规定，境外期货交易场所在境内设立的代表机构及其工作人员，从事或者变相从事任何经营活动的，责令改正，给予警告，没收违法所得，并处以违法所得（　　）的罚款；没有违法所得或者违法所得不足50万元的，处以50万元以上500万元以下的罚款。对直接负责的主管人员和其他直接责任人员给予警告，并处以（　　）的罚款。

A. 1倍以上5倍以下；10万元以上100万元以下

B. 1倍以上5倍以下；20万元以上200万元以下

C. 1倍以上10倍以下；10万元以上100万元以下

D. 1倍以上10倍以下；20万元以上200万元以下

答案：C

解析：本题考查期货和衍生品交易中境外机构的境内代表机构及人员违规从事经营活动的法律责任。

72. 期货和衍生品交易中境外机构违规在境内从事市场营销、推介及招揽活动的，对直接负责的主管人员和其他直接责任人员给予警告，并处以（　　）的罚款。

A. 10万元以上100万元以下　　B. 20万元以上200万元以下

C. 30万元以上300万元以下　　D. 50万元以上500万元以下

答案：A

解析：本题考查期货和衍生品交易中境外机构违规在境内从事营销活动的法律责任。

73. 根据《期货和衍生品法》的相关规定，非法设立期货公司，或者未经核准从事相关期货业务的，予以取缔，没收违法所得，并处以违法所得（　　）的罚款；没有违法所得或者违法所得不足100万元的，处以100万元以上1 000万元以下的罚款。对直接负责的主管人员和其他直接责任人员给予警告，并处以（　　）的罚款。

A. 1倍以上5倍以下；10万元以上100万元以下

B. 1倍以上5倍以下；20万元以上200万元以下

C. 1倍以上10倍以下；10万元以上100万元以下

D. 1倍以上10倍以下；20万元以上200万元以下

答案：D

解析：本题考查非法设立期货公司的法律责任。

74. 根据《期货和衍生品法》的相关规定，提交虚假申请文件或者采取其他欺诈手段骗取期货公司设立许可、重大事项变更核准或者期货经营机构期货业务许可的，撤销相关许可，没收违法所得，并处以违法所得（　　）的罚款；没有违法所得或者违法所得不足20万元的，处以20万元以上200万元以下的罚款。对直接负责的主管人员和其他直接责任人员给予警告，并处以（　　）的罚款。

A. 1倍以上5倍以下；10万元以上100万元以下

B. 1倍以上5倍以下；20万元以上200万元以下

C. 1倍以上10倍以下；10万元以上100万元以下

D. 1倍以上10倍以下；20万元以上200万元以下

答案：D

解析：本题考查骗取设立许可、变更核准或者期货业务许可的法律责任。

75. 根据《期货和衍生品法》的相关规定，境外期货交易场所和期货经营机构，未向国务院期货监督管理机构申请注册的，责令改正，没收违法所得，并处以违法所得1倍以上10倍以下的罚款；没有违法所得或者违法所得不足50万元的，处以50万元以上500万元以下的罚款。对直接负责的主管人员和其他直接责任人员给予警告，并处以（　　）的罚款。

A. 10万元以上100万元以下　　B. 20万元以上200万元以下

C. 30万元以上300万元以下　　D. 50万元以上500万元以下

答案：A

解析：本题考查境外机构未就提供直接接入境外交易场所服务以及接受境内机构交易转委托申请注册的法律责任。

76. 根据《证券公司风险处置条例》的相关规定，在处置证券公司风险过程中，国务院证券监督管理机构应当保障（　　）正常进行。

A. 证券资产管理业务　　B. 证券自营业务

C. 证券经纪业务　　D. 证券融资融券业务

答案：C

解析：本题考查证券公司风险处置相关规定。在证券公司风险处置过程中，国务院证券监督管理机构依法对处置证券公司风险工作进行组织、协调和监督，并会同中国人民银行、国务院财政部门、国务院公安部门、国务院其他金融监督管理机构以及省级人民政府建立处置证券公司风险的协调配合与快速反应机制，以维护社会稳定。处置证券公司风险过程中，应当保障证券经纪业务正常进行。

77. 根据《期货和衍生品法》的相关规定，境外期货交易场所在境内设立的代表机构及其工作人员，从事或者变相从事任何经营活动的，责令改正，给予警告，没收违法所得，并处以违法所得（　　）的罚款；没有违法所得或者违法所得不足50万元的，处以50万元以上500万元以下的罚款。对直接负责的主管人员和其他直接责任人员给予警告，并处以（　　）的罚款。

A. 1倍以上5倍以下；10万元以上100万元以下

B. 1倍以上5倍以下；20万元以上200万元以下

C. 1倍以上10倍以下；10万元以上100万元以下

D. 1倍以上10倍以下；20万元以上200万元以下

答案：C

解析：本题考查境外机构的境内代表机构及人员违规从事经营活动的法律责任。

78.（　　）是指约定买方有权在将来某一时间以特定价格买入或者卖出约定标的物（包括期货合约）的标准化或非标准化合约。

A. 期货合约　　B. 远期合约　　C. 互换合约　　D. 期权合约

答案：D

解析：本题考查期权合约的概念。

79.（　　）是指交易者为管理因其资产、负债等价值变化产生的风险而达成与上述资产、负债等基本吻合的期货交易和衍生品交易的活动。

A. 价格发现　　B. 套期保值　　C. 资源配置　　D. 风险管理

答案：B

解析：本题考套期保值的概念。

80. 期货交易实行（　　），防范合约持仓过度集中的风险。

A. 持仓限额制度　　B. 账户实名制度

C. 保证金制度　　D. 程序化交易报备制度

答案：A

解析：本题考查期货交易持仓限额制度。期货交易实行持仓限额制度，防范合约持仓过度集中的风险。

81. 下列属于自我整改处置措施的是（　　）。

A. 停业整顿　　B. 托管　　C. 行政重组　　D. 接管

答案：A

解析：本题考查证券公司风险处置措施。证券公司风险处置措施包括停业整顿、托管、接管、行政重组、撤销及破产清算和重整。

82. 证券公司合并、分立的，国务院证券监督管理机构应当对合并、分立的申请进行审查，并在自受理之日起（　　）作出批准或者不予批准的书面决定。

A. 1个月内　　B. 2个月内　　C. 3个月内　　D. 4个月内

答案：C

解析：本题考查证券公司的合并、分立。

83. 重整计划涉及《证券法》第一百二十九条规定相关事项的，证券公司或者管理人应当同时向国务院证券监督管理机构提出批准相关事项的申请，国务院证券监督管理机构应当自收到申请之日起（　　）日内做出批准或者不予批准的决定。

A. 10　　B. 15　　C. 20　　D. 30

答案：B

解析：本题考查证券公司重整计划申请程序。

84. 证券公司的法定代表人或者高级管理人员离任的，证券公司应当对其进行审计，并自其离任之日起（　　）将审计报告报送国务院证券监督管理机构。

A. 1个月内　　B. 2个月内　　C. 3个月内　　D. 4个月内

答案：B

解析：本题考查证券公司离任审计。证券公司的法定代表人或者高级管理人员离任的，证券公司应当对其进行审计，并自其离任之日起2个月内将审计报告报送国务院证券监督管理机构；证券公司的法定代表人或者经营管理的主要负责人离任的，应当聘请具有证券、期货相关业务资格的会计师事务所对其进行审计。

85. 根据《证券公司业务范围审批暂行规定》的相关规定，证券公司设立时，中国证监会依照法定条件核准其业务范围。对新设公司核准的业务不超过（　　），但中国证监会另有规定的除外。

A. 2种　　B. 3种　　C. 4种　　D. 5种

答案：C

解析：本题考查证券公司业务核准的相关规定。

86. 证券公司为证券资产管理客户开立的证券账户，应当自开户之日起（　　）交易日内报证券交易所备案。

A. 2个　　B. 3个　　C. 5个　　D. 7个

答案：B

解析：本题考查证券账户的开立与管理。

87. 证券公司应当自每一会计年度结束之日起（　　）内，向国务院证券监督管理机构报送年度报告。

A. 2 个月　　B. 3 个月　　C. 4 个月　　D. 6 个月

答案：C

解析：本题考查证券公司的材料报送。

88. 证券公司应当自每月结束之日起（　　）工作日内，报送月度报告。

A. 5 个　　B. 7 个　　C. 10 个　　D. 30 个

答案：B

解析：本题考查证券公司的材料报送。证券公司应当自每月结束之日起 7 个工作日内，报送月度报告。

89. 自债权人会议各表决组通过重整计划草案之日起（　　）内，证券公司或者管理人应当向人民法院提出批准重整计划的申请。

A. 10 日　　B. 15 日　　C. 20 日　　D. 30 日

答案：A

解析：本题考查证券公司重整计划的申请程序。

90. 证券公司违反规定，与他人合资、合作经营管理分支机构，或者将分支机构承包、租赁或者委托给他人经营管理的，责令改正，给予警告，没收违法所得，并处以违法所得 1 倍以上 5 倍以下的罚款；没有违法所得或者违法所得不足 3 万元的，处以（　　）的罚款。对直接负责的主管人员和其他直接责任人员单处或者并处警告、处以（　　）的罚款。

A. 3 万元以上 10 万元以下；3 万元以上 10 万元以下

B. 3 万元以上 30 万元以下；3 万元以上 10 万元以下

C. 3 万元以上 10 万元以下；3 万元以上 30 万元以下

D. 3 万元以上 30 万元以下；5 万元以上 30 万元以下

答案：B

解析：本题考查违反有关分支机构管理规定的法律责任。

91. 根据《证券公司监督管理条例》的相关规定，证券公司将客户的资金账户、证券账户提供给他人使用的，对直接负责的主管人员和其他直接责任人员给予警告，并处以（　　）的罚款。

A. 1 万元以上 10 万元以下　　B. 2 万元以上 10 万元以下

C. 3 万元以上 10 万元以下　　D. 5 万元以上 10 万元以下

答案：C

解析：本题考查证券公司违反账户实名制规定的法律责任。

92. 证券公司未按照规定为客户开立账户的，责令改正；情节严重的，处以

（　　）的罚款，并对直接负责的董事、高级管理人员和其他直接责任人员，处以（　　）的罚款。

A. 20 万元以上 50 万元以下；1 万元以上 5 万元以下

B. 20 万元以上 50 万元以下；5 万元以上 20 万元以下

C. 10 万元以上 30 万元以下；1 万元以上 5 万元以下

D. 10 万元以上 30 万元以下；5 万元以上 20 万元以下

答案：A

解析：本题考查证券公司违反账户实名制规定的法律责任。

93. 根据《证券法》的相关规定，证券公司出借自己的证券账户或者借用他人的证券账户从事证券交易的，责令改正，给予警告，可以处（　　）以下的罚款。

A. 20 万元　　B. 30 万元　　C. 50 万元　　D. 100 万元

答案：C

解析：本题考查证券公司违反账户实名制规定的法律责任。

94. 根据《证券公司监督管理条例》的相关规定，证券公司未按照规定程序了解客户的身份、财产与收入状况、证券投资经验和风险偏好，或推荐的产品或者服务与所了解的客户情况不相适应的，责令改正，给予警告，没收违法所得，并处以违法所得 1 倍以上 5 倍以下的罚款；没有违法所得或者违法所得不足 3 万元的，处以（　　）的罚款。对直接负责的主管人员和其他直接责任人员单处或者并处警告、（　　）的罚款。

A. 3 万元以上 10 万元以下；3 万元以上 10 万元以下

B. 3 万元以上 10 万元以下；3 万元以上 30 万元以下

C. 3 万元以上 30 万元以下；3 万元以上 10 万元以下

D. 3 万元以上 30 万元以下；3 万元以上 30 万元以下

答案：C

解析：本题考查违反了解客户原则或适当性原则的法律责任。

95. 根据《证券公司监督管理条例》的相关规定，证券公司未指定专人向客户讲解有关业务规则和合同内容，并以书面方式向其揭示投资风险或未按照规定与客户签订业务合同，或者未在与客户签订的业务合同中载入规定的必备条款的，责令改正，给予警告，没收违法所得，并处以违法所得（　　）的罚款；没有违法所得或者违法所得不足 3 万元的，处以 3 万元以上 30 万元以下的罚款。对直接负责的主管人员和其他直接责任人员单处或者并处警告、（　　）的罚款。

A. 1 倍以上 5 倍以下；3 万元以上 10 万元以下

B. 1 倍以上 5 倍以下；5 万元以上 20 万元以下

C. 1 倍以上 10 倍以下；3 万元以上 10 万元以下

D. 1 倍以上 10 倍以下；5 万元以上 20 万元以下

答案：A

解析：本题考查违反有关合同签订规定的法律责任。

96. 根据《证券公司监督管理条例》的相关规定，证券公司未按照规定编制并向客户送交对账单的，对直接负责的主管人员和其他直接责任人员单处或者并处警告、（　　）的罚款。

A. 1 万元以上 10 万元以下　　B. 2 万元以上 10 万元以下

C. 3 万元以上 10 万元以下　　D. 5 万元以上 10 万元以下

答案：C

解析：本题考查未按照规定编制并向客户送交对账单的法律责任。

97. 根据《证券公司监督管理条例》的相关规定，证券公司未按照规定建立并有效执行信息查询制度或未按照规定指定专门部门处理客户投诉的，责令改正，给予警告，没收违法所得，并处以违法所得 1 倍以上 5 倍以下的罚款；没有违法所得或者违法所得不足 3 万元的，处以（　　）的罚款。对直接负责的主管人员和其他直接责任人员单处或者并处警告、（　　）的罚款。

A. 3 万元以上 10 万元以下；3 万元以上 10 万元以下

B. 3 万元以上 10 万元以下；3 万元以上 30 万元以下

C. 3 万元以上 30 万元以下；3 万元以上 10 万元以下

D. 3 万元以上 30 万元以下；3 万元以上 30 万元以下

答案：C

解析：本题考查违反信息查询规定的法律责任。

98. 根据《证券公司监督管理条例》相关规定，证券公司向客户提供投资建议，对证券价格的涨跌或者市场走势作出确定性的判断的，对直接负责的主管人员和其他直接责任人员，给予警告，并处以（　　）的罚款。

A. 3 万元以上 10 万元以下　　B. 5 万元以上 10 万元以下

C. 3 万元以上 20 万元以下　　D. 5 万元以上 20 万元以下

答案：A

解析：本题考查违反向客户提供投资建议有关规定的法律责任。

99. 行政清理组应当自成立之日起（　　）日内，将债权人需要登记的相关事项予以公告。符合国家有关规定的债权人应当自公告之日起（　　）日内，持相关证明材料向行政清理组申报债权，行政清理组按照规定登记。无正当理由逾期申报的，不予登记。

A. 10；30　　B. 10；90　　C. 30；30　　D. 30；90

答案：B

解析： 本题考查证券公司行政清理债权登记。

100. 根据《证券公司监督管理条例》相关规定，证券公司从事证券经纪业务，客户资金不足而接受其买入委托，或者客户证券不足而接受其卖出委托的，对直接负责的主管人员和其他直接责任人员给予警告，并处以（　　）的罚款。

A. 3 万元以上 10 万元以下　　B. 5 万元以上 10 万元以下

C. 3 万元以上 30 万元以下　　D. 5 万元以上 50 万元以下

答案：C

解析： 本题考查违反规定从事证券经纪业务的法律责任。

101. 根据《证券公司监督管理条例》相关规定，证券经纪人从事业务未向客户出示证券经纪人证书、同时接受多家证券公司的委托，进行客户招揽、客户服务等活动或接受客户的委托，为客户办理证券认购、交易等事项的，责令改正，给予警告，没收违法所得，并处以违法所得等值罚款；没有违法所得或者违法所得（　　）的罚款。

A. 不足 3 万元的，处以 3 万元以下

B. 不足 5 万元的，处以 5 万元以下

C. 不足 10 万元的，处以 10 万元以下

D. 不足 20 万元的，处以 20 万元以下

答案：A

解析： 本题考查证券经纪人违反规定开展业务的法律责任。

102. 根据《证券公司监督管理条例》相关规定，证券公司诱使客户进行不必要的证券交易的，责令改正，处以（　　）的罚款。给客户造成损失的，依法承担赔偿责任。

A. 1 万元以上 10 万元以下　　B. 3 万元以上 10 万元以下

C. 5 万元以上 10 万元以下　　D. 5 万元以上 20 万元以下

答案：A

解析： 本题考查诱使客户进行不必要的证券交易的法律责任。

103. 根据《证券公司监督管理条例》相关规定，证券公司委托他人代为买卖证券的，对直接负责的主管人员和其他直接责任人员，给予警告，并处以（　　）

下的罚款。

A. 3 万元以上 10 万元以下　　B. 5 万元以上 20 万元以下

C. 3 万元以上 20 万元以下　　D. 5 万元以上 10 万元以下

答案：A

解析：本题考查违反规定委托他人代为买卖证券的法律责任。

104. 根据《证券公司监督管理条例》相关规定，证券公司从事证券自营业务，投资范围或者投资比例违反规定的，责令改正，给予警告，没收违法所得，并处以违法所得 1 倍以上 5 倍以下的罚款；没有违法所得或者违法所得不足 10 万元的，处以（　　）的罚款；情节严重的，暂停或者撤销其相关证券业务许可。对直接负责的主管人员和其他直接责任人员，给予警告，并处以（　　）的罚款。

A. 10 万元以上 30 万元以下；3 万元以上 10 万元以下

B. 10 万元以上 30 万元以下；5 万元以上 20 万元以下

C. 10 万元以上 50 万元以下；3 万元以上 10 万元以下

D. 10 万元以上 50 万元以下；5 万元以上 20 万元以下

答案：A

解析：本题考查违反证券自营业务风险控制指标的法律责任。

105. 根据《证券公司监督管理条例》相关规定，证券公司从事证券资产管理业务时，使用客户资产进行不必要的证券交易的，责令改正，并处以（　　）的罚款。给客户造成损失的，依法承担赔偿责任。

A. 1 万元以上 10 万元以下　　B. 2 万元以上 20 万元以下

C. 3 万元以上 30 万元以下　　D. 5 万元以上 50 万元以下

答案：A

解析：本题考查使用客户资产进行不必要的证券交易的法律责任。

106. 根据《证券公司监督管理条例》相关规定，证券公司从事证券资产管理业务，投资范围或者投资比例违反规定的，责令改正，给予警告，没收违法所得，并处以违法所得（　　）下的罚款；没有违法所得或者违法所得不足 10 万元的，处以 10 万元以上 30 万元以下的罚款；情节严重的，暂停或者撤销其相关证券业务许可。对直接负责的主管人员和其他直接责任人员，给予警告，并处以（　　）的罚款。

A. 1 倍以上 5 倍以下；3 万元以上 10 万元以下

B. 1 倍以上 5 倍以下；5 万元以上 20 万元以下

C. 1 倍以上 10 倍以下；3 万元以上 10 万元以下

D. 1 倍以上 10 倍以下；5 万元以上 20 万元以下

答案：A

解析：本题考查违反证券资产管理业务风险控制指标的法律责任。

107. 根据《证券公司监督管理条例》相关规定，证券公司未按照规定存放、管理客户的交易结算资金、委托资金和客户担保账户内的资金、证券的，责令改正，给予警告，没收违法所得，并处以违法所得（　　）的罚款；没有违法所得或者违法所得不足3万元的，处以3万元以上30万元以下的罚款。对直接负责的主管人员和其他直接责任人员单处或者并处警告、（　　）下的罚款。

A. 1倍以上5倍以下；3万元以上10万元以下

B. 1倍以上5倍以下；5万元以上20万元以下

C. 1倍以上10倍以下；3万元以上10万元以下

D. 1倍以上10倍以下；5万元以上20万元以下

答案：A

解析：本题考查未按照规定存放、管理客户的交易结算资金、委托资金和客户担保账户内的资金、证券的法律责任。

108. 根据《证券公司监督管理条例》相关规定，证券公司、资产托管机构、证券登记结算机构违反规定动用客户的交易结算资金、委托资金和客户担保账户内的资金、证券的，责令改正，给予警告，没收违法所得，并处以违法所得1倍以上5倍以下的罚款；没有违法所得或者违法所得不足10万元的，处以（　　）的罚款；情节严重的，撤销相关业务许可。对直接负责的主管人员和其他直接责任人员给予警告，并处以（　　）的罚款。

A. 10万元以上30万元以下；3万元以上30万元以下

B. 10万元以上30万元以下；5万元以上50万元以下

C. 10万元以上60万元以下；3万元以上30万元以下

D. 10万元以上60万元以下；5万元以上50万元以下

答案：C

解析：本题考查证券公司、资产托管机构、证券登记结算机构违反规定动用客户的交易结算资金、委托资金和客户担保账户内的资金、证券的法律责任。

109. 根据《证券公司监督管理条例》相关规定，证券公司未按照规定公开披露信息，或者公开披露的信息中有虚假记载、误导性陈述或者重大遗漏的，责令改正，给予警告，并处以（　　）的罚款；对直接负责的主管人员和其他直接责任人员，给予警告，可以处以（　　）的罚款。

A. 3万元以上10万元以下；3万元以下

B. 3万元以上10万元以下；5万元以下

C. 3万元以上20万元以下；3万元以下

D. 3万元以上20万元以下；5万元以下

答案：C

解析：本题考查证券公司未按照规定公开披露信息，或者公开披露的信息中有虚假记载、误导性陈述或者重大遗漏的法律责任。

110. 根据《证券公司监督管理条例》相关规定，证券公司控股或者实际控制的企业、资产托管机构、证券服务机构未按照规定向国务院证券监督管理机构报送、提供有关信息、资料，或者报送、提供的信息、资料中有虚假记载、误导性陈述或者重大遗漏的，责令改正，给予警告，并处以（　　）的罚款；对直接负责的主管人员和其他直接责任人员，给予警告，可以处以（　　）的罚款。

A. 3万元以上10万元以下；3万元以下

B. 3万元以上10万元以下；5万元以下

C. 3万元以上20万元以下；3万元以下

D. 3万元以上20万元以下；5万元以下

答案：C

解析：本题考查证券公司控股或者实际控制的企业、资产托管机构、证券服务机构未按照规定向国务院证券监督管理机构报送、提供有关信息、资料，或者报送、提供的信息、资料中有虚假记载、误导性陈述或者重大遗漏的法律责任。

111. 下列属于证券公司可以动用客户的交易结算或者委托资金的是（　　）。

A. 客户进行证券的申购、证券交易的结算或者客户提款

B. 到期未偿还融资融券债务

C. 客户担保账户内的证券或者资金与其债务的比例低于规定的最低维持担保比例

D. 证券公司通知客户在一定的期限内补交差额但客户未能按期交足差额

答案：A

解析：本题考查证券公司客户资产不得动用的例外情形。证券公司客户资产并非在任何条件下均不可动用。

112. 根据《证券公司监督管理条例》相关规定，任何单位或者个人未经批准，持有或者实际控制证券公司（　　）以上股权的，国务院证券监督管理机构应当责令其限期改正；改正前，相应股权不具有表决权。

A. 1%　　B. 3%　　C. 5%　　D. 10%

答案：C

解析：本题考查对违法控制证券公司5%以上股权情形的监督管理措施。

113. 行政接管是监管部门对经营存在严重问题的证券公司介入，全面接收和管理其债权债务和业务经营，防止其经营风险进一步恶化的行政强制措施。接管期限一般不超过（　　）个月。满（　　）个月，确实需要继续接管的，国务院证券监督管理机构可以决定延期，延期最长不超过（　　）个月。

A. 6；6；6　　B. 6；6；12　　C. 12；12；6　　D. 12；12；12

答案：D

解析：本题考查行政的接管期限。行政接管期限一般不超过12个月。

114. 行政重组是对出现重大风险，但财务信息真实、完整，省级人民政府或者有关方面予以支持，有可行的重组计划的证券公司，向国务院证券监督管理机构申请进行行政重组。行政重组期限一般不超过（　　）个月。满（　　）个月，行政重组未完成的，可向国务院证券监督管理机构申请延长期限（　　）个月。

A. 6；6；6　　B. 6；6；12　　C. 12；12；6　　D. 12；12；12

答案：C

解析：本题考查行政重组概念。有可行的重组计划的证券公司，向国务院证券监督管理机构申请进行行政重组。行政重组期限一般不超过12个月。满12个月，行政重组未完成的，可向国务院证券监督管理机构申请延长期限6个月。

二、多项选择题。以下备选项中有两项或两项以上符合题目要求，多选、少选、错选均不得分。

1. 下列关于法律关系的描述，正确的是（　　）。

A. 法律关系是一种以法律规范为基础形成的社会关系

B. 法律关系是社会关系在法律规范中的映射与体现

C. 法律关系是以权利和义务为内容的社会关系

D. 法律关系是法律主体之间的社会关系

答案：ACD

解析：本题考查法律关系的特征。法律关系是一种以法律规范为基础形成的社会关系。法律关系是以权利和义务为内容的社会关系，是法律规范在社会关系中的映射与体现，而非"社会关系在法律规范中的映射与体现"。法律关系是法律主体之间的社会关系。故选项B排除，选择ACD。

2. 下列不属于我国证券市场法律法规体系核心的有（　　）。

A.《证券投资基金法》　　B.《期货和衍生品法》

C.《证券法》　　D.《反洗钱法》

答案：ABD

解析：本题考查证券市场各层级的法律法规。我国证券市场法律法规体系，是以《证券法》为核心，以规范证券市场的运行为目的，由相关法律、行政法规、部门规章、规范性文件及行业自律规则等构成的法律法规体系，故选项中应排除C，选ABD。

3. 以下关于公司设立方式的说法，正确的有（　　）。

A. 公司的设立方式包括发起设立和募集设立

B. 发起设立适用于有限责任公司

C. 募集设立适用于股份有限公司

D. 募集设立方式中，发起人认购的股份不得少于公司股份总数的25%，但是法律、行政法规另有规定的，从其规定

答案：AC

解析：本题考查公司的设立方式。募集设立只适用于股份有限公司。其中，发起人认购的股份不得少于公司股份总数的35%，但是法律、行政法规另有规定的，从其规定。

4. 下列关于股东会职权的说法，正确的有（　　）。

A. 决定公司的经营方针和投资计划　　B. 决定公司内部管理机构的设置

C. 制定公司的基本管理制度　　D. 修改公司章程

答案：AD

解析：本题考查有限责任公司股东会的职权。股东会是公司的权力机构，依法行使职权，包括：(1) 决定公司的经营方针和投资计划；(2) 选举和更换非由职工代表担任的董事、监事，决定有关董事、监事的报酬事项；(3) 审议批准董事会的报告；(4) 审议批准监事会或者监事的报告；(5) 审议批准公司的年度财务预算方案、决算方案；(6) 审议批准公司的利润分配方案和弥补亏损方案；(7) 对公司增加或者减少注册资本作出决议；(8) 对发行公司债券作出决议；(9) 对公司合并、分立、解散、清算或者变更公司形式作出决议；(10) 修改公司章程；(11) 公司章程规定的其他职权。

5. 下列关于股份有限公司股份回购的说法，正确的有（　　）。

A. 减少公司权益资本时，可以回购本公司股份，需经股东大会决议

B. 与持有本公司股份的其他公司合并时，可以回购本公司股份，需经股东大会决议

C. 将股份用于员工持股计划或者股权激励时，可以回购本公司股份

D. 上市公司为维护公司价值及股东权益所必需时，可以回购本公司股份

答案：BCD

解析：本题考查股份有限公司股份回购的规定。公司不得收购本公司股份。但是，有下列情形之一的除外：（1）减少公司注册资本；（2）与持有本公司股份的其他公司合并；（3）将股份用于员工持股计划或者股权激励；（4）股东因对股东大会作出的公司合并、分立决议持异议，要求公司收购其股份；（5）将股份用于转换上市公司发行的可转换为股票的公司债券；（6）上市公司为维护公司价值及股东权益所必需。公司因前款第（1）项、第（2）项规定的情形收购本公司股份的，应当经股东大会决议；公司因前款第（3）项、第（5）项、第（6）项规定的情形收购本公司股份的，可以依照公司章程的规定或者股东大会的授权，经2/3以上董事出席的董事会会议决议。

6. 以下关于公司财务会计制度内容的规定，说法正确的有（　　）。

A. 公司分配当年税后利润时，应当提取利润的15%列入公司法定公积金

B. 公司法定公积金累计额为公司注册资本的50%以上的，可以不再提取

C. 法定公积金转为资本时，所留存的该项公积金不得少于转增前公司注册资本的20%

D. 公司从税后利润中提取法定公积金后，经股东会或者股东大会决议，还可以从税后利润中提取任意公积金

答案：BD

解析：本题考查公司财务会计制度的内容。公司分配当年税后利润时，应当提取利润的10%列入公司法定公积金。法定公积金转为资本时，所留存的该项公积金不得少于转增前公司注册资本的25%。

7. 《合伙企业法》主要内容有（　　）。

A. 合伙企业的设立

B. 合伙人的权利与义务

C. 合伙事务执行

D. 入伙、退伙

答案：ABCD

解析：本题考查《合伙企业法》的内容。《合伙企业法》是规定合伙企业的设立、合伙事务执行、合伙人的权利与义务、合伙企业与第三人关系及入伙、退伙等的法律。

8. 合伙企业与公司的主要区别有（ ）。

A. 法律地位不同
B. 财产独立性不同
C. 责任不同
D. 运营管理模式不同

答案：ABCD

解析：本题考查合伙企业与公司的区别。合伙企业与公司的区别主要有：一是法律地位不同。公司具有独立的法人主体资格，是企业法人；合伙企业不是法人，是非法人企业。二是财产独立性不同。公司的财产独立于股东；合伙企业的财产与合伙人仅相对独立，合伙企业的财产属于合伙人共有。三是承担的责任不同。股东对公司的责任以出资为限，承担有限责任；而合伙企业中，普通合伙人对合伙企业承担无限责任。此外，与公司相比，合伙企业具有高度的人合性，因此合伙企业的加入、退出、运营管理等方面，与公司均有较大不同。

9. 为保护国有资产和上市公司股东的利益，下列（ ）主体单位不能成为普通合伙人。

A. 国有独资公司
B. 国有企业
C. 上市公司
D. 公益性的事业单位

答案：ABCD

解析：本题考查普通合伙人的主体适格性限制。为保护国有资产和上市公司股东的利益，国有独资公司、国有企业、上市公司不得成为普通合伙人。公益性的事业单位、社会团体也不得成为普通合伙人。

10. 合伙企业的下列事项应当经全体合伙人一致同意的是（ ）。

A. 以合伙企业名义为他人提供担保
B. 聘任合伙人以外的人担任合伙企业的经营管理人员
C. 处分合伙企业的动产
D. 改变合伙企业的经营范围、主要经营场所的地点

答案：ABD

解析：本题考查全体合伙人一致同意的事项。根据《合伙企业法》第三十一条的规定，除合伙协议另有约定外，合伙企业除选项 ABD 所列事项外，还有下列事项应当经全体合伙人一致同意：（1）改变合伙企业的名称；（2）处分合伙企业的不动产；（3）转让或者处分合伙企业的知识产权和其他财产权利。

11. 退伙的情形包括（ ）。

A. 自愿退伙
B. 法定退伙
C. 除名退伙
D. 普通退伙

答案：ABC

解析：本题考查退伙的情形。退伙包括自愿退伙、法定退伙和除名退伙三种情形。

12. 撤销是对经停业整顿、托管、接管或者行政重组在规定期限内仍达不到正常经营条件的证券公司，采取的市场退出措施。国务院证券监督管理机构可以直接撤销该证券公司的情况有（　　）。

A. 证券公司违法经营特别严重　　B. 不能清偿到期债务

C. 需要动用证券投资者保护基金　　D. 未按照规定时间报送月报

答案：ABC

解析：本题考查行政撤销的概念。证券公司违法经营特别严重，不能清偿到期债务，需要动用证券投资者保护基金的，国务院证券监督管理机构可以直接撤销该证券公司。

13. 证券发行、交易活动的当事人具有平等的法律地位，应当遵守（　　）的原则。

A. 自愿　　B. 无偿　　C. 有偿　　D. 诚实信用

答案：ACD

解析：本题考查证券发行、交易活动的当事人具有平等的法律地位，应当遵守自愿、有偿、诚实信用的原则。

14. 证券公司行政清理组在证券公司风险处置行政清理期间，具体工作范围包括（　　）。

A. 接管公司　　B. 债权登记　　C. 账户清理　　D. 处置资产

答案：ABCD

解析：本题考查证券公司风险处置措施中行政清理组的职责。除选项ABCD外，行政清理组在证券公司风险处置行政清理期间，具体工作范围还有：(1) 确定处置日；(2) 弥补客户资产和个人债兑付；(3) 清理债权债务；(4) 证券类资产转让；(5) 税收政策。

15. 制定《证券法》的目的是（　　）。

A. 维护社会经济秩序和社会公共利益

B. 规范证券行为

C. 保护投资者的合法权益

D. 促进资本市场有序进行

答案：ABCD

解析：本题考查《证券法》的意义。

16. 下列属于公开发行新股条件的是（　　）。

A. 具备健全且运行良好的组织机构

B. 具有持续经营能力

C. 最近5年财务会计报告被出具无保留意见审计报告

D. 发行人及其控股股东、实际控制人最近3年不存在贪污、贿赂、侵占财产、挪用财产或者破坏社会主义市场经济秩序的刑事犯罪

答案：ABD

解析：本题考查公开发行新股的条件。公司首次公开发行新股，应当满足最近3年财务会计报告被出具无保留意见审计报告。

17. 按照《证券公司合规管理实施指引》的要求，某证券公司设立合规负责人王某，以下关于王某的说法错误的是（　　）。

A. 王某可以是下属单位负责人

B. 王某直接向监事会负责

C. 王某组织拟订公司经营的基本制度和其他管理制度，督导下属各单位实施

D. 王某应当对证券公司内部规章制度、重大决策、新产品和新业务方案等进行合规审查，并出具合规审计意见

答案：ABC

解析：本题考查证券公司合规负责人职责的有关规定。合规负责人是高级管理人员；直接向董事会负责；合规负责人应当对证券公司内部规章制度、重大决策、新产品和新业务方案等进行合规审查，并出具书面合规审计意见。

18. 有下列情形之一的，不得再次公开发行公司债券（　　）。

A. 最近3年平均可分配利润足以支付公司债券1年的利息

B. 对已公开发行的公司债券或者其他债务有违约或者延迟支付本息的事实，仍处于继续状态

C. 发起人姓名或者名称，发起人认购的股份数、出资种类及验资证明

D. 改变公开发行公司债券所募资金的用途

答案：BD

解析：本题考查不得再次公开发行公司债券的情形。

19. 关于发行证券，下列说法正确的有（　　）。

A. 证券公司在代销、包销期内，可为本公司预留所代销的证券和预先购入并留存所包销的证券

B. 若证券发行失败，发行人应当按照发行价并加算银行同期存款利息返还股

票认购人

C. 证券发行不得进行虚假的或者误导投资者的广告宣传或者其他宣传活动

D. 向不特定对象发行证券聘请承销团承销的，承销团由主承销和参与承销的证券公司组成

答案：BCD

解析：本题考查证券的发行。证券公司在代销、包销期内，对所代销、包销的证券应当保证先行出售给认购人，证券公司不得为本公司预留所代销的证券和预先购入并留存所包销的证券，故选项 A 表述错误。

20. 包销与代销的区别有（　　）。

A. 代销期结束后，未售出的股票承销商自己购买

B. 包销期结束后，未售出的股票承销商自己购买

C. 采用代销方式时，证券发行风险由发行人承担

D. 全额包销的承销商承担全部发行风险

答案：BCD

解析：本题考查包销与代销的区别。包销与代销的最大区别是：承销期结束时，将未售出的股票承销商是否自己购买。包销是股票承销商自己购买，反之是代销。

21. 下列属于禁止交易行为的有（　　）。

A. 内幕交易　　　　B. 内幕信息

C. 操纵证券市场　　　　D. 虚假陈述或信息误导

答案：ABCD

解析：本题考查证券市场禁止交易行为。禁止交易行为有禁止内幕交易、内幕信息、禁止操纵证券市场行为、禁止虚假陈述或信息误导行为、禁止损害客户利益的行为等。

22. 证券交易内幕信息知情人有（　　）。

A. 发行人

B. 所任公司职务或者因与公司业务往来的工作人员

C. 因法定职责对证券的发行可以获取内幕信息的有关主管部门工作人员

D. 持有公司 5% 以上股份的股东

答案：ABCD

解析：本题考查内幕信息知情人。证券交易内幕信息知情人包括：

(1) 发行人及其董事、监事、高级管理人员；

（2）持有公司5%以上股份的股东及其董事、监事、高级管理人员，公司的实际控制人及其董事、监事、高级管理人员；

（3）发行人控股或者实际控制的公司及其董事、监事、高级管理人员；

（4）由于所任公司职务或者因与公司业务往来可以获取公司有关内幕信息的人员；

（5）上市公司收购人或者重大资产交易方及其控股股东、实际控制人、董事、监事和高级管理人员；

（6）因职务、工作可以获取内幕信息的证券交易场所、证券公司、证券登记结算机构、证券服务机构的有关人员；

（7）因职责、工作可以获取内幕信息的证券监督管理机构工作人员；

（8）因法定职责对证券的发行、交易或者对上市公司及其收购、重大资产交易进行管理可以获取内幕信息的有关主管部门、监管机构的工作人员；

（9）国务院证券监督管理机构规定的可以获取内幕信息的其他人员。

23. 下列属于损害客户利益的行为的有（　　）。

A. 某投资顾问未经客户的委托，擅自为客户买卖证券

B. 某证券从业人员为牟取佣金收入，诱使客户进行不必要的证券买卖

C. 理财经理在规定时间内向客户提供交易的确认文件

D. 理财经理假借客户的名义买卖证券

答案：ABD

解析：本题考查损害客户利益的行为。禁止证券公司及其从业人员从事下列损害客户利益的行为：

（1）违背客户的委托为其买卖证券；

（2）不在规定时间内向客户提供交易的确认文件；

（3）未经客户的委托，擅自为客户买卖证券，或者假借客户的名义买卖证券；

（4）为牟取佣金收入，诱使客户进行不必要的证券买卖；

（5）其他违背客户真实意思表示，损害客户利益的行为。

24. 投资者可以采取（　　）方式收购上市公司。

A. 要约收购　　B. 协议收购　　C. 公开收购　　D. 杠杆收购

答案：AB

解析：本题考查投资者收购方式。投资者可以采取要约收购、协议收购及其他合法方式收购上市公司。

25. 关于信息披露制度的说法，正确的有（　　）。

A. 披露的信息，应当真实、准确、完整，简明清晰，通俗易懂，不得有虚假记载、误导性陈述或者重大遗漏

B. 证券同时在境内境外公开发行、交易的，其信息披露义务人在境外披露的信息，应当在境内同时披露

C. 任何单位和个人不得非法要求信息披露义务人提供依法需要披露但尚未披露的信息

D. 发行人及其控股股东、实际控制人、董事、监事、高级管理人员等作出公开承诺的，应当披露

答案：ABCD

解析：本题考查信息披露制度。

26. 关于法律主体，下列说法正确的有（　　）。

A. 我国境内的外国人和无国籍人士不属于法律主体

B. 国家是与国际法所对应的法律关系的主体

C. 法律主体是“法律关系主体”的简称

D. 法律主体主要包括自然人、组织和国家三类，是法律关系的参加者

答案：BCD

解析：本题考查法律主体的界定与分类。在我国法律管辖的范围内，可以成为法律主体的自然人包括我国公民以及在我国境内的外国人和无国籍人，故选项 A 表述排除，选项 BCD 正确。

27. 下列属于法律主体的有（　　）。

A. 组织　　B. 我国境内的外籍人士

C. 我国公民　　D. 国家

答案：ABCD

解析：本题考查法律主体的界定。法律主体是法律关系的参加者，主要包括自然人、组织和国家三类。其中，自然人包括我国公民以及在我国境内的外籍人士，故选项 ABCD 正确。

28. 下列事项属于公司营业执照上应明确载明的信息有（　　）。

A. 住所　　B. 注册资本　　C. 经营规章　　D. 经营范围

答案：ABD

解析：本题考查公司营业执照的载明事项。公司营业执照应当载明公司的名称、住所、注册资本、经营范围、法定代表人姓名等事项。选项 C 不属于此范围。

29. 被处置证券公司的董事、监事、高级管理人员等有关人员有下列情形之一

的，处以其年收入1倍以上2倍以下的罚款，并可以暂停其任职资格、证券从业资格；情节严重的，撤销其任职资格、证券从业资格，处以其年收入2倍以上5倍以下的罚款，并可以按照规定对其采取证券市场禁入的措施有（　　）。

A. 拒绝配合现场工作组、托管组、接管组、行政清理组依法履行职责

B. 拒绝向托管组、接管组、行政清理组移交财产、印章或者账簿、文书等资料

C. 隐匿、销毁、伪造有关资料，或者故意提供虚假情况

D. 隐匿财产，擅自转移、转让财产

答案：ABCD

解析：本题考查被处置证券公司的董事、监事、高级管理人员等人员的法律责任。

30. 证券公司承销或者销售擅自公开发行或者变相公开发行的证券的，下列相关处罚表述正确的是（　　）。

A. 责令停止承销或者销售，没收违法所得，并处以违法所得1倍以上10倍以下的罚款

B. 没有违法所得或者违法所得不足100万元的，处以100万元以上1 000万元以下的罚款

C. 对直接负责的主管人员和其他直接责任人员给予警告，并处以10万元以上100万元以下的罚款

D. 情节严重的，并处暂停或者撤销相关业务许可

答案：ABD

解析：根据《证券法》第一百八十三条的规定，证券公司承销或者销售擅自公开发行或者变相公开发行的证券的，对直接负责的主管人员和其他直接责任人员给予警告，并处以50万元以上500万元以下的罚款。

31. 下列不属于基金合同当事人的是（　　）。

A. 基金管理人　　B. 基金销售机构　　C. 基金监管机构

D. 基金持有人　　E. 基金托管人

答案：BC

解析：本题考查基金合同当事人的概念。基金合同当事人包括基金份额持有人、基金管理人和基金托管人。

32. 根据《证券投资基金法》第四十六条的规定，基金份额持有人依法享有下列权利，下列说法正确的有（　　）。

A. 分享基金财产收益以及参与分配清算后的剩余基金财产

B. 依法转让或者申请赎回其持有的基金份额

C. 按照规定要求召开基金份额持有人大会或者召集基金份额持有人大会

D. 对基金份额持有人大会审议事项行使表决权

答案：ABCD

解析：本题考查基金份额持有人的权利。根据《证券投资基金法》第四十六条的规定，除选项 ABCD 外，基金份额持有人还依法享有下列权利：(1) 对基金管理人、基金托管人、基金服务机构损害其合法权益的行为依法提起诉讼；(2) 公开募集基金的基金份额持有人有权查阅或者复制公开披露的基金信息资料；非公开募集基金的基金份额持有人有权对涉及自身利益的情况，查阅基金的财务会计账簿等财务资料。除上述权利以外，基金份额持有人还享有基金合同约定的其他权利。

33. 下列关于基金份额持有人大会职权说法正确的有（　　）。

A. 决定基金扩募或者延长基金合同期限

B. 决定修改基金合同的重要内容或者提前终止基金合同

C. 决定更换基金管理人、基金托管人

D. 决定调整基金管理人、基金托管人的报酬标准

答案：ABCD

解析：本题考查基金份额持有人大会的职权。

34. 下列关于基金份额持有人大会日常机构的职权说法正确的有（　　）。

A. 召集基金份额持有人大会

B. 提请更换基金管理人、基金托管人

C. 监督基金管理人的投资运作、基金托管人的托管活动

D. 提请调整基金管理人、基金托管人的报酬标准

答案：ABCD

解析：本题考查基金份额持有人日常大会的职权。除上述职权以外，基金份额持有人大会日常机构还根据基金合同的约定行使其他职权。

35. 关于国务院证券监督管理机构在处置证券公司风险工作中的职责，以下说法正确的有（　　）。

A. 派驻风险处置现场工作组，对被处置证券公司、托管组、接管组、行政清理组、管理人以及参与风险处置的其他机构和人员进行监督和指导

B. 对证券公司的违法行为立案稽查并予以处罚

C. 及时向公安机关等通报涉嫌刑事犯罪的情况，按照有关规定移送涉嫌犯罪的案件

D. 组织相关单位的人员成立个人债权甄别确认小组，按照国家规定对已登记的个人债权进行甄别确认

答案：ABC

解析： 本题考查国务院证券监督管理机构在处置证券公司风险工作中的职责。本题中，组织相关单位的人员成立个人债权甄别确认小组，按照国家规定对已登记的个人债权进行甄别确认是地方人民政府在处置证券公司风险工作的责任和义务。

36. 下列关于公开募集基金的基金管理人及其董事、监事、高级管理人员和其他从业人员的禁止行为，说法正确的有（　　）。

A. 将其固有财产或者他人财产混同于基金财产从事证券投资

B. 利用基金财产或者职务之便为基金份额持有人以外的人牟取利益

C. 向基金份额持有人违规承诺收益或者承担损失

D. 泄露因职务便利获取的未公开信息、利用该信息从事或者明示、暗示他人从事相关的交易活动

答案：ABCD

解析： 本题考查公开募集基金的基金管理人及其董事、监事、高级管理人员和其他从业人员的禁止行为。除选项 ABCD 外，开募集基金的基金管理人及其董事、监事、高级管理人员和其他从业人员还不得有下列行为：（1）不公平地对待其管理的不同基金财产；（2）侵占、挪用基金财产；（3）玩忽职守，不按照规定履行职责。公开募集基金的基金管理人及其董事、监事、高级管理人员和其他从业人员也不得从事法律、行政法规和国务院证券监督管理机构规定禁止的其他行为。

37. 下列属于公开募集基金的基金管理人的股东、实际控制人的禁止行为的有（　　）。

A. 虚假出资或者抽逃出资

B. 未依法经股东会或者董事会决议擅自干预基金管理人的基金经营活动

C. 要求基金管理人利用基金财产为自己或者他人牟取利益，损害基金份额持有人利益

答案：ABC

解析： 本题考查公开募集基金的基金管理人的股东、实际控制人不得有的行为。除选项 ABC 禁止行为以外，公开募集基金的基金管理人的股东、实际控制人也不得从事国务院证券监督管理机构规定禁止的其他行为。

38. 下列属于私募基金管理人及其从业人员从事私募基金业务禁止行为的有（　　）。

A. 将其固有财产或者他人财产混同于基金财产从事投资活动

B. 利用基金财产或者职务之便，为本人或者投资者以外的人牟取利益，进行利益输送

C. 侵占、挪用基金财产；不公平地对待其管理的不同基金财产

D. 泄露因职务便利获取的未公开信息，利用该信息从事或者明示、暗示他人从事相关的交易活动

答案：ABCD

解析：本题考查私募基金管理人及其从业人员禁止行为。

39. 非公开募集基金的基金管理人员组织形态包括（　　）。

A. 依法设立的公司　　B. 合伙企业

C. 个人独资企业　　D. 社会团体

答案：AB

解析：本题考查基金管理人的概念。基金管理人是指按照法律、法规的规定和基金合同的约定，为基金份额持有人的利益，对基金财产进行管理及运作的机构。基金管理人由依法设立的公司或者合伙企业担任。

40. 下列关于基金财产的独立性的说法，正确的有（　　）。

A. 基金管理人、基金托管人因依法解散、被依法撤销或者被依法宣告破产等原因进行清算的，基金财产不属于其清算财产

B. 基金管理人、基金托管人因基金财产的管理、运用或者其他情形而取得的财产和收益，归入基金财产

C. 同一基金管理公司的不同基金财产的债权债务，经基金持有人大会同意，可以相互抵消

D. 基金财产的债务由基金财产本身承担，基金份额持有人以其出资为限对基金财产债务承担责任

答案：ABD

解析：本题考查基金财产的独立性，包括基金财产本身的独立性以及基金财产债权债务的独立性。除选项 ABD 外，对证券投资基金活动的要求还体现在：(1) 基金财产独立于基金管理人、基金托管人的固有财产。(2) 基金财产的债权，不得与基金管理人、基金托管人固有财产的债务相抵消；不同基金财产的债权债务，不得相互抵销。(3) 基金管理人、基金托管人、基金服务机构依照法律规定，应当承担的民事赔偿责任和缴纳的罚款、罚金，由基金管理人、基金托管人、基金服务机构以其固有财产承担。

41. 基金公开募集与非公开募集主要区别在于（　　）。

A. 募集方式和对象不同　　B. 基金管理人的类型及产生方式不同

C. 基金财产投资范围不同　　D. 信息披露要求不同

答案：ABCD

解析：本题考查基金公开募集与非公开募集的主要区别。

42. 封闭式基金与开放式基金的主要区别有（　　）。

A. 募集方式和对象不同　　B. 基金管理人的类型及产生方式不同

C. 基金财产投资范围不同　　D. 信息披露要求不同

答案：ABCD

解析：本题考查基金公开募集与非公开募集的主要区别。

43. 基金管理人应当履行的职责包括（　　）。

A. 依法募集资金，办理基金份额的发售和登记事宜

B. 计算并公告基金资产净值，确定基金份额申购、赎回价格

C. 按照规定召集基金份额持有人大会

D. 以基金管理人名义，代表基金份额持有人利益行使诉讼权利或者实施其他法律行为

答案：ABCD

解析：本题考查基金管理人的职责。根据《证券投资基金法》第十九条的规定，除ABCD外，公开募集基金的基金管理人应当履行的职责还有：（1）办理基金备案手续；（2）对所管理的不同基金财产分别管理、分别记账，进行证券投资；（3）按照基金合同的约定确定基金收益分配方案，及时向基金份额持有人分配收益；（4）进行基金会计核算并编制基金财务会计报告；（5）编制中期和年度基金报告；（6）办理与基金财产管理业务活动有关的信息披露事项；（7）保存基金财产管理业务活动的记录、账册、报表和其他相关资料；除上述职责以外，公开募集基金的基金管理人还应当履行国务院证券监督管理机构规定的其他职责。

44. 下列关于证券公司行政清理的说法正确的有（　　）。

A. 证券公司清理应由国务院证券监督管理机构并按照规定程序选择律师事务所、会计师事务所等专业机构成立行政清理组，对该证券公司进行行政清理

B. 证券公司行政清理期间，证券经纪等涉及客户的业务，由国务院证券监督管理机构按照规定程序选择的证券公司等专业机构进行托管，以保证正常经纪客户的交易稳定

C. 被撤销证券公司股东会或者股东大会、董事会、监事会以及经理、副经理停止履行职责，股东可以自行组织清算，并参与行政清理工作

D. 行政清理期间，被处置证券公司仍应依法缴纳行政性收费和增值税、营业

税等行政法规规定的税收

答案：AB

解析：本题考查证券公司行政清理的主体、职责、工作范围等。被撤销证券公司股东会或者股东大会、董事会、监事会以及经理、副经理停止履行职责，股东不得自行组织清算，不得参与行政清理工作，故选项 C 错误。行政清理期间，被处置证券公司免缴行政性收费和增值税、营业税等行政法规规定的税收，故选项 D 错误。

45. 根据《证券投资基金法》相关规定，基金管理人、基金托管人及其董事、监事、高级管理人员和其他从业人员不公平地对待其管理的不同基金财产的，关于处罚表述正确的有（　　）。

A. 责令改正，没收违法所得，并处违法所得 1 倍以上 5 倍以下罚款

B. 没有违法所得或者违法所得不足 100 万元的，并处 10 万元以上 100 万元以下罚款

C. 基金管理人、基金托管人有上述行为的，还应当对其直接负责的主管人员和其他直接责任人员给予警告

D. 暂停或者撤销基金从业资格，并处 3 万元以上 30 万元以下罚款

答案：ABCD

解析：本题考查不公平地对待其管理的不同基金财产的法律责任。

46. 根据《证券投资基金法》相关规定，基金管理人、基金托管人及其董事、监事、高级管理人员和其他从业人员利用基金财产或者职务之便为基金份额持有人以外的人牟取利益的，关于处罚表述正确的有（　　）。

A. 责令改正，没收违法所得

B. 并处违法所得 1 倍以上 5 倍以下罚款

C. 没有违法所得或者违法所得不足 100 万元的，并处 10 万元以上 100 万元以下罚款

D. 基金管理人、基金托管人有上述行为的，还应当对其直接负责的主管人员和其他直接责任人员给予警告，暂停或者撤销基金从业资格，并处 3 万元以上 30 万元以下罚款

答案：ABCD

解析：本题考查利用基金财产或者职务之便为基金份额持有人以外的人牟取利益的法律责任。

47. 下列属于《证券法》中规定的重大事件的有（　　）。

A. 公司在一年内购买、出售重大资产超过公司资产总额20%，或者公司营业用主要资产的抵押、质押、出售或者报废一次超过该资产的20%

B. 公司的董事、1/2以上监事或者经理发生变动，董事长或者经理无法履行职责

C. 持有公司5%以上股份的股东或者实际控制人持有股份或者控制公司的情况发生较大变化，公司的实际控制人及其控制的其他企业从事与公司相同或者相似业务的情况发生较大变化

D. 公司分配股利、增资的计划，公司股权结构的重要变化，公司减资、合并、分立、解散及申请破产的决定，或者依法进入破产程序、被责令关闭

答案：CD

解析：本题考查证券公司重大事件。选项A应为：公司在一年内购买、出售重大资产超过公司资产总额30%，或者公司营业用主要资产的抵押、质押、出售或者报废一次超过该资产的30%。选项B应为：公司的董事、1/3以上监事或者经理发生变动，董事长或者经理无法履行职责。

48. 任何人操纵证券市场行为给投资者造成损失的，行为人应当依法承担赔偿责任。下列关于禁止操纵证券市场的说法正确的有（　　）。

A. 单独或者通过合谋，集中资金优势、持股优势或者利用信息优势联合或者连续买卖

B. 与他人串通，以事先约定的时间、价格和方式相互进行证券交易

C. 在自己实际控制的账户之间进行证券交易

D. 不以成交为目的，频繁或者大量申报并撤销申报

答案：ABCD

解析：本题考查禁止操纵证券市场行为。除以上选项外，根据《证券法》规定，禁止任何人以下列手段操纵证券市场，影响或者意图影响证券交易价格或者证券交易量：（1）利用虚假或者不确定的重大信息，诱导投资者进行证券交易；（2）对证券、发行人公开作出评价、预测或者投资建议，并进行反向证券交易；（3）利用在其他相关市场的活动操纵证券市场；（4）操纵证券市场的其他手段。操纵证券市场行为给投资者造成损失的，行为人应当依法承担赔偿责任。

49. 我国证券投资基金法律体系主要包括（　　）。

A. 法律，如《证券法》

B. 部门规章，如《证券投资基金法》

C. 行政法规，如《公开募集证券投资基金管理人监督管理办法》

D. 行业自律规则，如《基金从业人员执业行为自律准则》

答案：ABD

解析：本题考查证券投资基金法律体系。我国证券投资基金法律体系以《证券投资基金法》为核心，由相关法律、部门规章及自律规则共同组成。其中《公开募集证券投资基金管理人监督管理办法》属于部门规章。

50. 衍生品交易的基本制度包括（　　）。

A. 单一协议制度　　B. 履约保障机

C. 终止净额结算制度　　D. 交易报告库制度

答案：ABCD

解析：本题考查衍生品交易的基本制度。

51. 下列关于期货交易结算的表述，正确的是（　　）。

A. 期货交易所应当及时将结算结果通知客户

B. 结算结果应当在当日及时通知结算参与人和交易者

C. 期货交易所实行当日无负债结算制度

D. 客户应当及时查询结算结果并妥善处理自己的交易持仓

答案：ABCD

解析：本题考查期货结算与交割。

52. 关于期货合约交割，说法正确的有（　　）。

A. 期货合约到期时，交易者应当通过实物交割或者现金交割，了结到期未平仓合约

B. 在标准化期权合约规定的时间，合约的买方有权以约定的价格买入或者卖出标的物，或者按照约定进行现金差价结算，合约的卖方应当按照约定履行相应的义务。标准化期权合约的行权，由期货结算机构组织进行

C. 期货合约采取实物交割的，由期货结算机构负责组织货款与标准仓单等合约标的物权利凭证的交付

D. 期货合约采取现金交割的，由期货结算机构以交割结算价为基础，划付持仓双方的盈亏款项

答案：ABCD

解析：本题考查到期期货合约交割。

53. 根据《期货和衍生品法》相关规定，期货公司经国务院期货监督管理机构核准可以从事下列（　　）业务。

A. 期货经纪　B. 期货交易咨询　C. 期货做市交易　D. 其他期货业务

答案：ABCD

解析：本题考查期货公司的业务许可范围。

54. 下面关于期货跨境交易与监管的说法正确的有（　　）。

A. 境外期货交易场所向境内单位或者个人提供直接接入该交易场所交易系统进行交易服务的，应当向国务院期货监督管理机构申请注册，接受国务院期货监督管理机构的监督管理

B. 境外期货交易场所上市的期货合约、期权合约和衍生品合约，以境内期货交易场所上市的合约价格进行挂钩结算的，应当符合国务院期货监督管理机构的规定

D. 境内单位或者个人从事境外期货交易，应当委托具有境外期货经纪业务资格的境内期货经营机构进行

D. 境内期货经营机构转委托境外期货经营机构从事境外期货交易的，该境外期货经营机构应当向国务院期货监督管理机构申请注册，接受国务院期货监督管理机构的监督管理

答案：ABCD

解析：本题考查期货跨境交易与监管。

55. 下列关于操纵期货市场的法律责任，说法正确的有（　　）。

A. 责令改正，没收违法所得，并处以违法所得 1 倍以上 10 倍以下的罚款

B. 没有违法所得或者违法所得不足 100 万元的，处以 100 万元以上 1 000 万元以下的罚款

C. 单位操纵市场的，还应当对直接负责的主管人员和其他直接责任人员给予警告，并处以 50 万元以上 500 万元以下的罚款

D. 操纵市场行为给交易者造成损失的，应当依法承担赔偿责任

答案：ABCD

解析：本题考查操纵期货市场的法律责任。

56. 下列关于期货和衍生品内幕交易的法律责任，说法正确的有（　　）。

A. 责令改正，没收违法所得，并处以违法所得 1 倍以上 10 倍以下的罚款

B. 违法所得或者违法所得不足 50 万元的，处以 50 万元以上 500 万元以下的罚款

C. 单位从事内幕交易的，还应当对直接负责的主管人员和其他直接责任人员给予警告，并处以 20 万元以上 200 万元以下的罚款

D. 国务院期货监督管理机构、国务院授权的部门、期货交易场所、期货结算机构的工作人员从事内幕交易的，从重处罚

答案：ABCD

解析：本题考查期货和衍生品内幕交易的法律责任。

57. 根据《期货和衍生品法》相关规定，期货公司办理重大事项变更，应当经国务院期货监督管理机构核准。下列属于期货公司重大事项的有（　）。

A. 合并、分立、停业、解散或者申请破产

B. 变更主要股东或者公司的实际控制人

C. 变更注册资本且调整股权结构

D. 变更业务范围

答案：ABCD

解析：本题考查期货公司重大事项审批。

58. 根据《期货和衍生品法》的规定，期货公司经国务院期货监督管理机构核准可以从事期货业务有（　）。

A. 期货经纪　B. 期货交易咨询　C. 期货做市交易　D. 资产管理业务

答案：ABC

解析：本题考查期货公司的业务许可范围。根据《期货和衍生品法》第六十三条的规定，期货公司经国务院期货监督管理机构核准可以从事下列期货业务：（1）期货经纪；（2）期货交易咨询；（3）期货做市交易；（4）其他期货业务。期货公司从事资产管理业务的，应当符合《证券投资基金法》等法律、行政法规的规定。

59. 根据《期货和衍生品法》相关规定，境外期货交易场所和期货经营机构未向国务院期货监督管理机构申请注册的，应当处以的惩罚说法正确的是（　）。

A. 责令改正，没收违法所得

B. 处以违法所得 1 倍以上 5 倍以下的罚款

C. 没有违法所得或者违法所得不足 50 万元的，处以 50 万元以上 500 万元以下的罚款

D. 对直接负责的主管人员和其他直接责任人员给予警告，并处以 10 万元以上 100 万元以下的罚款

答案：ACD

解析：根据《期货和衍生品法》第一百四十五条的规定，境外期货交易场所和期货经营机构违反本法第一百一十八条和第一百二十条的规定，未向国务院期货监督管理机构申请注册的，责令改正，没收违法所得，并处以违法所得 1 倍以上 10 倍以下的罚款。

60. 根据《证券公司监督管理条例》相关规定，有下列情形之一的单位或者个人，不得成为持有证券公司 5% 以上股权的股东、实际控制人（　）。

A. 因故意犯罪被判处刑罚，刑罚执行完毕未逾 3 年

B. 净资产低于实收资本的50%

C. 或有负债达到净资产的50%

答案：ABC

解析：本题考查成为持有证券公司5%以上股权的股东、实际控制人资格的禁止性规定。

61. 根据《证券公司董事、监事和高级管理人员任职资格监管办法》相关规定，证券公司高级管理人员，是指证券公司的（　　）以及实际履行上述职务的人员。

A. 总经理、副总经理　　B. 财务负责人

C. 合规负责人　　D. 董事会秘书

答案：ABCD

解析：本题考查证券公司高级管理人员。

62. 根据《证券法》相关规定，证券公司经营（　　），注册资本最低限额为人民币5 000万元。

A. 证券经纪业务

B. 证券投资咨询业务

C. 与证券交易、证券投资活动有关的财务顾问业务

D. 证券承销与保荐业务

答案：ABC

解析：本题考查证券公司注册资本要求。根据《证券法》第一百二十一条的规定，证券公司经营证券经纪，证券投资咨询，与证券交易、证券投资活动有关的财务顾问业务的，注册资本最低限额为人民币5 000万元。

63. 下列关于证券公司外部约束的说法正确的有（　　）。

A. 证券公司及其境内分支机构经营的业务应当经国务院证券监督管理机构批准，不得经营未经批准的业务

B. 证券公司设立时，中国证监会依照法定条件核准其业务范围。对新设公司核准的业务不超过5种，但中国证监会另有规定的除外

C. 经营证券承销与保荐、证券融资融券、证券做市交易、证券自营、其他证券业务中两项以上的，注册资本最低限额为人民币5亿元

D. 2个以上的证券公司受同一单位、个人控制或者相互之间存在控制关系的，不得经营相同的证券业务，但国务院证券监督管理机构另有规定的除外

答案：ACD

解析：本题考查证券公司及其分支机构的业务经营的外部约束。证券公司设立

时，中国证监会依照法定条件核准其业务范围。对新设公司核准的业务不超过4种，但中国证监会另有规定的除外。

64. 下列关于证券公司内部约束的说法正确的有（　　）。

A. 证券公司应当按照审慎经营的原则，建立健全风险管理与内部控制制度，防范和控制风险

B. 证券公司应当从每年的净利润中提取交易风险准备金，用于弥补证券经营的损失

C. 证券公司必须将其证券经纪业务、证券承销业务、证券自营业务、证券做市业务和证券资产管理业务分开办理，不得混合操作

D. 证券公司应当对分支机构实行集中统一管理

答案：ACD

解析：本题考查证券公司及其分支机构的业务经营的内部约束。根据《证券法》和《证券公司监督管理条例》等法律法规的规定，证券公司应当从每年的业务收入中提取交易风险准备金，用于弥补证券经营的损失，其提取的具体比例由国务院证券监督管理机构会同国务院财政部门规定。

65. 证券公司有下列（　　）情形之一的，国务院证券监督管理机构可以将其证券经纪等涉及客户的业务进行托管；情节严重的，可以对该证券公司进行接管。

A. 治理混乱、管理失控

B. 挪用客户资产并且不能自行弥补

C. 在证券交易结算中多次发生交收违约或者交收违约数额较大

D. 风险控制指标不符合规定，发生重大财务危机

答案：ABCD

解析：本题考查证券公司行政托管。

66. 根据《证券法》《证券公司监督管理条例》的相关规定，证券公司需要向国务院证券监督管理机构报送的定期报告有（　　）。

A. 月报　　B. 旬报　　C. 半年报　　D. 年报

答案：AD

解析：本题考查证券公司的材料信息的报送。根据《证券法》第一百三十八条，《证券公司监督管理条例》第六十三条、第六十四条、第六十五条的规定，证券公司应当按照规定向国务院证券监督管理机构报送业务、财务等经营管理信息和资料。报送的内容包括年度、月度报告以及临时报告。

67. 根据《证券公司监督管理条例》相关规定，证券公司在证券自营账户与证

券资产管理账户之间或者不同的证券资产管理账户之间进行交易，且无充分证据证明已依法实现有效隔离的，责令改正，没收违法所得，并处以（　　）的罚款；情节严重的，撤销相关业务许可。对直接负责的主管人员和其他直接责任人员给予警告，并处以（　　）的罚款。

A. 30 万以上 60 万元以下　　B. 50 万以上 100 万元以下

C. 3 万元以上 10 万元　　D. 5 万元以上 20 万元

答案：AC

解析：本题考查违反隔离义务的法律责任。

68. 下列关于证券公司组织机构设置的说法正确的有（　　）。

A. 在交易所上市的证券公司证券需设置的组织机构包括股东大会、董事会、经理、董事会秘书、监事会，还可根据需要决定是否设独立董事

B. 证券公司董事会设薪酬与提名委员会、审计委员会的，委员会负责人一般由独立董事担任

C. 董事会秘书为证券公司高级管理人员

D. 证券公司合规负责人可以兼任负责经营管理的职务

答案：BC

解析：本题考查证券公司机构设置相关规定。根据《公司法》《证券法》《证券公司监督管理条例》的相关规定，股份有限公司的组织机构包括股东大会、董事会、经理和监事会。股票在证券交易所上市交易的股份有限公司即上市公司除设立上述机构外，还要设独立董事和董事会秘书。

69. 证券公司及其分支机构在业务经营上应当符合国家法律、法规的规定，经营相关业务须获得监管部门的批准，下列说法正确的有（　　）。

A. 证券公司及其境内分支机构经营的业务应当经中国人民银行批准，不得经营未经批准的业务

B. 新设公司核准的业务一般不超过 4 种

C. 2 个以上的证券公司受同一单位、个人控制或者相互之间存在控制关系的，不得经营相同的证券业务

D. 证券公司应当对分支机构实行集中统一管理，不得与他人合资、合作经营管理分支机构，也不得将分支机构承包、租赁或者委托给他人经营管理

答案：BCD

解析：本题考查证券公司及其分支机构经营的相关规定。根据《证券法》《证券公司监督管理条例》的相关规定，证券公司及其境内分支机构经营的业务应当经

国务院证券监督管理机构批准，不得经营未经批准的业务。

70. 证券公司在合规负责人任期届满前免除其职务的正当理由有（　　）。

A. 合规负责人本人申请　　B. 中国证监会责令更换

C. 董事会认为其未能勤勉尽责　　D. 身体状况无法正常履职

答案：ABD

解析：本题考查保障合规负责人考核和任免的独立性。明确合规负责人直接向董事会负责，由董事会考核。规定公司在合规负责人任期届满前免除其职务的正当理由只能是合规负责人本人申请，或被中国证监会责令更换，或确有证据证明其无法正常履职、未能勤勉尽责等情形。

71. 下列关于证券公司信息材料报送的说法正确的有（　　）。

A. 证券公司应当自每一会计年度结束之日起 3 个月内，向国务院证券监督管理机构报送年度报告

B. 证券公司应当自每月结束之日起 7 个工作日内，向国务院证券监督管理机构报送月度报告

C. 发生影响或者可能影响证券公司经营管理、财务状况、风险控制指标或者客户资产安全的重大事件的，证券公司应当立即向国务院证券监督管理机构报送临时报告

D. 国务院证券监督管理机构有权要求证券公司及其全部股东、实际负责人在指定的期限内提供有关信息、资料

答案：BC

解析：本题考查证券公司信息材料报送的相关规定。根据《证券法》《证券公司监督管理条例》的相关规定，证券公司应当按照规定向国务院证券监督管理机构报送业务、财务等经营管理信息和资料。报送的内容包括年度、月度报告以及临时报告。证券公司应当自每一会计年度结束之日起 4 个月内，向国务院证券监督管理机构报送年度报告。国务院证券监督管理机构有权要求证券公司及其主要股东、实际控制人在指定的期限内提供有关信息、资料。证券公司及其主要股东、实际控制人向国务院证券监督管理机构报送或者提供的信息、资料，必须真实、准确、完整。

72. 根据《证券公司监督管理条例》相关规定，证券公司从事（　　），其客户的交易结算资金应当存放在（　　），以每个客户的名义单独立户管理。

A. 证券经纪业务　　B. 证券资产管理业务

C. 商业银行　　D. 证券交易所

答案：AC

解析：本题考查《证券公司监督管理条例》。根据《证券公司监督管理条例》

第五十七条的规定，证券公司从事证券经纪业务，其客户的交易结算资金应当存放在指定的商业银行，以每个客户的名义单独立户管理。

73. 下列关于证券公司设立的说法正确的有（　　）。

A. 设立证券公司，需由国务院证券监督管理机构批准

B. 证券公司的股东应当用货币或者证券公司经营必需的非货币财产出资

C. 证券公司设立时非货币财产出资总额不得超过证券公司注册资本的20%

D. 证券公司股东的出资，应当经具有证券、期货相关业务资格的会计师事务所验资并出具证明

答案：ABCD

解析：本题考查证券公司设立的相关条件。根据《证券法》《证券公司监督管理条例》的相关规定，设立证券公司，需经国务院证券监督管理机构批准。证券公司的股东应当用货币或者证券公司经营必需的非货币财产出资。证券公司股东的非货币财产出资总额不得超过证券公司注册资本的30%。

三、判断题。不选、错选均不得分。

1. 法律关系中的纵向法律关系又称“隶属法律关系”，是指在平等的法律主体之间所建立的权力服从关系。

答案：错误

解析：本题考查法律关系的种类。按照法律主体在法律关系中的地位不同，可以将法律关系分为纵向法律关系与横向法律关系。纵向法律关系又称为“隶属法律关系”，是指在不平等的法律主体之间所建立的权力服从关系，而非“平等的法律主体”，故本题中的表述错误。

2. “股东出资达到法定最低限额”是有限责任公司法定设立条件之一。

答案：错误

解析：本题考查有限责任公司的设立条件。设立有限责任公司，应当具备下列条件：（1）股东符合法定人数，有限责任公司由50个以下股东出资设立；（2）有符合公司章程规定的全体股东认缴的出资额；（3）股东共同制定公司章程；（4）有公司名称，建立符合有限责任公司要求的组织机构；（5）有公司住所等。“股东出资达到法定最低限额”不作为设立条件进行要求。

3. 监事会是监督机构，成员由股东会选举产生，或者由职工代表大会、职工大会或其他方式民主选举产生。

答案：正确

解析：本题考查有限责任公司的组织机构。

4. 财务负责人、公司法律顾问、上市公司董事会秘书、副经理皆属于公司高级管理人员。

答案：错误

解析：本题考查公司高级管理人员的范围。高级管理人员，是指公司的经理、副经理、财务负责人，上市公司董事会秘书和公司章程规定的其他人员。公司法律顾问不属于此范畴。

5. 通过投资关系，能够实际支配公司行为的人是实际控制人。

答案：正确

解析：本题考查公司实际控制人的规定。公司实际控制人，是指虽不是公司的股东，但通过投资关系、协议或者其他安排，能够实际支配公司行为的人。

6. 所有自然人都具备权利能力和行为能力。

答案：错误

解析：本题考查法律关系的基本构成。法律关系由主体、客体与内容三个要素构成。法律主体主要包括自然人、组织和国家三类。对于自然人来说，有权利能力并不等于一定有行为能力，故本题中的表述错误。

7. 依公司是否有国有资本及其所占比重，可分为国有独资公司、国有控股公司、国有参股公司、非国有公司等。

答案：正确

解析：本题考查公司的分类。

8. 作为公司的董事、高级管理人员，不得与所在公司订立合同或者进行交易。

答案：错误

解析：本题考查对公司董事、高级管理人员的特别行为限制。其中，与本公司订立合同或者进行交易不在受限行为之列。

9. 股份有限公司的设立程序应按照“订立发起人协议、订立公司章程、认缴资本、选举董事会和监事会，申请设立登记”的顺序进行。

答案：正确

解析：本题考查股份有限公司的设立程序。

10. 货币、实物、知识产权、土地财产权皆可以成为有限责任公司股东出资的方式。

答案：正确

解析：本题考查设立有限责任公司时股东的出资方式。有限责任公司的股东可以用货币出资，也可以用实物、知识产权、土地使用权等可以用货币估价并可以依法转让的非货币财产作价出资。

11. 法律关系中的确认性法律关系，是根据法律规范而建立的全新社会关系。

答案：错误

解析：本题考查法律关系的种类。确认性法律关系是法律规范对先前已存在的社会关系进行调整所形成的法律关系；创设性法律关系是根据法律规范而建立的全新社会关系。本题中的陈述将两者混淆，故错误。

12. 有限责任公司须建立股东会、董事会和监事会，缺一不可。

答案：错误

解析：本题考查有限责任公司的组织机构。我国《公司法》原则上要求有限责任公司需建立股东会、董事会和监事会，但例外允许股东人数较少和规模较小的有限责任公司不设立董事会和监事会，设执行董事和1至2名监事。本题中的陈述未考虑例外情况，故不正确。

13. 医院可以成为普通合伙人。

答案：错误

解析：本题考查普通合伙人的主体适格性限制。公益性的事业单位、社会团体也不得成为普通合伙人。

14. 国有独资公司、国有企业、上市公司不得成为普通合伙人。

答案：正确

解析：本题考查普通合伙人的主体适格性限制。为保护国有资产和上市公司股东的利益，国有独资公司、国有企业、上市公司不得成为普通合伙人。

15. 有限合伙人可以劳务出资。

答案：错误

解析：本题考查有限合伙企业的出资。有限合伙人不得以劳务出资。

16. 有限合伙人可以用货币、实物、知识产权、土地使用权或者其他财产权利作价出资。

答案：正确

解析：有限合伙人可以用货币、实物、知识产权、土地使用权或者其他财产权利作价出资。

17. 合伙人的自有财产不足清偿其与合伙企业无关的债务的，该合伙人不得以其从合伙企业中分取的收益用于清偿。

答案：错误

解析：本题考查合伙企业的债务清偿。合伙人的自有财产不足清偿其与合伙企业无关的债务的，该合伙人可以以其从合伙企业中分取的收益用于清偿。

18. 合伙企业不能清偿到期债务的，合伙人需要承担无限连带责任。

答案：正确

解析：本题考查合伙企业的债务清偿。合伙企业不能清偿到期债务的，合伙人需要承担无限连带责任。

19. 入伙的新合伙人与原合伙人享有同等权利，承担同等责任。

答案：正确

解析：本题考查新合伙人入伙。入伙的新合伙人与原合伙人享有同等权利，承担同等责任。

20. 新入伙的合伙人无须经全体合伙人一致同意。

答案：错误

解析：本题考查新合伙人入伙。新合伙人入伙除合伙协议另有约定外，应当经全体合伙人一致同意。

21. 合伙协议未约定合伙期限的，合伙人在不给合伙企业事务执行造成不利影响的情况下，可以退伙，但应当提前60日通知其他合伙人。

答案：错误

解析：合伙协议未约定合伙期限的，合伙人在不给合伙企业事务执行造成不利影响的情况下，可以退伙，但应当提前30日通知其他合伙人。

22. 合伙人未履行出资义务经其他合伙人一致同意，可以决议将其除名。

答案：正确

解析：根据《合伙企业法》第四十九条的规定，合伙人有下列情形之一的，经其他合伙人一致同意，可以决议将其除名：未履行出资义务；因故意或者重大过失给合伙企业造成损失；执行合伙事务时有不正当行为；发生合伙协议约定的事由。该题说法正确。

23. 普通合伙企业应当建立执业风险基金。

答案：错误

解析：本题考查执业风险基金的内容。应当建立执业风险基金的是特殊的普通合伙企业。

24. 执业风险基金可用于偿付合伙人执业活动造成的债务。

答案：正确

解析：执业风险基金可用于偿付合伙人执业活动造成的债务。

25. 不具有事务执行权的合伙人也可以执行合伙事务。

答案：错误

解析： 本题考查合伙人的法律责任。不具有事务执行权的合伙人擅自执行合伙事务，给合伙企业或者其他合伙人造成损失的，依法承担赔偿责任。

26. 合伙人陈某违反合伙协议的约定，从事与本合伙企业相竞争的业务，经其他合伙人开会后决将该收益归合伙企业所有。

答案：正确

解析： 本题考查合伙人的法律责任。合伙人违反《合伙企业法》规定或者合伙协议的约定，从事与本合伙企业相竞争的业务或者与本合伙企业进行交易的，该收益归合伙企业所有。

27. 合伙企业不具有独立的法人主体资格。

答案：正确

解析： 本题考查合伙企业与公司的法律地位。合伙企业不是法人，是非法人企业。

28. 《证券法》于 1999 年 7 月 1 日起正式实施。

答案：正确

解析： 本题考查《证券法》的实施时间。《证券法》于 1998 年 12 月 29 日经第九届全国人民代表大会常务委员会第六次会议通过，并于 1999 年 7 月 1 日起正式实施。

29. 可以采用广告公开方式推广非公开发行证券。

答案：错误

解析： 本题考查证券发行。非公开发行证券的，不得采用广告、公开劝诱和变相公开方式。

30. 公司首次公开发行新股，应当符合最近 1 年财务会计报告被出具无保留意见审计报告。

答案：错误

解析： 本题考查公开发行新股的条件。公司首次公开发行新股，应当符合下列条件：具备健全且运行良好的组织机构；具有持续经营能力；最近 3 年财务会计报告被出具无保留意见审计报告；发行人及其控股股东、实际控制人最近 3 年不存在贪污、贿赂、侵占财产、挪用财产或者破坏社会主义市场经济秩序的刑事犯罪。

31. 证券包销指证券公司代发行人发售证券，在承销期结束时，将未售出的证券全部退还给发行人的承销方式。

答案：错误

解析：本题考查证券承销业务。证券代销，是指证券公司代发行人发售证券，在承销期结束时，将未售出的证券全部退还给发行人的承销方式。

32. 证券承销业务时发现有虚假记载、误导性陈述或者重大遗漏的，不得进行销售活动：已经销售的，销售活动结束后停止，再采取纠正措施。

答案：错误

解析：本题考查证券承销业务。发现有虚假记载、误导性陈述或者重大遗漏的，不得进行销售活动；已经销售的，必须立即停止销售活动，并采取纠正措施。

33. 发行人向不特定对象发行的证券，法律、行政法规规定应当由证券公司承销的，发行人应当同证券公司签订承销协议。

答案：正确

解析：本题考查证券承销业务。发行人向不特定对象发行的证券，法律、行政法规规定应当由证券公司承销的，发行人应当同证券公司签订承销协议。

34. 上市公司持有10%以上股份的股东、实际控制人、董事、监事、高级管理人员，在转让其持有的本公司股份的，不得违反法律、行政法规和国务院证券监督管理机构关于持有期限、卖出时间、卖出数量、卖出方式、信息披露等规定。

答案：错误

解析：本题考查证券交易的条件。上市公司持有5%以上股份的股东、实际控制人、董事、监事、高级管理人员转让其持有的本公司股份的，不得违反法律、行政法规和国务院证券监督管理机构关于持有期限、卖出时间、卖出数量、卖出方式、信息披露等规定，并应当遵守证券交易所的业务规则。

35. 非公开发行的证券，可以在证券交易所、国务院批准的其他全国性证券交易场所转让，但不可在国务院规定设立的区域性股权市场转让。

答案：错误

解析：本题考查证券交易的方式。非公开发行的证券，可以在证券交易所、国务院批准的其他全国性证券交易场所、在国务院规定设立的区域性股权市场转让。

36. 持有公司5%以上股份的股东及其董事、监事、高级管理人员属于证券内幕信息知情人。

答案：正确

解析：证券交易内幕信息的知情人包括持有公司5%以上股份的股东及其董事、监事、高级管理人员，公司的实际控制人及其董事、监事、高级管理人员。

37. 公司发生清偿到期债务的情况属丁公司内幕信息。

答案：错误

解析：本题考查公司内部信息。公司发生清偿到期债务的情况不属于公司内幕信息。

38. 理财经理李某违背客户的委托为其买卖证券是操纵证券市场的行为。

答案：错误

解析：本题考查操纵证券市场的行为。禁止任何人以下列手段操纵证券市场，影响或者意图影响证券交易价格或者证券交易量：

（1）单独或者通过合谋，集中资金优势、持股优势或者利用信息优势联合或者连续买卖；

（2）与他人串通，以事先约定的时间、价格和方式相互进行证券交易；

（3）在自己实际控制的账户之间进行证券交易；

（4）不以成交为目的，频繁或者大量申报并撤销申报；

（5）利用虚假或者不确定的重大信息，诱导投资者进行证券交易；

（6）对证券、发行人公开作出评价、预测或者投资建议，并进行反向证券交易；

（7）利用在其他相关市场的活动操纵证券市场；

（8）操纵证券市场的其他手段。

39. 采取要约收购方式的，收购人在收购期限内，不得卖出被收购公司的股票，也不得采取要约规定以外的形式和超出要约的条件买入被收购公司的股票。

答案：正确

解析：本题考查要约收购。采取要约收购方式的，收购人在收购期限内，不得卖出被收购公司的股票，也不得采取要约规定以外的形式和超出要约的条件买入被收购公司的股票。

40. 收购要约约定的收购期限不得少于 40 日。

答案：错误

解析：本题考查要约收购。收购要约约定的收购期限不得少于 30 日。

41. 在上市公司收购中，收购人持有的被收购的上市公司的股票，在收购行为完成后的 15 个月内不得转让股票。

答案：错误

解析：本题考查收购行为完成后事项。在上市公司收购中，收购人持有的被收购的上市公司的股票，在收购行为完成后的 18 个月内不得转让。

42. 信息披露义务人披露的信息，应当真实、准确、完整，简明清晰，通俗易懂，不得有虚假记载、误导性陈述或者重大遗漏。

答案：正确

解析：本题考查信息披露制度。

43. 收购要约确定的承诺期限内，收购人不得撤销其收购要约。

答案：正确

解析：本题考查要约收购。收购要约确定的承诺期限内，收购人不得撤销其收购要约。

44. 发行人及其董事、监事、高级管理人员不是内幕知情人。

答案：错误

解析：本题考查禁止交易行为。发行人及其董事、监事、高级管理人员是内幕知情人。

45. 对已公开发行的公司债券或者其他债务有违约或者延迟支付本息的事实，仍处于继续状态不得再次公开发行公司债券。

答案：正确

解析：有下列情形之一的，不得再次公开发行公司债券：对已公开发行的公司债券或者其他债务有违约或者延迟支付本息的事实，仍处于继续状态；违反《证券法》规定，改变公开发行公司债券所募资金的用途。

46. 基金份额持有人是指根据基金合同和基金招募说明书持有基金份额的基金出资人。

答案：正确

解析：基金份额持有人是指根据基金合同和基金招募说明书持有基金份额的基金出资人，是基金财产的所有者和基金投资的受益人。

47. 基金份额持有人既是基金财产的所有者，也是基金财产的管理人。

答案：错误

解析：基金管理人是指按照法律、法规的规定和基金合同的约定，为基金份额持有人的利益，对基金财产进行管理及运作的机构。

48. 非公开募集基金应当向合格投资者募集，合格投资者累计不得超过 200 人。

答案：正确

解析：据《证券投资基金法》规定：非公开募集基金应当向合格投资者募集，合格投资者累计不得超过 200 人，不得向合格投资者之外的单位和个人募集资金。

49. 非公开募集应当通过报刊、电台、电视台、互联网等公众传播媒体或者讲座、报告会、分析会等方式向不特定对象宣传推介。

答案：错误

解析： 非公开募集基金不得通过报刊、电台、电视台、互联网等公众传播媒体或者讲座、报告会、分析会等方式向不特定对象宣传推介。

50. 封闭式基金的基金份额可在基金合同约定的时间和场所进行申购或赎回。

答案：错误

解析： 封闭式基金的基金份额在合同期限内固定不变，持有人不得申请赎回；可在依法设立的证券交易所交易。

51. 封闭式基金可在依法设立的证券交易所交易。

答案：正确

解析： 封闭式基金的基金份额在合同期限内固定不变，持有人不得申请赎回；可在依法设立的证券交易所交易。

52. 基金销售支付机构未按照规定划付基金销售结算资金的，处 10 万元以上 50 万元以下罚款；情节严重的，责令其停止基金服务业务。对直接负责的主管人员和其他直接责任人员给予警告，撤销基金从业资格，并处 5 万元以上 10 万元以下罚款。

答案：错误

解析： 根据《证券投资基金法》第九十九条及第一百三十八条的规定，基金销售支付机构应当按照规定办理基金销售结算资金的划付，确保基金销售结算资金安全、及时划付。基金销售支付机构未按照规定划付基金销售结算资金的，处 10 万元以上 30 万元以下罚款；情节严重的，责令其停止基金服务业务。对直接负责的主管人员和其他直接责任人员给予警告，撤销基金从业资格，并处 3 万元以上 10 万元以下罚款。

53. 非公开募集基金可投资于上市公司股票。

答案：正确

解析： 根非公开募集基金财产的证券投资既包括买卖公开发行的股份有限公司股票、债券、基金份额，也包括国务院证券监督管理机构规定的其他证券及其衍生品种，如股权、期货、期权以及基金合同约定的其他投资标的。

54. 非公开募集基金不能投资于基金份额。

答案：错误

解析： 非公开募集基金财产的证券投资既包括买卖公开发行的股份有限公司股票、债券、基金份额，也包括国务院证券监督管理机构规定的其他证券及其衍生品种，如股权、期货、期权以及基金合同约定的其他投资标的。

55. 基金管理人、基金托管人及其董事、监事、高级管理人员和其他从业人员侵占、挪用基金财产的责令改正，没收违法所得，并处违法所得 1 倍以上 5 倍以下罚款；没收违法所得或者违法所得不足 100 万元的，并处 10 万元以上 100 万元以下罚款。

答案：正确

解析：参照《证券投资基金法》第二十条及第一百二十三条的规定。

56. 根据《证券投资基金法》相关规定，基金管理人、基金托管人及其董事、监事、高级管理人员和其他从业人员不得侵占、挪用基金财产的，如基金管理人、基金托管人有上述行为的，还应当对其直接负责的主管人员和其他直接责任人员给予警告，暂停或者撤销基金从业资格，并处 5 万元以上 50 万元以下罚款。

答案：错误

解析：根据《证券投资基金法》第二十条及第一百二十三条的规定，基金管理人、基金托管人及其董事、监事、高级管理人员和其他从业人员不得侵占、挪用基金财产的，如基金管理人、基金托管人有上述行为的，还应当对其直接负责的主管人员和其他直接责任人员给予警告，暂停或者撤销基金从业资格，并处 3 万元以上 30 万元以下罚款。

57. 公司新增借款或者对外提供担保超过上年末净资产的 10%，属于《证券法》中规定的重大事件。

答案：错误

解析：《证券法》第八十一条第二款规定，公司新增借款或者对外提供担保超过上年末净资产的 20% 属于重大事件。

58. 公司债券信用评级发生变化，属于《证券法》中规定的重大事件。

答案：正确

解析：《证券法》第八十一条第二款规定，公司债券评级发生变化属于重大事件。

59. 基金托管人是指按照法律、法规的规定和基金合同的约定，在证券投资基金活动中承担基金资产保管、基金资金清算、交易监督、会计核算等职责的商业银行或其他金融机构。

答案：正确

解析：基金托管人的职责主要有基金资产保管、基金资金清算、交易监督、会计核算等职责。

60. 期货交易应当在依法设立的期货交易所或者国务院期货监督管理机构依法批准组织开展期货交易的其他期货交易场所，采用协议交易方式或者国务院期货监督管理机构批准的其他方式进行。

答案：错误

解析：期货交易应当在依法设立的期货交易所或者国务院期货监督管理机构依法批准组织开展期货交易的其他期货交易场所，采用公开的集中交易方式或者国务院期货监督管理机构批准的其他方式进行。禁止在期货交易场所之外进行期货交易。

61. 根据《期货和衍生品法》相关规定，期货公司办理变更主要股东或者公司的实际控制人，应当经国务院期货监督管理机构核准，国务院期货监督管理机构应当自受理申请之日起30日内作出核准或者不予核准的决定。

答案：错误

解析：根据《期货和衍生品法》第六十二条的规定，国务院期货监督管理机构应当自受理申请之日起60日内作出核准或者不予核准的决定。

62. 根据《期货和衍生品法》相关规定，采取程序化交易影响期货交易场所系统安全或者正常交易秩序的，责令改正，并处以50万元以上500万元以下的罚款。

答案：正确

解析：参照《期货和衍生品法》第一百二十九条的规定。

63. 根据《期货和衍生品法》相关规定，采取程序化交易影响期货交易场所系统安全或者正常交易秩序的，责令改正，并处以30万元以上300万元以下的罚款。

答案：错误

解析：根据《期货和衍生品法》第一百二十九条的规定，违反本法第二十一条的规定，采取程序化交易影响期货交易场所系统安全或者正常交易秩序的，责令改正，并处以50万元以上500万元以下的罚款。对直接负责的主管人员和其他直接责任人员给予警告，并处以10万元以上100万元以下的罚款。

64. 根据《期货和衍生品法》相关规定，采取程序化交易影响期货交易场所系统安全或者正常交易秩序的，对直接负责的主管人员和其他直接责任人员给予警告，并处以20万元以上200万元以下的罚款。

答案：错误

解析：根据《期货和衍生品法》第一百二十九条的规定，违反本法第二十一条的规定，采取程序化交易影响期货交易场所系统安全或者正常交易秩序的，责令改正，并处以50万元以上500万元以下的罚款。对直接负责的主管人员和其他直接责任人员给予警告，并处以10万元以上100万元以下的罚款。

65. 根据《期货和衍生品法》相关规定，违反本法第一百二十二条的规定在境内从事市场营销、推介及招揽活动的，对直接负责的主管人员和其他直接责任人员给予警告，并处以 20 万元以上 200 万元以下的罚款。

答案：错误

解析：根据《期货和衍生品法》第一百四十八条的规定，违反本法第一百二十二条的规定在境内从事市场营销、推介及招揽活动的，责令改正，给予警告，没收违法所得，并处以违法所得 1 倍以上 10 倍以下的罚款；没有违法所得或者违法所得不足 50 万元的，处以 50 万元以上 500 万元以下的罚款。对直接负责的主管人员和其他直接责任人员给予警告，并处以 10 万元以上 100 万元以下的罚款。

66. 通过计算机程序自动生成或者下达交易指令进行程序化交易的，应当符合国务院期货监督管理机构的规定，并向期货业协会报告，不得影响期货交易场所系统安全或者正常交易秩序。

答案：错误

解析：通过计算机程序自动生成或者下达交易指令进行程序化交易的，应当符合国务院期货监督管理机构的规定，并向期货交易场所报告，不得影响期货交易场所系统安全或者正常交易秩序。

67. 衍生品交易是指期货交易以外的，以互换合约、远期合约和非标准化期权合约及其组合为交易标的的交易活动。

答案：正确

解析：衍生品交易可以采用协议交易或者国务院规定的其他交易方式进行。

68. 期货交易实行保证金制度，期货结算机构向结算参与人收取保证金，结算参与人向交易者收取保证金。

答案：正确

解析：期货交易应当在依法设立的期货交易所或者国务院期货监督管理机构依法批准组织开展期货交易的其他期货交易场所，采用公开的集中交易方式或者国务院期货监督管理机构批准的其他方式进行，禁止在期货交易场所之外进行期货交易。

69. 期货交易结算参与人未在规定时间内追加保证金或者自行平仓的，期货交易场所可以强行平仓。

答案：正确

解析：期货结算参与人未在规定时间内追加保证金或者自行平仓的，通知期货交易场所强行平仓。

70. 普通交易者与期货经营机构发生纠纷的，期货经营机构应当证明其行为符合法律、行政法规以及国务院期货监督管理机构的规定，不存在误导、欺诈等情形。

答案：正确

解析：期货经营机构不能证明的，应当承担相应的赔偿责任。

71. 境外期货交易场所在境内设立代表机构的，应当向期货业协会进行备案。

答案：错误

解析：境外期货交易场所在境内设立代表机构的，应当向国务院期货监督管理机构备案。

72. 根据《证券期货投资者适当性管理办法》的要求，经营机构向投资者销售产品或者提供服务时，应当了解投资者的财务状况、投资目标、风险偏好、家庭成员情况等必要信息。

答案：错误

解析：根据《证券期货投资者适当性管理办法》的要求，经营机构向投资者销售产品或者提供服务时，家庭成员情况不是应当了解的投资者的必要信息。

73. 《证券公司监督管理条例》属于中国证监会颁布实施的部门规章。

答案：错误

解析：《证券公司监督管理条例》是为执行《证券法》《公司法》等法律的规定而制定的行政法规。

74. 证券公司停业、解散或者破产的，国务院证券监督管理机构应当对停业、解散、破产的申请进行审查，并在自受理之日起 30 个工作日作出批准或者不予批准的书面决定。

答案：正确

解析：参照《证券公司监督管理条例》的相关规定。

75. 根据《证券法》相关规定，证券公司经营证券承销与保荐、证券融资融券、证券做市交易、证券自营、其他证券业务之一的，注册资本最低限额为人民币 2 亿元。

答案：错误

解析：根据《证券法》第一百二十一条的规定，证券公司经营证券承销与保荐、证券融资融券、证券做市交易、证券自营、其他证券业务之一的，注册资本最低限额为人民币 1 亿元。

76. 证券公司应当自每月结束之日起 10 个工作日内，报送月度报告。

答案：错误

解析：根据《证券法》《证券公司监督管理条例》相关规定，证券公司应当按照规定向国务院证券监督管理机构报送业务、财务等经营管理信息和资料。报送的内容包括年度、月度报告以及临时报告。证券公司应当自每月结束之日起7个工作日内，报送月度报告。

77. 证券公司可以同时办理其证券经纪业务、证券承销业务、证券自营业务、证券做市业务和证券资产管理业务。

答案：错误

解析：根据《证券法》和《证券公司监督管理条例》等法律法规的规定，证券公司必须将其证券经纪业务、证券承销业务、证券自营业务、证券做市业务和证券资产管理业务分开办理，不得混合操作。

78. 证券公司应当从每年的业务收入中提取交易风险准备金，用于弥补证券经营的损失。

答案：正确

解析：根据《证券法》和《证券公司监督管理条例》等法律法规的规定，证券公司应当从每年的业务收入中提取交易风险准备金，用于弥补证券经营的损失，其提取的具体比例由国务院证券监督管理机构会同国务院财政部门规定。

79. 同一基金管理公司的不同基金财产的债权债务，经基金持有人大会同意，可以相互抵销。

答案：错误

解析：基金财产的债权，不得与基金管理人、基金托管人固有财产的债务相抵销；不同基金财产的债权债务，不得相互抵销。

80. 根据《证券公司监督管理条例》相关规定，证券公司违反规定，未按照规定对离任的法定代表人或者高级管理人员进行审计，并报送审计报告的，对直接负责的主管人员和其他直接责任人员单处或者并处警告、3万元以上10万元以下 的罚款。

答案：正确

解析：根据《证券公司监督管理条例》第八十四条的规定，证券公司违反规定，未按照规定对离任的法定代表人或者高级管理人员进行审计，并报送审计报告的，责令改正，给予警告，没收违法所得，并处以违法所得1倍以上5倍以下的罚款；没有违法所得或者违法所得不足3万元的，处以3万元以上30万元以下的罚款。对直接负责的主管人员和其他直接责任人员单处或者并处警告、3万元以上10万元以下的罚款。

81. 证券公司合并、分立、停业、解散、破产，应当经国务院证券监督管理机构批准。

答案：正确

解析：根据《证券法》《证券公司监督管理条例》相关规定，证券公司合并、分立、停业、解散、破产，应当经国务院证券监督管理机构批准。

82. 证券公司合并、分立的，国务院证券监督管理机构应当对合并、分立的申请进行审查，并在自受理之日起 1 个月内作出批准或者不予批准的书面决定。

答案：错误

解析：根据《证券法》《证券公司监督管理条例》相关规定，证券公司合并、分立的，国务院证券监督管理机构应当对合并、分立的申请进行审查，并在自受理之日起 3 个月内作出批准或者不予批准的书面决定。

83. 证券公司可以在符合一定条件的情况下，对客户交易结算资金或者委托资金、客户担保账户内的证券或者资金等客户资产进行单方面的处理。

答案：正确

解析：根据《证券公司监督管理条例》第五十三条、第五十四条、第六十条的规定，证券公司可以在符合一定条件的情况下，对客户交易结算资金或者委托资金、客户担保账户内的证券或者资金等客户资产进行单方面的处理。

84. 证券公司从事证券资产管理业务，接受一个客户的单笔委托资产价值低于规定的最低限额的，对直接负责的主管人员和其他直接责任人员，给予警告，并处以 3 万元以上 10 万元以下的罚款。

答案：正确

解析：根据《证券公司监督管理条例》第八十三条的规定，证券公司从事证券资产管理业务，接受一个客户的单笔委托资产价值低于规定的最低限额的，责令改正，给予警告，没收违法所得，并处以违法所得 1 倍以上 5 倍以下的罚款；没有违法所得或者违法所得不足 10 万元的，处以 10 万元以上 30 万元以下的罚款；情节严重的，暂停或者撤销其相关证券业务许可。对直接负责的主管人员和其他直接责任人员，给予警告，并处以 3 万元以上 10 万元以下的罚款。

85. 设立证券公司，需由国务院证券监督管理机构批准。

答案：正确

解析：根据《证券法》《证券公司监督管理条例》相关规定，设立证券公司，需经国务院证券监督管理机构批准。证券公司的股东应当用货币或者证券公司经营必需的非货币财产出资。

86. 任何单位或者个人未经批准，持有或者实际控制证券公司 3% 以上股权的，国务院证券监督管理机构应当责令其限期改正；改正前，相应股权不具有表决权。

答案：正确

解析：参照《证券公司监督管理条例》第七十一条的规定。

87. 证券公司接管期限一般不超过6个月。

答案：正确

解析：行政接管是监管部门对经营存在严重问题的证券公司介入，全面接收和管理其债权债务和业务经营，防止其经营风险进一步恶化的行政强制措施。接管期限一般不超过12个月。满12个月，确实需要继续接管的，国务院证券监督管理机构可以决定延期，延期最长不超过12个月。

88. 证券公司风险处置措施包括停业整顿、托管、接管、行政重组、撤销及破产清算和重整。

答案：正确

解析：证券公司风险处置措施包括停业整顿、托管、接管、行政重组、撤销及破产清算和重整。

89. 在处置证券公司风险过程中，国务院证券监督管理机构应当保障证券自营业务正常进行。

答案：正确

解析：在证券公司风险处置过程中，国务院证券监督管理机构依法对处置证券公司风险工作进行组织、协调和监督，并会同中国人民银行、国务院财政部门、国务院公安部门、国务院其他金融监督管理机构以及省级人民政府建立处置证券公司风险的协调配合与快速反应机制，以维护社会稳定。处置证券公司风险过程中，应当保障证券经纪业务正常进行。

90. 法律关系的分类是固定的、唯一的。

答案：错误

解析：本题考查法律关系的种类。根据法律关系所调整的社会关系种类，可以按不同标准将法律关系进行分类。

四、综合题。每问备选答案中有一项或多项符合题目要求，不选、错选均不得分。

（一）A公司为非上市公司，陈某持有该公司40%的股权，被认定为A公司的控股股东及实际控制人。陈某与某银行签订借贷协议，银行提出，由A公司为该笔借贷提供担保。据此回答以下问题。

1. 在以上情景中，如果A公司拟为陈某得该笔借贷提供担保，应经过哪些流程？（　　）

A. 因为陈某是A公司的实际控制人，所以A公司可以直接为其进行担保手续

B. 应经过 A 公司的董事会审议通过后，为陈某进行连带责任担保手续

C. 应由包括陈某在内的所有股东大会成员审议，并或所有股东过半人数表决通过后，可为陈某进行连带责任担保手续

D. A 公司应先召开董事会审议上述担保事项，审议通过后，由董事会提交至股东大会审议，陈某需回避表决，并经出席会议的其他股东所持表决权的过半数通过，方可为陈某进行连带责任担保手续

答案：D

解析：本题考查公司对外担保的审议流程。

2. 在以上情景中，A 公司为陈某提供借贷担保的审议过程，符合（　　）。

A.《公司法》　　B.《反洗钱法》

C.《反垄断法》　　D.《合伙企业法》

答案：A

解析：本题考查公司法的制度与程序。

3. 下列关于公司经营原则的说法，正确的是（　　）。

A. 公司从事经营活动，必须遵守法律、行政法规

B. 公司从事经营活动，必须遵守社会公德、商业道德，诚实守信

C. 公司从事经营活动，必须接受政府和社会公众的监督

D. 公司从事经营活动，必须承担社会责任

答案：ABCD

解析：本题考查公司经营原则的规定。公司从事经营活动，必须遵守法律、行政法规，遵守社会公德、商业道德，诚实守信，接受政府和社会公众的监督，承担社会责任。

（二）易某在 2019 年 1 月至 2022 年 12 月为上市公司 A 公司的副董事长、董事；2022 年 5 月，易某向 A 公司股东关某转让部分股权；2023 年 1 月，易某正式离职。当月，A 公司披露《关于首次公开发行前已发行股份解除限售上市流通的提示性公告》，其中易某承诺，离职后 6 个月内不转让其直接或间接所持有的发行人股份。截至 2023 年 1 月，易某持有 A 公司股票 2 560 000 股；持有 B 公司 35% 的股份，为 B 公司的实际控制人。B 公司持有 A 公司股票 6 800 000 股。2023 年 2 月期间，B 公司将持有的 A 公司股票全部卖出。

1. 关于以上情景，下列说法正确的是（　　）。

A. 易某的行为合理合法　　B. 易某违反了《合伙企业法》

C. 易某违反了《公司法》　　D. B 公司违反了《证券法》

答案：C

解析：本题考查公司相关人员的法律责任规定。

2. 以下关于易某向关某转让股权的说法，错误的是（　　）。

A. 有限责任公司的股东之间可以相互转让其全部或者部分股权

B. 股东向股东以外的人转让股权，应当经过所有股东同意

C. 股东应就其股权转让事项书面通知其他股东征求同意，其他股东自接到书面通知之日起满 30 日未答复的，视为同意转让

D. 经股东同意转让的股权，在同等条件下，其他股东有优先购买权

答案：B

解析：本题考查有限责任公司股权转让的规定。有限责任公司的股东之间可以相互转让其全部或者部分股权。股东向股东以外的人转让股权，应当经其他股东过半数同意，而非“所有股东同意”，故 B 错误。

（三）张某作为普通合伙人，王某作为有限合伙人共同设立有限合伙甲企业，其中张某出资 100 万元，王某出资 900 万元。合伙协议规定，合伙期限为 1 年，合伙甲企业成立两年后仍持续存在，并且甲企业未成立清算组。普通合伙人张某向法院申请强制清算合伙甲企业，并提交相关资料作为证据，法院最后裁定甲企业予以解散。清算后甲企业按照清偿顺序偿还债务后，尚有 50 万元债务无力偿还，张某以公司已解散为由拒绝偿还债务。

1. 下列关于合伙事务的法律责任说法，正确的是（　　）。

A. 合伙人可擅自处理事务

B. 不具有事务执行权的合伙人也可以执行合伙事务

C. 合伙人违反合伙协议的约定，从事与本合伙企业相竞争的业务的，该收益归合伙企业所有

D. 合伙人利用职务上的便利，将合伙企业的利益据为己有的，利益和财产无须退还合伙企业

答案：C

解析：本题考查合伙人的法律责任。合伙人对《合伙企业法》规定或者合伙协议约定必须经全体合伙人一致同意始得执行的事务擅自处理；合伙人执行合伙事务，或者合伙企业从业人员利用职务上的便利，将应当归合伙企业的利益据为己有的，或者采取其他手段侵占合伙企业财产的，应当将该利益和财产退还合伙企业；不具有事务执行权的合伙人擅自执行合伙事务，给合伙企业或者其他合伙人造成损失的，依法承担赔偿责任；合伙人违反《合伙企业法》规定或者合伙协议的约定，

从事与本合伙企业相竞争的业务或者与本合伙企业进行交易的，该收益归合伙企业所有。

2. 合伙企业相较于有限责任公司的区别在于（　　）。

A. 以营利为目的　　B. 不具有独立的法人主体资格

C. 独立开展生产经营活动　　D. 有独立的名称

答案：B

解析：本题考查合伙企业与公司的法律地位。合伙企业不是法人，是非法人企业。

3. 合伙企业出现下列（　　）情形，应当解散。

A. 合伙期限届满，合伙人决定不再经营

B. 全体合伙人决定解散

C. 合伙协议约定的解散事由出现

D. 合伙人已不具备法定人数满20天

答案：ABC

解析：本题考查合伙企业解散的情形。合伙企业出现下列情形之一的，应当解散：

（1）合伙期限届满，合伙人决定不再经营；

（2）合伙协议约定的解散事由出现；

（3）全体合伙人决定解散；

（4）合伙人已不具备法定人数满30天；

（5）合伙协议约定的合伙目的已经实现或者无法实现；

（6）依法被吊销营业执照、责令关闭或者被撤销；

（7）法律、行政法规规定的其他原因。

4. 下列属于合伙企业清偿范围的是（　　）。

A. 职工工资　　B. 法定补偿金

C. 职工社保费用　　D. 税款

答案：ABCD

解析：本题考查合伙企业的清偿范围。合伙企业财产在支付清算费用和职工工资、社会保险费用、法定补偿金以及缴纳所欠税款、清偿债务后的剩余财产，依照普通合伙企业利润分配、亏损分担规则进行分配。

5. 关于“张某以公司已解散为由拒绝偿还债务”是无效的理由是（　　）。

A. 有限合伙人的自然人死亡或者被依法宣告死亡

B. 有限合伙人的法人或者其他组织依法被吊销营业执照、责令关闭、撤销，或者被宣告破产从

C. 合伙企业不能清偿到期债务的，债权人可以依法向人民法院提出破产清算申请，也可以要求普通合伙人清偿

D. 法律规定或者合伙协议约定有限合伙人必须具有相关资格而丧失该资格

答案：C

解析：张某因其作为普通合伙人，需对合伙企业债务承担无限连带责任，以个人财产对该50万元债务进行偿还。

（四）2022年5月，甲上市公司的“奇葩议案”通过网络非正常披露，将多个重大政治问题当作炒作噱头，挑战监管权威，影响恶劣。中国证监会联合相关部门成立专案组，查实该公司实际控制人杨某指使董秘炮制并通过非法渠道散播含有虚假记载、误导性陈述及重大遗漏的信息。同时查明，该实际控制人存在操纵股票价格、指使披露违规、损害上市公司利益等多项违法犯罪行为，中国证监会最终对杨某依法开出巨额罚单并采取终身证券市场禁入措施，且移送公安机关，并对多名责任人员作出行政处罚。

1. 下列属于禁止交易行为的有（　　）。

A. 内幕交易　　B. 内幕信息

C. 操纵证券市场　　D. 虚假陈述或信息误导

答案：ABCD

解析：本题考查证券市场禁止交易行为。禁止交易行为有禁止内幕交易、内幕信息、禁止操纵证券市场行为、禁止虚假陈述或信息误导行为、禁止损害客户利益的行为等。

2. 上市公司持有（　　）以上股份的股东、实际控制人、董事、监事、高级管理人员，在转让其持有的本公司股份的，不得违反法律、行政法规和国务院证券监督管理机构关于持有期限、卖出时间、卖出数量、卖出方式、信息披露等规定。

A. 3%　　B. 5%　　C. 7%　　D. 10%

答案：B

解析：本题考查证券交易的条件。上市公司持有5%以上股份的股东、实际控制人、董事、监事、高级管理人员转让其持有的本公司股份的，不得违反法律、行政法规和国务院证券监督管理机构关于持有期限、卖出时间、卖出数量、卖出方式、信息披露等规定，并应当遵守证券交易所的业务规则。

3. 关于交易的方式，下列说法错误的是（　　）。

A. 公开发行的证券，可以在依法设立的证券交易所上市交易或者在国务院批准的其他全国性证券交易场所交易

B. 非公开发行的证券，可以在证券交易所、国务院批准的其他全国性证券交易场所转让，但不可在国务院规定设立的区域性股权市场转让

C. 证券在证券交易所上市交易，应当采用公开的集中交易方式或者国务院证券监督管理机构批准的其他方式

D. 非依法发行的证券，不得买卖

答案：B

解析： 本题考查证券交易的方式。非公开发行的证券，可以在证券交易所、国务院批准的其他全国性证券交易场所、在国务院规定设立的区域性股权市场转让。

4. 下列不属于公司内幕信息的是（　　）。

A. 公司的经营方针的重大变化

B. 公司发生重大债务和未能清偿到期重大债务的违约情况

C. 公司生产经营的外部条件发生的重大变化

D. 公司发生清偿到期债务的情况

答案：D

解析： 本题考查公司内部信息。公司发生清偿到期债务的情况不属于公司内幕信息。

5. 对于违反信息披露规则的，对直接负责的主管人员和其他直接责任人员给予警告，并处以（　　）万元以上（　　）万元以下的罚款。

A. 10；100　　　　B. 20；200　　　　C. 30；300　　　　D. 50；500

答案：B

解析： 本题考查违反证券交易规定的法律责任。对直接负责的主管人员和其他直接责任人员给予警告，并处以 20 万元以上 200 万元以下的罚款。

（五）2021 年 7 月到 2023 年 1 月，张某在担任甲公募基金的基金经理期间，利用根据公司授权获得的公司管理 11 只股票型基金、混合基金投资品种信息的查询权，登录公司投资管理交易系统查询相关基金的委托、成交流水，使用自己证券账户同步于或者略晚于各基金买入同一公司股票，共交易股票 12 只，累计买入成交金额 300 余万元，亏损 8 万余元。

1. 下列关于张某上述行为的说法正确的是（　　）。

A. 违背基金从业人员对基金及基金份额持有人应负的忠实、勤勉、受托义务

B. 损害了有关基金及基金管理人的声誉

C. 损害了投资者对有关基金及基金管理人的信赖和信心

D. 损害了基金财产和基金持有人利益

答案：ABCD

解析：案例中张某利用其职务和信息优势，利用未公开信息交易股票的行为，违背基金从业人员对基金及基金份额持有人应负的忠实、勤勉、受托义务，构成了利益冲突行为，损害了有关基金及基金管理人的声誉，损害了投资者对有关基金及基金管理人的信赖和信心，损害了基金财产和基金持有人利益。答案为ABCD。

2. 下列关于张某的行为违反的相关法律规定的说法正确的是（　　）。

A. 张某的上述行为违反了《证券投资基金法》中有关基金从业人员不得利用因职务便利获取的未公开信息从事相关交易活动的规定

B. 张某的上述行为违反了《证券法》中有关禁止特定人员直接或者借他人名义持有、买卖股票的规定，构成违法行为

C. 张某的上述行为违反了《证券法》中内有关禁止，内幕消息知情人将内幕消息泄露给第三方的规定，构成违法行为

D. 张某的上述行为违反了《证券法》中操纵证券市场的相关规定

答案：AB

解析：张某的上述行为违反了《证券投资基金法》中有关基金从业人员不得利用因职务便利获取的未公开信息从事相关交易活动的规定，以及《证券法》中有关禁止特定人员直接或者借他人名义持有、买卖股票的规定，构成违法行为。案例中不涉及内幕消息泄露和市场操纵行为。故答案为AB。

3. 下列关于对张某违法行为判罚合理的是（　　）。

A. 取消李某的基金从业资格　　B. 禁止李某终身禁入证券市场

C. 对李某处以20万元罚款　　D. 对李某处以5万元的罚款

答案：AB

解析：根据《证券投资基金法》第二十三条及第一百二十四条的规定，基金管理人的股东、实际控制人要求基金管理人利用基金财产为自己或者他人牟取利益，损害基金份额持有人利益的，责令改正，没收违法所得，并处违法所得1倍以上5倍以下罚款；没有违法所得或者违法所得不足100万元的，并处10万元以上100万元以下罚款；对直接负责的主管人员和其他直接责任人员给予警告，暂停或者撤销基金或证券从业资格，并处3万元以上30万元以下罚款。案例中，张某的违法行为的事实确凿、但并未造成巨大的社会危害，因而合理的处罚应是：一是取消张某

的基金从业资格；二是对张某处以 10 万元以上 100 万元以下的罚款。故答案是 AB。

（六）甲公募基金为混合型证券投资基金，采用契约型开放式的运作方式，该基金的最低募集份额总额为 2 亿份，最低募集金额总额为人民币 2 亿元，基金募集期为 10 天，发售对象为符合法律法规规定的可投资于证券投资基金的个人投资者、机构投资者、合格境外机构投资者和人民币合格境外机构投资者，以及法律法规或中国证监会允许购买证券投资基金的其他投资人。在募集期内任何一天（含第一天）当日募集截止时间后认购申请金额超过 2 亿元，该基金停止募集，基金管理人将采取末日比例（在基金募集期内，募集期末日前的有效认购申请全额确认成功，对最后一日的有效认购申请，根据剩余额度，予以比例配售）确认的方式对认购金额进行确认。该基金因募集期第 9 天募集金额超过 2 亿元，基金管理人决定提前终止募集，并计划在 10 日内聘请法定验资机构验资，自收到验资报告之日起 10 日内，向中国证监会办理基金备案手续。基金募集达到基金备案条件的，自基金管理人办理完毕基金备案手续并取得中国证监会书面确认之日起，基金合同生效。

1. 下列关于基金的分类的说法正确的是（　　）。

A. 按照运作方式可分为封闭式基金和开放式基金

B. 按照募集方式可分为公开募集基金和非公开募集基金

C. 按照交易方式可分为场内基金和场外基金

D. 按照投资对象可分为股票型、债券型、货币型和混合型基金

答案：ABCD

解析：投资基金可按照运作方式、募集方式、交易方式以及投资对象等标准进行划分。

2. 下列关于合格投资者的条件，说法正确的是（　　）。

A. 具有 1 年以上投资经历的自然人，且家庭金融净资产不低于 30 万元，家庭金融资产不低于 500 万元

B. 具有 1 年以上投资经历的自然人，且近 3 年本人年均收入不低于 40 万元的自然人

C. 最近 1 年末净资产不低于 2 000 万元的法人单位

D. 最近 1 年末净资产不低于 2 000 万元的法人单位

答案：ABC

解析：合格投资者是指具备相应风险识别能力和风险承担能力，投资于单只资产管理产品不低于一定金额且符合下列条件的自然人和法人或者其他组织。(1) 具

有 2 年以上投资经历，且满足以下条件之一：家庭金融净资产不低于 300 万元，家庭金融资产不低于 500 万元，或者近 3 年本人年均收入不低于 40 万元。(2) 最近 1 年末净资产不低于 1 000 万元的法人单位。(3) 金融管理部门视为合格投资者的其他情形。故答案是 ABC。

（七）2019 年 12 月 4 日，因行情波动，期货交易者张某账号持仓的某商品期货合约出现涨停，行情走势与张某的该期货合约持仓方向相反。当日结算显示张某的账户风险率已经高于交易所规定的风险率，张某账户的保证金已经低于交易所规定的保证金标准，期货公司通过中国期货保证金监控中心网站向张某发送了该交易日结算单和追加保证金通知书，要求张某在下一个交易日开盘前追加保证金至期货公司账户，否则期货公司有权按规定实施强行平仓；2019 年 12 月 5 日 8 时 53 分、8 时 57 分，期货公司分别以发送手机短信、拨打电话的方式向张某告知上述风险提示；12 月 5 日 9 时 01 分，商品交易所开市后，期货公司对张某持有的 X 手的该期货合约进行强行平仓。据此，在张某账户保证金不足且风险率高于交易所规定的风险率的情况下，期货公司按照合同约定向张某发出追加保证金通知，而张某未在合同约定的下一个交易日即 2019 年 12 月 5 日开市前追加保证金，由此带来的损失由张某自行承担。

1. 下列关于期货保证金交易的说法正确的是（　　）。

A. 期货交易实行保证金制度，期货结算机构向结算参与人收取保证金，结算参与人向交易者收取保证金，保证金用于结算和履约保障

B. 保证金的形式包括现金，国债、股票、基金份额、标准仓单等流动性强的有价证券，以及国务院期货监督管理机构规定的其他财产

C. 交易者进行标准化期权合约交易的，卖方应当缴纳保证金，买方应当支付权利金

D. 结算参与人的保证金不符合期货结算机构业务规则规定标准的，期货结算机构应当按照业务规则的规定通知结算参与人在规定时间内追加保证金或者自行平仓；结算参与人未在规定时间内追加保证金或者自行平仓的，通知期货交易场所强行平仓

答案：ABCD

解析：期货交易实行保证金制度，期货结算机构向结算参与人收取保证金，结算参与人向交易者收取保证金，保证金用于结算和履约保障。保证金的形式包括现金，国债、股票、基金份额、标准仓单等流动性强的有价证券，以及国务院期货监督管理机构规定的其他财产。

结算参与人的保证金不符合期货结算机构业务规则规定标准的，期货结算机构应当按照业务规则的规定通知结算参与人在规定时间内追加保证金或者自行平仓；结算参与人未在规定时间内追加保证金或者自行平仓的，通知期货交易场所强行平仓。

2. 下列关于案例中期货公司行为的说法正确的是（　　）。

A. 案例中期货公司没有得到期货交易者张某的应允，不得强行平仓

B. 案例中期货公司强行平仓的行为严重危害期货交易者张某的财产安全，应承担一部分损失

C. 案例中期货公司在期货交易者张某的账户保证金不足的情况，可以无须告知交易者，并要求张某追加保证金

D. 案例中由于期货投资者在知情的情况未按期补充保证金，所造成的损失由张某自行承担，期货公司行为并无异议

答案：D

解析：根据《期货和衍生品法》相关规定，结算参与人的保证金不符合期货结算机构业务规则规定标准的，期货结算机构应当按照业务规则的规定通知结算参与人在规定时间内追加保证金或者自行平仓；结算参与人未在规定时间内追加保证金或者自行平仓的，通知期货交易场所强行平仓。

（八）在 2019 年 3 月至 8 月期间，期货交易者王某存在实际控制或使用 30 多个期货账户，集中资金优势、持仓优势，连续买卖甲醇合约和为影响期货市场行情，与此同时囤积现货，操纵期货交易价格，对于期货市场造成严重的危害。

1. 下列关于王某上述行为的说法正确的是（　　）。

A. 使相关期货合约价格产生非正常波动，形成的期货价格信息严重失真

B. 严重影响了期货市场价格发现、规避风险等功能的有效发挥

C. 严重损害了甲醇期货投资者的合法利益

D. 对当前期货市场正常交易秩序产生了严重负面影响

答案：ABCD

解析：案例中王某操纵甲醇合约的行为使相关期货合约价格产生非正常波动，形成的期货价格信息严重失真，不能真实反映市场供求关系，严重影响了期货市场价格发现、规避风险等功能的有效发挥，不仅损害了期货投资者的合法利益，还对当前期货市场正常交易秩序产生了严重负面影响，危害后果严重，依法应予以严惩。答案为 ABCD。

2. 下列关于王某的说法正确的是（　　）。

A. 李某的上述行为违反了《证券法》中有关证券从业人员不得利用因职务便

利获取的未公开信息从事相关交易活动的规定

B. 李某的上述行为违反了《证券法》中有关禁止特定人员直接或者借他人名义持有、买卖证券的规定，构成违法行为

C. 李某的上述行为违反了《证券法》中内有关禁止，内幕消息知情人将内幕消息泄露给第三方的规定，构成违法行为

D. 李某的上述行为违反了《期货和衍生品法》中操纵证券市场的相关规定

答案：D

解析：王某为期货交易投资者，并非期货公司从业人员，不属于内幕信息人以及特定人员，不存在因职务便利获取的未公开信息从事相关交易、内幕消息知情人将内幕消息泄露给第三方等行为。王某涉及操纵期货市场行为，故答案为D。

3. 最终中国证监会对王某的行为做出证券市场终身禁入的处罚，并处以罚金。下列罚金金额符合法律规定的是（　　）。

A. 1万元　　B. 2万元　　C. 20万元　　D. 100万元

答案：C

解析：根据《期货和衍生品法》第一百三十一条的规定，法律、行政法规和国务院期货监督管理机构规定禁止参与期货交易的人员，违反本法第五十三条的规定，直接或者以化名、借他人名义参与期货交易的，责令改正，给予警告，没收违法所得，并处以5万元以上50万元以下的罚款；属于国家工作人员的，还应当依法给予处分。

（九）2021年3月至9月，被告人吴某、张某、陈某三人以甲公司名义从事股票场外配资业务，其中吴某全面负责，张某、陈某负责联系资金供应方和客户，朱某、林某参与具体业务。该公司采取系统分仓模式，由吴某引入某软件进行风控，即客户（资金需求方）向公司缴纳保证金，资金供应方按照1∶4至1∶8不等的杠杆比例，将相应配资资金转入自己实际控制的证券账户内，朱某、林某则给客户分配分仓系统账户（虚拟子账户）及密码，并设置预警线、平仓线。客户通过专用客户端使用该系统进行股票买卖，交易委托发至分仓系统后，分仓系统再通过一个或多个真实的证券账户委托证券公司下单入场交易。

当客户股票交易亏损至其保证金的60%时系统将自动预警，客户需追加保证金。若未及时追加而导致继续亏损至其保证金的50%时，系统强制平仓。客户正常交易待配资行为结束后，甲公司将保证金、盈利等资金返还客户，从中赚取利息差。至案发，吴某等人撮合11位资金供应方向20位客户场外配资达4 000余万元，获利20万元。

1. 下列关于吴某、甲公司等人的行为说法正确的是（　　）。

A. 吴某等人的行为属于民间高利贷行为

B. 吴某等人的行为不属于民间借贷行为

C. 吴某、甲公司等人行为有较好的风险控制制度安排，无较大风险

D. 该行为证券经纪业务和证券融资融券业务特征，甲公司无证券业务资质，属于非法经营

答案：BD

解析：吴某等人的行为不是民间高利借贷，是兼具证券经纪业务特征和证券融资融券业务，甲公司非法从事证券投资业务，属于非法经营。故答案为BD。

2. 关于吴某、甲公司的处罚说法正确的是（　　）。

A. 对于吴某等人的行为，没收违法所得，并处以1倍以上5倍以下罚款

B. 甲公司行为违反《证券法》第一百二十条规定：证券公司必须在其名称中标明“证券有限责任公司”或者“证券股份有限公司”字样。经纪类证券公司必须在其名称中标明“经纪”字样

C. 吴某、甲公司的行为违反了《刑法》中未经国家有关主管部门批准非法经营证券、期货或者保险业务的规定

D. 对于吴某等人可处5年以下有期徒刑或者拘役

答案：ABCD

解析：《刑法》第二百二十五条规定，有下列非法经营行为之一，扰乱市场秩序，情节严重的，处5年以下有期徒刑或者拘役，并处或者单处违法所得1倍以上5倍以下罚金；情节特别严重的，处5年以上有期徒刑，并处违法所得1倍以上5倍以下罚金或者没收财产：(1) 未经许可经营法律、行政法规规定的专营、专卖物品或者其他限制买卖的物品的；(2) 买卖进出口许可证、进出口原产地证明以及其他法律、行政法规规定的经营许可证或者批准文件的；(3) 未经国家有关主管部门批准，非法经营证券、期货或者保险业务的；(4) 其他严重扰乱市场秩序的非法经营行为。《证券法》第一百二十条内容如下：证券公司必须在其名称中标明证券有限责任公司或者证券股份有限公司字样。经纪类证券公司必须在其名称中标明经纪字样。故答案为ABCD。

（十）2020年7月，中国证监会发布公告，因甲公司、乙公司、丙公司隐瞒实际控制人或持股比例，公司治理失衡，根据《证券法》第一百四十三条、《证券公司风险处置条例》第八条和第六十二条、《期货交易管理条例》第五十六条有关规定，中国证监会决定自公告发布次日起对甲、乙、丙公司依法实行接管。

1. 下列属于证券公司风险处置措施的是（　　）。

A. 行政接管　　B. 停业整顿　　C. 行政重组　　D. 破产清算

答案：ABCD

解析：证券公司风险处置措施包括停业整顿、托管、接管、行政重组、撤销及破产清算和重整。

2. 一般情况下，证券公司行政接管期限一般不超过（　　）。

A. 6 个月　　B. 12 个月　　C. 18 个月　　D. 24 个月

答案：B

解析：行政接管是监管部门对经营存在严重问题的证券公司介入，全面行使被接管证券公司的经营管理权，接管期限一般不超过 12 个月。

3. 2021 年 7 月，中国证监会发布公告因工作需要，依法决定对甲、乙、丙公司接管期限延长。根据相关法律法规，延长期限最长不超过（　　）。

A. 6 个月　　B. 12 个月　　C. 18 个月　　D. 24 个月

答案：B

解析：接管期限一般不超过 12 个月。满 12 个月，确实需要继续接管的，国务院证券监督管理机构可以决定延期，延期最长不超过 12 个月。

第二章　证券经营机构管理规范

一、单项选择题。以下备选项中只有一项最符合题目要求，不选、错选均不得分。

1. 证券公司治理不包括（　　）内容。

A. 证券公司与股东之间关系的特别规定

B. 证券公司董事会、监事会、高级管理人员的相关要求

C. 证券公司业务创新的相关规定

D. 证券公司与客户关系的基本原则

答案：C

解析：本题考查证券公司治理的涵盖范围。证券公司治理主要包括：证券公司与股东之间关系的特别规定，证券公司董事会、监事会、高级管理人员的相关要求，证券公司与客户关系的基本原则等内容。

2. 根据《证券法》及（　　）的规定，证券公司对客户负有诚信义务，不得侵犯客户的财产权、选择权、公平交易权、知情权及其他合法权益。

A.《证券投资基金法》

B.《证券公司监督管理条例》

C.《证券期货投资者适当性管理办法》

D.《期货交易管理条例》

答案：B

解析：本题考查证券公司治理的基本要求。

3. 证券公司高级管理人员应当对（　　）、不及时处理或者改正内部控制中存在的缺陷或者问题承担相应的责任。

A. 内部控制不力　B. 内部风险溢出　C. 内部管理不力　D. 外部风险涌入

答案：A

解析：本题考查证券公司治理中对高级管理人员的要求。证券公司高级管理人员应当对内部控制不力、不及时处理或者改正内部控制中存在的缺陷或者问题承担相应的责任。

4. 以下哪项（　　）不是证券公司合规经营的基本原则与应遵守的基本要求。

A. 充分了解客户的基本信息、财务状况、诚信记录等信息并及时更新

B. 合理划分客户类别和产品、服务风险等级，确保将适当的产品、服务提供给适合的客户

C. 制定工作人员执业行为准则，引导工作人员树立良好的合规执业意识和道德行为规范

D. 持续督促客户规范证券发行行为，动态监控客户交易活动

答案：C

解析：本题考查证券公司合规经营的基本原则与应遵守的基本要求。制定工作人员执业行为准则，引导工作人员树立良好的合规执业意识和道德行为规范是证券公司合规管理的制度。

5. 经营管理主要负责人的合规管理职责不包括（　　）。

A. 组织制定公司规章制度，并监督其实施

B. 督导、提醒公司其他高级管理人员在其分管领域中认真履行合规管理职责，落实合规管理要求

C. 在公司经营决策过程中，充分考虑后结合实际情况再进行决策

D. 支持合规负责人及合规部门按照监管要求和公司制度规定，向董事会、监管部门报告合规风险事项

答案：C

解析：本题考查证券公司经营管理主要负责人的合规管理职责。在公司经营决策过程中，充分听取合规负责人及合规部门的合规意见是经营管理主要负责人的合规管理职责。

6. 其他高级管理人员的合规管理职责不包括（　　）。

A. 在其分管领域组织贯彻执行公司各项规章制度，组织起草、制定其分管领域的规章制度，并监督其实施

B. 在其分管领域主动倡导合规经营理念，积极培育公司合规文化

C. 提醒、督导分管领域下属各单位负责人认真履行合规管理职责，落实合规管理要求

D. 督促公司下属各单位就合规风险事项开展自查或配合公司调查，严格按照公司规定进行合规问责，并落实整改措施

答案：D

解析：本题考查证券公司其他高级管理人员的合规管理职责。督促公司下属各

单位就合规风险事项开展自查或配合公司调查，严格按照公司规定进行合规问责，并落实整改措施是经营管理主要负责人的合规管理职责，而非其他高级管理人员的合规管理职责。

7. 以下（　　）不是全体工作人员的合规管理职责。

A. 主动了解、掌握和遵守相关法律、法规和准则

B. 积极参加公司安排的合规培训和合规宣导活动

C. 为本单位配备合格合规管理人员，避免分配与其履行合规职责相冲突的工作

D. 出现合规风险事项时，积极配合公司调查，并接受公司问责，落实整改要求

答案：C

解析：本题考查证券公司全体工作人员的合规管理职责。为本单位配备合格合规管理人员，避免分配与其履行合规职责相冲突的工作是下属各单位负责人的合规管理职责，而非全体工作人员的合规管理职责。

8. 证券公司信息隔离墙制度内容不包括（　　）。

A. 管理敏感信息的基本原则和保密要求

B. 证券公司跨墙人员特别行为规范

C. 各主体在证券公司信息隔离墙制度建立和执行方面的职责

D. 证券公司观察名单、限制名单管理的基本要求

答案：B

解析：本题考查证券公司信息隔离墙制度包括的内容。选项 B 应为：证券公司跨墙人员基本行为规范。

9. 按照《证券公司信息隔离墙制度指引》的要求，在信息隔离墙制度建立和执行方面，各部门和各人员的具体职责分工错误的是（　　）。

A. 证券公司董事会和经营管理的主要负责人对公司信息隔离墙制度的总体有效性负最终责任

B. 各业务部门和各分支机构的负责人对本部门和本机构执行信息隔离墙制度的有效性承担管理责任

C. 证券公司工作人员对本人在执业活动中遵守信息隔离制度承担直接责任

D. 监事会负责协助董事会和管理层建立信息隔离墙相关制度，并负有审查、监督、检查、咨询和培训等职责

答案：D

解析：本题考查证券公司信息隔离墙制度建立和执行的职责分工。合规总监和合规部门负责协助董事会和管理层建立信息隔离墙相关制度，并负有审查、监督、检查、咨询和培训等职责。

10. 金融机构通过第三方识别客户身份的，应当确保第三方已经采取符合（　　）要求的客户身份识别措施；第三方未采取符合本法要求的客户身份识别措施的，由（　　）承担未履行客户身份识别义务的责任。

A.《反洗钱法》；中国证监会　　B.《反洗钱法》；金融机构

C.《证券法》；中国证监会　　D.《公司法》；金融机构

答案：B

解析：本题考查证券公司委托第三方进行客户身份识别的有关规定。

11. 证券分析师参与撰写投资价值研究报告相关工作，需事先履行跨墙审批手续，遵循《首次公开发行股票承销业务规范》、（　　）等相关规定。

A.《证券公司和证券投资基金管理公司合规管理办法》

B.《证券公司投资银行类业务内部控制指引》

C.《注册制下首次公开发行股票承销规范》

D.《期货交易管理条例》

答案：C

解析：本题考查《首次公开发行股票承销业务规范》《注册制下首次公开发行股票承销规范》中关于证券分析师的相关规定。

12. 按照《证券监督管理条例》和《证券公司治理准则》的要求，证券公司在召开董事会会议时，对相关的资料和文件的处理错误的是（　　）。

A. 董事会会议应当制作会议记录，并可以录音

B. 董事会会议记录应当依法保存

C. 出席会议的董事应当在会议记录上签字，而记录人没有签字硬性要求

D. 证券公司应当设立董事会秘书，负责股东（大）会和董事会会议的筹备、文件的保管以及股东资料的管理

答案：C

解析：本题考查证券公司董事会的设置、议事规则等有关规定。出席会议的董事和记录人应当在会议记录上签字。

13. 证券公司聘任董事、监事和高级管理人员前，应当审慎考察并确认其符合相应的任职条件，自作出聘任决定之日起（　　）个工作日内向中国证监会相关派出机构报送相关备案材料。证券公司应当在考察意见中对受聘人符合任职条件的情

况作出说明。

A. 1　　B. 3　　C. 5　　D. 7

答案：C

解析：本题考查《证券基金经营机构董事、监事、高级管理人员及从业人员监督管理办法》第十一条。

14. 证券公司董事长、高级管理人员、分支机构负责人离任的，公司应当对其进行审计，并自其离任之日起（　　）个月内将审计报告报送中国证监会派出机构。

A. 1　　B. 2　　C. 3　　D. 4

答案：B

解析：本题考查《证券公司监督管理条例》和《证券基金经营机构董事、监事、高级管理人员及从业人员监督管理办法》的规定。

15. 证券公司对根据《涉及恐怖活动资产冻结管理办法》被采取冻结措施的资产的管理及处置，应当按照（　　）等相关规定执行；没有规定的，参照公安机关、国家安全机关、检察机关的相关规定执行。

A. 中国人民银行、证监会　　B. 中国人民银行、财政部

C. 财政部、证监会　　D. 财政部、公安部

答案：A

解析：本题考查证券公司对涉及恐怖活动资产冻结的管理及处置。证券公司对根据《涉及恐怖活动资产冻结管理办法》被采取冻结措施的资产的管理及处置，应当按照中国人民银行、中国证监会等相关规定执行；没有规定的，参照公安机关、国家安全机关、检察机关的相关规定执行。

16. 按照《证券公司和证券投资基金管理公司合规管理办法》及配套自律规则的要求，以下选项中（　　）举措不能提升合规负责人及其他合规管理人员的独立性和履职保障。

A. 合规负责人直接向董事会负责，由董事会考核

B. 证券公司在召开董事会、经营决策等重要会议以及合规负责人要求参加或者列席的会议前通知合规负责人

C. 证券公司不采纳合规负责人合规审查意见的，应当将有关事项提交董事会审议决定

D. 证券公司在对合规部门及其合规管理人员进行考核时，应采取其他部门打分、将考核结果与业务部门的经营业务直接挂钩等方式进行

答案：D

解析：本题考查的是证券公司合规负责人和合规管理人员的独立性原则的有关规定。以下举措可以提升合规负责人及其他合规管理人员的独立性和履职保障：(1) 明确合规负责人直接向董事会负责，由董事会考核，A 选项不符合题意；(2) 证券公司在召开董事会、经营决策会等重要会议以及合规负责人要求参加或者列席的会议前通知合规负责人，B 选项不符合题意；(3) 证券公司不采纳合规负责人的合规审查意见的，应当将有关事项提交董事会审议决定，C 选项不符合题意；(4) 要求合规部门及其合规管理人员由合规负责人考核，证券公司对合规部门及其合规管理人员进行考核时，不得采取（并非应采取）其他部门打分、将考核结果与业务部门的经营业务直接挂钩等方式，影响合规部门及其合规管理人员的独立性，D 选项符合题意。

17. 关于跨越信息隔离墙管理的说法，正确的是（　　）。

A. 公开侧业务部门应当事先向跨墙人员所属部门和合规部门提出申请，并经其审批同意

B. 跨墙人员在跨墙活动结束且获取的内幕信息已公开或者不再具有重大影响后方可回墙

C. 跨墙人员在跨墙后不应泄露跨墙期间知悉的内幕信息

D. 证券公司无须对跨墙人员的行为进行监督管理

答案：B

解析：本题考查对跨越信息隔离墙管理的理解。A 选项错误，保密侧（并非公开侧）业务部门应当事先向跨墙人员所属部门和合规部门提出申请，并经其审批同意。B 选项正确，跨墙人员在跨墙活动结束且获取的内幕信息已公开或者不再具有重大影响后方可回墙。C 选项错误，跨墙人员在跨墙期间不应泄露或不当使用跨墙后知悉的内幕信息，不应获取与跨墙业务无关的内幕信息（并非跨墙后不得泄露跨墙期间知悉的内幕信息）。D 选项错误，证券公司有关部门应对（并非无须）跨墙人员的行为进行监督管理。故本题选 B 选项。

18. 按照《证券监督管理条例》和《证券公司治理准则》的要求，证券公司董事会决议内容违反法律、行政法规或者中国证监会的规定的，（　　）应当要求董事会纠正，（　　）应当拒绝执行。

A. 监事会；股东会　　B. 监事会；经理层

C. 股东会；经理层　　D. 股东会；监事会

答案：B

解析：本题考查证券公司董事会的设置、议事规则等有关规定。证券公司董事

会决议内容违反法律、行政法规或者中国证监会的规定的，监事会应当要求董事会纠正，经理层应当拒绝执行。

19. 按照《证券公司合规管理实施指引》的要求，证券公司按照合规检查发生的情形分类，合规检查包括例行检查与专项检查。除发生下列（　　）情形外，证券公司应当进行专项检查。

A. 证券公司发生违法违规行为或者存在合规风险隐患的

B. 证券公司董监高、合规负责人或合规部门认为有必要的

C. 证券公司下属各单位及其工作人员配合监管和稽查办案不力的

D. 下属单位工作人员要求的

答案：D

解析：本题考查《证券公司合规管理实施指引》中证券公司需要进行专项检查的情形。在发生下列情形时，证券公司应当进行专项检查：（1）证券公司发生违法违规行为或者存在合规风险隐患的；（2）证券公司董监高、合规负责人或合规部门认为有必要的；（3）证券公司下属各单位及其工作人员配合监管和稽查办案不力的；（4）监管部门或自律组织要求的；（5）其他有必要进行专项检查的情形。

20. 按照《证券公司合规管理实施指引》的要求，证券公司应当为业务部门和分支机构配备合规管理人员。以下关于业务部门、分支机构合规管理人员配备的说法中错误的是（　　）。

A. 证券公司业务部门、分支机构应当配备具备3年以上的证券、金融、法律、会计、信息技术等有关领域工作经历

B. 合规管理人员不得兼任其他任何职务

C. 证券公司从事自营、投资银行、债券等合规风险管控难度较大的部门、工作人员人数在15人以上的分支机构以及证券公司异地总部等，应当配备专职合规管理人员

D. 证券公司业务部门、分支机构应当配备具备与履行合规管理职责相适应的专业知识和技能的合规管理人员

答案：B

解析：本题考查证券公司业务部门、分支机构合规管理人员配备的有关规定。合规管理人员可以兼任与合规管理职责不相冲突的职务。

21. 按照《证券公司和证券投资基金管理公司合规管理办法》及配套自律规则的要求，以下提升合规负责人及其他合规管理人员的独立性和履职保障的举措错误的是（　　）。

A. 合规部门及其合规管理人员由合规负责人考核

B. 中国证券业协会可以根据日常监管掌握的情况建议公司董事会调整考核

C. 其他合规人员工作称职的，其年度薪酬收入总额应当不低于公司同级别人员的平均水平

D. 中国证监会和自律组织的外部支持

答案：B

解析：本题考查《证券公司和证券投资基金管理公司合规管理办法》及配套自律规则的要求。中国证监会相关派出机构可以根据日常监管掌握的情况建议公司董事会调整考核结果。

22. 下列关于涉及恐怖活动资产冻结的说法，错误的是（　　）。

A. 对恐怖活动组织及恐怖活动人员与他人共同拥有或控制的资产采取冻结措施，但该资产在采取冻结措施时无法分割或确定份额的，证券公司应一并冻结

B. 境外有关部门以涉及恐怖活动为由，要求证券公司冻结相关资产、提供客户身份信息及交易信息的，证券公司应当及时配合

C. 涉及恐怖活动的资产被采取冻结措施期间，符合有关规定收取的款项或者受让的资产，证券公司应当采取冻结措施

D. 为不影响正常的证券、期货交易程序，执行恐怖组织及恐怖活动人员名单公布前生效的交易指令

答案：B

解析：本题考查涉及恐怖活动资产冻结的规定。选项 B 中，境外有关部门以涉及恐怖活动为由，要求证券公司冻结相关资产、提供客户身份信息及交易信息的，证券公司应当告知对方通过外交途径或者司法协助途径提出请求；不得擅自采取冻结措施，不得擅自提供客户身份信息及交易信息，故选项 B 错误。

23. 担任上市公司股票增发、配股、发行可转换公司债券等再融资项目的保荐机构、主承销商或者财务顾问，自确定并公告公开发行价格之日起（　　）日内，不得发布与该上市公司有关的证券研究报告。

A. 10　　B. 20　　C. 30　　D. 40

答案：A

解析：本题考查《发布证券研究报告执业规范》中关于静默期安排的相关规定。

24. 对基金销售人员的销售行为、流动情况、获取从业资质和业务培训等进行日常管理，建立健全基金销售人员管理档案，登记基金销售人员的基本资料和培训

情况等的机构是（ ）。

A. 证券业协会 B. 基金管理公司 C. 基金销售机构 D. 相关监管机构

答案：C

解析：本题考查基金销售机构的相关作用。基金销售机构对基金销售人员的销售行为、流动情况、获取从业资质和业务培训等进行日常管理，建立健全基金销售人员管理档案，登记基金销售人员的基本资料和培训情况等的机构。

25. 证券公司经营证券经纪业务的，其净资本不得低于人民币（ ）万元。证券公司经营证券承销与保荐、证券自营、证券资产管理、其他证券业务等业务之一的，其净资本不得低于人民币（ ）万元。

A. 1 000；3 000 B. 2 000；3 000 C. 1 000；5 000 D. 2 000；5 000

答案：D

解析：本题考查证券公司从事相关证券业务的净资本标准。

26. 证券公司分类监管评价首先设定正常经营的证券公司基准分为 100 分。在基准分的基础上，根据证券公司风险管理能力、持续合规状况、业务发展状况等方面情况，进行相应加分或扣分以确定证券公司的评价计分。分类评价每年进行一次，评价期为（ ）。

A. 上一年度 4 月 1 日至本年度 3 月 30 日

B. 上一年度 5 月 1 日至本年度 4 月 30 日

C. 上一年度 6 月 1 日至本年度 5 月 30 日

D. 上一年度 7 月 1 日至本年度 6 月 30 日

答案：B

解析：本题考查证券公司分类监管评价期。

27. 中国证监会根据证券公司评价计分的高低，将证券公司分为 A（AAA、AA、A）、B（BBB，BB，B）C（CCC，CC，C）、D、E 五大类十一个级别。其中，（ ）级是正常经营状态的最低等级。

A. B B. C C. D D. E

答案：B

解析：本题考查证券公司经营状态等级。C 级是正常经营状态的最低等级。

28. 下列关于证券公司的分类监管制度的说法，正确的是（ ）。

A. 以净资本为基准 B. 以扶优限劣为核心

C. 以提高风险管理能力为目的 D. 以市场准入和监管措施为依据

答案：A

解析：本题考查证券公司分类监管制度的概念。作为我国证券公司常规监管的重要措施之一，分类监管制度主要以净资本为基准、以风险管理能力为核心、以合规程度为依据、以市场准入和监管措施为手段、以扶优限劣为目标。

29. 根据《证券公司分类监管规定》，证券公司分类评价（　　）进行一次。

A. 每年　　B. 每季度　　C. 每月　　D. 每半年

答案：A

解析：本题考查《证券公司分类监管规定》中证券公司分类评价的周期。

30. 证券公司应当至少每（　　）经主要负责人、首席风险官签署确认后，向公司全体董事报告一次公司净资本等风险控制指标的具体情况和达标情况。

A. 三个月　　B. 半年　　C. 九个月　　D. 一年

答案：B

解析：本题考查证券公司风险控制指标报告相关要求。

31. 证券公司风险控制指标无法达标，严重危害证券市场秩序、损害投资者利益的，中国证监会可以区别情形，应对其采取的措施不包括（　　）。

A. 责令停业整顿

B. 指定其他机构托管、接管

C. 撤销经营证券业务许可

D. 限制向董事、监事、高级管理人员支付报酬、提供福利

答案：D

解析：证券公司风险控制指标无法达标，严重危害证券市场秩序、损害投资者利益的，中国证监会可以区别情形，对其采取下列措施：（1）责令停业整顿；（2）指定其他机构托管、接管；（3）撤销经营证券业务许可；（4）撤销。

32. 全面风险管理体系不包括（　　）。

A. 可操作的管理制度和健全的组织架构

B. 可靠的信息技术系统

C. 量化的风险指标体系

D. 有效的监管机制

答案：D

解析：本题考查证券公司全面风险管理体系。全面风险管理体系应当包括可操作的管理制度、健全的组织架构、可靠的信息技术系统、量化的风险指标体系、专业的人才队伍、有效的风险应对机制。

33. 某证券公司设立监事会，以下关于监事会的说法中正确的是（　　）。

A. 监事会必须设立主席和副主席

B. 监事会主席和副主席是监事会的召集人

C. 监事会可根据需要对公司财务情况、合规情况进行专项检查，必要时可聘请外部专业人士协助

D. 对董事、高级管理人员违反法律法规严重损害客户利益的行为，监事会应当提议召开董事会，并向董事会提出专项议案

答案：C

解析：本题考查证券公司监事会的作用。监事会应当设主席，可以设副主席；监事会主席是监事会的召集人；对董事、高级管理人员违反法律法规严重损害客户利益的行为，监事会应当提议召开股东（大）会，并向股东（大）会提出专项议案。监事会可根据需要对公司财务情况、合规情况进行专项检查，必要时可聘请外部专业人士协助。因此，本题选C。

34. 证券公司风险管理部门具备（　　）年以上的证券、金融、会计、信息技术等有关领域工作经历的人员占公司总部员工比例应不低于（　　）。

A. 3；1%　　　　B. 3；2%　　　　C. 7；1%　　　　D. 7；2%

答案：B

解析：本题考查首席风险官及风险管理部门的履职保障。公司可在此基础以上结合自身实际情况制定相应标准。风险管理部门人员工作称职的，其薪酬收入总额应当不低于公司总部业务及业务管理部门同职级人员的平均水平。

35. 某证券公司为了维护客户的知情权，应当向客户披露董事、监事、高级管理人员薪酬管理信息，以下（　　）不是必要披露项目。

A. 薪酬管理的基本制度及决策程序

B. 年度薪酬总额和在董事、监事、高级管理人员之间的分布情况

C. 薪酬延期支付和非现金薪酬情况

D. 对董事、高级管理人员的考核建议

答案：D

解析：本题考查证券公司薪酬与提名委员会的主要职责。对董事、高级管理人员的考核建议是薪酬与提名委员会的主要职责之一。

36. 下列关于证券公司子公司风险管理要求，错误的是（　　）。

A. 证券公司子公司应当任命一名高级管理人员负责公司的全面风险管理工作，子公司负责全面风险管理工作的负责人不得兼任或者分管与其职责相冲突的职务或者部门

B. 子公司风险管理工作负责人的任命应由证券公司首席风险官提名、子公司董事会聘任，其解聘应征得证券公司首席风险官同意

C. 子公司风险管理工作负责人应在 CEO 指导下开展风险管理工作，并向首席风险官履行风险报告义务

D. 子公司风险管理工作负责人应由证券公司首席风险官考核，考核权重不低于 50%

答案：C

解析：本题考查证券公司子公司风险管理要求。子公司风险管理工作负责人应在首席风险官指导下开展风险管理工作，并向首席风险官履行风险报告义务，故 C 选项错误。

37. 下列关于证券公司建立风险指标体系的要求，错误的是（　　）。

A. 证券公司应当制定包括风险容忍度和风险限额等的风险指标体系，并通过压力测试等方法计量风险、评估承受能力、指导资源配置

B. 证券公司应当制定并持续完善风险管理制度，并针对不同风险类型制定可操作的风险识别、评估、监测、应对、报告的方法和流程

C. 风险指标应当经公司董事会、经理层或其授权机构审批并逐级分解至各部门、分支机构和子公司

D. 证券公司应对分解后指标的执行情况进行监控和管理

答案：B

解析：本题考查证券公司建立风险指标体系的要求。证券公司应当制定并持续完善风险管理制度，并针对不同风险类型制定可操作的风险识别、评估、监测、应对、报告的方法和流程，此条是风险管理的制度与落实要求。

38. 下列关于证券公司风险管理应急机制的要求，错误的是（　　）。

A. 证券公司应当制定包括风险容忍度和风险限额等的风险指标体系，并通过压力测试等方法计量风险、评估承受能力、指导资源配置

B. 证券公司应当制定并持续完善风险管理制度，并针对不同风险类型制定可操作的风险识别、评估、监测、应对、报告的方法和流程

C. 风险指标应当经公司董事会、经理层或其授权机构审批并逐级分解至各部门、分支机构和子公司

D. 证券公司应对分解后指标的执行情况进行监控和管理

答案：B

解析：本题考查证券公司风险管理应急机制的要求。证券公司应当制定并持续

完善风险管理制度，并针对不同风险类型制定可操作的风险识别、评估、监测、应对、报告的方法和流程，此条是风险管理的制度与落实要求，而非证券公司风险管理应急机制要求，因此选 B。

39. 甲证券公司根据自身经营目标和运营状况，结合自身的环境条件，建立有效的内部控制制度、机制。以下甲证券公司内部控制当前遵循的原则，错误的是（　　）。

A. 甲证券公司的内部控制覆盖所有业务、部门和人员

B. 为了提高效率，甲证券公司承担内部控制监督检查职能的部门同时辅助前台业务运作

C. 该证券公司以合理的成本实现内部控制目标

D. 前台业务运作与后台管理支持适当分离

答案：B

解析： 本题考查证券公司内部控制当前遵循的原则。证券公司内部控制应当贯彻执行独立原则，即承担内部控制监督检查职能的部门应当独立于证券公司其他部门。

40. 以下关于证券公司内部控制制度建设的基本要求的说法错误的是（　　）。

A. 证券公司业务授权应当采用书面形式

B. 资金清算人员可由技术部人员兼任，以便及时解决资金收支时发生的技术难题

C. 通过业务台账系统和会计核算系统交叉印证，防止出现账外经营、账目不清等问题

D. 重要合同和票据应有连号控制、作废控制等专门措施

答案：B

解析： 本题考查证券公司内部控制制度机制建设的基本要求。资金清算人员不得由电脑部门人员和交易部门人员兼任。

41. 关于风险等级客户的审核期限，原则上，风险等级最高的客户的审核期限不得超过（　　），低一等级客户的审核期限不得超出上一级客户审核期限时长的（　　）。

A. 3 个月；1 倍　　　B. 3 个月；2 倍

C. 半年；1 倍　　　D. 半年；2 倍

答案：D

解析： 本题考查风险等级客户的审核期限。对于已确立过风险等级的客户，证券公司应根据其风险程度设置相应的重新审核期限，实现对风险的动态追踪。原则

上，风险等级最高的客户的审核期限不得超过半年，低一等级客户的审核期限不得超出上一级客户审核期限时长的两倍。对于首次建立业务关系的客户，无论其风险等级高低，证券公司在初次确定其风险等级后的三年内至少应进行一次复核。

42. 证券公司应至少每（　　）年对流动性风险限额进行一次评估，必要时进行调整。

A. 半　　B. 1　　C. 2　　D. 3

答案：B

解析：本题考查证券公司流动性风险限额管理的基本要求。证券公司应至少每年对流动性风险限额进行一次评估，必要时进行调整。

43.（　　）是投资者适当性管理工作的核心内容之一，经营机构只有全面了解客户的信息，才能根据每个客户的综合情况，向其提供适当的金融产品或服务。

A. “识别你的客户”　　B. “了解你的客户”

C. “联系你的客户”　　D. “分析你的客户”

答案：B

解析：本题考查投资者适当性管理工作的核心内容。“了解你的客户”是投资者适当性管理工作的核心内容之一，经营机构只有全面了解客户的信息，才能根据每个客户的综合情况，向其提供适当的金融产品或服务。

44. 经营机构在了解客户信息之后，可以通过请投资者填写（　　）等方法对投资者风险承受能力进行综合评估。

A.《投资者风险承受能力评估问卷》　B.《投资者风险识别能力评估问卷》

C.《投资者风险接受程度评估问卷》　D.《投资者风险偏好水平评估问卷》

答案：A

解析：本题考查《投资者风险承受能力评估问卷》。

45. 证券公司未在规定日期之前上报自评结果的，将公司分类结果下调（　　）个级别；未在确定分类结果期限之前上报自评结果的，将公司分类结果直接认定为（　　）类。

A. 1；E　　B. 2；E　　C. 1；D　　D. 2；D

答案：C

解析：本题考查基于分类监管要求划分的证券公司基本类别。证券公司在自评时，若不如实标注存在问题，存在遗漏、隐瞒等情况，将在应扣分事项上加倍扣分；自评时存在隐瞒重大事项或者报送、提供的信息和资料有虚假记载、误导性陈述或重大遗漏的，将视情节轻重将公司分类结果下调1至3个级别；证券公司未在规定日期之前上报自评结果的，将公司分类结果下调 1 个级别；未在确定分类结果期限之前上报自评结果的，将公司分类结果直接认定为 D 类。

46. 经营机构应当按照相关规定妥善保存其履行适当性义务的相关信息资料，防止泄露或者被不当利用，接受中国证监会及其派出机构和自律组织的检查。对匹配方案、告知警示资料、录音录像资料、自查报告等的保存期限不得少于（　　）年。

A. 5　　B. 10　　C. 15　　D. 20

答案：D

解析：本题考查经营机构需进行现场录音或录像留痕的要求。

47.《证券期货投资者适当性管理办法》本着（　　）的原则，针对每一项义务都制定了相应的违规罚则，要求监管自律机构通过检查督促，采取监督管理措施、行政处罚和市场禁入措施等方式，确保经营机构自觉落实适当性义务。

A. 有义务必有罚则　　B. 有义务必有追责

C. 有义务必有督促　　D. 有义务必有检查

答案：B

解析：本题考查《证券期货投资者适当性管理办法》的规定。

48. 经营机构违反《证券期货投资者适当性管理办法》第十条，未按规定对普通投资者进行细化分类和管理的，给予警告，并处以（　　）万元以下罚款。

A. 1　　B. 3　　C. 5　　D. 7

答案：B

解析：本题考查《证券期货投资者适当性管理办法》。经营机构有下列情形之一的，给予警告，并处以 3 万元以下罚款；对直接负责的主管人员和其他直接责任人员，给予警告，并处以 3 万元以下罚款；违反《证券期货投资者适当性管理办法》第十条，未按规定对普通投资者进行细化分类和管理的。

49. 恐怖融资的表现形式不包括（　　）。

A. 恐怖组织、恐怖分子自身的融资行为

B. 其他组织或个人协助恐怖活动的融资行为

C. 资助恐怖主义或恐怖活动的融资行为

D. 其他违反法律规定的融资行为

答案：D

解析：本题考查恐怖融资活动的表现形式。为恐怖主义、恐怖分子和恐怖主义组织进行的融资活动，均需依照《反洗钱法》等法律法规采取相关措施。所以，恐怖组织、恐怖分子自身的融资行为、其他组织或个人协助恐怖活动的融资行为、资助恐怖主义或恐怖活动的融资行为等均属于恐怖融资的表现，选项ABC正确。“其他违法融资行为”种类繁多，不能统一纳入“恐怖融资”范畴，故选D。

50. 证券公司应当按照规定，结合内部控制制度和风险管理机制的相关要求，履行（　　）等反洗钱义务。

A. 客户尽职调查　　B. 客户身份资料和交易记录保存

C. 大额交易和可疑交易报告　　D. 以上都是

答案：D

解析：本题考查证券公司反洗钱义务的要求。证券公司等金融机构应当按照规定，结合内部控制制度和风险管理机制的相关要求，履行客户尽职调查、客户身份资料和交易记录保存、大额交易和可疑交易报告等义务。故以上皆是，应选D。

二、多项选择题。以下备选项中有两项或两项以上符合题目要求，多选、少选、错选均不得分。

1. 证券公司建立稳健薪酬制度应以（　　）为原则目标。

A. 贯彻稳健经营理念　　B. 确保合规底线要求

C. 促进形成正向激励　　D. 提升公司长期价值

答案：ABCD

解析：本题考查证券公司稳健薪酬制度的相关要求。

2. 证券公司在制定（　　）时，应综合考虑业务和岗位的风险属性和特征，以及相应承担的社会责任及专业责任，完善薪酬激励约束机制。

A. 薪酬制度　　B. 薪酬标准　　C. 晋升制度　　D. 考核体系

答案：ABD

解析：本题考查证券公司薪酬激励约束机制。

3. 证券公司的股东、控股股东、实际控制人应当特别注意（　　）。

A. 不得滥用权力　　B. 不得超越职权

C. 依法维护证券公司独立性　　D. 不得开展业务竞争

答案：ABCD

解析：本题考查证券公司的股东、控股股东、实际控制人应当特别注意的地方。

4. 证券公司的股东、控股股东、实际控制人应当特别注意（　　）。

A. 关联交易不得损害公司利益　　B. 不得虚假出资、抽逃出资

C. 不得违规要求提供融资或担保　　D. 未经批准不得委托持股

答案：ABCD

解析：本题考查证券公司的股东、控股股东、实际控制人应当特别注意的地方。

5. 任职条件方面，《证券法》规定证券公司的（　　），应当正直诚实、品行良好，熟悉证券法律、行政法规，具有履行职责所需的经营管理能力。

A. 董事　　B. 股东　　C. 监事　　D. 高级管理人员

答案：ACD

解析：本题考查公司高管任职条件。

6. 经营证券经纪业务、证券资产管理业务、融资融券业务和证券承销与保荐业务中两种以上业务的证券公司，应当建立独立董事制度。其中，证券公司有下列（　　）之一的，独立董事人数不得少于董事人数的1/4。

A. 董事长、经营管理的主要负责人由同一人担任

B. 内部董事人数占董事人数1/5以上

C. 大股东人数超过公司人数的5%

D. 中国证监会认定的其他情形

答案：ABD

解析：本题考查独立董事制度的相关要求。

7. 证券公司应当切实履行董事、监事、高级管理人员任职考察、履职监督、内部考核问责的主体责任，建立健全人员任职和执业管理的内部控制机制，培育（　　）的行业文化。

A. 合规　　B. 诚信　　C. 专业　　D. 稳健

答案：ABCD

解析：本题考查《证券基金经营机构董事、监事、高级管理人员及从业人员监督管理办法》第三十五条的内容。

8. 证券公司经营以下（　　）两种以上业务的，其董事会应当设立薪酬与提名委员会、审计委员会和风险控制委员会，并应当在公司章程中规定各委员会的组成、职责及其行使方式。

A. 证券经纪业务　　B. 证券资产管理业务

C. 融资融券业务　　D. 证券承销与保荐业务

答案：ABCD

解析：本题考查证券公司治理中对董事会专门委员会的要求。

9. 证券公司经营证券经纪业务、证券资产管理业务、融资融券业务和证券承销与保荐业务中两种以上业务的，其董事会应当设立（　　），并应当在公司章程中规定各委员会的组成、职责及其行使方式。

A. 薪酬与提名委员会　　B. 审计委员会

C. 风险控制委员会　　D. 监事会

答案：ABC

解析：本题考查证券公司治理中对董事会专门委员会的要求。

10. 证券公司高级管理人员应当支持（　　）的工作。

A. 合规管理部门　　B. 会计部门

C. 风险管理部门　　D. 稽核审计部门

答案：ACD

解析：本题考查证券公司治理中对高级管理人员的要求。证券公司分管合规管理、风险管理、稽核审计部门的高级管理人员，不得兼任或者分管与合规管理、风险管理、稽核审计职责相冲突的职务或者部门。证券公司高级管理人员应当支持合规管理、风险管理、稽核审计部门的工作。

11. 证券公司内部控制应当遵循（　　）原则，确保内部控制有效。

A. 健全　　B. 合理　　C. 制衡　　D. 独立

答案：ABCD

解析：本题考查证券公司内部控制应当遵循的原则。

12. 证券公司违反《证券基金经营机构信息技术管理办法》规定的，中国证监会及其派出机构可以依法对其采取（　　）等行政监管措施。

A. 责令改正　　B. 暂停业务

C. 责令定期报告　　D. 责令增加合规检查次数

答案：ABCD

解析：本题考查证券公司违反规定的法律责任。

13. 证券公司应当树立（　　）的理念，倡导和推进合规文化建设，培育全体工作人员合规意识，提升合规管理人员职业荣誉感和专业化、职业化水平。

A. 全员合规　　B. 合规从管理层做起

C. 合规创造价值　　D. 合规是公司生存基础

答案：ABCD

解析：本题考查证券公司经营管理各层级及全体工作人员的合规管理职责。

14. 对于证券公司的违法违规行为，合规负责人已经按照《证券公司和证券投资基金管理公司合规管理办法》的规定尽职履行（　　）的，不予追究责任。

A. 审查　　B. 监督　　C. 检查　　D. 报告职责

答案：ABCD

解析：本题考查《证券公司和证券投资基金管理公司合规管理办法》的规定。

15. 下列属于证券公司内幕信息的是（　　）。

A. 公司股权结构的重大变化

B. 公司债务担保的重大变化

C. 公司实际控制人的董事发生变动

D. 上市公司收购的有关方案

答案：ABD

解析：本题考查《证券公司信息隔离墙制度指引》中关于证券公司的敏感信息的要求。证券公司的敏感信息包括内幕信息和其他未公开信息。选项C公司实际控制人的董事发生变动，不会对该证券公司的市场价格产生重大影响，并且属于已经公开的信息，所以选项C不属于内幕信息，选项ABD正确。

16. 证券公司应当建立利益冲突管理机制。对各项业务活动中可能产生的利益冲突进行（　　）。

A. 识别　　B. 评估　　C. 管理　　D. 限制

答案：ABC

解析：本题考查证券公司利益冲突管理机制中相关内容。

17. 证券公司分类监管主要包括（　　）等内容。

A. 分类监管的概念

B. 证券公司分类监管的评价指标体系及评价方法

C. 公司各层级及全体工作人员的分类监管职责

D. 分类监管要求划分的证券公司基本类别等内容

答案：ABD

解析：本题考查证券公司分类监管包括的内容。

18. 证券公司治理的基本要求包括（　　）。

A. 建立健全组织架构、明确职责划分　B. 不得侵犯客户合法权益

C. 建立完备的内部控制体系　　D. 建立稳健的薪酬制度

答案：ABCD

解析：本题考查证券公司治理的基本要求。

19. 在处理与股东及股东关联方之间的关系时，证券公司还应注意，不得有（　　）行为发生。

A. 持有股东的股权，但法律、行政法规或者中国证监会另有规定的除外

B. 通过购买股东持有的证券等方式向股东输送不当利益

C. 通过送礼买通等方式向股东争取既得利益

D. 法律、行政法规或者中国证监会禁止的其他行为

答案：ABCD

解析：本题考查在处理与股东及股东关联方之间的关系时，证券公司不得有的行为。

20.《证券基金经营机构董事、监事、高级管理人员及从业人员监督管理办法》强调证券公司董事、监事、高级管理人员任职的基本条件包括（　　）。

A. 应当熟悉证券基金法律法规和中国证监会的规定

B. 具备 3 年以上与其拟任职务相关的证券、基金、金融、法律、会计、信息技术等工作经历

C. 曾担任金融机构部门负责人以上职务不少于 4 年

D. 具有与拟任职务相适应的管理经历和经营管理能力

答案：ABD

解析：本题考查《证券基金经营机构董事、监事、高级管理人员及从业人员监督管理办法》证券公司董事、监事、高级管理人员任职的基本条件。

21.《证券公司监督管理条例》规定当证券公司出现（　　）情况时，中国证监会可以对证券公司及其有关董事、监事、高级管理人员、境内分支机构负责人给予谴责，责令证券公司更换董事、监事、高级管理人员或者限制其权利。

A. 治理结构不健全

B. 内部控制不完善

C. 经营管理混乱

D. 设立账外账或者进行账外经营等违法违规情况

答案：ABCD

解析：本题考查《证券公司监督管理条例》的相关规定。

22. 证券公司监事有权了解公司经营情况，并承担相应的保密义务，应当（　　）。

A. 依法检查公司财务

B. 依法检查公司缴税情况

C. 对董事、高级管理人员履职的合法合规性进行监督

D. 维护公司、股东和投资者的合法权益

答案：ACD

解析：本题考查证券公司监事的责任与义务。证券公司监事有权了解公司经营情况，并承担相应的保密义务，应当依法检查公司财务。

23. 按照《证券公司合规管理实施指引》的要求，证券公司董事会、监事会或监事、经营管理主要负责人、其他高级管理人员、下属各单位负责人及其他工作人员均有自己的合规管理职责。其中，属于证券公司董事会的合规管理职责的是（　　）。

A. 组织制定规章制度，并监督其实施

B. 审议批准年度合规报告

C. 决定解聘对发生重大合规风险负有主要责任或者领导责任的高级管理人员

D. 决定聘任、解聘、考核合规负责人，决定其薪酬待遇

答案：BCD

解析：本题考查证券公司董事会的合规管理职责的主要内容。证券公司董事会决定本公司的合规管理目标，对合规管理的有效性承担责任，除选项 BCD 外，还履行下列合规管理职责：（1）审议批准合规管理的基本制度；（2）建立与合规负责人的直接沟通机制；（3）评估合规管理有效性，督促解决合规管理中存在的问题；（4）公司章程规定的其他合规管理职责。

24. 证券公司应当对尚未公开发布的证券研究报告采取保密措施。除下列（　　）情形外，证券公司不得允许任何人在报告发布前接触报告或对报告内容产生影响。

A. 公司内部有关工作人员对报告进行质量管理、合规审查和按照正常业务流程参与报告制作发布的

B. 研究对象和公司保密侧业务工作人员为核实事实而仅接触报告草稿有关内容的

C. 证券公司不应在报告发布前向研究对象和公司保密侧业务部门提供研究摘要、投资评级或目标价格等内容

D. 在经营机构的合规部门将该上市公司列入相关限制名单期间，按照合规管理要求限制发布与该上市公司有关的证券研究报告的

答案：ABC

解析：本题考查《证券研究报告保密措施》，证券公司应当对尚未公开发布的证券研究报告采取保密措施。

25. 证券公司应当对下列恐怖活动组织及恐怖活动人员名单开展实时监测（　　）。

A. 中国政府发布的或者要求执行的恐怖活动组织及恐怖活动人员名单

B. 联合国安理会决议中所列的恐怖活动组织及恐怖活动人员名单

C. 中国人民银行要求关注的其他涉嫌恐怖活动的组织及人员名单

D. 洗钱风险管理工作中发现的其他需要监测关注的组织和人员名单

答案：ABCD

解析：本题考查反洗钱和反恐怖名单监测制度。

26. 证券公司应建立有效的信用风险管理组织架构，明确（　　）及首席风险官、相关部门在信用风险管理中的职责和报告路线，建立健全有效的考核及问责机制。

A. 董事会　　B. 监事会　　C. 股东层　　D. 经理层

答案：ABD

解析：本题考查证券公司的信用风险管理组织架构。

27. 证券公司应当指定或者设立专门部门履行信用风险管理职责，在首席风险官的领导下推动信用风险管理工作，（　　）公司整体信用风险情况，并为业务决策提供信用风险管理建议，协助。

A. 识别　　B. 监测　　C. 评估　　D. 报告

答案：BCD

解析：本题考查证券公司信用风险管理组织架构的要求。

28. 证券公司报告可疑交易后应采取后续控制措施，包括（　　）等。

A. 对可疑交易所涉客户及交易开展持续监控

B. 提升客户风险等级

C. 限制提供服务

D. 必要时终止业务关系

答案：ABCD

解析：本题考查证券公司可疑交易报告报送后的后续控制措施。可疑交易报告报送后，后续处理措施包括但不限于加强交易监控和报告、调高客户风险等级、合理限制业务范围、审慎提供金融服务等。

29. 可疑交易符合下列情形（　　）之一的，证券公司应当在向中国反洗钱监测分析中心提交可疑交易报告的同时，以电子形式或书面形式向所在地中国人民银行或者其分支机构报告，并配合反洗钱调查。

A. 明显涉嫌洗钱、恐怖融资等犯罪活动的

B. 严重危害国家安全或者影响社会稳定的

C. 严重违反法定程序的

D. 其他情节严重或者情况紧急的情形

答案：ABD

解析：本题考查可疑交易报告制度的规定。

30. 证券公司应当按照规定，结合内部控制制度和风险管理机制的相关要求，履行可疑交易报告的义务。以下符合可疑交易报告情形的有（　　）。

A. 短期内相同收付款人间频繁发生资金收付，且交易金额接近大额交易标准

B. 自然人客户短期内频繁收取法人、其他组织汇款

C. 长期闲置的账户原因不明地突然启用，且短期内出现大量资金收付

D. 提前偿还贷款

答案：ABC

解析：本题考查可疑交易报告制度的要求。证券公司应当按照规定，结合内部控制制度和风险管理机制的相关要求，履行客户尽职调查、客户身份资料和交易记录保存、大额交易和可疑交易报告的义务。

31. 证券公司应建立信用风险（　　）机制。

A. 监控　　B. 识别　　C. 报告　　D. 预警

答案：ACD

解析：本题考查证券公司信用风险监控、报告及预警机制。证券公司应建立信用风险监控、报告及预警机制。

32. 证券公司应建立健全存续期业务后续管理和跟踪机制，并明确业务覆盖范围和管理方式。证券公司对存续期业务的管理可采用（　　）等多种方式，以便及时掌握业务风险情况，并根据风险程度采取必要的应对措施。

A. 实地调查　　B. 客户访谈　　C. 查阅核对　　D. 舆情监控

答案：ABCD

解析：本题考查证券公司信用风险的风险监控、报告和预警。

33. 根据《证券公司声誉风险管理指引》，声誉风险是指由于证券经营机构行为或外部事件及其工作人员违反（　　）等相关行为，导致投资者、发行人、监管机构、自律组织、社会公众、媒体等对证券公司形成负面评价，从而损害其品牌价值，不利其正常经营，甚至影响到市场稳定和社会稳定的风险。

A. 廉洁规定　　B. 职业道德　　C. 业务规范　　D. 行规行约

答案：ABCD

解析：本题考查《证券公司声誉风险管理指引》中的声誉风险。

34. 声誉风险管理应遵循（　　）。

A. 全程全员原则　B. 预防第一原则　C. 审慎管理原则　D. 快速响应

答案：ABCD

解析：本题考查《证券公司声誉风险管理指引》中声誉风险管理应遵循的原则。声誉风险管理应遵循全程全员原则、预防第一原则、审慎管理原则、快速响应原则。

35. 董事会承担声誉风险管理的最终责任，应履行以下职责（　　）。

A. 推进公司声誉风险管理文化建设

B. 确保将声誉风险纳入全面风险管理体系，确定声誉风险管理的总体目标，持续关注公司整体声誉风险管理水平

C. 公司章程规定的其他涉及声誉风险管理的职责

D. 确定声誉风险管理组织架构

答案：ABC

解析：本题考查声誉风险管理的最终责任者。确定声誉风险管理组织架构是经理层应履行的职责。

36. 经理层对声誉风险管理承担主要责任，应履行以下职责（　　）。

A. 确保声誉风险管理总体目标和相关制度在公司内部的有效传递和实施

B. 充分了解公司总体声誉风险水平及其管理状况

C. 配备满足公司经营管理需要并与业务性质、规模及复杂程度相适应的声誉风险管理资源

D. 评估公司在重大经营管理决策或活动、重大外部事件中的声誉风险，并确定应对预案

答案：ABCD

解析：本题考查经理层对声誉风险管理需要履行的职责。

37. 证券公司应确定可能影响公司声誉的风险来源，全面、系统、持续地收集和识别相关内外部信息，重点关注以下（　　）中可能引发声誉风险的驱动因素。

A. 战略规划或调整、股权结构变动、内部组织机构调整或核心人员变动

B. 业务投资活动及产品、服务的设计、提供或推介

C. 司法性事件及监管调查、处罚

D. 新闻媒体的不实报道或网络不实言论

答案：ABCD

解析：本题考查引发声誉风险的驱动因素。

38. Z 证券公司从风险管理水平与业务的匹配度，风险计量模型与监测分析的可靠性，风险限额和管控机制的执行力，风险预警、报告、反馈、应对、处置链条的完备性等方面审慎评估全面风险管理的有效性。评估后发现公司存在部分高风险

业务、子孙公司的风险管控思路还停留在“定制度”的初级阶段；信用风险管控不足，与债券交易规模呈现出一定程度的不匹配，导致风险事件频发等问题。对此，Z 证券公司应当采取以下哪几种措施（　　）。

A. 重新梳理风险管理制度及业务管理制度，提高制度的可操作性

B. 加强风控系统对子公司全业务的覆盖

C. 加强内部信用风险评价力量，建立债券标的内部评级模型

D. 建立工作人员声誉管理信息登记机制，记录人员不当执业行为及影响公司声誉的其他信息

答案：ABC

解析：本题考查信用风险管理措施。对此，Z 证券公司重新梳理风险管理制度及业务管理制度，提高制度的可操作性；加强风控系统对子公司全业务的覆盖；加强内部信用风险评价力量，建立债券标的内部评级模型等。目前 Z 证券公司定期评估全面风险管理体系，并根据评估结果及时改进风险管理工作。

39. 2022 年 9 月至 12 月，A 证券公司将 20 多亿元自有资金投向单一资金信托计划，但在月度风险控制指标监管报表和年度报告中，将上述投资计入银行存款。B 会计师事务所在年度审计时，认为该证券公司年度报告、净资本计算表、风险资本准备计算表、风险控制指标监管报表等报表存在违反会计准则、证券公司净资本计算规则的情形，因此出具了保留意见。对此，当地证监局应对该证券公司采取哪几种行政监管措施（　　）。

A. 暂停该证券公司自营业务（固定收益证券自营除外）

B. 暂停核准该证券公司新业务的申请

C. 对该证券公司予以谴责

D. 对该证券公司董事长、财务总监、合规总监和副总经理采取谴责等行政监管措施

答案：ABCD

解析：本题考查《证券公司监督管理条例》《证券公司风险控制指标管理办法》相关行政管理措施。针对该违规事件，当地证监局在查实情况后，按照《证券公司监督管理条例》《证券公司风险控制指标管理办法》的相关规定，对该证券公司采取以下行政监管措施：暂停该证券公司自营业务（固定收益证券自营除外）；暂停核准该证券公司新业务的申请；对该证券公司予以谴责。同时，按照《证券公司监督管理条例》的相关规定，对该证券公司董事长、财务总监、合规总监和副总经理采取谴责等行政监管措施。

40. 适当性管理制度的核心框架包括（　　）等内容。

A. 了解投资者、投资者分类　　B. 了解产品或服务、产品或服务分级

C. 适当性匹配　　D. 经营机构内部控制

答案：ABCD

解析：本题考查适当性管理制度核心框架的主要内容。

41. 根据《证券期货投资者适当性管理办法》的要求，经营机构向投资者销售产品或者提供服务时，应当了解投资者的下列信息（　　）。

A. 诚信记录

B. 实际控制投资者的自然人和交易的实际受益人

C. 法律法规、自律规则规定的投资者准入要求相关信息

D. 其他必要信息

答案：ABCD

解析：本题考查经营机构向投资者销售产品或提供服务应了解的投资者信息。

42. 依据《证券期货投资者适当性管理办法》，专业投资者可以划分为以下（　　）三类。

A. 专业机构投资者

B. 符合一定条件的专业投资者

C. 境外机构专业投资者

D. 普通投资者自愿申请转化的专业投资者

答案：ABD

解析：本题考查专业投资者的范围。依据《证券期货投资者适当性管理办法》，专业投资者可以划分为三类。第一类是专业机构投资者，即经有关金融监管部门批准设立的金融机构、金融机构发行的理财产品以及经监管部门批准设立的养老基金、社会公益基金、合格境外机构投资者（QFII）、人民币合格境外机构投资者（RQFII）等。第二类是符合一定条件的专业投资者，即符合一定资产、财务规模并且具备一定投资知识和经验的投资者。此类投资者需提供相关证明材料，经经营机构核验属实的可以直接认定为专业投资者。第三类属于普通投资者自愿申请转化的专业投资者，在其资产、财务规模以及投资知识和经验符合一定要求的前提下，经营机构有权自主决定是否同意其转化。

43. 专业机构投资者具体包括（　　）。

A. 证券公司、期货公司

D. 商业银行、保险公司

C. 信托公司、财务公司

D. 经行业协会备案或者登记的证券公司子公司

答案：ABCD

解析：本题考查第一类专业投资者的定义。

44. 同时满足以下（　　）条件的法人或者其他组织是第二类专业投资者。

A. 最近1年末净资产不低于2 000万元

B. 最近1年末金融资产不低1 000万元

C. 最近1年末金融资产不低2 000万元

D. 具有2年以上证券、基金、期货、黄金、外汇等投资经历

答案：ABD

解析：本题考查第二类专业投资者的定义。

45. 同时满足以下（　　）条件的自然人是第二类专业投资者。

A. 金融资产不低于500万元，或者最近3年个人年均收入不低于50万元

B. 金融资产不低于1 000万元，或者最近3年个人年均收入不低于100万元

C. 具有2年以上证券、基金、期货、黄金、外汇等投资经历，或者具有2年以上金融产品设计、投资、风险管理及相关工作经历

D. 具有5年以上证券、基金、期货、黄金、外汇等投资经历，或者具有5年以上金融产品设计、投资、风险管理及相关工作经历

答案：AC

解析：本题考查第二类专业投资者的定义。

46. 满足以下（　　）条件的普通投资者可以申请转化成为专业投资者。

A. 最近1年末净资产不低于500万元，最近1年末金融资产不低于250万元，且具有半年以上证券、基金、期货、黄金、外汇等投资经历的除专业投资者外的法人或其他组织

B. 最近1年末净资产不低于1 000万元，最近1年末金融资产不低于500万元，且具有1年以上证券、基金、期货、黄金、外汇等投资经历的除专业投资者外的法人或其他组织

C. 金融资产不低于150万元或者最近3年个人年均收入不低于15万元，且具有半年以上证券、基金、期货、黄金、外汇等投资经历或者1年以上金融产品设计、投资、风险管理及相关工作经历的自然人投资者

D. 金融资产不低于300万元或者最近3年个人年均收入不低于30万元，且具有1年以上证券、基金、期货、黄金、外汇等投资经历或者1年以上金融产品设

计、投资、风险管理及相关工作经历的自然人投资者

答案：BD

解析：本题考查由普通投资者转化的专业投资者的定义。

47. 评估普通投资者风险承受能力的主要因素包括（　　）。

A. 财务状况　　B. 投资经验　　C. 投资目标　　D. 风险偏好

答案：ABCD

解析：本题考查评估普通投资者风险承受能力的主要因素。评估普通投资者风险承受能力的主要因素包括以下几个方面：(1) 财务状况，具体包含收入来源、用于投资资产占家庭总资产比例、债务状况以及可用于投资的资产规模等；(2) 投资知识，包括金融相关学历情况、工作经历以及相关资格证书等；(3) 投资经验，包括投资金融产品情况、交易频率以及投资时间等；(4) 投资目标，包括拟投资期限、投资品种、期望收益等；(5) 风险偏好，包括可承受的投资损失以及投资回报的用途等；(6) 其他信息，包括投资者的年龄、抚养、扶养和赡养义务、学历以及本人及配偶的就业状况等。

48. 产品或者服务存在下列因素的，应当审慎评估其风险等级（　　）。

A. 存在本金损失的可能性，因杠杆交易等因素容易导致本金大部分或者全部损失的产品或者服务

B. 产品或者服务的流动变现能力，因无公开交易市场、参与投资者少等因素导致难以在短期内以合理价格顺利变现的产品或者服务

C. 产品或者服务的可理解性，因结构复杂、不易估值等因素导致普通人难以理解其条款和特征的产品或者服务

D. 产品或者服务的募集方式，涉及面广、影响力大的公募产品或者相关服务

答案：ABCD

解析：本题考查划分产品或服务风险等级时应考虑的因素。

49. 经营机构向普通投资者销售产品或者提供服务前，应当告知下列信息（　　）。

A. 可能直接导致本金亏损的事项

B. 可能直接导致超过原始本金损失的事项

C. 因经营机构财产状况变化，导致本金亏损的事项

D. 承诺的最低收益率

答案：ABC

解析：本题考查经营机构向普通投资者销售产品或提供服务前应告知的信息。

50. 反洗钱，是指为了预防通过各种方式掩饰、隐瞒犯罪所得及其收益的来源和性质的洗钱活动，相关犯罪包括（　　）。

A. 毒品犯罪　　B. 黑社会性质的组织犯罪

C. 滥用职权犯罪　　D. 破坏金融管理秩序犯罪

答案：ABD

解析：本题考查反洗钱的定义。反洗钱相关犯罪包括毒品犯罪、黑社会性质的组织犯罪、恐怖活动犯罪、走私犯罪、贪污贿赂犯罪、破坏金融管理秩序犯罪、金融诈骗犯罪等犯罪。选项 C 不属于此范畴，应排除，故选 ABD。

51. 反恐怖融资是指为了预防和遏制为（　　）进行的融资活动，依照《反洗钱法》等法律法规采取相关措施的行为。

A. 恐怖主义　　B. 恐怖分子　　C. 恐怖主义组织　　D. 犯罪集团

答案：ABC

解析：本题考查反恐怖融资的定义。反恐怖融资是指为了预防和遏制为恐怖主义、恐怖分子和恐怖主义组织进行的融资活动，依照《反洗钱法》等法律法规采取相关措施的行为。

52. 在重新识别客户身份过程中，除核对有效身份证件或者其他身份证明文件外，还可采取（　　）等措施。

A. 要求客户补充其他身份资料或者身份证明文件

B. 回访客户

C. 实地查访

D. 向公安、工商行政管理等部门核实

答案：ABCD

解析：本题考查证券公司重新识别客户身份的措施。

三、判断题。不选、错选均不得分。

1. 证券公司解聘合规负责人，应当有正当理由，并自解聘之日起 3 个工作日内将解聘的事实和理由书面报告国务院证券监督管理机构。

答案：正确

解析：符合证券公司解聘合规负责人的规定。

2. 我国证券法法律体系以《宪法》为核心，为证券发行和交易行为的正常运行提供了法律法规保障，也为监管部门履行监管职责提供了制度依据。

答案：错误

解析：本题考查证券法律体系的组成部分。我国证券法法律体系以《证券法》为核心，由相关法律、行政法规、部门规章及规范性文件和自律性规则共同组成，为证券发行和交易行为的正常运行提供了法律法规保障，也为监管部门履行监管职责提供了制度依据。

3. 证券的代销、包销期限最长不得超过60日。

答案：错误

解析：证券的代销、包销期限最长不得超过90日。

4. 股份有限公司申请股票在全国股份转让系统挂牌，应依法设立且存续满两年。

答案：正确

解析：股份有限公司申请股票在全国股份转让系统挂牌，应依法设立且存续满两年，有限责任公司按原账面净资产值折股整体变更为股份有限公司的，存续时间可以从有限责任公司成立之日起计算。

5. 中国证券业协会诚信管理中，奖励信息、处罚处分信息的效力期限一般为3年。

答案：正确

解析：中国证券业协会诚信管理中，奖励信息、处罚处分信息的效力期限一般为3年。

6. 资产证券化业务是指以基础资产所产生的利润为偿付支持，通过结构化等方式进行信用增级，在此基础上发行资产支持证券的业务活动。

答案：错误

解析：根据中国证监会《证券公司及基金管理公司子公司资产证券化业务管理规定》，资产证券化业务是指以基础资产所产生的现金流为偿付支持，通过结构化等方式进行信用增级，在此基础上发行资产支持证券的业务活动。

7. 当期货市场出现异常情况时，期货交易所可以按照其章程规定的权限和程序，决定采取强行平仓紧急措施，并应当立即报告国务院期货监督管理机构。

答案：正确

解析：根据《期货和衍生品法》第八十七条的规定，当期货市场出现以下异常情况时，期货交易所可以按照其章程规定的权限和程序，决定采取下列紧急措施，并应当立即报告国务院期货监督管理机构：（1）调整保证金；（2）调整涨跌停板幅度；（3）调整会员、交易者的交易限额或持仓限额标准；（4）限制开仓；（5）强行平仓；（6）暂时停止交易；（7）其他紧急措施。

8. 证券公司应当对股东建立薪酬递延支付机制。

答案：错误

解析：证券公司应当建立长效合理的薪酬管理制度，充分反映合规管理和风险管理要求，避免短期、过度激励等不当激励行为。对董事长、高级管理人员、主要业务部门负责人、分支机构负责人和核心业务人员建立薪酬递延支付机制。

9. 证券公司可以根据公司实际需要，在公开侧业务之间或保密侧业务之间采取信息隔离、跨墙、观察名单、限制名单等措施，防范敏感信息的不当流动和使用。

答案：正确

解析：证券公司可以根据公司实际需要，在公开侧业务之间或保密侧业务之间采取信息隔离、跨墙、观察名单、限制名单等措施，防范敏感信息的不当流动和使用。

10. 组织制定规章制度，并监督其实施属于证券公司董事会的合规管理职责。

答案：错误

解析：组织制定规章制度，并监督其实施属于经营管理主要负责人的合规管理职责；对发生重大合规风险负有主要责任或者领导责任的董事、高级管理人员提出罢免的建议属于监事会或监事的合规管理职责。

11. 信息技术服务机构为证券基金业务活动提供信息技术服务，不得在服务对象不知情的情况下，转委托第三方提供信息技术服务。

答案：正确

解析：本题考查信息技术服务机构的禁止性要求。

12. 为规范证券发行与承销行为，保护投资者合法权益，国务院制定《证券发行与承销管理办法》，对证券发行与承销行为相关信息披露要求进行详细、明确的规定。

答案：错误

解析：本题考查证券发行与承销信息披露的有关规定。为规范证券发行与承销行为，保护投资者合法权益，中国证监会制定《证券发行与承销管理办法》，对证券发行与承销行为相关信息披露要求进行详细、明确的规定。

13. 根据上交所、深交所、北交所的相关规定，席位代表了会员在证券交易所的权益，会员须拥有席位方可在证券交易所进行交易。

答案：正确

解析：根据上交所、深交所规定，会员（证券公司）应当至少取得并持有一个席位，但会员（证券公司）不得共有席位。会员（证券公司）取得的席位可向其他会员转让，但不得退回证券交易所。未经证券交易所同意，会员（证券公司）不得将席位出租、质押，或将席位所属权益以其他任何方式转给他人。

14. 证券公司向客户融资、融券，应当向客户收取一定比例的保证金。保证金除现金形式外可以用证券充抵。

答案：正确

解析： 本题考查融资融券业务所涉债权担保。

15. 证券发行人不符合发行条件的，可以以欺诈发行证券罪定罪。

答案：正确

解析： 欺诈发行证券，是指发行人不符合发行条件，以欺骗手段骗取发行注册的行为。情节严重构成犯罪的，以欺诈发行证券罪定罪处罚。

16. 证券公司应设立监督检查部门或岗位，独立履行合规检查、财务稽核、业务稽核、风险控制等监督检查职能。

答案：正确

解析： 证券公司的监督检查部门或岗位，应独立履行合规检查、财务稽核、业务稽核、风险控制等监督检查职能，负责提出内部控制缺陷的改进建议并敦促有关责任单位及时改进。

17. 中国证监会及其派出机构在对证券公司信息技术管理及服务活动的监管过程中，可以采用事件模拟方式开展现场检查及非现场检查。

答案：错误

解析： 本题考查证监会对证券公司信息技术管理及服务活动的监管方式。国证监会及其派出机构在对证券公司信息技术管理及服务活动的监管过程中，可以采用渗透测试、漏洞扫描及信息技术风险评估等方式开展现场检查及非现场检查。

18. 已经和依法可以在符合规定的区域性股权交易市场挂牌转让的私募债券属于证券自营业务主要的投资对象。

答案：错误

解析： 已经和依法可以在境内证券交易所上市交易和转让的证券是证券自营业务主要的投资对象，主要包括股票、债券、证券投资基金等。

19. 沪港通与深港通的基本交易规则包括订单修改。

答案：正确

解析： 沪港通与深港通的基本交易规则还包括订单设计、订单修改、T+2 交收制度、额度控制、回转交易等内容。

20. 未经国家有关主管部门批准，向社会不特定对象发行、以转让股权等方式变相发行股票累计超过 300 人的，可认定擅自发行股票、公司、企业债券罪。

答案：错误

解析：未经国家有关主管部门批准，向社会不特定对象发行、以转让股权等方式变相发行股票或者公司、企业债券，或者向特定对象发行、变相发行股票或者公司、企业债券累计超过 200 人的，构成犯罪的，以擅自发行股票、公司、企业债券罪定罪处罚。本罪的主体是一般主体，既可以是自然人，也可以是单位。

21. 证券公司可以采用注资的方式进行行政重组。

答案：正确

解析：证券公司进行行政重组，可以采取注资、股权重组、债务重组、资产重组、合并或者其他方式。

22. 证券公司实时信息系统的故障应对能力应当达到第三级。

答案：错误

解析：本题考查证券公司信息系统备份能力要求。证券公司实时信息系统的故障应对能力应当达到第四级。

23. 基金托管人属于基金合同当事人。

答案：正确

解析：基金合同当事人包括基金份额持有人、基金管理人和基金托管人。

24. 证券公司使用电子合同从事证券基金业务活动的，应当将电子合同存储在指定的信息系统，并提供可供投资者及合同其他相关方查询、下载的公开渠道。

答案：正确

解析：本题考查证券公司信息技术应用的合规与风险要点。

25. 证券公司应当将信息技术运用情况纳入合规与风险管理体系，为合规管理部门和风险管理部门配备与业务活动规模、业务复杂程度相适应的信息技术资源。

答案：正确

解析：本题考查证券公司信息技术合规与风险管理的总体要求。证券公司应当将信息技术运用情况纳入合规与风险管理体系，为合规管理部门和风险管理部门配备与业务活动规模、复杂程度相适应的信息技术资源，并建立相应的审查、监测和检查机制，确保合规与风险管理覆盖信息技术运用的各个环节。

26. 主动消除或者减轻违法行为危害后果的，中国证监会可以对有关责任人员从轻、减轻或者免予采取证券市场禁入措施。

答案：正确

解析：有下列情形之一的，中国证监会可以对有关责任人员从轻、减轻或者免予采取证券市场禁入措施：

（1）主动消除或者减轻违法行为危害后果的；（2）配合查处违法行为有立功表现的；（3）受他人指使、胁迫有违法行为，且能主动交代违法行为的；（4）在执法单位依法作出行政处罚决定或者证券市场禁入决定前主动交代违法行为的。

27. 信息技术治理委员会应当由信息技术管理部门负责人、合规管理部门负责人、高级管理人员构成，无须包括稽核审计部门负责人。

答案：错误

解析：本题考查证券公司信息技术治理委员会的组成。信息技术治理委员会应当由高级管理人员以及合规管理部门、风险管理部门、稽核审计部门、主要业务部门、信息技术管理部门等部门负责人组成，可聘请外部专业人员担任信息技术治理委员会委员或顾问。

28. 泄露证券发行询价和定价信息，操纵证券发行价格的，中国证监会可以对有关责任人员从轻、减轻或者免予采取证券市场禁入措施。

答案：正确

解析：有下列情形之一的，中国证监会可以对有关责任人员从轻、减轻或者免予采取证券市场禁入措施：

（1）主动消除或者减轻违法行为危害后果的；（2）配合查处违法行为有立功表现的；（3）受他人指使、胁迫有违法行为，且能主动交代违法行为的；（4）在执法单位依法作出行政处罚决定或者证券市场禁入决定前主动交代违法行为的。

29. 安全保管基金财产，是基金托管人应当履行的职责。

答案：正确

解析：本题考查《证券投资基金法》第三十六条的规定。

30. 审核证券上市交易申请时，应根据证券交易所上市规则规定的上市条件，对发行人财务状况提出要求。

答案：正确

解析：证券交易所上市规则规定的上市条件，应当对发行人的经营年限、财务状况、最低公开发行比例和公司治理、诚信记录等提出要求。

31. 现券买卖属于证券公司债券交易范围。

答案：正确

解析：证券公司债券交易包括现券买卖、债券回购、债券远期、债券借贷等符合规定的债券交易业务。

32. 使用信息技术手段开展相关业务活动的审查报告以及年度评估报，是信息技术治理委员会的职责之一。

答案：正确

解析：本题考查信息技术治理委员会的职责。

33. 证券公司违反《证券基金经营机构信息技术管理办法》规定的，中国证监会及其派出机构可以对直接负责的主管人员和其他责任人员采取责令改正、出具警示函、公开谴责等行政监管措施。

答案：正确

解析：本题考查证券公司违反规定时，其直接负责的主管人员和其他直接责任人员的责任。证券公司违反《证券基金经营机构信息技术管理办法》规定的，中国证监会及其派出机构可以依法对直接负责的主管人员和其他责任人员采取责令改正、监管谈话、出具警示函、公开谴责等行政监管措施。

34. 我国期货交易保证金的形式包括股票。

答案：正确

解析：保证金的形式包括现金、国债、股票、基金份额、标准仓单等流动性强的有价证券，以及国务院期货监督管理机构规定的其他财产。

35. 期货公司办理变更业务范围，应当经国务院期货监督管理机构核准。

答案：正确

解析：根据《期货和衍生品法》第六十二条的规定，期货公司办理下列事项，应当经国务院期货监督管理机构核准：(1) 合并、分立、停业、解散或者申请破产；(2) 变更主要股东或者公司的实际控制人；(3) 变更注册资本且调整股权结构；(4) 变更业务范围；(5) 国务院期货监督管理机构规定的其他重大事项。

36. 应急演练应当形成报告，保存期限不得少于3年。

答案：错误

解析：本题考查证券公司应急预案制度。应急演练应当形成报告，保存期限不得少于5年。

37. 证券公司反洗钱和反恐怖融资审计机制应坚持独立性原则，全面覆盖境内外分支机构、控股附属机构。

答案：正确

解析：本题考查证券公司反洗钱和反恐怖审计机制的要求。

38. 在交易记录保存的基本要求中，自交易记账当年计起，交易记录至少保存7年。

答案：错误

解析：本题考查客户身份资料和交易记录保存的基本要求。客户身份资料，自业务关系结束当年或者一次性交易记账当年计起至少保存5年；交易记录，自交易记账当年计起至少保存5年。

39. 证券公司与客户进行金融交易并通过银行账户划转款项的，由证券公司按照《金融机构大额交易和可疑交易报告管理办法》规定提交大额交易报告。

答案：错误

解析：本题考查大额交易报告制度的程序规定。证券公司与客户进行金融交易并通过银行账户划转款项的，由“银行”机构按照《金融机构大额交易和可疑交易报告管理办法》规定提交大额交易报告，而非“证券公司”。

40. 证券公司客户身份识别的基本步骤先后顺序是：登记、核对、了解、留存。

答案：错误

解析：本题考查证券公司客户身份识别制度。证券公司在与客户建立业务关系时，应当识别客户身份，了解实际控制客户的自然人和交易的实际受益人，核对客户的有效身份证件或者其他身份证明文件，登记客户身份基本信息，并留存有效身份证件或者其他身份证明文件的复印件或者影印件。

41. 审议信息技术战略并确保与本公司的发展战略、风险管理策略、资本实力相一致，是董事会在证券公司技术治理中的职责。

答案：正确。

解析：本题考查董事会在证券公司信息技术治理中的职责。证券公司董事会负责审议本公司的信息技术管理目标，对信息技术管理的有效性承担责任，履行下列职责：（1）审议信息技术战略，确保与本公司的发展战略、风险管理策略、资本实力相一致；（2）建立信息技术人力和资金保障方案；（3）评估年度信息技术管理工作的总体效果和效率；（4）公司章程规定的其他信息技术管理职责。

42. 证券公司应当在监事会下设立信息技术治理委员会或指定专门委员会负责制定信息技术战略。

答案：错误

解析：本题考查信息技术治理机构的设置。证券公司应当在公司管理层下设立信息技术治理委员会或指定专门委员会负责制定信息技术战略，而非“监事会”下。

43. 证券公司借助信息技术手段从事证券基金业务活动的，应当在业务系统上线之前，上线与业务活动复杂程度和风险状况相适应的风险管理系统或相关功能。

答案：错误

解析： 本题考查信息技术应用与风险控制措施的同步机制。证券公司借助信息技术手段从事证券基金业务活动的，应当在业务系统上线时，同步上线与业务活动复杂程度和风险状况相适应的风险管理系统或相关功能，对风险进行识别、监控、预警和干预。

44. 证券公司应当识别借助信息技术手段从事证券基金业务活动的各类风险，建立持续有效的风险监测机制。及时、稳妥处置发现的风险问题，并至少每半年开展一次风险监测机制及执行情况的有效性评估。

答案：错误

解析： 本题考查证券公司信息技术合规和风险管理的事中监测要求。证券公司应当及时、稳妥处置发现的风险问题，并至少每年开展一次风险监测机制及执行情况的有效性评估。

45. 证券公司应当定期开展信息技术管理工作专项审计，频率不低于每年一次，确保三年内完成信息技术管理全部事项的审计工作。

答案：正确

解析： 本题考查证券公司信息技术合规和风险管理的事后评估审计要求。证券公司应当定期开展信息技术管理工作专项审计，频率不低于每年一次，确保三年内完成信息技术管理全部事项的审计工作，包括但不限于信息技术治理、信息技术合规与风险管理、信息技术安全管理、应急管理。

46. 证券公司应当妥善保存审计报告，保存期限不得少于10年。

答案：错误

解析： 本题考查证券公司信息技术合规和风险管理的事后评估审计要求。

证券公司应当跟踪审计发现问题的整改情况，相关问题未能及时整改的，应当说明理由，并将审计报告提交信息技术治理委员会审议。证券公司应当妥善保存审计报告，保存期限不得少于20年。

47. 证券公司中，信息技术治理委员会为信息技术应急管理的牵头组织部门，组织开展信息技术应急预案的制订、演练、评估与改进工作，并负责信息系统的应急响应与恢复。

答案：错误

解析：本题考查证券公司中应急管理的职责分配。“信息技术管理部门”为信息技术应急管理的牵头组织部门，组织开展信息技术应急预案的制订、演练、评估与改进工作，并负责信息系统的应急响应与恢复，而非“信息技术治理委员会”。

48. 证券公司应当根据应急预案定期组织关键岗位人员开展应急演练，演练频率不低于每年2次，并确保应急演练在1年内覆盖全部重要信息系统。

答案：错误

解析：本题考查证券公司应急预案制度。证券公司应当根据系统变更、业务变化等情况，持续更新应急预案。证券公司应当根据应急预案定期组织关键岗位人员开展应急演练，演练频率不低于每年一次，并确保应急演练在2年内覆盖全部重要信息系统。

四、综合题。每问备选答案中有一项或多项符合题目要求，不选、错选均不得分。

（一）机构A有两名股东，包括自然人刘某和机构B，其中自然人刘某持股30%，机构B持股70%，而机构A又由自然人刘某持股80%，自然人蒋某持股20%。不存在其他单独或者联合对机构A进行实际控制的自然人。

1. 在以上情景中，自然人刘某对机构A直接和间接的总持股比例是（　　）。

A. 30%　　B. 80%　　C. 86%　　D. 70%

答案：C

解析：自然人刘某对机构A的直接持股比例30%，间接持股比例＝70%×80%，因此刘某对机构A的持股总比例为86%。

2. 当机构A在证券公司开户时，证券公司应当识别（　　）为机构A的受益所有人，并登记相关信息。

A. 自然人刘某　　B. 机构A

C. 自然人蒋某　　D. 机构B

答案：A

解析：因自然人刘某对于机构A的持股比例达86%且不存在其他单独或联合对机构A进行实际控制的自然人，故自然人刘某为机构A的受益所有人。

（二）客户黄某在A证券公司某营业部开立有经纪业务账户。近期，其证券账户因存在异常交易而被A证券公司的反洗钱系统预警。

1. 针对以上情况，下列哪项为A证券公司应采取的正确合理行动？（　　）

A. 由A证券公司的业务人员和信息技术人员针对黄某的交易进行共同分析、识别

B. 立即通知客户黄某有关其触发反洗钱系统警报的事宜，并暂停黄某账户的全部功能

C. 启动详尽的客户尽职调查，由业务人员和合规人员结合调查结果共同分析、判别

D. 一旦有账户触发反洗钱系统警报，应第一时间向证监会进行直接举报

答案：C

解析：本题考查大额交易和可疑交易报告的流程。当有账户触发反洗钱系统警报时，应首先由业务人员和合规人员结合客户尽职调查结果进行分析、识别，判断确存可疑之后，向相关部门提交可疑交易报告。在此分析、判别过程中，不得向被研判的账户持有人通风报信。

2. A 证券公司经过分析识别，怀疑客户黄某用于进行证券交易的资金，来源渠道可疑，存在洗钱风险。针对以上情况，A 证券公司应采取以下哪些行动最为合适？(　　)

A. 对客户黄某的账户进行关户处理即可

B. 向推荐客户黄某来该营业部开户的总部某领导周某进行汇报，等待周某的指示

C. 向中国反洗钱检测分析中心提交可疑交易报告，并且向该营业部所在地的中国人民银行某中心支行提交重点可疑交易报告

D. 向中国反洗钱检测分析中心提交可疑交易报告，并且向该营业部所在地的中国人民银行某中心支行提交重点可疑交易报告，将客户黄某的洗钱风险等级调高，并对账户进行冻结处理等措施

答案：D

解析：本题考查大额交易和可疑交易报告的流程。

（三）甲证券公司总部某位高级管理层张某向甲证券公司位于 X 市某营业部推荐了自己的朋友余某开立证券账户，并要求该营业部业务人员给予关照。

1. 针对以上情况，该营业部业务人员不应采取下列哪项方式？(　　)

A. 在余某成功开立账户后，根据实际情况对其进行相关手续费的适当优惠或合理豁免

B. 在开立账户时，核实余某的身份证件信息、职业信息、国籍等基本身份内容

C. 因余某是领导张某的朋友，故简化其开立账户时关于身份识别信息的要求，让余某有便捷、高效的客户体验

D. 如余某在开户现场提供的身份证件逾期，应待其完成证件更新后，为余某

预约下次适当的时间进行开户手续的办理

答案：C

解析：本题考查客户身份识别。本题C选项的行为未按《反洗钱法》规定履行客户身份识别义务，在开户阶段对客户的基本身份信息进行核实登记。

2. 余某开立账户后不久，该营业务业务人员通过新闻得知，当地纪检监察部门对余某启动了调查。针对以上情况，该营业部业务人员应采取下列哪项方式最为合适？（ ）

A. 向客户余某核实该新闻的准确性，并为其提供账户操作审核方面的便利，以示对领导张某朋友的关照

B. 在收到相关部门的正式通知函之前，不对账户做任何处理

C. 及时根据对应的消息，对余某的账户重新进行客户身份识别和风险等级认定

D. 直接对余某的账户进行关户处理

答案：C

解析：本题考查客户身份识别。根据《反洗钱法》第十六条、第十九条的相关规定，应根据触发事件及时对客户的身份进行重新识别与认定，并根据情况需要采取调整账户风险等级等措施。

（四）A证券公司在为B公司做科创板上首次公开发行股票的保荐机构和主承销商时，A证券公司资本市场部人员请求研究部门张某协助撰写该项目的投资价值研究报告，并向研究部门与合规部门提交了申请，获得了批准。张某撰写的研究报告随后被提供给了A公司的客户李某。

1. 以下说法正确的是（　　）。

A. 根据《证券法》《证券公司信息隔离墙制度指引》，证券公司人员不得跨墙参与担任保荐机构的项目

B. 根据《证券法》《注册制下首次公开发行股票承销规范》，证券公司人员不得跨墙参与担任保荐机构的项目

C. 根据《证券公司信息隔离墙制度指引》《注册制下首次公开发行股票承销规范》，证券公司人员跨墙参与担任保荐机构的项目应当向监管部门提交申请

D. A证券公司的行为完全符合《证券法》《证券公司信息隔离墙制度指引》《注册制下首次公开发行股票承销规范》的相关规定

答案：D

解析：A证券公司和分析师张某的行为符合《证券法》第一百三十六条，《证

券公司信息隔离墙制度指引》第九条、第十条、第十一条、第十七条，以及《注册制下首次公开发行股票承销规范》第五十九条的规定。

2. 李某作为A证券公司的客户，其交易记录自交易记账当年计起，至少保存（　　）。

A. 2年　　B. 3年　　C. 5年　　D. 10年

答案：C

解析：本题考查客户身份资料和交易记录保存的基本要求。客户身份资料，自业务关系结束当年或者一次性交易记账当年计起至少保存5年；交易记录，自交易记账当年计起至少保存5年。

（五）B公司上市后，张某主动与B公司董事会秘书联系，获取了B公司次日将要发布的管理层股权激励计划，随后张某将这些信息发在了家族群里。以下说法正确的有（　　）

A.《证券法》规定，上市公司拟发布的管理层股权激励计划属于内幕信息

B.《证券法》规定，上市公司拟发布的管理层股权激励计划不属于内幕信息

C. 张某并未将信息泄露给特定个人或机构，因此并不违反《证券法》相关规定

D. 张某将信息泄露给了多个个人或机构，因此违反了《证券法》的相关规定

答案：AD

解析：上市公司的股权激励方案在公布前属于《证券法》第八十条第（十二）项规定的内幕信息。《证券法》第八十条第（十二）项是关于内幕信息具体情形的兜底条款，即“国务院证券监督管理机构规定的其他事项”。公司董事会秘书为上述内幕信息的知情人，分析师张某通过董事会秘书才获知了内幕信息。在该内幕信息公开前，分析师张某将相关信息泄露给多个机构和个人的行为，违反了《证券法》第五十三条关于禁止泄露内幕信息的规定，构成《证券法》第一百九十一条所述违反本法第五十三条的规定从事内幕交易的行为。依据案件发生时有效的《证券法》相关规定，中国证监会对该分析师处以20万元罚款。

（六）张某是A证券公司的客户。近期，张某的账户出现了数笔巨额可疑交易，A公司的反洗钱系统对其账户出示了预警。

1. 关于张某的风险等级审核期限，原则上，风险等级最高的客户的审核期限不得超过（　　），低一等级客户的审核期限不得超出上一级客户审核期限时长的（　　）。

A. 3个月；1倍　　B. 3个月；2倍

C. 半年；1 倍　　　　　　　　　　D. 半年；2 倍

答案：D

解析：本题考查风险等级客户的审核期限。对于已确立过风险等级的客户，证券公司应根据其风险程度设置相应的重新审核期限，实现对风险的动态追踪。原则上，风险等级最高的客户的审核期限不得超过半年，低一等级客户的审核期限不得超出上一级客户审核期限时长的两倍。对于首次建立业务关系的客户，无论其风险等级高低，证券公司在初次确定其风险等级后的三年内至少应进行一次复核。

2. 关于反洗钱方面，A 公司应当按照规定，履行（　　）等反洗钱义务。

A. 客户尽职调查　　　　　　　　B. 客户身份资料和交易记录保存

C. 大额交易和可疑交易报告　　　D. 以上都是

答案：D

解析：本题考查证券公司反洗钱义务的要求。证券公司等金融机构应当按照规定，结合内部控制制度和风险管理机制的相关要求，履行客户尽职调查、客户身份资料和交易记录保存、大额交易和可疑交易报告等义务。故以上皆是，应选 D。

3. A 公司在对张某是否参与反洗钱调查核实时，其反洗钱融资审计机制应坚持（　　）原则。

A. 独立性　　B. 全面性　　C. 依法性　　D. 公正性

答案：A

解析：本题考查证券公司反洗钱和反恐怖审计机制的要求。证券公司应当建立反洗钱和反恐怖融资审计机制，审查反洗钱和反恐怖融资内部控制制度制定和执行情况。审计应当遵循独立性原则，全面覆盖境内外分支机构、控股附属机构，审计的范围、方法和频率应当与本机构经营规模及洗钱和恐怖融资风险状况相适应。故 A 正确。

（七）A 证券公司分公司负责人王某在任职期间，同时在其他营利性机构兼职。对于王某这种行为，A 公司并未有所处置，也未向监管部门报告。后续调查发现，A 证券公司内设有风险经理岗，承担合规职责与风控职责。

1. 关于王某的行为，以下说法正确的是（　　）。

A. 按照相关规定，王某作为分公司负责人可以在其他营利性机构兼职

B. 按照相关规定，王某不能在其他营利性机构兼职，但这属于王某个人行为，与 A 公司完全无关

C. 按照相关规定，王某不能在其他营利性机构兼职，地方监管局可以参与行政监管措施。

D. 按照相关规定，王某是否能在其他营利性机构兼职，要根据该营利性机构的性质判断

答案：C

解析：王某的行为反映出A证券公司内部控制不完善、合规管理不到位。该行为违反了《证券基金经营机构董事、监事、高级管理人员及从业人员监管理办法》第三十二条的相关规定，地方证监局可以采取相关行政监管措施。

2. 关于A公司的合规与风控管理，以下说法正确的是（　　）。

A. A公司内部的风险经理岗承担了公司合规和风控管理，因此，A公司对合规与风控的管理在制度上是完善的

B. A公司未将合规职责与风控职责严格区分，不符合证券公司合规管理的相关规定

C. 合规管理属于公司内部治理，A公司可以根据实际情况设置岗位，所有A公司的做法并未违反任何规定

D. A公司合规与风控管理的制度上是完善的，但是未发现王某的违规行为，相关岗位人员应当负有相应责任

答案：B

解析：A证券公司关于合规与风控的管理违反了《证券公司和证券投资基金管理公司合规管理办法》第二十一条、第二十三条、第二十四条、第二十八条、第三十一条，《证券公司合规管理实施指引》第十八条、第二十二条的相关规定，中国证监会可以对其采取责令改正的行政监管措施，并要求A证券公司向地方证监局提交整改报告。

（八）A证券公司进行内部薪酬激励改革，公司规定，投资银行类业务人员薪酬收入按照职位高低，以一定比例从承做项目所得利润中抽取，且主要管理和执行责任人员的收入递延2年支付。同时，为提高工作效率，规定业务授权可以采用电子邮件的方式；资金清算人员由技术部人员兼任，以解决资金收支时发生的技术问题等。

1. 关于A公司新的薪酬激励制度，以下说法正确的是（　　）。

A. 可以提升员工的工作积极性，是有利于公司发展且符合相关规定的

B. 员工薪酬按公司所得利润抽成，有利于提高员工积极性，是符合规定的有利改革。但根据相关规定，主要管理和执行责任人员的收入至少递延3年支付

C. 根据相关规定，不得将投资银行类业务人员薪酬收入与其承做的项目收入直接挂钩

D. 根据相关规定，对投资银行类项目负有主要管理或执行责任人员的收入递延支付年限原则上不得少于5年

答案：C

解析：按照《证券公司投资银行类业务内部控制指引》的要求，证券公司不得将投资银行类业务人员薪酬收入与其承做的项目收入直接挂钩；对投资银行类项目负有主要管理或执行责任人员的收入递延支付年限原则上不得少于3年。

2. A证券公司在内部控制制度建设上，下列说法正确的是（　　）。

A. 业务授权可以采用电子邮件的方式，技术部人员不得兼任资金清算人员

B. 业务授权应当采用书面形式，技术部人员可以兼任资金清算人员

C. 业务授权应当采用书面形式，技术部人员不得兼任资金清算人员

D. 业务授权可以采用电子邮件的方式，技术部人员可以兼任资金清算人员

答案：C

解析：根据证券公司内部控制制度建设的基本要求，证券公司业务授权应当采用书面形式，资金清算人员不得由电脑部门人员和交易部门人员兼任。

（九）A证券公司根据现实情况变化，在符合规定的情况下更新了公司的风险指标体系。新的风险指标经A公司董事会、经理层审批后，逐级分解至各部门、分支机构和子公司。此外，公司规定，其子公司风险管理工作负责人应在CEO指导下开展风险管理工作，并向首席风险官履行风险报告义务，子公司风险管理工作负责人应由证券公司首席风险官考核，考核权重不低于50%。

1. 关于公司的风险指标体系的更新，下列说法正确的是（　　）。

A. A证券公司应当向监管部门报告其风险指标体系的更新，待监管部门批准后再将指标逐级分解

B. 新的风险指标必须经第三方专业机构审核通过后方才有效

C. 风险指标体系主要由内部风控人员负责落实

D. A证券公司的风险指标体系建立过程完全正确

答案：D

解析：证券公司应当制定包括风险容忍度和风险限额等的风险指标体系，并通过压力测试等方法计量风险、评估承受能力、指导资源配置。风险指标应当经公司董事会、经理层或其授权机构审批并逐级分解至各部门、分支机构和子公司，证券公司应对分解后指标的执行情况进行监控和管理。

2. 关于A公司风险管理人事制度，下列说法正确的是（　　）。

A. 子公司风险管理工作负责人的任命应由子公司董事会自主聘任，提交A公

司首席风险官审核

B. 子公司风险管理工作负责人的任命应由A公司首席风险官提名、子公司董事会聘任

C. 子公司风险管理工作负责人应在A公司首席风险官指导下开展风险管理工作，并向A公司CEO履行风险报告义务

D. A证券公司的做法是正确的

答案：B

解析：本题考查证券公司子公司风险管理要求。证券公司子公司应当任命1名高级管理人员负责公司的全面风险管理工作，子公司负责全面风险管理工作的负责人不得兼任或者分管与其职责相冲突的职务或者部门。子公司风险管理工作负责人的任命应由证券公司首席风险官提名、子公司董事会聘任，其解聘应征得证券公司首席风险官同意。子公司风险管理工作负责人应在首席风险官指导下开展风险管理工作，并向首席风险官履行风险报告义务。子公司风险管理工作负责人应由证券公司首席风险官考核，考核权重不低于50%。

（十）A证券公司总经理王某，兼任公司首席风险官，其工作直接对董事会负责。在其管理下，A公司风险管理部门具备5年以上的证券、金融、会计、信息技术等有关领域工作经历的人员占公司总部员工比例为3%，其余方面均符合规定。2023年初，A公司一项重大财务问题被监管部门发现。

1. 关于A公司风险管理部门的人员配置，下列说法正确的是（　　）。

A. 证券公司风险管理部门具备3年以上的证券、金融、会计、信息技术等有关领域工作经历的人员占公司总部员工比例应不低于2%。故A公司符合规定

B. 证券公司风险管理部门具备3年以上的证券、金融、会计、信息技术等有关领域工作经历的人员占公司总部员工比例应不低于1%。故A公司符合规定

C. 证券公司风险管理部门具备7年以上的证券、金融、会计、信息技术等有关领域工作经历的人员占公司总部员工比例应不低于5%。故A公司不符合规定

D. 证券公司风险管理部门具备7年以上的证券、金融、会计、信息技术等有关领域工作经历的人员占公司总部员工比例应不低于4%。故A公司不符合规定

答案：A

解析：证券公司风险管理部门具备3年以上的证券、金融、会计、信息技术等有关领域工作经历的人员占公司总部员工比例应不低于2%。公司可在此基础以上结合自身实际情况制定相应标准。

2. 关于A公司的重大财务问题，下列说法正确的是（　　）。

A. 由于A公司关于风险治理方面的人员配置、制度建设完全符合规定，不必承担任何责任

B. 虽然A公司关于风险治理方面的人员配置、制度建设完全符合规定，但王某作为首席风险官，需要承担相应责任

C. 由于A公司关于风险治理方面的人员配置、制度建设不符合规定，不必承担任何责任

D. 由于A公司关于风险治理方面的人员配置、制度建设不符合规定，但王某作为首席风险官，需要承担相应责任

答案：D

解析：证券公司的总经理不得兼任首席风险官。证券公司高级管理人员不得在其他营利性机构兼职；证券公司设总经理的，总经理依据《公司法》、公司章程的规定行使职权，并向董事会负责；证券公司高级管理人员应当对内部控制不力、不及时处理或者改正内部控制中存在的缺陷或者问题承担相应的责任。

（十一）2022年9月至12月，A证券公司将20多亿元自有资金投向单一资金信托计划，但在月度风险控制指标监管报表和年度报告中，将上述投资计入银行存款。B会计师事务所在年度审计时，认为该证券公司年度报告、净资本计算表、风险资本准备计算表、风险控制指标监管报表等报表存在违反会计准则、证券公司净资本计算规则的情形，因此出具了保留意见。

1. 对于A公司这种行为，当地证监局可以采取下列哪项措施？（　　）

A. 对该证券公司董事长、财务总监、合规总监和副总经理采取拘捕等刑事措施

B. 暂停核准该证券公司新业务的申请

C. 禁停该证券公司自营业务（固定收益证券自营除外）

D. 上报证监会

答案：B

解析：本题考查《证券公司监督管理条例》《证券公司风险控制指标管理办法》规定的相关行政管理措施。针对该违规事件，当地证监局在查实情况后，按照《证券公司监督管理条例》《证券公司风险控制指标管理办法》的相关规定，对该证券公司采取以下行政监管措施：暂停该证券公司自营业务（固定收益证券自营除外）；暂停核准该证券公司新业务的申请；对该证券公司予以谴责。同时，按照《证券公司监督管理条例》的相关规定，对该证券公司董事长、财务总监、合规总监和副总经理采取谴责等行政监管措施。

2. 在随后的调查中，据A证券公司员工张某自述，其经常在工作中向客户传递由A证券公司统一提供的研究报告和证券投资的其他信息，也经常替客户办理账户转移、证券认购等业务。关于张某的行为，下列说法正确的是（ ）。

A. 张某向客户传递公司统一提供的信息、代客户办理业务的行为都是符合规定的

B. 张某直接向客户传递公司统一提供的信息是不合规的，代客户办理业务的行为是符合规定的

C. 张某向客户传递公司统一提供的信息、代客户办理业务的行为都是不符合规定的

D. 张某直接向客户传递公司统一提供的信息是合规的，代客户办理业务的行为是不符合规定的

答案：D

解析：证券经纪人不得替客户办理账户开立、注销、转移、证券认购等业务。

（十二）A证券公司的多位员工在执行所属的证券公司的指令时，利用职务之便，进行了违规操作，造成了客户的重大损失。事后，A公司以客户损失是员工个人行为为由拒绝承担任何责任。监管部门介入调查后发现，公司股东出现了抽逃资金的行为。

1. 关于客户损失，下列说法正确的是（ ）。

A. 经查明确实是员工因为私利而违规交易的，由员工承担责任

B. 损失虽然是员工个人行为造成的，但公司负有管理失能，故应当员工和公司共同承担责任

C. 由所属的证券公司承担全部责任

D. 投资有风险，入市需谨慎。故应当由客户自行承担损失

答案：C

解析：证券公司的从业人员在证券交易活动中，执行所属的证券公司的指令或者利用职务违反交易规则的，由所属的证券公司承担全部责任。

2. 关于股东的违规行为，监管部门应当采取的措施是（ ）。

A. 监管机构应当发表谴责声明

B. 监管机构应当责令其限期改正

C. 监管机构应当限制其股东的权利

D. 监管机构应当冻结其股东的资产

答案：B

解析：根据《证券法》第一百四十一条的规定，证券公司的股东有虚假出资、抽逃出资行为的，国务院证券监督管理机构应当责令其限期改正，并可责令其转让所持证券公司的股权。在前款规定的股东按照要求改正违法行为、转让所持证券公司的股权前，国务院证券监督管理机构可以限制其股东权利。

（十三）2022 年 7 月 4 日，A 证券公司公司实际控制人发生变化，并拟变更其业务范围。随后，公司向监管机构核准其业务范围的变更。2023 年 1 月 7 日，公司任免了新的首席风险官。未避免引起客户恐慌，当天仅在官网上更改了公司高管名单，1 个月后公司对外宣布了这一消息。

1. 关于 A 公司 2022 年下半年行为的说法正确的是（　　）。

A. A 公司实际控制人的变化和业务范围的变更都需要报监管机构核准

B. A 公司仅需将业务范围的变更报监管机构核准

C. A 公司仅需将实际控制人变动向监管机构核准，业务范围变更应上报市场监管局批准

D. A 公司仅需将实际控制人变动向监管机构核准，业务范围变更不需要上报核准

答案：A

解析：根据《证券法》第一百二十二条的规定，证券公司变更证券业务范围，变更主要股东或者公司的实际控制人，合并、分立、停业、解散、破产，应当经国务院证券监督管理机构核准。

2. 关于 A 公司首席风险官的任免，下列说法正确的是（　　）。

A. 首席风险官的任免是公司内部的管理行为，外界无权干涉。其延迟发布消息避免了恐慌，是其为客户负责的表现

B. 公司任免首席风险官的行为应当立即对外宣布

C. 如果原来的首席风险官没有违反法律法规，除非其主动辞职，否则证券公司无权解雇

D. A 公司变更首席风险官应当报国务院证券监督管理机构备案，而不是隐瞒消息

答案：D

解析：根据《证券法》第一百二十四条，证券公司的董事、监事、高级管理人员，应当正直诚实、品行良好，熟悉证券法律、行政法规，具有履行职责所需的经营管理能力。证券公司任免董事、监事、高级管理人员，应当报国务院证券监督管理机构备案。

第三章　证券公司业务规范

一、单项选择题。以下备选项中只有一项最符合题目要求，不选、错选均不得分。

1. 证券公司应当统一组织回访客户，对新开户客户应当在（　　）个月内完成回访，对原有客户的回访比例应当不低于上年末客户总数的（　　）。

A. 3；1%　　B. 1；5%　　C. 3；3%　　D. 1；3%

答案：D

解析：本题考查证券公司开立客户账户规范。

2. 1 个投资者只能申请开立 1 个一码通账户，1 个投资者在同一市场最多可以申请开立（　　）个 A 股账户、（　　）个封闭式基金账户，只能申请开立 1 个信用账户、1 个 B 股账户。

A. 3；3　　B. 1；1　　C. 1；3　　D. 3；1

答案：A

解析：本题考查证券账户的开立数量。

3. 特殊机构与产品开户后（　　）个月内出现没有进行交易、产品终止、合同失效或被撤销等情形时，应当及时办理证券账户注销手续。

A. 12　　B. 6　　C. 3　　D. 1

答案：B

解析：本题考查证券账户的注销。

4. 证券经纪商向客户收取的佣金不得高于证券交易金额的（　　）。

A. 1%　　B. 3%　　C. 5%　　D. 10%

答案：B

解析：本题考查佣金收费标准。证券经纪商向客户收取的佣金（包括代收的证券交易监管费和证券交易所手续费等）不得高于证券交易金额的 3%，也不得低于代收的证券交易监管费和证券交易所手续费等。

5. 根据《上海证券交易所科创板股票交易特别规定》，投资者参与科创板股票交易的具体条件：个人投资者申请权限开通前（　　）个交易日证券账户及资金账户内的资产日均不低于人民币（　　）万元，并且参与证券交易（　　）个月以上。

A. 10；50；24　　B. 20；50；36　　C. 10；100；24　　D. 20；50；24

答案：D

解析：本题考查投资者适当性管理。

6. 考虑到科创企业具有投入大、迭代快等特点，将科创板股票的涨跌幅限制放宽至（　　）。为尽快形成合理价格，新股上市后的前（　　）个交易日不设涨跌幅限制。

A. 20%；5　　B. 20%；10　　C. 30%；5　　D. 30%；10

答案：A

解析：本题考查科创板中的放宽涨跌幅限制。考虑到科创企业具有投入大、迭代快等特点，在总结现有股票交易涨跌幅制度实施中的利弊得失基础上，将科创板股票的涨跌幅限制放宽至20%。为尽快形成合理价格，新股上市后的前5个交易日不设涨跌幅限制。

7. 根据《深圳证券交易所创业板投资者适当性管理实施办法》，新申请开通创业板交易权限的投资者条件：个人投资者申请权限开通前（　　）个交易日证券账户及资金账户内的资产日均应不低于人民币（　　）万元，并参与证券交易（　　）个月以上。

A. 20；10；12　　B. 20；10；24　　C. 20；50；12　　D. 10；10；24

答案：B

解析：本题考查《深圳证券交易所创业板投资者适当性管理实施办法》。深交所2020年修订的《深圳证券交易所创业板投资者适当性管理实施办法》，取消了原规则中2日、5日的冷静期要求。

8. 当证券公司依法设立的证券投资产品发生开户后（　　）个月内没有进行交易、产品终止、合同失效或被撤销等情形时相关当事人应于上述情形发生后（　　）个交易日内办理证券账户注销手续。

A. 6；30　　B. 3；30　　C. 6；15　　D. 3；15

答案：C

解析：本题考查特殊机构及产品证券账户在开立及使用中应严格遵守账户实名制有关要求。当证券公司单一资产管理计划及集合资产管理计划、基金管理公司单一资产管理计划及集合资产管理计划、期货公司单一资产管理计划及集合资产管理计划、保险资产管理公司特定客户资产管理计划及集合资产管理计划、信托产品、保险产品、银行理财产品、企业年金计划、私募基金等依法设立的证券投资产品发生开户后6个月内没有进行交易、产品终止、合同失效或被撤销等情形时相关当事人应于上述情形发生后15个交易日内办理证券账户注销手续；相关当事人未按要求注销该证券账户的中国结算有权注销该账户或限制该账户的使用。

9. 深股通的股票范围是市值（　　）亿元人民币及以上的深证成分指数和深证中小创新指数的成分股，以及深交所上市的A+H股公司股票。

A. 10　　B. 30　　C. 60　　D. 100

答案：C

解析：本题考查深港通的股票范围。

10. 沪港通与深港通的基本交易规则还包括订单设计、订单修改和（　　）等内容。

A. T+0　　B. T+1　　C. T+2　　D. T+3

答案：C

解析：本题考查沪港通与深港通的基本交易规则。沪港通与深港通的基本交易规则还包括订单设计、订单修改、T+2交收制度、额度控制、回转交易等内容。

11. 对于市价订单和限价订单，规定单笔申报数量应不小于200股，每笔申报可以1股为单位递增；市价订单单笔申报最大数量为（　　）万股，限价订单单笔申报最大数量为（　　）万股。

A. 10；5　　B. 10；10　　C. 5；5　　D. 5；10

答案：D

解析：本题考查科创板中的调整单笔申报数量。对于市价订单和限价订单，规定单笔申报数量应不小于200股，每笔申报可以1股为单位递增。市价订单单笔申报最大数量为5万股，限价订单单笔申报最大数量为10万股。

12. 港股通的股票范围是恒生综合大型股指数的成分股、恒生综合中型股指数的成分股、市值（　　）亿元港币及以上的恒生综合小型股指数的成分股，以及联交所上市的A+H股公司股票。

A. 10　　B. 30　　C. 50　　D. 60

答案：C

解析：本题考查深港通的股票范围。

13. 个人投资者参与中国存托凭证交易，申请权限开通前（　　）个交易日证券账户及资金账户内的资产日均不低于人民币（　　）万元。

A. 20；300　　B. 20；500　　C. 10；300　　D. 10；500

答案：A

解析：本题考查“沪伦通”存托凭证业务。

14. 单独从事证券投资咨询业务的机构，有（　　）名以上符合证券投资咨询从业条件的专职人员；同时从事证券和期货投资咨询业务的机构，有（　　）名以上符合证券、期货投资咨询从业条件的专职人员；其高级管理人员中，至少有 1 名符合规定的证券投资咨询从业条件。

A. 5；5　　B. 5；10　　C. 2；5　　D. 2；10

答案：B

解析：本题考查证券投资咨询机构应当具备的条件。

15. 证券投资咨询人员不得同时在（　　）以上的证券投资咨询机构执业。

A. 1　　B. 3　　C. 2　　D. 5

答案：C

解析：本题考查证券投资咨询人员从业管理。

16. 以下不属于证券研究报告质量审核内容的是（　　）。

A. 销售预测　　B. 信息处理　　C. 分析逻辑　　D. 研究结论

答案：A

解析：本题考查证券研究报告质量审核。质量审核应当严格按照公司规定的标准进行认真审查，涵盖信息处理、分析逻辑、研究结论等内容，重点关注研究方法和研究结论的专业性和审慎性。

17. 经营机构的研究部门或者研究子公司接受特定客户委托，就尚未覆盖的具体股票提供含有证券估值或投资评级的研究成果或者投资分析意见的，自提供之日起（　　）个月内不得就该股票发布证券研究报告。

A. 1　　B. 3　　C. 6　　D. 12

答案：C

解析：本题考查定制证券研究报告服务的有关要求。

18. 从事发布证券研究报告业务的证券公司可以向客户转发港股研究报告，但最近（　　）年因发布证券研究报告业务违法违规行为受到行政处罚或者被采取重大行政监管措施的证券公司除外。

A. 1　　B. 2　　C. 3　　D. 5

答案：C

解析：本题考查机构资质管理。

19. 证券基金经营机构使用符合下列情形之一的香港机构的证券投资咨询服务

的，应当自签订协议之日起5个工作日内，将协议、香港机构签署的承诺书、香港机构符合资质的证明文件报住所地或者经营所在地中国证监会派出机构备案，这些情形不包括（　　）。

A. 与证券基金经营机构存在控制关系或者受同一金融机构控制

B. 提供港股研究报告的香港机构从事发布证券研究报告业务5年以上，且有10名以上经香港证监会批准取得就证券提供意见牌照的持牌代表

C. 提供港股投资顾问服务的香港机构从事资产管理业务5年以上，且最近一个会计年度管理的证券资产不少于100亿港元或者等值货币

D. 提供港股研究报告的香港机构从事发布证券研究报告业务3年以上，且有20名以上经香港证监会批准取得就证券提供意见牌照的持牌代表

答案：B

解析：本题考查香港机构证券投资咨询服务。提供港股研究报告的香港机构从事发布证券研究报告业务3年以上，且有20名以上经香港证监会批准取得就证券提供意见牌照的持牌代表。

20. 证券公司、证券投资咨询机构及其人员违反法律、行政法规和《发布证券研究报告暂行规定》《证券投资顾问业务暂行规定》的，不属于中国证监会及其派出机构采取的监管措施是（　　）。

A. 责令改正

B. 责令加强业务学习

C. 出具警示函

D. 责令增加内部合规检查次数并提交合规检查报告

答案：B

解析：本题考查证券研究报告业务和证券投资顾问业务的监管措施。证券公司、证券投资咨询机构及其人员违反法律、行政法规和《发布证券研究报告暂行规定》的，中国证监会及其派出机构可以采取责令改正、监管谈话、出具警示函、责令增加内部合规检查次数并提交合规检查报告、责令暂停发布证券研究报告、责令处分有关人员等监管措施；情节严重的，中国证监会依照法律、行政法规和有关规定作出行政处罚；涉嫌犯罪的，依法移送司法机关。

21. 证券公司、证券投资咨询机构以软件工具、终端设备等为载体，向客户提供投资建议或者类似功能服务的，下列选项不符合要求的是（　　）。

A. 对软件工具、终端设备所使用的数据信息来源进行保密

B. 表示软件工具、终端设备具有选择证券投资品种或者提示买卖时机功能的，

应当说明其方法和局限性

C. 客观说明软件工具、终端设备的功能，不得对其功能进行虚假、不实、误导性宣传

D. 揭示软件工具、终端设备的固有缺陷和使用风险，不得隐瞒或者有重大遗漏

答案：A

解析： 本题考查软件工具、终端设备等为载体提供投资建议的规范要求。

22. 发布证券研究报告相关业务档案的保存期限自证券研究报告发布之日起不得少于（　　）年。

A. 1　　B. 2　　C. 3　　D. 5

答案：D

解析： 本题考查业务留痕管理和档案保存要求。

23. 证券研究报告应当由登记为证券分析师的专职质量审核人员进行质量审核，证券分析师数量少于（　　）人的可以由署名证券分析师之外的证券分析师进行质量审核。

A. 5　　B. 10　　C. 15　　D. 20

答案：B

解析： 本题考查证券研究报告质量控制、合规审查。

24. 证券公司发布对具体股票作出明确估值和投资评级的证券研究报告时，公司持有该股票达到相关上市公司已发行股份（　　）以上的，应当在证券研究报告中向客户披露本公司持有该股票的情况。

A. 1%　　B. 2%　　C. 3%　　D. 5%

答案：A

解析： 本题考查证券研究报告披露。发布对具体股票作出明确估值和投资评级的证券研究报告时，公司持有该股票达到相关上市公司已发行股份1%以上的，应当在证券研究报告中向客户披露本公司持有该股票的情况，并且在证券研究报告发布日及第二个交易日，不得进行与证券研究报告观点相反的交易。

25. 证券公司、证券投资咨询机构和其他财务顾问机构最近（　　）个月内存在违反诚信的不良记录，不得担任财务顾问。

A. 6　　B. 12　　C. 24　　D. 36

答案：C

解析： 本题考查财务顾问业务资格的核准与备案。证券公司、证券投资咨询机

构和其他财务顾问机构有下列情形之一的，不得担任财务顾问：(1) 最近 24 个月内存在违反诚信的不良记录；(2) 最近 24 个月内因执业行为违反行业规范而受到行业自律组织的纪律处分；(3) 最近 36 个月内因违法违规经营受到处罚或者因涉嫌违法违规经营正在被调查。

26. 证券公司、证券投资咨询机构和其他财务顾问机构最近（　　）个月内因违法违规经营受到处罚或者因涉嫌违法违规经营正在被调查，不得担任财务顾问。

A. 6　　B. 12　　C. 24　　D. 36

答案：D

解析：本题考查财务顾问业务资格的核准与备案。

27. 在持续督导期间，财务顾问解除委托协议的，应当及时向中国证监会派出机构做出书面报告，并且委托人应当在（　　）个月内另行聘请财务顾问对其进行持续督导。

A. 6　　B. 3　　C. 2　　D. 1

答案：D

解析：本题考查财务顾问的业务规划。

28. 上市公司或者购买资产实现的利润未达到盈利预测报告或者资产评估报告预测金额（　　）的，中国证监会责令财务顾问及其财务顾问主办人在股东大会及中国证监会指定报刊上公开说明未实现盈利预测的原因并向股东和社会公众投资者道歉。

A. 80%　　B. 50%　　C. 30%　　D. 10%

答案：A

解析：本题考查财务顾问的法律责任。注意，上市公司购买资产实现的利润实现数未达到盈利预测 50% 的，中国证监会可以同时对财务顾问及其财务顾问主办人采取监管谈话、出具警示函、责令定期报告等监管措施。

29. 证券服务机构未按照规定保存有关文件和资料的，对直接负责的主管人员和其他直接责任人员给予警告，并处以（　　）万元以上（　　）万元以下的罚款。

A. 10；100　　B. 3；30　　C. 5；50　　D. 1；10

答案：A

解析：本题考查财务顾问的法律责任。发行人、证券登记结算机构、证券公司、证券服务机构未按照规定保存有关文件和资料的，对直接负责的主管人员和其他直接责任人员给予警告，并处以 10 万元以上 100 万元以下的罚款。

30. 财务顾问及其财务顾问主办人出现在受托报送申报材料过程中，未切实履行组织、协调义务、申报文件制作质量低下的，中国证监一般不会对其采取（　）监管措施。

A. 监管谈话　　B. 出具警示函

C. 移送司法机关　　D. 责令改正

答案：C

解析：本题考查财务顾问的法律责任。财务顾问及其财务顾问主办人出现在受托报送申报材料过程中，未切实履行组织、协调义务、申报文件制作质量低下的，中国证监会对其采取监管谈话、出具警示函、责令改正等监管措施。

31. 财务顾问不再符合《上市公司并购重组财务顾问业务管理办法》规定条件的，应当在（　）个工作日内向中国证监会报告并依法进行公告，由中国证监会责令改正。

A. 3　　B. 5　　C. 7　　D. 15

答案：B

解析：本题考查财务顾问的法律责任。

32. 财务顾问主办人发生变化的，财务顾问应当在（　）个工作日内向中国证监会报告。

A. 30　　B. 15　　C. 7　　D. 5

答案：D

解析：本题考查财务顾问的法律责任。财务顾问主办人不再符合规定条件的，中国证监会将其从财务顾问主办人名单中去除，财务顾问不得聘请其作为财务顾问主办人从事相关业务。

33. 关于股票期权交易说法错误的是（　）。

A. 股票期权交易，是指采用公开的集中交易方式或者中国证监会批准的其他方式进行的以股票期权合约为交易标的的交易活动

B. 期权的买方在支付权利金后，有按照特定价格（行权价格）执行和不执行的权利而非义务

C. 期权的卖方在收到权利金后，无论市场情况如何不利，一旦买方提出执行，则负有履行期权合约规定的义务

D. 股票期权合约是一种非标准化合约

答案：D

解析：本题考查股票期权交易。股票期权合约为沪、深证券交易所统一制定

的、规定买方有权在将来特定时间以特定价格买入或者卖出约定股票或者跟踪股票指数的交易型开放式指数基金（ETF）等标的物的标准化合约。故选项 D 错误。

34. 发行人向公司前十名股东、实际控制人、董事、监事、高级管理人员及核心员工定向发行股票，连续 12 个月内发行的股份未超过公司总股本（　　）且融资总额不超过 2 000 万元的，应当严格按照中国证监会和全国股转公司的相关规定，履行内部决议程序和信息披露义务，无须提供主办券商出具的推荐文件以及律师事务所出具的法律意见书。

A. 5%　　B. 1%　　C. 10%　　D. 15%

答案：C

解析：本题考查全国股转系统股票定向发行业务的相关规定。

35. 证券公司、证券投资咨询机构持有或者通过协议、其他安排与他人共同持有上市公司股份达到或者超过（　　），不得担任独立财务顾问。

A. 1%　　B. 3%　　C. 5%　　D. 7%

答案：C

解析：本题考查财务顾问业务资格的核准与备案。证券公司、证券投资咨询机构或者其他财务顾问机构受聘担任上市公司独立财务顾问的，应当保持独立性，不得与上市公司存在利害关系；存在持有或者通过协议、其他安排与他人共同持有上市公司股份达到或者超过 5%，或者选派代表担任上市公司董事，不得担任独立财务顾问。

36. 财务顾问从事上市公司并购重组财务顾问业务，应当公平竞争，按照业务复杂程度及所承担的责任和风险与委托人商议财务顾问报酬，不得以明显低于行业水平等不正当竞争手段招揽业务。这属于财务顾问业务规则中的（　　）。

A. 持续督导　　B. 公平竞争　　C. 辅导与验收　　D. 保密责任

答案：B

解析：本题考查财务顾问的业务规则中的公平竞争。

37. 证券公司泄露、隐匿、伪造、篡改或者毁损有关文件和资料的，给予警告，并处以（　　）万元以上（　　）万元以下的罚款。

A. 10；100　　B. 10；50　　C. 20；200　　D. 20；100

答案：C

解析：本题考查财务顾问的法律责任。发行人、证券登记结算机构、证券公司、证券服务机构泄露、隐匿、伪造、篡改或者毁损有关文件和资料的，给予警告，并处以 20 万元以上 200 万元以下的罚款。

38. 财务顾问及其财务顾问主办人违反其就上市公司并购重组相关业务活动所作承诺的，中国证监会一般不会采取（　　）。

A. 移送司法机构　B. 出具警示函　C. 监管谈话　D. 责令改正

答案：A

解析：本题考查财务顾问的法律责任。题干所列情形下，中国证监会对其采取监管谈话、出具警示函、责令改正等监管措施。

39. 为发行股份购买资产或者重组上市提供服务的证券服务机构违反行业规范、业务规则，交易所一般不会采取下列（　　）监管措施或者纪律处分。

A. 口头警告　B. 通报批评　C. 公开谴责　D. 严重警告

答案：D

解析：本题考查财务顾问的法律责任。为发行股份购买资产或者重组上市提供服务的独立财务顾问、证券服务机构及其相关人员未履行诚实守信、勤勉尽责义务，违反行业规范、业务规则，或者未依法履行尽职调查、报告和披露以及持续督导职责的，交易所可以视情节轻重对其单独或者合并采取下列监管措施或者纪律处分：（1）口头警告；（2）书面警示；（3）监管谈话；（4）通报批评；（5）公开谴责；（6）3个月至3年内不接受独立财务顾问、证券服务机构提交的申请文件或者信息披露文件；（7）1年至3年内不接受独立财务顾问、证券服务机构相关人员签字的申请文件或者信息披露文件。

40. 根据《上市公司并购重组财务顾问业务管理办法》，接受委托的财务顾问应当指定（　　）名财务顾问主办人负责，同时可以安排（　　）名项目协办人参与。

A. 2；1　B. 1；2　C. 1；1　D. 2；2

答案：A

解析：本题考查财务顾问业务的业务规则。财务顾问接受上市公司并购重组多方当事人委托的，不得存在利益冲突或者潜在的利益冲突。接受委托的，财务顾问应当指定2名财务顾问主办人负责，同时，可以安排1名项目协办人参与。

41. 财务顾问及其财务顾问主办人被证监会责令改正，要收合格之前（　　）。

A. 不得接受新的上市公司并购重组财务顾问业务

B. 已上报项目，监管机关终止审理

C. 已上报项目，监管机关暂停审理

D. 不得开展上市公司并购重组财务顾问业务

答案：A

解析：本题考查财务顾问及其财务顾问主办人法律责任。责令改正的，财务顾问及其财务顾问主办人在改正期间，或者按照要求完成整改并经中国证监会验收合格之前，不得接受新的上市公司并购重组财务顾问业务。

42. 发行人及其控股股东、实际控制人和（　　）不得怠于履行偿债义务或者通过财产转移、关联交易等方式逃废债务，蓄意损害债券持有人权益。

A. 董事长、监事、高级管理人员

B. 董事、财务人员、高级管理人员

C. 董事、监事、财务人员

D. 董事、监事、高级管理人员

答案：D

解析：本题考查公司债券发行业务的一般规定。

43. 公开发行公司债券，应当符合最近（　　）年平均可分配利润足以支付公司债券（　　）年的利息条件。

A. 3；1　　B. 3；3　　C. 5；1　　D. 5；3

答案：A

解析：本题考查公开发行公司债券应当符合的条件。公开发行公司债券，应当符合下列条件：(1) 具备健全且运行良好的组织机构；(2) 最近3年平均可分配利润足以支付公司债券1年的利息；(3) 具有合理的资产负债结构和正常的现金流量；(4) 国务院规定的其他条件；公开发行公司债券，由证券交易所负责受理、审核，并报中国证监会注册。

44. 资信状况符合发行人最近（　　）个月内累计公开发行债券不少于3期，发行规模不少于100亿元标准的公开发行公司债券，专业投资者和普通投资者可以参与认购。

A. 24　　B. 12　　C. 6　　D. 36

答案：D

解析：本题考查公开发行公司债券的资信状况标准。资信状况符合以下标准的公开发行公司债券，专业投资者和普通投资者可以参与认购：(1) 发行人最近3年无债务违约或者延迟支付本息的事实；(2) 发行人最近3年平均可分配利润不少于债券1年利息的1.5倍；(3) 发行人最近一期末净资产规模不少于250亿元；(4) 发行人最近36个月内累计公开发行债券不少于3期，发行规模不少于100亿元；(5) 中国证监会根据投资者保护的需要规定的其他条件。未达到前款规定标准的公开发行公司债券，仅限于专业投资者参与认购。

45. 根据财产状况、金融资产状况、投资知识和经验、专业能力等因素，公司债券投资者可以分为（　　）。

A. 小额投资者和大额投资者　　B. 非专业投资者和专业投资者

C. 普通投资者和专业投资者　　D. 散户投资者和机构投资者

答案：C

解析：本题考查公司债券投资者的分类。

46. 持续督导期间，保荐机构被撤销保荐业务资格的，发行人应当在（　　）个月内另行聘请保荐机构，未在规定期限内另行聘请的，中国证监会可以为其指定保荐机构。

A. 1　　B. 2　　C. 3　　D. 5

答案：A

解析：本题考查撤换保荐机构相关规定。因原保荐机构被撤销保荐业务资格而另行聘请保荐机构的，另行聘请的保荐机构持续督导的时间不得少于1个完整的会计年度。

47. 北交所股票发行与承销信息披露公开发行并上市采用直接定价或询价方式，发行人和主承销商确定的发行价格存在超过历史交易价格或历史发行价格1倍的应当至少在申购日（　　）前发布投资风险特别公告。

A. 1天　　B. 3天　　C. 7天　　D. 15天

答案：C

解析：本题考查北交所股票发行与承销信息披露的特别规定。公开发行并上市采用直接定价或询价方式，发行人和主承销商确定的发行价格存在下列情形之一的，应当至少在申购日一周前发布投资风险特别公告：（1）超过历史交易价格或历史发行价格1倍；（2）超过网下投资者有效报价剔除最高报价部分后的中位数或加权平均数。

48. 债券存续期内，企业应当按在每个会计年度结束之日起（　　）个月内披露上一年年度报告，在每个会计年度的上半年结束之日起（　　）个月内披露半年度报告。

A. 4；2　　B. 4；1　　C. 3；2　　D. 3；1

答案：A

解析：本题考查公司信用类债券信息披露的有关规定。

49. 企业发行企业债券必须按照（　　）进行审批；未经批准的，不得擅自发行和变相发行企业债券。

A.《证券法》　　B.《公司债券发行与交易管理办法》

C.《企业债券管理条例》　　D.《证券发行上市保荐业务管理办法》

答案：C

解析：本题考查企业债券发行业务的一般规定。企业发行企业债券必须按照《企业债券管理条例》进行审批；未经批准的，不得擅自发行和变相发行企业债券。

50. 承销商应当保留推介、定价、配售等承销过程中的相关资料至少（　　）年并存档备查。

A. 1　　B. 3　　C. 5　　D. 10

答案：B

解析：本题考查信息披露的一般要求。承销商应当保留推介、定价、配售等承销过程中的相关资料至少 3 年并存档备查，包括推介宣传材料、路演现场录音等，如实、全面反映询价、定价和配售过程。

51. 下列关于北交所股票发行与承销信息披露规定的说法正确的是（　　）。

A. 公开发行并上市、上市公司公开发行可以通过发行人和主承销商自主协商直接定价、合格投资者只能采用网下询价方式确定发行价格

B. 公开发行并上市采用招标方式的，承销商应当向网下投资者提供投资价值研究报告

C. 公开发行并上市采用直接定价或竞价方式的，全部向网下询价和配售

D. 公开发行并上市采用竞价方式的，承销商应当提供投资价值研究报告并公开披露

答案：D

解析：本题考查北交所股票发行与承销信息披露的特别规定。北交所股票发行与承销信息披露的特别规定包括：（1）公开发行并上市、上市公司公开发行（以下统称股票公开发行）可以通过发行人和主承销商自主协商直接定价、合格投资者网上竞价或网下询价等方式确定发行价格；（2）公开发行并上市采用询价方式的，承销商应当向网下投资者提供投资价值研究报告；采用竞价方式的，承销商应当提供投资价值研究报告并公开披露；（3）公开发行并上市采用直接定价或竞价方式的，全部向网上投资者发行，不进行网下询价和配售。

52. 债券存续期内，企业发生可能影响偿债能力或投资者权益的（　　）事项时，应当及时披露，并说明事项的起因、目前的状态和可能产生的影响。

A. 企业 1/3 以上监事、董事长、总经理或具有同等职责的人员发生变动

B. 企业发生超过上年末净资产5%的重大损失

C. 企业放弃债权或者财产超过上年末净资产的5%

D. 企业发生重大资产抵押、质押、出售、转让、报废、无偿划转以及重大投资行为或重大资产重组

答案：D

解析： 本题考查公司信用类债券信息披露的有关规定。债券存续期内，企业发生可能影响偿债能力或投资者权益的重大事项时，应当及时披露，并说明事项的起因、目前的状态和可能产生的影响。重大事项包括：（1）企业1/3以上董事、2/3以上监事、董事长、总经理或具有同等职责的人员发生变动；（2）企业发生超过上年末净资产10%的重大损失；（3）企业放弃债权或者财产超过上年末净资产的10%。

53. 发行人应将相关信息披露文件分别送全国银行间同业拆借中心和中央结算公司，由同业拆借中心和中央结算公司分别通过（　　）和中国债券信息网披露。

A. 中国货币网　　B. 全国银行间同业拆借中心

C. 中央国债登记结算有限责任公司　　D. 中国证监会

答案：A

解析： 本题考查金融债券发行与承销信息披露的有关规定。

54. 保荐机构出现重大事项未报告、未披露或内部控制制度存在重大缺陷或者未有效执行的，中国证监会可以视情节轻重，暂停保荐业务资格（　　）个月到（　　）个月。

A. 1；12　　B. 6；12　　C. 3；24　　D. 3；36

答案：D

解析： 本题考查证券发行上市保荐业务的主要监管措施。保荐机构出现重大事项未报告、未披露或内部控制制度存在重大缺陷或者未有效执行的，中国证监会可以视情节轻重，暂停保荐业务资格3个月到36个月，并可以责令保荐机构更换董事、监事、高级管理人员或者限制其权利；情节特别严重的，撤销其保荐业务资格。

55. 中国证监会对证券发行承销过程实施（　　）监管。

A. 事前监管　　B. 事后监管　　C. 事中监管　　D. 事中事后监管

答案：D

解析： 本题考查证券发行与承销业务的主要监管措施。中国证监会对证券发行承销过程实施事中事后监管，发现涉嫌违法违规或者存在异常情形的，可责令发行人和承销商暂停或中止发行，对相关事项进行调查处理。

56. 以下可作为融资融券业务的场所的是（　　）。

A. 仅证券交易所

B. 证券交易所或者国务院批准的其他证券交易场所

C. 证券交易所或场外交易所

D. 证券交易所、场外交易所或国务院批准的其他证券交易场所

答案：B

解析：本题考查融资融券业务的基本概念。融资融券业务，是指在证券交易所或者国务院批准的其他证券交易场所进行的证券交易中，证券公司向客户出借资金供其买入证券或者出借证券供其卖出，并由客户交存相应担保物的经营活动。

57. 证券公司在证券登记结算机构开立的（　　）用于记录证券公司持有的拟向客户融出的证券和客户归还的证券，不得用于证券买卖。

A. 融券专用证券账户　　B. 客户信用交易担保证券账户

C. 信用交易证券交收账户　　D. 信用交易资金交收账户

答案：A

解析：本题考查融资融券业务的账户体系。融券专用证券账户用于记录证券公司持有的拟向客户融出的证券和客户归还的证券，不得用于证券买卖。

58. 证券公司在证券登记结算机构开立的（　　）用于记录客户委托证券公司持有、担保证券公司因向客户融资融券所生债权的证券。

A. 融券专用证券账户　　B. 客户信用交易担保证券账户

C. 信用交易证券交收账户　　D. 信用交易资金交收账户

答案：B

解析：本题考查融资融券业务的账户体系。客户信用交易担保证券账户用于记录客户委托证券公司持有、担保证券公司因向客户融资融券所生债权的证券。

59. 证券公司在证券登记结算机构开立的（　　）用于客户融资融券交易的证券结算。

A. 融券专用证券账户　　B. 客户信用交易担保证券账户

C. 信用交易证券交收账户　　D. 信用交易资金交收账户

答案：C

解析：本题考查融资融券业务的账户体系。信用交易证券交收账户用于客户融资融券交易的证券结算。

60.（　　）是客户在证券公司开立的用于记载客户交存的担保资金及融资融券负债明细数据的账户。

A. 客户信用资金台账　　B. 客户信用交易担保资金账户

C. 客户信用证券账户　　D. 融资专用资金账户

答案：A

解析：本题考查融资融券业务的账户体系。客户信用资金台账是客户在证券公司开立的用于记载客户交存的担保资金及融资融券负债明细数据的账户。

61. 融资融券业务融资买入标的股票的流通股本不少于（　　）股或流通市值不低于（　）。

A. 1亿；1亿元　　B. 5 000万；1亿元

C. 5 000万；5亿元　　D. 1亿；5亿元

答案：D

解析：本题考查融资融券业务的标的证券为股票时应当符合的条件。

62. 证券公司可以为下面（　　）客户开立信用业务账户。

A. 仅持有上市证券公司5%以下流通股份的股东

B. 持有上市证券公司5%以上流通股份的股东

C. 仅持有上市证券公司10%以下流通股份的股东

D. 持有上市证券公司5%以下非流通股份的股东

答案：A

解析：本题考查证券公司不得为客户开立信用业务账户的例外情形。证券公司不得为本公司的股东（不包括仅持有上市证券公司5%以下流通股份的股东）、关联人开立信用业务账户。

63. 融资融券业务标的证券为交易型开放式指数基金（ETF）的，上市交易应超过（　　）个交易日。

A. 3　　B. 5　　C. 10　　D. 15

答案：B

解析：本题考查融资融券业务标的证券为交易型开放式指数基金的要求。

64. 融资融券业务标的证券为交易型开放式指数基金（ETF）的，最近（　　）个交易日内的日平均资产规模不低于（　　）亿元。

A. 5；1　　B. 5；5　　C. 10；1　　D. 3；5

答案：B

解析：本题考查融资融券业务标的证券为交易型开放式指数基金的要求。

65. 融资融券业务标的证券为债券的，债券托管面值在（　　）亿元以上。

A. 1　　B. 2　　C. 5　　D. 10

答案：A

解析： 本题考查融资融券业务标的证券为债券的相关要求。

66. 融资融券业务标的证券为债券的，剩余期限在（　　）以上。

A. 1 年　　B. 2 年　　C. 3 年　　D. 6 个月

答案：A

解析： 本题考查融资融券业务标的证券为债券的相关要求。

67. 融资融券业务标的证券为债券的，债券信用评级达到（　　）以上。

A. BBB（含）　　B. AAA　　C. AA（含）　　D. A（含）

答案：C

解析： 本题考查融资融券业务标的证券为债券的相关要求。

68. 以下对证券公司申请融资融券业务资格应具备的条件表述不正确的是（　　）。

A. 信息系统安全稳定运行，最近半年未发生因公司管理问题导致的重大事件

B. 财务状况良好，最近 2 年各项风险控制指标持续符合规定

C. 公司最近 2 年内不存在因涉嫌违法违规正被中国证监会立案调查或者正处于整改期间的情形

D. 已建立符合监管规定和自律要求的客户适当性制度

答案：A

解析： 本题考查证券公司申请融资融券业务资格应具备的条件。其中要求证券公司的信息系统安全稳定运行，最近 1 年未发生因公司管理问题导致的重大事件，融资融券业务技术系统已通过证券交易所、证券登记结算机构组织的测试，故 A 选项错误。

69. 证券公司经营融资融券业务，以自己的名义在证券登记结算机构开立的融券专用证券账户，是用于（　　）。

A. 记录证券公司持有的拟向客户融出的证券和客户归还的证券

B. 客户融资融券交易的证券结算

C. 记录客户委托证券公司持有、担保证券公司因向客户融资融券所生债权的证券

D. 客户融资融券交易的资金结算

答案：A

解析： 本题考查证券公司信用业务账户体系。证券公司经营融资融券业务，以自己的名义在证券登记结算机构开立的融券专用证券账户是用于记录证券公司持有

的拟向客户融出的证券和客户归还的证券，不得用于证券买卖。

70. 在全国股转系统的股票发行人，定向发行后股东累计超过 200 人的，应当在取得全国股转公司出具的自律监管意见后，报（　　）核准。

A. 公司股东大会　　B. 行业自律协会

C. 工商登记部门　　D. 中国证监会

答案：D

解析：本题考查全国股转系统股票定向发行业务的相关规定。在全国股转系统的股票发行人，定向发行后股东累计超过 200 人的，应当在取得全国股转公司出具的自律监管意见后，报中国证监会核准。

71. 证券公司经营融资融券业务，以自己的名义在商业银行开立的融资专用资金账户，是用于（　　）。

A. 存放证券公司拟向客户融出的资金及客户归还的资金

B. 存放客户交存的、担保证券公司因向客户融资融券所生债权的资金

C. 客户融资融券交易的资金结算

D. 客户融资融券交易的证券结算

答案：A

解析：本题考查证券公司信用业务账户体系。证券公司经营融资融券业务，以自己的名义在商业银行开立的融资专用资金账户是用于存放证券公司拟向客户融出的资金及客户归还的资金。

72. 投资者融资买入证券时，融资保证金比例不得低于（　　）。

A. 80%　　B. 60%　　C. 50%　　D. 100%

答案：D

解析：本题考查融资融券保证金比例。

73. 下列对融资融券业务充抵保证金的证券的折算率表述，正确的是（　　）。

A. 上证 180 指数成分股股票及深证 100 指数成分股股票的折算率最高不超过 80%，其他股票折算率最高不超过 60%

B. 交易型开放式指数基金折算率最高不超过 90%

C. 证券公司现金管理产品、货币市场基金、国债折算率最高不超过 90%

D. 被实施风险警示、暂停上市、进入退市整理期的证券，静态市盈率在 300 倍以上或者为负数的 A 股股票，以及权证的折算率为 20%

答案：B

解析：本题考查融资融券业务充抵保证金的证券的折算率。选项 A 应为上证

180 指数成分股股票及深证 100 指数成分股股票的折算率最高不超过 70%，其他股票折算率最高不超过 65%；选项 C 应为证券公司现金管理产品、货币市场基金、国债折算率最高不超过 95%；选项 D 应为被实施风险警示、暂停上市、进入退市整理期的证券，静态市盈率在 300 倍以上或者为负数的 A 股股票，以及权证的折算率为 0。

74. 证券金融公司开展转融通业务，应当向证券公司收取一定比例的保证金。保证金可以证券充抵，但货币资金占应收取保证金的比例不得低于（　　）。

A. 10%　　B. 15%　　C. 20%　　D. 5%

答案：B

解析：本题考查转融通业务规则。可充抵保证金证券的种类和折算率由证券金融公司确定并公布。

75. 通过约定申报方式参与科创板或创业板证券出借的，证券出借期限最长为（　　）天。

A. 90　　B. 182　　C. 270　　D. 360

答案：B

解析：本题考查科创板与创业板转融通证券出借的特别规定。通过约定申报方式参与科创板或创业板证券出借的，证券出借期限可在 1 天至 182 天的区间内协商确定。

76. 证券金融公司对借入人开展科创板转融券业务应收取的保证金比例可低于 20%，其中货币资金占应收取保证金的比例不得低于（　　）。

A. 10%　　B. 15%　　C. 20%　　D. 5%

答案：B

解析：本题考查科创板与创业板转融券业务主要规则。证券金融公司可根据借入人资信情况和转融通担保证券、资金明细账户的资产情况，按照一定的综合比例，确定对借入人开展科创板转融券业务应收取的保证金，应收取的保证金比例可低于 20%，其中货币资金占应收取保证金的比例不得低于 15%。

77. 以下关于股票质押式回购业务的规则，表述正确的是（　　）。

A. 证券公司根据委托向交易所的股票质押回购交易系统进行交易申报

B. 证券交易所无须对证券公司股票质押回购交易规模进行控制

C. 证券公司资产管理子公司管理的公开募集集合资产管理计划可作为融出方参与股票质押回购

D. 股票质押式回购业务的融入方可以是金融机构

答案：A

解析：本题考查股票质押式回购业务的主要规则。证券公司根据融入方和融出方的委托向交易所的股票质押回购交易系统进行交易申报；交易系统对交易申报按相关规则予以确认，并将成交结果发送中国结算。

78. 根据相关规定，证券公司自营权益类证券及其衍生品的合计额不得超过净资本的（　　）。

A. 50%　　B. 100%　　C. 150%　　D. 200%

答案：B

解析：本题考查证券自营业务的风险控制指标。根据《证券公司风险控制指标计算标准规定》，证券公司经营自营业务，自营权益类证券及其衍生品的合计额不得超过净资本的100%。

79. 根据相关规定，证券公司自营非权益类证券及其衍生品的合计额不得超过净资本的（　　）。

A. 500%　　B. 100%　　C. 300%　　D. 200%

答案：A

解析：本题考查证券自营业务的风险控制指标。

80. 根据相关规定，证券公司持有一种权益类证券的成本不得超过净资本的（　　）。

A. 50%　　B. 10%　　C. 30%　　D. 20%

答案：C

解析：本题考查证券自营业务的风险控制指标。

81. 根据相关规定，证券公司持有一种权益类证券的市值与其总市值的比例不得超过（　　），因包销、中国证监会认可的做市业务以及股票质押违约处理等导致的情形及中国证监会另有认定的除外。

A. 5%　　B. 10%　　C. 30%　　D. 20%

答案：A

解析：本题考查证券自营业务的风险控制指标。

82. 证券自营业务原始凭证以及有关业务文件、资料、账册、报表和其他必要的材料应至少妥善保存（　　）。

A. 5 年　　B. 10 年　　C. 30 年　　D. 20 年

答案：D

解析：木题考查证券自营业务的监管措施。

83. 涉及交易内幕信息的单位，在涉及证券、期货交易的信息尚未公开前，泄露该信息，情节严重的，对单位处以罚金，并对其直接负责的主管人员和其他直接责任人员，处（　　）以下有期徒刑或者拘役。

A. 3 年　　B. 5 年　　C. 10 年　　D. 15 年

答案：B

解析：本题考查证券自营业务的监管措施和法律责任。《刑法》的有关规定：证券、期货交易内幕信息的知情人员或者非法获取证券、期货交易内幕信息的人员，在涉及证券的发行，证券、期货交易或者其他对证券、期货交易价格有重大影响的信息尚未公开前，买入或者卖出该证券，或者从事与该内幕信息有关的期货交易，或者泄露该信息，或者明示、暗示他人从事上述交易活动，情节严重的，处 5 年以下有期徒刑或者拘役，并处或者单处违法所得 1 倍以上 5 倍以下罚金；情节特别严重的，处 5 年以上 10 年以下有期徒刑，并处违法所得 1 倍以上 5 倍以下罚金。单位犯前述罪的，对单位判处罚金，并对其直接负责的主管人员和其他直接责任人员，处 5 年以下有期徒刑或者拘役。

84. 编造并且传播影响证券、期货交易的虚假信息，扰乱证券、期货交易市场，造成严重后果的，处（　　）以下有期徒刑或者拘役，并处或者（　　）罚金。

A. 5 年；1 万元以上 10 万元以下　　B. 3 年；1 万元以上 10 万元以下

C. 5 年；5 万元以上 10 万元以下　　D. 5 年；1 万元以上 5 万元以下

答案：A

解析：本题考查证券自营业务的监管措施和法律责任。

85. 以下关于重大资产重组业务的表述错误的是（　　）。

A. 重大资产重组所涉及的资产定价公允，不存在损害挂牌公司和股东合法权益的情形

B. 重大资产重组所涉及的资产权属清晰，资产过户或者转移不存在法律障碍，相关债权债务处理合法

C. 实施重大资产重组后有利于挂牌公司形成或者保持健全有效的法人治理结构

D. 实施重大资产重组后主要资产为现金

答案：D

解析：本题考查挂牌公司实施重大资产重组的相关要求。除选项 ABC 外，挂牌公司实施重大资产重组，还应当符合下列要求：①所购买的资产，应当为权属清晰的经营性资产；②实施重大资产重组后有利于提高挂牌公司资产质量和增强持续

经营能力，不存在可能导致挂牌公司重组后主要资产为现金或者无具体经营业务的情形。

86. 以下属于证券自营业务主要投资对象的是（　　）。

A. 已经和依法可以在境内证券交易所上市交易和转让的证券

B. 已经在全国中小企业股份转让系统挂牌转让的证券

C. 已经和依法可以在境内银行间市场交易的证券

D. 已经和依法可以在符合规定的区域性股权交易市场挂牌转让的私募债券

答案：A

解析：本题考查证券自营业务主要的投资对象。已经和依法可以在境内证券交易所上市交易和转让的证券是证券自营业务主要的投资对象，主要包括股票、债券、证券投资基金等。

87. 证券公司应于每月结束后（　　）个工作日内按要求向中国证券业协会报送柜台交易月度报表。

A. 1　　B. 2　　C. 3　　D. 5

答案：D

解析：本题考查证券公司柜台业务自律管理的相关规定。

88. 证券公司开展资产管理业务，权益类产品投资于股票、非上市企业股权等权益类资产的比例不低于（　　）；商品及金融衍生品类产品投资于商品及金融衍生品的比例不低于（　　）。

A. 50%；50%　　B. 60%；60%

C. 70%；70%　　D. 80%；80%

答案：D

解析：本题考查权益类产品及商品及金融衍生品类产品对于投资标的比例的要求。

89. 集合资产管理计划的投资者人数不少于（　　）人，不超过（　　）人。

A. 3；200　　B. 2；200　　C. 1；100　　D. 2；100

答案：B

解析：本题考查集合资产管理计划对投资者人数的要求。

90. 同一金融机构发行多只资产管理产品投资同一资产的，为防止同一资产发生风险波及多只资产管理产品，多只资产管理产品投资该资产的资金总规模合计不得超过（　　）。如果超出该限额，需经相关金融监督管理部门批准。

A. 100 亿元　　B. 300 亿元　　C. 200 亿元　　D. 500 亿元

答案：B

解析：本题考查证券公司开展资产管理业务的内控要求。

91. 为降低期限错配风险，金融机构应当强化资产管理产品久期管理，封闭式资产管理产品期限不得低于（　　）。

A. 30 天　　B. 60 天　　C. 90 天　　D. 180 天

答案：C

解析：本题考查金融机构开展资产管理业务的内控要求。

92. 金融机构开展资产管理业务时，分级私募产品应当根据所投资资产的风险程度设定分级比例，其中商品及金融衍生品类产品、混合类产品的分级比例（优先级份额/劣后级份额，中间级份额计入优先级份额）不得超过（　　）。

A. 2∶1　　B. 3∶1　　C. 4∶1　　D. 1∶1

答案：A

解析：本题考查金融机构资产管理业务中对产品分级的规定。

93. 证券公司大集合资产管理计划，是指证券公司设立管理的投资者人数不受（　　）限制的集合资产管理计划。

A. 100　　B. 200　　C. 300　　D. 500

答案：B

解析：本题考查证券公司大集合资产管理业务的基本概念。

94.《证券公司大集合资产管理业务适用〈关于规范金融机构资产管理业务的指导意见〉操作指引》公布后，连续（　　）个工作日投资者不足 200 人或资产净值低于（　　）的存量大集合产品，应当在过渡期内逐步转为符合法律法规规定的私募资产管理计划。

A. 60；1 亿元　　B. 30；5 000 万元

C. 60；5 000 万元　　D. 90；1 亿元

答案：C

解析：本题考查证券公司大集合资产管理业务转化为私募资产管理计划的情形。

95. 证券公司开展私募资产管理业务，应具备符合条件的高级管理人员和（　　）名以上投资经理，应具有投资研究部门，且专职从事投资研究的人员不少于（　　）人。

A. 2；2　　B. 3；3　　C. 5；5　　D. 3；5

答案：B

解析：本题考查证券资产管理业务对人员的要求。

96. 证券公司资产管理计划的初始募集规模不得低于（　　）。

A. 1 000 万元　　B. 5 000 万元　　C. 1 亿元　　D. 600 万元

答案：A

解析：本题考查证券公司对资产管理计划初始募集规模的要求。

97. 集合资产管理计划的初始募集期自资产管理计划份额发售之日起不得超过（　　）天。

A. 30　　B. 50　　C. 60　　D. 90

答案：C

解析：本题考查集合资产管理计划的初始募集期的规定。

98. 专门投资于未上市企业股权的集合资产管理计划的初始募集期自资产管理计划份额发售之日起不得超过（　　）个月。

A. 6　　B. 3　　C. 12　　D. 9

答案：C

解析：本题考查集合资产管理计划的初始募集期的规定。

99. 封闭式单一资产管理计划的投资者可以分期缴付委托资金，但应当在资产管理合同中事先明确约定分期缴付资金的数额、期限，且首期缴付资金不得少于（　　）万元，全部资金缴付期限自资产管理计划成立之日起不得超过（　　）年。

A. 5 000；3　　B. 1 000；3　　C. 5 000；5　　D. 1 000；5

答案：B

解析：本题考查封闭式单一资产管理计划的投资者缴纳委托资金的要求。

100. 证券公司以自有资金参与单个集合资产管理计划的份额不得超过该计划总份额的（　　）。

A. 10%　　B. 20%　　C. 30%　　D. 50%

答案：B

解析：本题考查证券公司自有资金参与集合资产管理计划的相关要求。

101. 证券公司及其附属机构以自有资金参与单个集合资产管理计划的份额合计不得超过该计划总份额的（　　）。

A. 10%　　B. 20%　　C. 30%　　D. 50%

答案：D

解析：本题考查证券公司自有资金参与集合资产管理计划的相关要求。

102. 资产支持证券应当面向合格投资者发行，发行对象不得超过（　　）人，单笔认购不少于（　　）万元人民币发行面值或等值份额。

A. 100；100　　B. 200；200　　C. 200；100　　D. 200；50

答案：C

解析：本题考查发型资产支持证券需满足的条件。

103. 资产支持证券（　　）范围内转让。转让后，持有资产支持证券的合格投资者合计不得超过（　　）人。资产支持证券初始挂牌交易单位所对应的发行面值或等值份额应不少于（　　）万元人民币。

A. 仅限于合格投资者；100；100　　B. 可以在任意投资者；200；100

C. 可以在任意投资者；100；100　　D. 仅限于合格投资者；200；100

答案：D

解析：本题考查资产支持证券转让的相关规定。

104. 证券公司应当自资产管理计划终止之日起（　　）个工作日内报中国证券投资基金业协会备案，并抄报中国证监会相关派出机构。

A. 3　　B. 5　　C. 7　　D. 15

答案：B

解析：本题考查资产管理计划终止的相关要求。

105. 以下关于全国股转系统主要业务的有关规定表述错误的是（　　）。

A. 股东人数超过 200 人的公司申请其股票挂牌公开转让，无须向中国证监会申请核准

B. 股份有限公司申请股票在全国股份转让系统挂牌需依法设立且存续满两年

C. 主办券商不得利用在挂牌推荐业务中获取的尚未公开信息谋取不正当利益

D. 主办券商应对申请挂牌公司进行立项、尽职调查、质量控制、内核

答案：A

解析：本题考查全国股转系统主要业务的有关规定。股东人数超过 200 人的公司申请其股票挂牌公开转让，应当按照中国证监会有关规定制作公开转让的申请文件，向中国证监会申请核准。

二、多项选择题。以下备选项中有两项或两项以上符合题目要求，多选、少选、错选均不得分。

1. 下列选项中属于特殊机构及产品证券账户在开立及使用中应严格遵守账户实名制有关要求的是（　　）。

A. 特殊机构及产品证券账户持有人不得通过在证券账户下设立子账户、分账户、虚拟账户等方式违规进行证券交易

B. 产品的管理人应加强自律，不得为专门申购新股、炒作风险警示股票的产品申请开立证券账户

C. 为产品、员工持股计划申请开立证券账户时相关当事人应当申报登记产品、员工持股计划存续期

D. 对于各类特殊机构及产品证券账户存在违反账户实名制有关要求的以及存在利用证券账户从事法律法规禁止的其他行为的，中国结算或有委托交易关系的证券公司有权注销相关账户或限制相关账户的使用

答案：ABCD

解析：本题考查特殊机构及产品证券账户在开立及使用时的要求。

2. 下列选项中，（　　）属于证券经纪业务相关的法律、法规。

A.《关于加强证券经纪业务管理的规定》

B.《证券法》

C.《证券公司监督管理条例》

D.《中国证券登记结算有限责任公司证券账户管理规则》

答案：BC

解析：本题考查证券经纪业务相关法律、行政法规和部门规章及规范性文件。选项 BC 属于证券经纪业务相关的法律法规；选项 AD 属于证券公司经纪业务的部门规章及规范性文件。

3. 以下（　　）属于上交所和深交所予以重点监控的异常交易行为。

A. 大笔申报、连续申报或者密集申报，以影响证券交易价格

B. 一段时期内进行大量且连续的交易

C. 委托、授权给同一机构或者同一个人代为从事交易的证券账户之间，大量或者频繁进行互为对手方的交易

D. 巨额申报，且申报价格明显偏离申报时的证券市场成交价格

答案：ABCD

解析：本题考查异常交易行为管理。上交所和深交所对可能影响证券交易价格或者证券交易量的异常交易行为，予以重点监控，选项 ABCD 属于 13 种行为之一。

4. 证券公司与证券经纪人签订委托合同，应当遵循（　　）的原则，公平地确定双方的权利和义务。

A. 公平　　　　B. 平等　　　　C. 自愿　　　　D. 诚实信用

答案：BCD

解析：本题考查委托合同必备事项。证券公司与证券经纪人签订委托合同，应

当遵循平等、自愿、诚实信用的原则，公平地确定双方的权利和义务。

5. 证券经纪业务运营管理的内容包括（　　）。

A. 账户管理　　B. 交易委托

C. 交易席位与交易单元　　D. 异常交易行为管理

答案：ABCD

解析：本题考查证券经纪业务运营管理的内容。证券经纪业务运营管理的主要内容包括账户管理、信息了解、适当性管理、交易委托、交易席位与交易单元、异常交易行为管理、资产托管、佣金管理、转销户、回访与投诉等业务内容。

6. 证券经纪业务具有（　　）特点。

A. 业务对象的广泛性　　B. 证券经纪商的中介性

C. 证券经纪商的权威性　　D. 客户资料的保密性

答案：ABD

解析：本题考查证券经纪业务的特点。

7. 以下说法正确的是（　　）。

A. A 股、证券投资基金每笔交易佣金不足 5 元的，按 5 元收取

B. B 股每笔交易佣金不足 1 元或 5 港元的，按 1 元或 5 港元收取

C. 交易佣金标准由证券交易所制定并报中国证监会和原国家计委备案，备案 15 天内无异议后实施

D. 证券经纪商向客户收取的佣金不得高于证券交易金额的 3‰，也不得低于代收的证券交易监管费和证券交易所手续费等

答案：ACD

解析：本题考查佣金管理。B 股每笔交易佣金不足 1 美元或 5 港元的，按 1 美元或 5 港元收取。

8. 以下说法正确的是（　　）。

A. 证券公司应当要求客户在开立资金账户时自行设置密码，提醒客户适时修改密码和增强密码强度

B. 证券公司应当根据法律法规、中国证监会的规定及合同约定，保证客户至少在证券公司营业时间内能够查询其委托、交易记录、证券和资金余额等信息

C. 证券公司应当配合监管部门、证券交易所建立健全客户交易安全监控制度，保护客户资产安全

D. 证券公司员工可以接受客户委托，帮助客户设置密码或修改密码，设置默认账户

答案：ABC

解析：本题考查客户交易安全监控。证券公司应当要求客户在开立资金账户时自行设置密码，提醒客户适时修改密码和增强密码强度，并在证券营业部经营场所、公司网站、网上证券客户端及自助证券交易客户端提示客户加强身份证件、账号、密码的保护。

9. 以下关于科创板说法正确的是（　　）。

A. 主要服务于符合国家战略、突破关键核心技术、市场认可度高的科技创新企业

B. 投资者仅需向其委托的证券公司申请，在已有沪市 B 股证券账户上开通科创板股票交易权限即可，无须在中国结算开立新的证券账户

C. 实施差异化的最小价格变动单位，依据股价高低，实施不同的申报价格最小变动单位，以降低低价股的买卖价差

D. 新增本方最优价格申报和对手方最优价格申报两种市价申报方式

答案：ACD

解析：本题考查科创板的知识点。投资者仅需向其委托的证券公司申请，在已有沪市 A 股证券账户上开通科创板股票交易权限即可，无须在中国结算开立新的证券账户。

10. 技术风险的防范包括（　　）。

A. 符合中国证券业协会制定的《证券公司证券营业部信息技术指引》的有关要求

B. 建立完善的信息技术系统及相应的容错备份系统和灾难备份系统

C. 制定并严格执行信息系统运行管理制度和备份方案、系统故障及业务应急处理预案

D. 建立经纪业务营销和账户管理操作信息管理系统

答案：ABC

解析：本题考查证券经纪业务风险的防范中的技术风险的防范。选项 D 属于管理风险的防范。

11. 根据《证券交易委托代理协议指引》的规定，（　　）属于客户可以委托证券公司代理的事项。

A. 代理客户进行资金、证券的清算、交收

B. 代理保管客户买入或存入的有价证券

C. 代理客户领取红利股息及其他利益分配

D. 法律、法规、规章、自律规则规定的、证券公司可以代理客户进行的其他活动

答案：ABCD

解析：本题考查客户可以委托证券公司代理的事项。

12. 根据《客户交易结算资金管理办法》，属于客户资金三方存管制度的是(　　)。

A. 明确“单独立户”要求，防止资金被混合使用

B. 明确“封闭运行”要求，防止资金被违规动用

C. 指定商业银行根据证券公司的指令，负责在客户银行结算账户与客户资金汇总账户之间划转资金

D. 除向客户收取与证券交易有关的佣金、费用或者代扣税款等特定情形外，证券公司不得将客户资金转入自有资金账户

答案：ABD

解析：本题考查客户交易结算资金三方存管制度的内容。选项C应该是根据客户指令而非根据证券公司指令。

13. 合规风险的防范主要包括(　　)。

A. 证券公司要加强合规文化建设，从高级管理人员到普通员工都要增强法治观念和合规意识

B. 建立健全各项规章制度，严格按经纪业务内部控制的要求完善内部控制机制和制度

C. 加强对经纪业务主要环节和风险点的控制

D. 强化岗位制约和监督，对经纪业务主要部门和岗位实行相互分离的管理制度

答案：ABCD

解析：本题考查证券经纪业务风险的防范。

14. 公开发行以股票为基础证券的存托凭证的，境外基础证券发行人应当符合(　　)。

A. 依法设立且持续经营3年以上的公司，公司的主要资产不存在重大权属纠纷

B. 会计基础工作规范、内部控制制度健全

C. 董事、监事和高级管理人员应当信誉良好，符合公司注册地法律规定的任职要求，近期无重大违法失信记录

D. 境外基础证券发行人及其控股股东、实际控制人最近 3 年内不存在损害投资者合法权益和社会公共利益的重大违法行为

答案：ABCD

解析：本题考查存托凭证中的发行人条件。

15. 存托人应当承担（　　）职责。

A. 建立并维护存托凭证持有人名册

B. 与境外基础证券发行人签署存托协议，并根据存托协议约定协助完成存托凭证的发行上市

C. 办理存托凭证的签发与注销

D. 按照存托协议约定，向存托凭证持有人派发红利、股息等权益，根据存托凭证持有人意愿行使表决权等权利

答案：ABCD

16. 证券经纪业务的合规风险主要情形有（　　）。

A. 为客户开立账户时不按规定与客户签订业务合同，或者未在业务合同中载入规定的必备条款

B. 违反规定为客户开立账户

C. 将客户的资金账户、证券账户提供给他人使用

D. 向客户提供投资建议，对证券价格的涨跌或者市场走势作出确定性的判断

答案：ABCD

解析：本题考查证券经纪业务的主要风险。合规风险主要有 16 种情形，本题中选项 ABCD 皆属于。

17. 管理风险主要表现为证券公司员工或其经纪人在执业过程中出现（　　）。

A. 在办理开户业务时未严格有效地查验客户身份的真实性及其所提供资料的完整性和一致性，而导致开立虚假账户、不合格账户、无权或越权代理等

B. 私下接受客户委托或接受客户的全权委托代理其买卖证券

C. 提供、传播虚假信息，利用或泄露内幕信息，从事内幕交易

D. 误导客户、对客户买卖证券承诺收益或赔偿

答案：ABCD

解析：本题考查管理风险的主要情形。

18. 托管人应当承担（　　）职责。

A. 托管基础财产

B. 按照托管协议约定，协助办理分红派息、投票

C. 向存托人提供基础证券的市场信息

D. 中国证监会规定和托管协议约定的其他职责

答案：ABCD

解析：本题考查托管人承担的职责。

19. 经营机构授权公众媒体及其他机构刊载或者转发涉及具体上市公司的证券研究报告、评论意见，应当慎重评估，充分论证必要性，要求包括（　　）。

A. 与相关公众媒体及其他机构作出协议约定，明确由被授权机构承担相关刊载或者转发责任，强化媒体合作管理

B. 采取有效措施提供证券研究报告相应的后续解读服务，引导公众投资者

C. 通过公司网站等途径披露本公司授权公众媒体及其他机构刊载或者转发证券研究报告有关情况，提醒公众投资者慎重使用未经授权刊载或者转发的本公司证券研究报告

D. 具备相应的应对措施，妥善处理投资者投诉

答案：ACD

解析：本题考查媒体刊载、转发证券研究报告的管理要求。选项B应为：采取有效措施提供证券研究报告相应的后续解读服务，防止误导公众投资者。

20. 以软件工具、终端设备等为载体，向客户提供投资建议或者类似功能服务的，应当符合（　　）。

A. 揭示软件工具、终端设备的固有缺陷和使用风险，不得隐瞒或者有重大遗漏

B. 客观说明软件工具、终端设备的功能，不得对其功能进行虚假、不实、误导性宣传

C. 表示软件工具、终端设备具有选择证券投资品种或者提示买卖时机功能的，应当说明其方法和局限性

D. 对软件工具、终端设备所使用的数据信息来源保密

答案：ABC

解析：本题考查以软件工具、终端设备等为载体提供投资建议的规范要求。选项D应为：应该说明软件工具、终端设备所使用的数据信息来源。

21. 证券分析师通过公众媒体、自媒体以及报告会、交流会等形式，发表涉及具体证券的评论意见，或者解读其撰写的证券研究报告，应当符合（　　）。

A. 说明所依据的证券研究报告的发布日期

B. 由所在证券公司或者证券投资咨询机构统一安排

C. 禁止明示或者暗示保证投资收益

D. 准确地表述自己的研究观点，不得与其所在公司已发布证券研究报告的最新意见和建议相矛盾，也不得就所在研究机构未覆盖的公司发表证券估值或投资评级意见

答案：ABCD

解析：本题考查证券分析师执业行为准则中的规范参与公众交流活动要求。

22. 发布证券研究报告相关人员进行上市公司调研活动，应当符合（　　）。

A. 在证券研究报告中使用调研信息的，应当保留必要的信息来源依据

B. 主动寻求上市公司相关内幕信息或者未公开重大信息

C. 上市公司调研纪要仅供内部存档或撰写研究报告使用，不得对外发布或提供给客户

D. 事先履行所在经营机构的审批程序

答案：ACD

解析：本题考查调研活动管理。发布证券研究报告相关人员进行上市公司调研活动不得主动寻求上市公司相关内幕信息或者未公开重大信，故选项 B 排除。

23. 重大资产重组是指挂牌公司及其控股或者控制的企业在日常经营活动之外（　　）进行资产交易，导致公司业务、资产发生重大变化的资产交易行为。

A. 购买资产　　　　B. 出售资产

C. 通过其他方式进行资产交易　　　　D. 对外担保

答案：ABC

解析：本题考查重大资产重组的概念。

24. 经营机构邀请外部专家参与证券投资咨询服务以外咨询服务，应当符合（　　）。

A. 外部专家应当具有良好的社会声誉，在最近一年没有被证券监管部门处罚的记录

B. 营机构应当核实专家的身份，并将经核实的专家身份告知投资者，不得有虚假或误导性成分，并应当告知外部专家必须遵守的合规要求

C. 经营机构邀请的外部专家如果是上市公司人员，必须经过上市公司信息披露负责人的书面同意，同意的书面记录应保存 3 年

D. 经营机构如果通过第三方邀请外部专家，应当与第三方签订专门的外部专家邀请协议，协议应当载明要求第三方核实专家身份的责任，以及如有专家身份审核不实，要求第三方承担经济赔偿的责任和媒体公开道歉的责任

答案：BD

解析：本题考查外请专家服务的管理要求。外请专家服务的管理要求：（1）外部专家应当具有良好的社会声誉，在最近两年没有被证券监管部门处罚的记录；（2）经营机构邀请的外部专家如果是上市公司人员，必须经过上市公司信息披露负责人的书面同意，同意的书面记录应保存5年。

25. 以下属于证券公司柜台市场私募产品相关信息披露途径的是（　　）。

A. 本公司公开网站

B. 机构间私募产品报价与服务系统

C. 内部交流平台

D. 中国证券业协会认可的其他信息披露平台

答案：ACD

解析：本题考查证券公司柜台市场信息披露的有关要求。证券公司应当通过本公司网站、机构间私募产品报价与服务系统或者中国证券业协会认可的其他信息披露平台，披露私募产品相关信息。

26. 证券公司作为募集机构在开展私募基金募集业务过程中违反规定的，在中国证券投资基金业协会可以视情节轻重对募集机构采取的相关措施有（　　）。

A. 暂停受理业务　　B. 撤销管理人登记

C. 行业内谴责　　D. 取消基金销售资格

答案：ABC

解析：本题考查《私募投资基金募集行为管理办法》的相关规定。证券公司作为募集机构在开展私募基金募集业务过程中违反规定的，中国证券投资基金业协会可以视情节轻重对募集机构采取要求限期改正、行业内谴责、加入黑名单、公开谴责、暂停受理或办理相关业务、撤销管理人登记等纪律处分。

27. 证券公司、证券投资咨询机构或者其他财务顾问机构受聘担任上市公司独立财务顾问的，存在下列（　　）情形之一的，不得担任独立财务顾问。

A. 财务顾问的董事、监事、高级管理人员、财务顾问主办人或者其直系亲属有在上市公司任职等影响公正履行职责的情形

B. 最近1年财务顾问与上市公司存在资产委托管理关系、相互提供担保，或者最近一年财务顾问为上市公司提供融资服务

C. 在并购重组中为上市公司的交易对方提供财务顾问服务

D. 与上市公司存在利害关系、可能影响财务顾问及其财务顾问主办人独立性的其他情形

答案：ACD

解析：本题考查财务顾问业务资格的核准与备案。最近2年财务顾问与上市公司存在资产委托管理关系、相互提供担保，或者最近一年财务顾问为上市公司提供融资服务。

28. 财务顾问应当建立健全内部报告制度，回复意见应当由（　　）签名，并加盖财务顾问单位公章。

A. 财务顾问的法定代表人或者其授权代表人

B. 部门主管

C. 财务顾问主办人

D. 项目协办人

答案：ACD

解析：本题考查财务顾问主办人签章及报告制度。财务顾问应当建立健全内部报告制度，财务顾问主办人应当就中国证监会在反馈意见中提出的问题按照内部程序向部门负责人、内部核查机构负责人等相关负责人报告，并对中国证监会提出的问题进行充分的研究、论证，审慎回复。回复意见应当由财务顾问的法定代表人或者其授权代表人、财务顾问主办人和项目协办人签名，并加盖财务顾问单位公章。

29. 为发行股份购买资产或者重组上市提供服务的独立财务顾问违反行业规范、业务规则的，交易所可以视情节轻重对其单独或者合并采取（　　）的监管措施或者纪律处分。

A. 口头警告　　B. 书面警示　　C. 通报批评　　D. 严重警告

答案：ABC

解析：本题考查财务顾问的法律责任。选项ABC皆属于。此外还可以采取以下措施：（1）监管谈话；（2）公开谴责；（3）3个月至3年内不接受独立财务顾问、证券服务机构提交的申请文件或者信息披露文件；（4）1至3年内不接受独立财务顾问、证券服务机构相关人员签字的申请文件或者信息披露文件。

30. 证券公司有下列（　　）情形之一的不得担任财务顾问。

A. 最近24个月内存在违反诚信的不良记录

B. 最近12个月内存在违反诚信的不良记录

C. 最近24个月内因执业行为违反行业规范而受到行业自律组织的纪律处分

D. 最近36个月内因违法违规经营受到处罚或者因涉嫌违法违规经营正在被调查

答案：ACD

解析：本题考查财务顾问业务资格的核准与备案。

31. 财务顾问及其财务顾问主办人出现下列（　　）情形之一的，中国证监会对其采取监管谈话、出具警示函、责令改正等监管措施。

A. 内部控制机制和管理制度、尽职调查制度以及相关业务规则存在重大缺陷或者未得到有效执行的

B. 在受托报送申报材料过程中，未切实履行组织、协调义务、申报文件制作质量低下的

C. 违反其就上市公司并购重组相关业务活动所作承诺的

D. 违反保密制度或者未履行保密责任的

答案：ABCD

解析：本题考查财务顾问的法律责任。选项 ABCD 皆属于。此外还有以下 6 种情形：（1）未按照相关规定发表专业意见的；（2）未依法履行持续督导义务的；（3）未按照相关规定向中国证监会报告或者公告的；（4）采取不正当竞争手段进行恶性竞争的；（5）唆使、协助或者伙同委托人干扰中国证监会审核工作的；（6）中国证监会认定的其他情形。

32. 财务顾问及其财务顾问主办人在相关并购重组信息未依法公开前有（　　）行为的，将导致其接受处罚。

A. 泄露内幕信息

B. 操纵证券市场

C. 进行证券欺诈活动

D. 买卖或者建议他人买卖该公司证券

答案：ABCD

解析：本题考查财务顾问的法律责任。财务顾问及其财务顾问主办人在相关并购重组信息未依法公开前，泄露该信息、买卖或者建议他人买卖该公司证券，利用相关并购重组信息散布虚假信息、操纵证券市场或者进行证券欺诈活动的，中国证监会依据《证券法》第一百九十一条、第一百九十二条、第一百九十三条等相关规定予以处罚；涉嫌犯罪的，依法移送司法机关追究刑事责任。

33. 为上市公司收购出具资产评估报告的证券服务机构或者证券公司及其专业人员，未依法履行职责的，中国证监会责令改正，采取（　　）等监管措施。

A. 监管谈话　　B. 出具警示函　　C. 责令公开说明　　D. 责令定期报告

答案：ABCD

解析：本题考查财务顾问的法律责任。为上市公司收购出具资产评估报告、审

计报告、法律意见书和财务顾问报告的证券服务机构或者证券公司及其专业人员，未依法履行职责的，或者违反中国证监会的有关规定或者行业规范、业务规则的，中国证监会责令改正，采取监管谈话、出具警示函、责令公开说明、责令定期报告等监管措施。

34. 财务顾问承担持续督导责任做好（　　）工作。

A. 督促并购重组当事人按照相关程序规范实施并购重组方案，及时办理产权过户手续，并依法履行报告和信息披露的义务

B. 督促上市公司按照《上市公司治理准则》的要求规范运作

C. 督促和检查申报人落实后续计划及并购重组方案中约定的其他相关义务的情况

D. 结合上市公司披露的定期报告出具持续督导意见，并在前述定期报告披露后的7日内向上市公司所在地的中国证监会派出机构报告

答案：ABC

解析：本题考查财务顾问的持续督导责任。结合上市公司披露的定期报告出具持续督导意见，并在前述定期报告披露后的15日内向上市公司所在地的中国证监会派出机构报告。

35. 下列关于股票期权交易相关用语含义，表述正确的有（　　）。

A. 行权价格，是指股票期权合约中约定的在行权时买入、卖出约定标的证券或者用于计算行权价差的价格

B. 行权，是指股票期权合约买方按照规定行使权利，以行权价格买入或者卖出约定标的证券，或者按照规定结算价格进行现金差价结算

C. 股票期权买方，是指持有股票期权合约义务仓的投资者

D. 股票期权卖方，是指持有股票期权合约权利仓的投资者

答案：AB

解析：本题考查股票期权交易相关用语含义。股票期权买方，是指持有股票期权合约权利仓的投资者。股票期权卖方，是指持有股票期权合约义务仓的投资者。选项C、D表述错误。

36. 上市公司就并购重组事项出具盈利预测报告的，在相关并购重组活动完成后，凡不属于上市公司管理层事前无法获知且事后无法控制的原因，上市公司或者购买资产利润实现数未达到盈利预测50%的，中国证监会可以同时对财务顾问及其财务顾问主办人采取（　　）等监管措施。

A. 责令不定期报告　　　　　　B. 出具警示函

C. 监管谈话　　　　　　　　　　　　D. 责令定期报告

答案：BCD

解析：本题考查财务顾问的法律责任。

37. 以下关于证券公司柜台交易业务财产担保的表述，正确的是（　　）。

A. 证券公司与投资者约定抵押、质押等财产担保的，应当依法办理担保设定手续

B. 证券公司与投资者约定抵押、质押等财产担保的，如合同已进行签署，可不需办理担保设定手续

C. 向投资者收取履约保证金的，应当在双方约定的金融机构开立专门账户存放，不得违约动用

D. 向投资者收取履约保证金的，应当由投资者选择任一账户存放

答案：AC

解析：本题考查证券公司柜台交易业务财产担保的相关要求。证券公司与投资者约定抵押、质押等财产担保的，应当依法办理担保设定手续；向投资者收取履约保证金的，应当在双方约定的金融机构开立专门账户存放，不得违约动用。

38. 以下属于在柜台市场发行、销售与转让的私募产品的是（　　）。

A. 证券公司及其子公司以非公开募集方式设立或者承销的资产管理计划、公司债务融资工具等产品

B. 银行、保险公司、信托公司等其他机构设立并通过证券公司发行、销售与转让的产品

C. 金融衍生品

D. 中国证监会、中国证券业协会认可的其他产品

答案：ABCD

解析：本题考查证券公司可以在柜台市场发行、销售与转让的产品种类。

39. 下列关于企业债券发行与承销有关规定的法律责任的说法正确的是（　　）。

A. 超过批准数额发行企业债券的，责令退还超额发行部分或者核减相当于超额发行金额的贷款额度，处以相当于超额发行部分5%以下的罚款

B. 超过《企业债券管理条例》第十八条规定的最高利率发行企业债券的，责令改正，处以相当于所筹资金金额10%以下的罚款

C. 未按批准用途使用发行企业债券所筹资金的，责令改正，没收其违反批准用途使用资金所获收益，并处以相当于违法使用资金金额1%以下的罚款

D. 非证券经营机构和个人经营企业债券的承销或者转让业务的，责令停止非

法经营，没收非法所得，并处以承销或者转让企业债券金额5%以下的罚款

答案：AD

解析：本题考查企业债券发行与承销有关规定的法律责任。超过《企业债券管理条例》第十八条规定的最高利率发行企业债券的，责令改正，处以相当于所筹资金金额5%以下的罚款；未按批准用途使用发行企业债券所筹资金的，责令改正，没收其违反批准用途使用资金所获收益，并处以相当于违法使用资金金额5%以下的罚款。

40. 拟在全国股转系统定向发行股票的发行人，存在以下（　　）情形的，应当在相关情形已经解除或者消除影响后进行定向发行。

A. 违规对外担保

B. 资金被股东占用

C. 有未结清银行借款

D. 其他权益被实际控制人严重损害

答案：ABD

解析：本题考查在全国股转系统股票定向发行业务的相关要求。

41. 下列有关公司信用类债券信息披露的说法正确的是（　　）。

A. 信息披露应当遵循真实、准确、完整、及时、公平的原则，不得有虚假记载、误导性陈述或重大遗漏

B. 企业应当及时、公平地履行信息披露义务

C. 企业应当建立信息披露事务管理制度

D. 信息披露事务负责人只能由企业董事担任

答案：ABC

解析：本题考查公司信用类债券信息披露的有关规定。信息披露事务负责人应当由企业董事、高级管理人员或具有同等职责的人员担任。

42. 发行人及其控股股东、实际控制人应当诚实守信，发行人的（　　）应当勤勉尽责，维护债券持有人享有的法定权利和债券募集说明书约定的权利。

A. 财务会计　　B. 董事　　C. 监事　　D. 高级管理人员

答案：BCD

解析：本题考查公司债券发行业务的一般规定。发行人及其控股股东、实际控制人应当诚实守信，发行人的董事、监事、高级管理人员应当勤勉尽责，维护债券持有人享有的法定权利和债券募集说明书约定的权利。

43. 公开发行公司债券，应当符合的条件是（　　）。

A. 国务院规定的条件

B. 具备健全且运行良好的组织机构

C. 具有合理的资产负债结构和正常的现金流量

D. 最近 5 年平均可分配利润足以支付公司债券 1 年的利息

答案：ABC

解析：本题考查公司债券发行业务的一般规定。选项 D 应为：最近 3 年平均可分配利润足以支付公司债券 1 年的利息。公开发行公司债券，由证券交易所负责受理、审核，并报中国证监会注册。

44. 公司在其公告的股票挂牌公开转让、股票发行文件中隐瞒重要事实或者编造重要虚假内容的，除依照《证券法》有关规定进行处罚外，中国证监会可视情节轻重，依法采取（　　）。

A. 责令改正

B. 监管谈话

C. 出具警示函

D. 有关责任人员被采取证券市场禁入的措施

答案：ABCD

解析：本题考查公司违反全国中小企业股份转让系统业务有关规定需承担的法律责任。公司在其公告的股票挂牌公开转让、股票发行文件中隐瞒重要事实或者编造重要虚假内容的，除依照《证券法》有关规定进行处罚外，中国证监会可视情节轻重，依法采取责令改正、监管谈话、出具警示函等监管措施；情节严重的，中国证监会可以对有关责任人员采取证券市场禁入的措施。

45. 股份有限公司申请股票在全国股份转让系统挂牌，应当符合的条件有（　　）。

A. 依法设立且存续满两年　　B. 业务明确，具有持续经营能力

C. 公司治理机制健全，合法规范经营　D. 股东人数不得超过 200 人

答案：ABC

解析：本题考查全国股转系统主要业务的有关规定。股份有限公司申请股票在全国股份转让系统挂牌，不受股东所有制性质的限制，不限于高新技术企业，除 ABCD 外，还应当符合下列条件：（1）股权明晰，股票发行和转让行为合法合规；（2）主办券商推荐并持续督导；（3）全国股转公司要求的其他条件。

46. 证券公司开展股票期权业务的条件有（　　）。

A. 拟负责股票期权经纪业务的高级管理人员具备股票期权业务知识和相应的专业能力，配备 2 名具备相应专业能力的业务人员

B. 有满足从事股票期权经纪业务相关要求的营业场所、经营设备、技术系统

等软硬件设施

C. 业务设施和技术系统符合相关技术规范且运行状况良好

D. 公司及其董事、监事、高级管理人员最近1年内未因重大违法违规行为受到行政处罚或刑事处罚

答案：BCD

解析：本题考查证券公司开展股票期权业务的条件。拟负责股票期权经纪业务的高级管理人员具备股票期权业务知识和相应的专业能力，配备3名具备相应专业能力的业务人员。选项A表述有误。

47. 以下是专项计划资产的管理人的职责是（　　）。

A. 对相关交易主体和基础资产进行全面的尽职调查

B. 办理资产支持证券发行事宜

C. 按照约定及时将募集资金支付给原始权益人

D. 安全保管专项计划相关资产

答案：ABC

解析：本题考查专项计划资产的管理人的相关职责。除选项ABCD外，管理人还应当履行下列职责：(1) 在专项计划存续期间，督促原始权益人以及为专项计划提供服务的有关机构，履行法律规定及合同约定的义务；(2) 为资产支持证券投资者的利益管理专项计划资产；(3) 建立相对封闭、独立的基础资产现金流归集机制，切实防范专项计划资产与其他资产混同以及被侵占、挪用等风险；(4) 监督、检查特定原始权益人持续经营情况和基础资产现金流状况，出现重大异常情况的，管理人应当采取必要措施，维护专项计划资产安全；(5) 按照约定向资产支持证券投资者分配收益；(6) 履行信息披露义务；(7) 负责专项计划的终止清算；(8) 法律、行政法规和中国证监会规定以及计划说明书约定的其他职责。

48. 关于证券公司开展股票期权业务的主要业务规则，下列说法正确的有（　　）。

A. 投资者应当在证券公司、期货公司营业场所现场办理股票期权交易开户手续，并书面签署风险揭示书

B. 个人投资者申请的交易权限级别分为一级、二级、三级交易权限

C. 不具备证券自营业务资格的证券公司，其自有资金只能以套期保值为目的，参与股票期权交易

D. 股票期权交易实行当日无负债结算制度

答案：ABCD

解析： 本题考查证券公司开展股票期权业务的主要业务规则。

49. 中国人民银行有权对金融机构以及其他单位和个人的下列（　　）行为进行检查监督。

A. 执行有关人民币管理规定的行为

B. 执行有关存款准备金管理规定的行为

C. 执行有关外汇管理规定的行为

D. 中国人民银行特种贷款有关的行为

答案：ABCD

解析： 本题考查金融债券发行与承销有关规定的法律责任。除选项 ABCD 外，还包括：（1）执行有关银行间同业拆借市场、银行间债券市场管理规定的行为；（2）执行有关黄金管理规定的行为；（3）代理中国人民银行经理国库的行为；（4）执行有关清算管理规定的行为；（5）执行有关反洗钱规定的行为。

50. 发行人申请从事下列（　　）发行事项，应当聘请具有保荐业务资格的证券公司履行保荐职责。

A. 首次公开发行股票

B. 上市公司发行新股、可转换公司债券

C. 公开发行存托凭证

D. 中国证监会认定的其他情形

答案：ABCD

解析： 本题考查需聘请保荐机构的情形。

51. 开展资产证券化业务时，证券公司、托管人、销售机构和投资顾问等服务机构及其人员违反相关法律法规，可能要承担的法律责任是（　　）。

A. 被责令整改

B. 被采取市场禁入措施

C. 被行政处罚

D. 相关从业人员涉嫌犯罪的，依法移送司法机关，追究其刑事责任

答案：ABCD

解析： 本题考查资产管理业务违反有关规定的法律责任。对于违反规定的服务机构，中国证监会及其派出机构可采取责令改正、监管谈话、出具警示函、责令公开说明、责令参加培训、责令定期报告、认定为不适当人选等监管措施；依法应予行政处罚的，依照《证券法》《证券投资基金法》等法律法规和中国证监会的有关规定进行处罚；涉嫌犯罪的，依法移送司法机关，追究其刑事责任。

52. 融资融券业务管理的基本原则包括（　　）。

A. 合法合规性原则　　B. 业务隔离原则

C. 集中管理原则　　D. 了解客户原则

答案：ABCD

解析：本题考查融资融券业务管理的基本原则。

53. 证券公司经营融资融券业务，应当以自己的名义，在证券登记结算机构分别开立（　　）。

A. 融券专用证券账户　　B. 客户信用交易担保证券账户

C. 信用交易证券交收账户　　D. 信用交易资金交收账户

答案：ABCD

解析：本题考查证券公司信用业务账户体系。

54. 证券公司经营融资融券业务，应当以自己的名义在商业银行开设的信用账户包括（　　）。

A. 融券专用证券账户　　B. 客户信用交易担保资金账户

C. 融资专用资金账户　　D. 信用交易资金交收账户

答案：BC

解析：本题考查证券公司信用业务账户体系。

55. 客户通过证券公司开展融资融券业务，应当在证券公司开立的实名账户包括（　　）。

A. 融券专用证券账户　　B. 信用交易担保资金账户

C. 信用资金台账　　D. 信用证券账户

答案：CD

解析：本题考查客户通过证券公司开展融资融券业务需开立的账户。

56. 下列属于私募基金宣传推介规范的是（　　）。

A. 募集机构应当向特定对象宣传推介私募基金，未经特定对象确定程序，不得向任何人宣传推介私募基金

B. 募集机构仅可以通过合法途径公开宣传私募基金管理人的品牌、发展战略、投资策略、管理团队、高管信息以及由中国证券投资基金业协会公示的已备案私募基金的基本信息

C. 可进行公开宣传

D. 募集机构应当要求投资者提供必要的资产证明文件或收入证明

答案：ABD

解析：本题考查私募基金宣传推介规范。私募基金不得进行公开宣传。

57. 关于衍生品业务备案，下列说法正确的有（　　）。

A. 中证机构间报价系统股份有限公司负责对证券公司金融衍生品备案和后续监测管理

B. 备案机构严禁隐瞒相关信息，向投资者推介不适当的业务

C. 备案材料应加盖备案机构公章或经备案机构法定代表人签字或签章

D. 实行当日无负债结算制度

答案：ABC

解析：本题考查衍生品业务备案。选项 D 不属于衍生品业务备案制度。

58. 下列属于公募基金宣传推介材料禁止性行为的有（　　）。

A. 证券公司夸大或者片面宣传基金管理人、基金经理或者其管理的基金的过往业绩

B. 投资顾问王某向客户承诺发售基金每年有 10% 的收益

C. 基金经理张某为完成业绩，使用欲购从速、申购良机等语句向客户推荐基金

D. 基金经理李某为向客户推荐本公司发行基金，故意诋毁、贬低其他基金管理人

答案：ABCD

解析：本题考查公募基金宣传推介材料禁止性行为。基金宣传推介材料不得存在以下情形：在未提供客观证据的情况下，使用业绩稳健、业绩优良、名列前茅、位居前列、唯一等表述；违规使用安全、保证、承诺、保险、有保障、高收益、无风险、坐享财富增长、安心享受成长、尽享牛市等可能使投资人认为没有风险或者忽视风险的表述；使用欲购从速、申购良机等片面强调集中营销时间限制的表述；诋毁、贬低其他基金管理人、基金托管人或者基金销售机构，或者其他基金管理人管理的基金；夸大或者片面宣传基金管理人、基金经理或者其管理的基金的过往业绩；使用或者登载单位、个人的推荐性文字；使用广告法、反不正当竞争法、反垄断法禁止的内容；中国证监会规定的其他情形。

59. 以下（　　）情形下的与不动产相关的基础资产，不能作为证券化业务基础资产。

A. 因空置等原因不能产生稳定现金流的不动产租金债权

B. PPP 模式下，地方政府按照事先公开的收益约定规则应支付的费用

C. 待开发或在建占比超过 10% 的基础设施、商业物业、居民住宅等不动产或相关不动产收益权

D. 当地政府证明已列入国家保障房计划并已开工建设的项目

答案：AC

解析：本题考查资产证券化业务基础资产负面清单中不动产相关基础资产的特殊情形。

60. 下列属于代销金融产品所遵循的基本原则有（　　）。

A. 证券公司代销金融产品应遵循平等、自愿、公平、诚实信用和适当性原则

B. 需审慎评估及防范利益冲突，既要避免证券公司与客户之间的利益冲突，也要避免代销活动中证券公司不同部门、不同业务、不同人员之间的利益冲突

C. 证券公司应当采取有效隔离措施，避免因其他业务风险影响代销业务稳健运行

D. 证券公司应当对代销金融产品活动实行集中统一管理，明确内设部门和分支机构在代销金融产品活动中的职责，防止分支机构擅自代销金融产品

答案：ABCD

解析：本题考查代销金融产品的基本原则。代销金融产品所遵循的基本原则有：①证券公司代销金融产品应遵循平等、自愿、公平、诚实信用和适当性原则；②避免利益冲突，不得损害客户合法权益；③证券公司应当采取有效隔离措施，避免因其他业务风险影响代销业务稳健运行；④集中统一管理。

61. 以下关于融资融券业务所涉债权担保的基本规定，正确的是（　　）。

A. 证券公司向客户融资、融券，应当向客户收取一定比例的保证金。保证金除现金形式外可以用证券充抵

B. 证券公司应当将收取的保证金以及客户融资买入的全部证券和融券卖出所得全部价款，作为对该客户融资融券所生债权的担保物

C. 客户未能按期交足担保物或者到期未偿还债务的，证券公司可以按照约定处分其担保物

D. 证券交易所应当对可充抵保证金的各类证券制定不同的折算率要求

答案：ABCD

解析：本题考查融资融券业务所涉债权担保的基本规定。基本规定除选项ABCD外，还有：（1）证券公司应当逐日计算客户交存的担保物价值与其所欠债务的比例；（2）保证金比例和可充抵保证金的证券的种类、折算率，最低维持担保比例和客户补交担保物的期限，由证券交易所规定，且证券交易所应当对可充抵保证金的各类证券制定不同的折算率要求。

62. 融资融券的标的证券为股票的，应符合的条件有（　　）。

A. 在交易所上市交易超过 3 个月。但科创板与实施注册制的创业板股票上市

首日即可成为标的证券

B. 融资买入标的股票的流通股本不少于5 000万股或流通市值不低于5亿元

C. 股东人数不少于200人

D. 股票发行公司已完成股权分置改革

答案：AD

解析：本题考查标的证券为股票应符合的条件。标的证券为股票的，应当符合下列条件：（1）在交易所上市交易超过3个月。但科创板与实施注册制的创业板股票上市首日即可成为标的证券；（2）融资买入标的股票的流通股本不少于1亿股或流通市值不低于5亿元，融券卖出标的股票的流通股本不少于2亿股或流通市值不低于8亿元；（3）股东人数不少于4 000人；（4）在最近3个月内没有出现下列情形之一：日均换手率低于基准指数日均换手率的15%，且日均成交金额小于5 000万元；日均涨跌幅平均值与基准指数涨跌幅平均值的偏离值超过4%；波动幅度达到基准指数波动幅度的5倍以上；（5）股票发行公司已完成股权分置改革；（6）股票交易未被交易所实施风险警示；（7）交易所规定的其他条件。

63. 融资融券的标的证券为股票的，在最近3个月内不应出现的情形有（　　）。

A. 日均换手率低于基准指数日均换手率的15%，且日均成交金额小于5 000万元

B. 日均涨跌幅平均值与基准指数涨跌幅平均值的偏离值超过4%

C. 波动幅度达到基准指数波动幅度的5倍以上

D. 融券卖出标的股票的流通股本不少于2亿股或流通市值不低于8亿元

答案：ABC

解析：本题考查融资融券的标的证券为股票时，不符合条件的情况。

64. 融资融券的标的证券为交易型开放式指数基金（ETF）的，应当符合的条件有（　　）。

A. 上市交易超过5个交易日

B. 最近5个交易日内的日平均资产规模不低于5亿元

C. 基金持有户数不少于2 000户

D. 交易所规定的其他条件

答案：ABCD

解析：本题考查融资融券的标的证券为交易型开放式指数基金（ETF）应当符合的条件。

65. 融资融券的标的证券为上市开放式基金的，应当符合的条件有（　　）。

A. 上市交易超过5个交易日

B. 最近5个交易日内的日平均资产规模不低于1亿元

C. 基金持有户数不少于2 000户

D. 基金份额不存在分拆、合并等分级转换情形

答案：ACD

解析： 本题考查融资融券的标的证券为上市开放式基金时应当符合的条件。选项B应为最近5个交易日内的日平均资产规模不低于5亿元。

66. 融资融券的标的证券为债券的，应当符合的条件有（　　）。

A. 债券托管面值在2亿元以上

B. 债券剩余期限在1年以上

C. 债券信用评级达到AA级（含）以上

D. 交易所规定的其他条件

答案：BCD

解析： 本题考查融资融券的标的证券为债券时应当符合的条件。选项A应为债券托管面值在1亿元以上。

67. （　　）情形下的股票以及权证，在按市值或净值折算可充抵保证金时，折算率为0。

A. 被实施风险警示的证券　　B. 进入退市整理期的证券

C. 静态市盈率在400倍的A股股票　　D. 静态市盈率在250倍的A股股票

答案：ABC

解析： 本题考查融资融券业务中可充抵保证金的证券按市值或净值折算时对折算率的要求。选项D应为静态市盈率在300倍以上或者为负数的A股股票。

68. 根据《证券公司融资融券业务管理办法》的规定，下列（　　）情形，证券公司可以动用客户信用交易担保证券账户内的证券和客户信用交易担保资金账户内的资金。

A. 为客户进行融资融券交易的结算

B. 收取客户应当归还的资金、证券

C. 收取客户应当支付的利息、费用、税款

D. 按照该办法的规定以及与客户的约定处分担保物

答案：ABCD

解析： 本题考查融资融券业务可动用证券公司客户信用交易担保证券账户内的

证券和客户信用交易担保资金账户内的资金的情形。根据《证券公司融资融券业务管理办法》的规定，可以动用证券公司客户信用交易担保证券账户内的证券和客户信用交易担保资金账户内的资金的情形，除选项 ABCD 外，还有：(1) 收取客户应当支付的违约金；(2) 客户提取还本付息、支付税费及违约金后的剩余证券和资金；(3) 法律、行政法规和该办法规定的其他情形。

69. 根据《证券公司融资融券业务管理办法》的规定，除下列（　　）情形外，任何人不得动用证券公司客户信用交易担保证券账户内的证券和客户信用交易担保资金账户内的资金。

A. 收取客户应当支付的违约金

B. 客户提取还本付息、支付税费及违约金后的剩余证券和资金

C. 法律、行政法规和该办法规定的其他情形

D. 司法机关依法对客户信用证券账户或者信用资金账户记载的权益采取财产保全或者强制执行措施

答案：ABCD

解析：本题考查融资融券业务可动用证券公司客户信用交易担保证券账户内的证券和客户信用交易担保资金账户内的资金的情形。

70. 证券金融公司开展转融通业务，可以使用的资金和证券有（　　）。

A. 自有资金和证券

B. 通过证券交易所的业务平台融入的资金和证券

C. 通过证券金融公司的业务平台融入的资金

D. 依法筹集的其他资金和证券

答案：ABCD

解析：本题考查转融通业务中资金和证券的来源。

71. 证券公司或其分支机构违反《证券公司融资融券业务管理办法》，中国证监会或者其派出机构可采取以下监管措施（　　）。

A. 责令改正　　B. 暂停部分或者全部业务

C. 撤销业务许可　　D. 责令参加培训

答案：ABCD

解析：本题考查信用业务的监管措施及法律责任。证券公司或其分支机构违反《证券公司融资融券业务管理办法》，中国证监会或者其派出机构可采取责令改正、监管谈话、出具警示函、责令公开说明、责令参加培训、责令定期报告、暂不受理与行政许可有关的文件、暂停部分或者全部业务、撤销业务许可等相关监管措施。

72. 以下属于证券自营业务的投资范围的是（　　）。

A. 已经和依法可以在境内证券交易所上市交易和转让的证券

B. 已经在全国中小企业股份转让系统挂牌转让的证券

C. 已经和依法可以在符合规定的区域性股权交易市场挂牌转让的私募债券

D. 已经和依法可以在境内银行间市场交易的证券

答案：ABCD

解析：本题考查证券自营业务的投资范围。根据《关于证券公司证券自营业务投资范围及有关事项的规定》，证券公司从事证券自营业务，可以买卖此规定附件《证券公司证券自营投资品种清单》所列证券，除选项 ABCD 外，还包括经国家金融监管部门或者其授权机构依法批准或备案发行并在境内金融机构柜台交易的证券。

73. 证券公司可以在区域性股权市场开展的业务有（　　）。

A. 推荐企业挂牌

B. 利用自有资金或依法管理的资产管理等产品投资区域性股权市场的证券

C. 与商业银行、小额贷款公司等开展业务合作，为企业提供融资服务

D. 与股票期权备兑开仓以及行权相关的证券现货经纪业务

答案：ABC

解析：本题考查证券公司可以在区域股权市场开展的业务。除选项 ABCD 外，证券公司还可以在区域性股权市场开展以下业务：（1）承销可转换为股票的公司债券，推荐本公司承销的可转换为股票的公司债券在区域性股权市场挂牌转让；（2）代理开立区域性股权市场证券账户；（3）为在区域性股权市场开户的合格投资者买卖证券提供居间介绍服务；（4）为证券的非公开发行组织合格投资者进行路演推介或其他促成投融资需求对接的活动；（5）为合格投资者提供企业研究报告和尽职调查信息；（6）改制辅导、管理培训、管理咨询、财务顾问等相关服务；（7）推荐企业展示；（8）中国证监会或中国证券业协会规定的其他业务。

74. 以下表述正确的是（　　）。

A. 证券公司不得违反规定在债券交易场所和系统以外开展线下债券交易

B. 证券公司不得以人员挂靠、业务包干等承包方式开展业务，或以其他形式实施过度激励

C. 严禁任何形式的“抽屉协议”或通过变相交易、组合交易等方式规避监管要求

D. 按规定应当签订书面合同的，不得以邮件、即时通信信息等替代书面合同

答案：ABCD

解析：本题考查证券债券交易的合规规定。证券公司开展债券交易时：（1）不得私下或在表外开展债券交易；（2）按规定应当签订书面合同的，不得以邮件、即时通信信息等替代书面合同；（3）不得指定协议双方以外的第三方作为交易对手方开展债券回购交易；（4）不得以人员挂靠、业务包干等承包方式开展业务，或以其他形式实施过度激励；（5）不得通过任何交易形式利益输送，内幕交易、操纵市场、规避监管，或者为规避监管提供服务、便利。

75. 以下属于操纵证券、期货市场，影响证券、期货交易价格或者证券、期货交易量的情形的是（　　）。

A. 单独或者合谋，集中资金优势、持股或者持仓优势或者利用信息优势联合或者连续买卖

B. 与他人串通，以事先约定的时间、价格和方式相互进行证券、期货交易

C. 在自己实际控制的账户之间进行证券交易，或者以自己为交易对象，自买自卖期货合约

D. 不以成交为目的，频繁或者大量申报买入、卖出证券、期货合约并撤销申报的

答案：ABCD

解析：本题考查操纵证券、期货市场，影响证券、期货交易价格或者证券、期货交易量的情形。除选项 ABCD 外，操纵证券、期货市场，影响证券、期货交易价格或者证券、期货交易量的情形还有：（1）利用虚假或者不确定的重大信息，诱导投资者进行证券、期货交易的；（2）对证券、证券发行人、期货交易标的公开作出评价、预测或者投资建议，同时进行反向证券交易或者相关期货交易的；（3）以其他方法操纵证券、期货市场的。

76. 金融机构开展资产管理业务，应当做到每只资产管理产品的资金（　　）。

A. 单独管理　　B. 单独建账　　C. 批量核算　　D. 单独核算

答案：ABD

解析：本题考查金融机构开展资产管理业务的内控要求。金融机构应当做到每只资产管理产品的资金单独管理、单独建账、单独核算，不得开展或者参与具有滚动发行、集合运作、分离定价特征的资金池业务。

77. 备案机构及其从业人员应当严守职业道德，下列哪些（　　）行为是禁止的。

A. 欺诈利益输送　　B. 操纵市场

C. 进行正当竞争　　D. 规避信息披露义务

答案：ABD

解析：本题考查开展衍生品业务机构的职业道德。备案机构及其从业人员应当严守职业道德，禁止以下行为：欺诈利益输送；操纵市场；不公平交易；不正当竞争；规避信息披露义务；其他违法违规行为。

78. 以下属于经金融管理部门认定的视为刚性兑付的行为有（　　）。

A. 金融机构为资产管理产品投资的非标准化债权类资产或者股权类资产提供担保

B. 金融机构为资产管理产品投资的非标准化债权类资产或者股权类资产提供回购承诺

C. 采取滚动发行等方式，使资产管理产品的本金、收益、风险在不同投资者之间发生转移，实现产品保本保收益

D. 资产管理产品不能如期兑付或者兑付困难时，发行或者管理该产品的金融机构自行筹集资金偿付或者委托其他机构代为偿付

答案：ABCD

解析：本题考查经金融管理部门认定的视为刚性兑付的行为。

79. 以下属于集合资产管理计划成立应当具备的条件有（　　）。

A. 募集过程符合法律、行政法规和中国证监会的规定

B. 募集金额达到资产管理合同约定的成立规模，且不违反中国证监会规定的最低成立规模

C. 投资者人数不少于 2 人

D. 符合中国证监会规定以及资产管理合同约定的其他条件

答案：ABCD

解析：本题考查集合资产管理计划成立应当具备的条件。

80. 资产管理计划可以直接投资于以下（　　）资产。

A. 银行存款、同业存单　　B. 上市公司股票、存托凭证

C. 公开募集证券投资基金　　D. 商业银行信贷资产

答案：ABC

解析：本题考查集合资产管理计划投资标的范围。资产管理计划不得直接投资商业银行信贷资产。

81. 证券公司不得以资产管理产品的资金与关联方进行的行为包括（　　）。

A. 不正当交易　　B. 利益输送

C. 向本机构注资　　D. 与关联方共同收购上市公司

答案：ABCD

解析：本题考查证券公司资产管理产品禁止与关联方进行的行为。证券公司不得以资产管理产品的资金与关联方进行不正当交易、利益输送、内幕交易和操纵市场，包括但不限于投资于关联方虚假项目、与关联方共同收购上市公司、向本机构注资等。

82. 证券公司以资产管理计划资产从事重大关联交易的，应当遵循（　　）。

A. 遵守法律、行政法规、中国证监会的规定和合同约定

B. 事先取得投资者的同意，事后及时告知投资者和托管人

C. 向中国证监会相关派出机构和证券投资基金业协会报告

D. 投资于证券期货的关联交易无需向证券期货交易所报告

答案：ABC

解析：本题考查证券公司以资产管理计划资产从事重大关联交易需的要求。证券公司以资产管理计划资产从事重大关联交易的，投资于证券期货的关联交易还应当向证券期货交易所报告。

83. 资产管理计划的投资者主要享有的权利有（　　）。

A. 分享资产管理计划财产收益

B. 取得分配清算后的剩余资产管理计划财产

C. 根据合同的规定，参加或申请召集资产管理计划份额持有人大会，行使相关职权

D. 监督管理人、托管人履行投资管理及托管义务的情况

答案：ABCD

解析：本题考查资产管理计划的投资者主要享有的权利。资产管理计划的投资者主要享有的权利除选项 ABCD 外，还有：(1) 对于单一资产管理计划按照合同的约定追加、提取委托财产，对于集合资产管理计划按照合同约定参与、退出和转让资产管理计划份额；(2) 按照法律法规及合同约定的时间和方式获得资产管理计划的信息披露资料；(3) 法律法规、中国证监会及中国证券投资基金业协会规定的和资产管理合同约定的其他权利。

84. 资产管理计划应当终止的情形有（　　）。

A. 资产管理计划存续期届满且不展期

B. 经全体投资者、证券公司和托管人协商一致决定终止的

C. 发生资产管理合同约定的应当终止的情形

D. 集合资产管理计划存续期间，持续 5 个工作日投资者少于 2 人

答案：ABCD

解析：本题考查资产管理计划应当终止的情形。除选项ABCD外，资产管理计划应当终止的情况还有：（1）证券公司被依法撤销资产管理业务资格或者依法解散、被撤销、被宣告破产，且在6个月内没有新的管理人承接；（2）托管人被依法撤销基金托管资格或者依法解散、被撤销、被宣告破产，且在6个月内没有新的托管人承接；（3）法律、行政法规及中国证监会规定的其他情形。

85. 以下属于证券公司及相关从业人员从事私募资产管理业务禁止行为的有（　　）。

A. 泄露因职务便利获取的未公开信息

B. 利用资产管理计划从事内幕交易

C. 按照法律法规及合同约定的时间和方式获得资产管理计划的信息披露资料

D. 为违法或者规避监管的证券期货业务活动提供交易便利

答案：ABD

解析：本题考查资产管理业务禁止行为的有关规定。证券公司及相关从业人员从事私募资产管理业务，不得有的行为，除选项ABD外，还有：（1）利用资产管理计划从事内幕交易；（2）从事非公平交易、利益输送等损害投资者合法权益的行为；（3）利用资产管理计划进行商业贿赂；（4）侵占、挪用资产管理计划财产；（5）直接或者间接向投资者返还管理费；（6）以获取佣金或者其他不当利益为目的，使用资产管理计划财产进行不必要的交易；（7）法律、行政法规和中国证监会规定禁止的其他行为。

86. 以下可以是资产证券化业务基础资产的是（　　）。

A. 企业应收款　　B. 租赁债权　　C. 企业应付款　　D. 信托受益权

答案：ABD

解析：本题考查资产证券化业务基础资产的范围。基础资产可以是企业应收款、租赁债权、信贷资产、信托受益权等财产权利，基础设施、商业物业等不动产财产或不动产收益权，以及中国证监会认可的其他财产或财产权利。

87. 以下属于资产证券化业务基础资产特征的是（　　）。

A. 符合法律法规规定，权属明确

B. 可以产生独立、可预测的现金流且可特定化

C. 是财产权利或者财产

D. 可以产生独立、可预测的现金流且不可特定化

答案：ABC

解析：本题考查资产证券化业务基础资产的特征。基础资产是指符合法律法规规定，权属明确，可以产生独立、可预测的现金流且可特定化的财产权利或者财产。

88. 资产支持证券可以在以下（　　）交易场所挂牌、转让。

A. 证券交易所

B. 全国中小企业股份转让系统

C. 机构间私募产品报价与服务系统

D. 证券公司柜台市场以及中国证监会认可的其他证券交易场所

答案：ABCD

解析：本题考查资产支持证券挂牌、转让的相关规定。

89. 以下属于资产证券化基础资产负面清单的是（　　）。

A. 以地方政府为直接或间接债务人的基础资产

B. 以地方融资平台公司为债务人的基础资产

C. 矿产资源开采收益权、土地出让收益权等产生现金流的能力具有较大不确定性的资产

D. 不能直接产生现金流、仅依托处置资产才能产生现金流的基础资产

答案：ABCD

解析：本题考查资产证券化业务基础资产负面清单的内容。负面清单除选项ABCD外，还包括：(1) 不能直接产生现金流、仅依托处置资产才能产生现金流的基础资产；(2) 法律界定及业务形态属于不同类型且缺乏相关性的资产组合；(3) 违反相关法律法规或政策规定的资产；(4) 最终投资标的为上述资产的信托计划受益权等基础资产。

三、判断题。不选、错选均不得分。

1. 在证券经纪业务中，委托人的资料关系到其资产的安全和投资决策的实施，证券经纪商有义务为客户保密，但法律法规另有规定的除外。

答案：正确

解析：本题考查证券经纪业务的特点。

2. 证券公司应当在与证券经纪人签订委托合同、对其进行执业前培训并测试合格，不必向中国证券业协会进行登记。

答案：错误

解析：本题考查证券公司委托证券经纪人开展证券经纪业务营销的应当符合的

要求。证券公司应当在与证券经纪人签订委托合同、对其进行执业前培训并经测试合格后，为其向中国证券业协会进行登记。

3. 投资者在证券公司、期货公司营业场所现场办理股票期权交易开户手续，并书面或电子签署风险揭示书。

答案：错误

解析：本题考查证券公司开展股票期权业务的主要业务规则。投资者应当在证券公司、期货公司营业场所现场办理股票期权交易开户手续，并书面签署风险揭示书。

4. 证券账户开立方式包括现场方式和线上方式。

答案：错误

解析：本题考查证券账户的开立方式。证券账户开立方式包括现场方式和非现场方式。

5. 沪港通与深港通的基本交易规则包括订单设计、订单修改、T+2 交收制度、额度控制、回转交易等内容。

答案：正确

解析：本题考查沪港通与深港通的基本交易规则。沪港通与深港通的基本交易规则还包括订单设计、订单修改、T+2 交收制度、额度控制、回转交易等内容。

6. 证券经纪商向客户收取的佣金不得高于证券交易金额的3%，也不得低于代收的证券交易监管费和证券交易所手续费等。

答案：正确

解析：本题考查佣金管理。A 股、证券投资基金每笔交易佣金不足 5 元的，按 5 元收取；B 股每笔交易佣金不足 1 美元或 5 港元的，按 1 美元或 5 港元收取。

7. 特殊机构及产品证券账户在开立及使用中不必严格遵守账户实名制有关要求。

答案：错误

解析：本题考查特殊法人与产品开立证券账户的开立。特殊机构及产品证券账户在开立及使用中应严格遵守账户实名制有关要求。

8. 对于客户可能影响正常交易秩序的异常交易行为，证券公司无权对客户的交易委托采取限制措施。

答案：错误

解析：本题考查委托交易中的委托方式和委托指令。对于客户可能影响正常交易秩序的异常交易行为，证券公司有权按照证券交易所的要求对客户的交易委托采取限制措施。

9. 未经证券交易所同意，会员不得将席位出租、质押，或将席位所属权益以其他任何方式转给他人和退回证券交易所。

答案：错误

解析：本题考查交易席位与交易单元。会员（证券公司）取得的席位可向其他会员转让，但不得退回证券交易所。

10. 创业板主要服务成长型科技创新企业，支持传统产业与新技术、新产业、新业态、新模式深度融合。

答案：错误

解析：本题考查创业板的知识点。主要服务成长型创新创业企业，支持传统产业与新技术、新产业、新业态、新模式深度融合。

11. 个人参与北交所股票交易，申请权限开通前20个交易日证券账户和资金账户内资产日均不低于人民币50万元；参与证券交易24个月以上。

答案：正确

解析：本题考查个人参与北交所股票交易的条件。个人参与北交所股票交易，申请权限开通前20个交易日证券账户和资金账户内资产日均不低于人民币50万元，但不包括该投资者通过融资融券融入的资金和证券。

12. 沪、深证券交易所对情节严重的异常交易行为，可以视情况采取口头或书面警示、要求相关投资者提交书面承诺、上报中国证监会查处等措施。

答案：正确

解析：本题考查沪、深证券交易所出现异常交易行为需采取的措施。对情节严重的异常交易行为，证券交易所可以视情况采取下列措施：（1）口头或书面警示；（2）约见谈话；（3）要求相关投资者提交书面承诺；（4）限制相关证券账户交易；（5）报请中国证监会冻结相关证券账户或资金账户；（6）上报中国证监会查处。

13. 证券账户开立1个投资者可以申请开立至少1个一码通账户，并只能申请开立1个信用账户。

答案：错误

解析：本题考查证券账户的管理。1个投资者只能申请开立1个一码通账户，1个投资者在同一市场最多可以申请开立3个A股账户、3个封闭式基金账户，只能申请开立1个信用账户、1个B股账户。

14. 根据《客户交易结算资金管理办法》的规定，客户交易结算资金必须全额存入具有从事证券交易结算资金存款业务资格的商业银行，单独立户管理。

答案：正确

解析：本题考查客户交易结算资金存管制度。

15. 证券公司作为募集机构在开展私募基金募集业务过程中违反规定的，中国证券投资基金业协会可以视情节轻重对募集机构采取要求限期改正、行业内谴责、加入黑名单、公开谴责、暂停受理或办理相关业务、撤销管理人登记等纪律处分。

答案：正确

解析：本题考查《私募投资基金募集行为管理办法》的相关规定。证券公司作为募集机构在开展私募基金募集业务过程中违反规定的，中国证券投资基金业协会可以视情节轻重对募集机构采取要求限期改正、行业内谴责、加入黑名单、公开谴责、暂停受理或办理相关业务、撤销管理人登记等纪律处分。

16. 证券投资咨询机构应当有健全的内部管理制度，有公司章程，有固定的业务场所和与业务相适应的通讯及其他信息传递设施。

答案：正确

解析：本题考查证券投资咨询机构应当具备的条件。证券投资咨询机构应当具备的条件包括：（1）单独从事证券投资咨询业务的机构，有5名以上符合证券投资咨询从业条件的专职人员；同时从事证券和期货投资咨询业务的机构，有10名以上符合证券、期货投资咨询从业条件的专职人员；其高级管理人员中，至少有1名符合规定的证券投资咨询从业条件；（2）有100万元人民币以上的注册资本；（3）有固定的业务场所和与业务相适应的通讯及其他信息传递设施；（4）有公司章程；（5）有健全的内部管理制度；（6）具备中国证监会要求的其他条件。

17. 从事发布证券研究报告业务的机构发布证券研究报告，应当遵循独立、客观、公平、审慎原则。

答案：正确

解析：本题考查《发布证券研究报告暂行规定》《发布证券研究报告执业规范》的规定。

18. 证券投资顾问服务协议应当约定，自签订协议之日起5个工作日内，客户可以书面通知方式提出解除协议。

答案：正确

解析：本题考查签订证券投资顾问服务协议环节的规范要求。证券投资顾问服务协议应当约定，自签订协议之日起5个工作日内，客户可以书面通知方式提出解除协议。证券公司、证券投资咨询机构收到客户解除协议书面通知时，证券投资顾问服务协议解除。

19. 证券分析师可以将已经在公司证券研究报告发布平台上统一发布过的证券研究报告，通过在公司报备后的微信群、微博、邮箱等其他形式提供给客户并进行解读。

答案：正确

解析：本题考查证券分析师发表言论、客户服务的管理要求。

20. 参与制作证券研究报告，但尚未登记为证券分析师的研究部门或者研究子公司相关人员，如果已通过证券分析师胜任能力考试并已完成一般证券业务登记的，经署名证券分析师和研究部门或研究子公司同意，可以用投资顾问的名义在证券研究报告中列示。

答案：错误

解析：本题考查证券研究报告署名人员资质要求。经署名证券分析师和研究部门或研究子公司同意，可以用"研究助理"或"联系人"的名义在证券研究报告中列示。

21. 证券基金经营机构应当履行主动管理职责，自主作出投资决策，直接委托提供港股投资顾问服务的香港机构执行投资指令。

答案：错误

解析：本题考查内地证券基金经营机构使用港股投资顾问服务的业务规范。证券基金经营机构应当履行主动管理职责，自主作出投资决策，不得委托提供港股投资顾问服务的香港机构直接执行投资指令。

22. 经营机构发布证券研究报告，应当对发布的时间、方式、内容、对象和审阅过程实行留痕管理。

答案：正确

解析：本题考查业务留痕管理和档案保存要求。发布证券研究报告相关业务档案的保存期限自证券研究报告发布之日起不得少于5年。

23. 香港机构取得就证券提供意见牌照的持牌代表和销售人员可以直接就港股研究报告的内容与证券公司的客户进行交流。

答案：错误

解析：本题考查香港机构的业务规范。通过电话会议、证券公司转发邮件方式、就港股研究报告的内容与证券公司的客户进行交流外，香港机构取得就证券提供意见牌照的持牌代表和销售人员不得就港股研究报告的内容与证券公司的客户进行交流。

24. 证券分析师制作发布证券研究报告、提供相关服务，可以用以往推荐具体证券的表现佐证未来预测的准确性。

答案：错误

解析：本题考查证券分析师执业行为准则。证券分析师制作发布证券研究报告、提供相关服务，不得用以往推荐具体证券的表现佐证未来预测的准确性，也不得对具体的研究观点或结论进行保证或夸大。

25. 未经中国证监会许可，擅自从事证券投资咨询业务的，由证监会派出机构责令停止，并处没收违法所得和违法所得等值以下的罚款。

答案：正确

解析：本题考查对证券投资咨询业务的行政处罚。

26. 证券基金经营机构应当履行主动管理职责，自主作出投资决策，不得委托提供港股投资顾问服务的香港机构直接执行投资指令；在基金合同或者招募说明书中如实披露使用港股投资顾问服务的情况。

答案：正确

解析：本题考查内地证券基金经营机构使用港股投资顾问服务的业务规范。

27. 证券分析师执业行为准则包括：保持独立性、保持客观性、保持高效性、恪守诚信原则、信息保密。

答案：错误

解析：本题考查证券分析师执业行为准则。证券分析师执业行为准则：（1）保持独立性；（2）保持客观性；（3）公平对待发布对象；（4）认真审慎、专业严谨；（5）恪守诚信原则；（6）信息保密。

28. 从事发布证券研究报告业务的证券公司可以向客户转发港股研究报告，但最近1年因发布证券研究报告业务违法违规行为受到行政处罚或者被采取重大行政监管措施的证券公司除外。

答案：错误

解析：本题考查证券基金经营机构使用香港机构证券投资咨询服务的有关规定。题干中时间应为“最近3年”。

29. 证券公司应当向客户告知委托人提供的金融产品相关信息，或者协助客户向委托人查询有关信息，及时告知投资人其认购、申购、赎回的基金名称以及基金份额的确认日期、确认份额和金额等信息。

答案：正确

解析：本题考查证券公司在代销活动中应切实履行信息披露义务。

30. 经营机构应提示投资者自主作出投资决策并自行承担投资风险，任何形式的分享证券投资收益或者分担证券投资损失的书面或口头承诺均为无效。

答案：正确

解析：本题考查证券研究报告质量控制、合规审查。

31. 证券基金经营机构注册或者备案使用港股投资顾问服务的证券投资基金，除按《证券投资基金法》等有关规定提交材料外，还应当提交香港机构的营业执照及经香港证监会批准取得的业务许可证明文件、证券基金经营机构与香港机构签订的协议。

答案：正确

解析：本题考查注册或者备案使用港股投资顾问服务的证券投资基金。

32. 投资建议的依据包括证券研究报告或者基于证券研究报告、理论模型以及个人形成的投资分析意见。

答案：错误

解析：本题考查证券投资顾问执业行为准则。证券投资顾问向客户提供投资建议，应当具有合理的依据。投资建议的依据包括证券研究报告或者基于证券研究报告、理论模型以及分析方法形成的投资分析意见等。

33. "荐股软件"，是指具备提供涉及具体证券投资品种的投资分析意见，或者预测具体证券投资品种的价格走势的证券投资咨询服务功能的软件产品、软件工具或者终端设备。

答案：正确

解析：本题考查"荐股软件"的概念。

34. 证券投资顾问业务和发布证券研究报告的区别包括立场不同、服务方式和内容不同、服务对象有所不同、市场影响有所不同。

答案：正确

解析：本题考查证券投资顾问业务和发布证券研究报告的区别。

35. 证券投资咨询人员不得同时在 2 个或者 2 个以上的证券投资咨询机构执业，同一人员可以同时登记为证券分析师和证券投资顾问。

答案：错误

解析：本题考查证券投资咨询人员从业管理。同一人员不得同时登记为证券分析师和证券投资顾问。

36. 经营机构制作证券研究报告应当秉承专业的态度，采用严谨的研究方法和分析逻辑，重点围绕宏观经济形势、资本市场走势、行业发展、上市公司投资价值等进行深入分析。

答案：正确

解析：本题考查证券研究报告质量控制、合规审查。

37. 财务顾问对委托人进行证券市场规范化运作的辅导，使其熟悉有关法律、行政法规和中国证监会的规定，根据中国证监会的相关规定，代替委托人依法履行相关义务。

答案：错误

解析：本题考查财务顾问的职责。根据中国证监会的相关规定，持续督导委托人依法履行相关义务。

38. 因金融产品设计、运营和委托人提供的信息不真实、不准确、不完整而产生的责任由委托人和证券公司共同承担担保责任。

答案：错误

解析：本题考查代销金融产品的基本要求。因金融产品设计、运营和委托人提供的信息不真实、不准确、不完整而产生的责任由委托人承担，证券公司不承担任何担保责任。

39. 发行人、证券登记结算机构、证券公司、证券服务机构未按照规定保存有关文件和资料的，责令改正，给予警告，并处以10万元以上100万元以下的罚款。

答案：正确

解析：本题考查财务顾问的法律责任。

40. 衍生品业务实行当日无负债结算制度。

答案：错误

解析：本题考查衍生品业务备案。当日无负债结算制度不属于衍生品业务备案制度。

41. 财务顾问应当建立并购重组工作档案和工作底稿制度，财务顾问的工作底稿和工作档案应真实、准确、完整，保存期不少于20年。

答案：错误

解析：本题考查财务顾问的业务规则中的工作底稿。保存期不少于10年。

42. 财务顾问应当通过日常沟通、定期回访等方式，结合上市公司定期报告的披露，督促上市公司按照《证券法》的要求规范运作，做好持续督导工作。

答案：错误

解析：本题考查财务顾问的业务规则中的持续督导。督促上市公司按照《上市公司治理准则》的要求规范运作。

43. 企业债券持有人有权按照约定期限取得利息、收回本金，参与企业的经营管理。

答案：错误

解析：本题考查企业债券发行业务的一般规定。企业债券持有人有权按照约定期限取得利息、收回本金，但是无权参与企业的经营管理。

44. 金融债券的发行可以采取一次足额发行或限额内分期发行的方式。金融债券发行后信用评级机构应每年对该金融债券进行跟踪信用评级。

答案：正确

解析：本题考查金融债券发行业务的一般规定。

45. 未经中国人民银行同意，任何地方、部门不得擅自突破企业债券发行的年度规模，并不得擅自调整年度规模内的各项指标。

答案：错误

解析：本题考查企业债券发行业务的一般规定。未经国务院同意，任何地方、部门不得擅自突破企业债券发行的年度规模，并不得擅自调整年度规模内的各项指标。

46. 未经地方政府核准，任何金融机构不得擅自发行金融债券。

答案：错误

解析：本题考查金融债券发行业务的一般规定。未经中国人民银行核准，任何金融机构不得擅自发行金融债券。

47. 非金融企业债务融资工具，是指具有法人资格的非金融企业在银行间债券市场发行的，约定在一定期限内还本付息的有价证券。

答案：正确

解析：本题考查非金融企业债务融资工具发行业务的一般规定。

48. 科创板股票发行与承销信息披露规定，发行人和主承销商应当在发行公告中披露战略投资者的选择标准、向战略投资者配售的股票总量、占本次发行股票的比例以及持有期限等。

答案：正确

解析：本题考查科创板股票发行与承销信息披露的特别规定。

49. 备案机构及其从业人员应当严守职业道德，不得进行不正当竞争。

答案：正确

解析：本题考查开展衍生品业务机构的职业道德。

50. 证券公司申请保荐业务资格，应当具备注册资本不低于人民币 1 亿元、净资本不低于人民币 1 000 万元条件。

答案：错误

解析：本题考查证券公司从事证券发行上市保荐业务资格。注册资本不低于人民币 1 亿元、净资本不低于人民币 5 000 万元。

51. 发行人有违反《全国银行间债券市场金融债券发行管理办法》的行为，中国人民银行将按照《中国人民银行法》进行处罚。

答案：正确

解析：本题考查违反金融债券发行与承销有关规定的法律责任。

52. 发行人聘请保荐机构，应当与其签订保荐协议，明确双方的权利和义务，保荐机构受聘履行保荐职责应遵守同次发行的证券，其发行保荐和上市保荐应当由同一保荐机构承担。

答案：正确

解析：本题考查聘请保荐机构相关规定。保荐机构及其控股股东、实际控制人、重要关联方持有发行人股份的，或者发行人持有、控制保荐机构股份的，保荐机构在推荐发行人证券发行上市时，应当进行利益冲突审查，出具合规审核意见，并按规定充分披露。通过披露仍不能消除影响的，保荐机构应联合 1 家无关联保荐机构共同履行保荐职责，且该无关联保荐机构为第一保荐机构。

53. 公司及其董事、监事、高级管理人员最近 1 年内未因重大违法违规行为受到行政处罚或刑事处罚，是证券公司开展股票期权业务的条件之一。

答案：正确

解析：本题考查证券公司开展股票期权业务的条件。

54. 股票期权卖方，指持有股票期权合约权利仓的投资者。

答案：错误

解析：本题考查股票期权交易相关用语含义。股票期权卖方，是指持有股票期权合约义务仓的投资者。

55. 证券公司在证券登记结算机构开立的信用交易资金交收账户用于客户融资融券交易的资金结算。

答案：正确

解析：本题考查融资融券业务的账户体系。信用交易资金交收账户用于客户融资融券交易的资金结算。

56. 证券公司在商业银行开立的客户信用交易担保资金账户用于存放证券公司拟向客户融出的资金及客户归还的资金。

答案：错误

解析：本题考查融资融券业务的账户体系。证券公司在商业银行开立的融资专用资金账户用于存放证券公司拟向客户融出的资金及客户归还的资金。

57. 证券公司在商业银行开立的客户信用交易担保资金账户用于存放客户交存的、担保证券公司因向客户融资融券所生债权的资金。

答案：正确

解析：本题考查融资融券业务的账户体系。证券公司在商业银行开立的客户信用交易担保资金账户用于存放客户交存的、担保证券公司因向客户融资融券所生债权的资金。

58. 投资者融券卖出时，融券保证金比例不得低于 80%。

答案：错误

解析：本题考查融资融券保证金比例。投资者融券卖出时，融券保证金比例不得低于 50%。

59. 科创板与实施注册制的创业板股票上市 1 个月即可成为标的证券。

答案：错误

解析：本题考查融资融券业务的标的证券为股票时应当符合的条件。科创板与实施注册制的创业板股票上市首日即可成为标的证券。

60. 融资融券业务融券卖出标的股票的流通股本不少于 2 亿元或流通市值不低于 8 亿元。

答案：正确

解析：本题考查融资融券业务的标的证券为股票时应当符合的条件。融资融券业务融券卖出标的股票的流通股本不少于 2 亿股或流通市值不低于 8 亿元。

61. 成为融资融券业务的标的股票，其公司股东人数不少于 200 人。

答案：错误

解析：本题考查作为融资融券业务的标的股票，其公司股东人数的要求。成为融资融券业务的标的股票，其公司股东人数不少于 4 000 人。

62. 融资融券业务标的证券为交易型开放式指数基金（ETF）的，基金持有户数不少于 5 000 户。

答案：错误

解析：本题考查融资融券业务标的证券为交易型开放式指数基金（ETF）的相关要求。融资融券业务标的证券为交易型开放式指数基金（ETF）的，基金持有户数不少于 2 000 户。

63. 证券公司应确保融资融券业务与证券资产管理、证券自营、投资银行等业务在机构、人员、信息、账户等方面相互分离。

答案：正确

解析：本题考查融资融券业务管理的基本原则。证券公司应确保融资融券业务与证券资产管理、证券自营、投资银行等业务在机构、人员、信息、账户等方面相互分离。

64. 证券公司申请融资融券业务，最近1年内不应存在因涉嫌违法违规正被中国证监会立案调查的情形。

答案：错误

解析：本题考查证券公司申请融资融券业务资格应具备的条件。证券公司申请融资融券业务资格应具备最近2年内不存在因涉嫌违法违规正被中国证监会立案调查或者正处于整改期间的情形。

65. 客户通过证券公司开展融资融券业务，需要在商业银行开立实名信用资金账户。

答案：正确

解析：本题考查客户通过证券公司开展融资融券业务需开立的账户。客户通过证券公司开展融资融券业务，应当在证券公司开立实名信用资金台账和信用证券账户，在指定的商业银行开立实名信用资金账户。

66. 证券公司在证券登记结算机构开立的客户信用交易担保证券账户，是用于记录客户委托证券公司持有、担保证券公司因向客户融资融券所生债权的证券。

答案：正确

解析：本题考查证券公司信用业务账户体系。证券公司经营融资融券业务，以自己的名义在证券登记结算机构开立的客户信用交易担保证券账户是用于记录客户委托证券公司持有、担保证券公司因向客户融资融券所生债权的证券。

67. 证券公司在证券登记结算机构开立的信用交易资金交收账户，是用于客户融资融券交易的证券结算。

答案：错误

解析：本题考查证券公司信用业务账户体系。证券公司经营融资融券业务，在证券登记结算机构开立的信用交易资金交收账户是用于客户融资融券交易的资金结算。

68. 证券公司经营融资融券业务，以自己的名义在商业银行开立的客户信用交易担保资金账户，是用于存放客户交存的、担保证券公司因向客户融资融券所生债权的资金。

答案：正确

解析：本题考查证券公司信用业务账户体系。

69. 个人投资者申请在证券公司开立信用业务账户，须从事证券交易时间超过1年。

答案：错误

解析：本题考查证券公司不得为客户开立信用业务账户的情形。证券公司不得为客户开立信用业务账户的情形包括：（1）未按照要求提供有关情况；（2）从事证券交易时间不足半年；（3）缺乏风险承担能力；（4）最近20个交易日日均证券类资产低于50万元或者有重大违约记录的客户；（5）本公司的股东（不包括仅持有上市证券公司5%以下流通股份的股东）、关联人。本题“需从事证券交易时间超过1年”表述错误。

70. 证券公司不可以为本公司持股超过5%的股东开立信用业务账户。

答案：正确

解析：本题考查证券公司不得为客户开立信用业务账户的情形。证券公司不得为客户开立信用业务账户的情形包括：（1）未按照要求提供有关情况；（2）从事证券交易时间不足半年；（3）缺乏风险承担能力；（4）最近20个交易日日均证券类资产低于50万元或者有重大违约记录的客户；（5）本公司的股东（不包括仅持有上市证券公司5%以下流通股份的股东）、关联人。

71. 证券公司可以为最近20个交易日日均证券类资产低于50万元的客户开立信用业务账户。

答案：错误

解析：本题考查证券公司不得为客户开立信用业务账户的情形。证券公司不得为客户开立信用业务账户的情形包括：（1）未按照要求提供有关情况；（2）从事证券交易时间不足半年；（3）缺乏风险承担能力；（4）最近20个交易日日均证券类资产低于50万元或者有重大违约记录的客户；（5）本公司的股东（不包括仅持有上市证券公司5%以下流通股份的股东）、关联人。

72. 根据中国证券业协会发布的《融资融券合同必备条款》，融资融券业务合同应约定甲方从事融资融券交易的保证金比例。

答案：正确

解析：本题考查融资融券业务合同的基本内容。融资融券业务合同应约定甲方从事融资融券交易的保证金比例及计算公式、保证金可用余额计算公式、可充抵保证金的证券范围和折算率、标的证券范围等。

73. 客户开展融资融券业务的保证金不可以用证券充抵。

答案：错误

解析：本题考查融资融券业务所涉债权担保的基本规定。证券公司向客户融资、融券，应当向客户收取一定比例的保证金，保证金除现金形式外可以用证券充抵。

74. 客户在进行融资融券业务时，融资买入的全部证券和融券卖出所得全部价款，不作为对该客户融资融券所生债权的担保物。

答案：错误

解析：本题考查融资融券业务所涉债权担保的基本规定和证券公司信用账户体系。证券公司应当将收取的保证金以及客户融资买入的全部证券和融券卖出所得全部价款，分别存放在客户信用交易担保证券账户和客户信用交易担保资金账户，作为对该客户融资融券所生债权的担保物。

75. 证券公司开展融资融券业务，应当按月计算客户交存的担保物价值与其所欠债务的比例。

答案：错误

解析：本题考查融资融券业务所涉债权担保的基本规定。证券公司开展融资融券业务应当逐日计算客户交存的担保物价值与其所欠债务的比例。

76. 在交易所上市交易的并经交易所认可的可作为融资买入或融券卖出的证券统称为标的证券，标的证券涵盖四大类证券，主要包括股票、证券投资基金、债券、其他证券。

答案：正确

解析：本题考查标的证券涵盖的范围。主要包括股票、证券投资基金、债券、其他证券。

77. 融资融券业务中，交易型开放式指数基金充抵保证金的折算率最高不超过 80%。

答案：错误

解析：本题考查融资融券业务充抵保证金的证券的折算率。在计算保证金金额时，交易型开放式指数基金折算率最高不超过 90%。

78. 融资融券业务中，证券公司现金管理产品、货币市场基金、国债充抵保证金的折算率最高不超过 95%。

答案：正确

解析：本题考查融资融券业务充抵保证金的证券的折算率。

79. 融资融券业务中，在计算保证金金额时，被实施风险警示、暂停上市、进入退市整理期的证券，静态市盈率在300倍以上或者为负数的A股股票，以及权证的折算率为0。

答案：正确

解析：本题考查融资融券业务充抵保证金的证券的折算率。

80. 证券登记结算机构依据证券公司客户信用交易担保证券账户内的记录，确认证券公司受托持有证券的事实，并以证券公司为名义持有人，登记于证券持有人名册。

答案：正确

解析：本题考查融资融券业务权益处理时，各结构的职责。证券登记结算机构依据证券公司客户信用交易担保证券账户内的记录，确认证券公司受托持有证券的事实，并以证券公司为名义持有人，登记于证券持有人名册。

81. 证券登记结算机构受证券发行人委托以证券形式分派投资收益的，应当将分派的证券记录在证券公司的客户信用交易担保证券账户内，并相应变更客户信用证券账户的明细数据。

答案：正确

解析：本题考查融资融券业务权益处理时涉及的相关账户。

82. 证券登记结算机构受证券发行人委托以现金形式分派投资收益的，应当将分派的资金划入证券公司的信用交易资金交收账户。

答案：正确

解析：本题考查融资融券业务权益处理时涉及的相关账户。

83. 转融通业务，是指证券金融公司将自有或者依法筹集的资金和证券出借给证券公司，以供其办理融资融券业务的经营活动。

答案：正确

解析：本题转融通业务的基本概念。

84. 股票质押式回购业务，股票质押率上限不得超过70%。

答案：错误

解析：本题考查股票质押式回购业务的风险管理要求。股票质押式回购业务，股票质押率上限不得超过60%。

85. 证券公司将自有资金投资于依法公开发行的国债，投资规模合计不超过其净资本80%的，无须取得证券自营业务资格。

答案：正确

解析：本题考查证券自营业务的投资范围特别规定。证券公司将自有资金投资于依法公开发行的国债、投资级公司债、货币市场基金、央行票据等中国证监会认可的风险较低、流动性较强的证券，或者委托其他证券公司或者基金管理公司进行证券投资管理，且投资规模合计不超过其净资本80%的，无须取得证券自营业务资格。

86. 证券公司自营业务具体投资运作管理由公司投资决策机构授权自营业务部门决定。

答案：错误

解析：本题考查证券自营业务的决策与授权的机制。自营业务具体投资运作管理由董事会授权公司投资决策机构决定。

87. 证券公司自营业务可以购买本证券公司控股股东发行的证券。

答案：错误

解析：本题考查证券自营业务的禁止性行为。证券公司自营业务员不得违反规定购买本证券公司控股股东或者与本证券公司有其他重大利害关系的发行人发行的证券。

88. 某人利用虚假或者不确定的重大信息，诱导投资者进行证券、期货交易的，情节特别严重，可判处5年以上10年以下有期徒刑，并处罚金。

答案：正确

解析：本题考查操纵证券、期货市场，影响证券、期货交易价格或者证券、期货交易量的情形及处罚。利用虚假或者不确定的重大信息，诱导投资者进行证券、期货交易的，情节严重的，处5年以下有期徒刑或者拘役，并处或者单处罚金；情节特别严重的，处5年以上10年以下有期徒刑，并处罚金。

89. 证券公司自营业务与经纪业务不能混合操作。

答案：正确

解析：本题考查证券自营业务的相关要求。证券公司不能将自营业务与经纪业务混合操作。

90. 证券公司按照委托协议对期货公司承担介绍业务受托责任。但基于期货经纪合同的责任，期货公司不能直接对客户承担。

答案：正确

解析：本题考查证券公司中间介绍业务的内容。证券公司按照委托协议对期货公司承担介绍业务受托责任。基于期货经纪合同的责任由期货公司不能直接对客户承担。

91. 证券公司开展资产管理业务，固定收益类产品投资于存款、债券等债权类资产的比例不低于50%。

答案：错误

解析：本题考查固定收益类产品对投资于存款、债券等债权类资产的比例要求。固定收益类产品投资于存款、债券等债权类资产的比例不低于80%。

92. 证券公司与期货公司签订、变更或者终止委托协议的，双方应当在7个工作日内报各自所在地的中国证监会派出机构备案。

答案：错误

解析：本题考查证券公司中间介绍业务的内容。证券公司与期货公司签订、变更或者终止委托协议的，双方应当在5个工作日内报各自所在地的中国证监会派出机构备案。

93. 金融机构未按照诚实信用、勤勉尽责原则切实履行受托管理职责，造成投资者损失的，金融机构不承担赔偿责任。

答案：错误

解析：本题考查金融机构开展资产管理业务应遵循的相关要求。金融机构未按照诚实信用、勤勉尽责原则切实履行受托管理职责，造成投资者损失的，应当依法向投资者承担赔偿责任。

94. 金融机构运用受托资金进行投资时，对所管理的不同产品受托财产统一管理、合并记账，进行投资。

答案：错误

解析：本题考查金融机构运用受托资金进行投资时，应当履行的管理人职责。金融机构应对所管理的不同产品受托财产分别管理、分别记账，进行投资。

95. 存款类金融机构发生刚性兑付的，认定为利用具有存款本质特征的资产管理产品进行监管套利，由中国证券监督管理委员会按照存款业务予以规范，足额补缴存款准备金和存款保险保费，并予以行政处罚。

答案：错误

解析：本题考查金融机构存在刚性兑付行为时进行惩处的管理机构。应“由国务院银行保险监督管理机构和中国人民银行按照存款业务予以规范”。

96. 金融机构开展资产管理业务，公募产品可进行份额分级。

答案：错误

解析：本题考查金融机构开展资产管理业务的产品分级规定。公募产品和开放式私募产品不得进行份额分级。

97. 公募资产管理产品的受托机构应当为金融机构，私募资产管理产品的受托机构可以为私募基金管理人。

答案：正确

解析：本题考查金融机构资产管理业务中对受托机构的要求。公募资产管理产品的受托机构应当为金融机构，私募资产管理产品的受托机构可以为私募基金管理人。

98. 金融机构运用人工智能技术开展资产管理业务应当向金融监督管理部门报备人工智能模型的主要参数以及资产配置的主要逻辑。

答案：正确

解析：本题考查金融机构资产管理业务中对人工智能技术的要求。金融机构应当向金融监督管理部门报备人工智能模型的主要参数以及资产配置的主要逻辑，为投资者单独设立智能管理账户，充分提示人工智能算法的固有缺陷和使用风险，明晰交易流程，强化留痕管理，严格监控智能管理账户的交易头寸、风险限额、交易种类、价格权限等。

99. 资产管理计划投资者未承诺资金的来源符合法律、行政法规的规定，证券公司不得接受其参与资产管理计划。

答案：正确

解析：本题考查证券资产管理业务的对委托资产资金来源及管理的要求。投资者应当以真实身份和自有资金参与资产管理计划，并承诺委托资金的来源符合法律、行政法规的规定；投资者未作承诺，或者证券公司、销售机构知道或者应当知道投资者身份不真实、委托资金来源不合法的，证券公司不得接受其参与资产管理计划。

100. 证券公司、交易场所不得通过办理集合资产管理计划的份额转让，公开或变相公开募集资产管理计划。

答案：正确

解析：本题考查证券资产管理业务资产管理计划份额转让的规定。

101. 资产管理计划中，除公募资产管理产品外，以合伙企业、契约等非法人形式直接或者间接投资于资产管理计划的，投资者无须向管理人披露最终资金来源。

答案：错误

解析：本题考查资产管理计划的投资者主要应履行的义务。除公募资产管理产品外，以合伙企业、契约等非法人形式直接或者间接投资于资产管理计划的，投资者应向管理人充分披露实际投资者和最终资金来源。

102. 基金托管机构按照资产管理合同约定，根据投资人的投资指令，及时办理清算。

答案：错误

解析：本题考查资产管理业务的托管要求。托管机构应按照资产管理合同约定，根据管理人的投资指令，及时办理清算、交割事宜。

103. 私募资产管理业务中，证券公司及相关从业人员可以向投资者返还管理费。

答案：错误

解析：本题考查资产管理业务禁止行为的有关规定。证券公司及相关从业人员禁止直接或者间接向投资者返还管理费。

104. 作为资产证券化业务基础资产的“财产权利”或者“财产”，现金流应当持续、稳定。

答案：正确

解析：本题考查作为资产证券化业务基础资产的“财产权利”或者“财产”的特征。“财产权利”或者“财产”，其交易基础应当真实，交易对价应当公允，现金流应当持续、稳定。

105. 资产证券化业务管理人管理、运用和处分不同专项计划资产所产生的债权债务，可以相互抵销。

答案：错误

解析：本题考查资产证券化业务管理人的责任。管理人管理、运用和处分不同专项计划资产所产生的债权债务，不得相互抵销。

106. 资产支持证券投资者无权查阅或者复制专项计划相关信息资料。

答案：C

解析：本题考查资产支持证券投资者的权利。资产支持证券投资者享有下列权利：（1）分享专项计划收益；（2）按照认购协议及计划说明书的约定参与分配清算后的专项计划剩余资产；（3）按规定或约定的时间和方式获得资产管理报告等专项计划信息披露文件，查阅或者复制专项计划相关信息资料；（4）依法以交易、转让或质押等方式处置资产支持证券；（5）根据证券交易场所相关规则，通过回购进行融资；（6）认购协议或者计划说明书约定的其他权利。

107. 中国证监会、中国人民银行依法对合格境外投资者的境内证券投资实施监督管理。

答案：正确

解析：本题考查合格境外机构投资者的监督管理机构。中国证监会、中国人民银行依法对合格境外投资者的境内证券投资实施监督管理，中国人民银行、国家外汇管理局依法对合格境外投资者境内银行账户、资金汇兑等实施监督管理。

108. 全国股转系统主要为综合实力较强，市场认可程度较高的大型企业发展服务。

答案：错误

解析：本题考查全国股转系统的定位和功能。全国股转系统是经国务院批准，依据证券法设立的全国性证券交易场所，主要为创新型、创业型、成长型中小微企业发展服务。

109. 证券公司进行柜台交易，应当与特定交易对手方或投资者以书面、电子或代理人签署方式签订柜台交易合同，约定双方的权利义务。

答案：错误

解析：本题考查证券公司进行柜台交易业务，签订柜台交易合同的方式。证券公司进行柜台交易，应当与特定交易对手方或投资者以书面或电子方式签订柜台交易合同，约定双方的权利义务，不包括代理人签署。

110. 证券公司在进行代销金融产品应遵循平等、自愿、公平、诚实信用和适当性原则。

答案：正确

解析：本题考查代销金融产品的基本原则。证券公司代销金融产品应遵循平等、自愿、公平、诚实信用和适当性原则。

111. 股票期权合约是一种标准化合约。

答案：正确

解析：本题考查股票期权交易。股票期权合约为沪、深证券交易所统一制定的、规定买方有权在将来特定时间以特定价格买入或者卖出约定股票或者跟踪股票指数的交易型开放式指数基金（ETF）等标的物的标准化合约。

四、综合题。每问备选答案中有一项或多项符合题目要求，不选、错选均不得分。

（一）李某在A证券公司营业部任职开户岗位，为一般证券从业人员。2022年8月，客户王某在A证券公司开立账户进行证券交易委托。根据该情景，回答以下1~4题：

1. 根据《证券公司开立客户账户规范》证券公司为客户账户开立的总体要求包括（　　）。

A. 证券公司应当建立健全信息查询制度，保证客户能够通过现场、电话或者互联网络的方式随时查询证券经纪人的姓名、代理权限、代理期间、服务的证券营

业部、执业地域范围及登记编号等信息

B. 证券公司应建立健全客户账户开户管理制度、操作流程和风险识别、评估与控制体系，确保风险可测、可控、可承受

C. 证券公司可以在经营场所内为客户现场开立账户，也可以通过见证、网上及中国证监会认可的其他方式为客户开立账户

D. 证券公司为客户办理开户，应当遵循合法、自愿、审慎原则，审核客户身份的真实性，确保客户资料真实、准确和完整

答案：BCD

解析：本题考查证券公司为客户账户开立的总体要求。《证券公司开立客户账户规范》对证券公司为客户账户开立作出了总体要求；选项 A 属于证券公司委托证券经纪人开展证券经纪业务营销的要求。

2. 证券公司等开户代理机构当面见证客户开户的，证券公司可以委派（　　）名或以上工作人员为投资者办理开户手续，其中至少（　　）名应为见证人员。

A. 1；2　　B. 2；1　　C. 3；2　　D. 3；1

答案：B

解析：本题考查见证开户的特殊要求。证券公司等开户代理机构当面见证客户开户的，证券公司可以委派 2 名或以上工作人员为投资者办理开户手续，其中至少 1 名应为见证人员。

3. 证券公司应当对证券经纪人进行不少于（　　）个小时的执业前培训，其中法律法规和职业道德的培训时间不少于（　　）个小时。

A. 60；20　　B. 60；10　　C. 50；20　　D. 50；10

答案：A

解析：本题考查证券经纪人制度的主要内容。证券公司应当对证券经纪人进行不少于 60 个小时的执业前培训，其中法律法规和职业道德的培训时间不少于 20 个小时。

4. 以下关于委托交易的说法，正确的是（　　）。

A. 客户向证券公司下达委托指令的方式由双方约定，其中自助委托包括网上委托、电话委托、热键委托等

B. 客户委托指令成交与否以证券登记结算机构发送的清算数据为准，成交即时回报仅供参考

C. 客户逾期未办理查询或未对有异议的查询结果以书面方式向证券公司提出质询的，视同客户对该委托结果无异议

D. 如客户发出的指令被证券公司委托系统或证券交易所交易系统拒绝受理，则该委托应视为无效委托

答案：ABCD

解析：本题考查委托交易中的委托方式、委托指令。

（二）客户张某向A证券公司某营业部提出荐股需求。投资顾问陈某首先向客户张某告知相关法定事项。客户张某签署了法定文件后，投资顾问陈某以A证券公司发布的研究报告作为投资建议依据，向张某提供买入G股票的投资建议，同时提示潜在的投资风险，并向客户张某明示证券研究报告的发布人与发布时间。据此回答以下1~4题。

1. 证券公司、证券投资咨询机构向客户提供证券投资顾问服务，应当告知客户（　　）。

A. 公司名称、地址、联系方式、投诉电话、证券投资咨询业务资格等

B. 证券投资顾问的姓名及其登记编码

C. 投资决策由客户作出，投资风险由客户承担

D. 证券投资顾问服务的内容和方式

答案：ABCD

解析：本题考查风险揭示环节的规范要求。证券公司、证券投资咨询机构向客户提供证券投资顾问服务，应当告知客户下列基本信息：（1）公司名称、地址、联系方式、投诉电话、证券投资咨询业务资格等；（2）证券投资顾问的姓名及其登记编码；（3）证券投资顾问服务的内容和方式；（4）投资决策由客户作出，投资风险由客户承担；（5）证券投资顾问不得代客户作出投资决策。

2. 证券公司、证券投资咨询机构提供证券投资顾问服务，应当与客户签订证券投资顾问服务协议，并对协议实行编号管理。协议应当包括（　　）。

A. 当事人的权利义务　　B. 证券投资顾问服务的内容和方式

C. 证券投资顾问的职责和禁止行为　　D. 收费标准和支付方式

答案：ABCD

解析：本题考查签订证券投资顾问服务协议环节的规范要求。证券公司、证券投资咨询机构提供证券投资顾问服务，应当与客户签订证券投资顾问服务协议，并对协议实行编号管理，协议应当包括下列内容：（1）当事人的权利义务；（2）证券投资顾问服务的内容和方式；（3）证券投资顾问的职责和禁止行为；（4）收费标准和支付方式；（5）争议或者纠纷解决方式；（6）终止或者解除协议的条件和方式。

3. 证券投资咨询机构及其从业人员从事证券投资咨询活动必须遵循（　　）。

A. 不得以虚假信息、内幕信息或者市场传言为依据向客户或投资者提供分析、预测或建议

B. 预测证券市场、证券品种的走势需有充分的理由和依据，不得主观臆断

C. 证券投资咨询机构及其从业人员不得参加媒体等机构举办的荐股“擂台赛”，模拟证券投资大赛或类似的栏目或节目

D. 证券投资咨询从业人员可以直接向公众提供证券投资分析报告、投资分析文章等形式的咨询服务

答案：ABC

解析：本题考查证券投资咨询机构及其从业人员从事证券投资咨询活动。证券投资咨询从业人员向公众提供证券投资分析报告、投资分析文章等形式的咨询服务时，须先行取得所在机构的同意或认可。

4. 属于证券投资顾问执业行为准则的是（　　）。

A. 忠实客户利益

B. 提供适当的投资建议服务

C. 提供投资建议应具有合理依据

D. 规范参与媒体证券节目

答案：ABCD

解析：本题考查证券投资顾问执业行为准则。

（三）A公司注册资本200万元人民币，现有2名取得证券投资咨询从业资格的专职人员，1名取得证券咨询从业资格的高级管理人员，现在，A公司计划申请单独从业证券投资咨询业务机构资格。据此回答以下1～4题。

1. A公司申请单独从业证券投资咨询业务机构资格还需（　　）。

A. 增资至少100万元人民币

B. 增资至少50万元人民币，且招聘2名取得证券投资咨询从业资格的专职人员

C. 不需要增资，但需要招聘至少3名取得证券投资咨询从业资格的专职人员

D. 不需要增资，但需要招聘至少2名取得证券投资咨询从业资格的专职人员和1名取得证券投资从业资格的高级管理人员

答案：C

解析：本题考查证券投资咨询机构资格管理。单独从事证券投资咨询业务的机构，有五名以上取得证券投资咨询从业资格的专职人员，有100万元以上的注册资本。

2. 对证券投资咨询人员执业行为的总体要求不包括（　　）。

A. 引用有关信息、资料时严格保密

B. 证券投资咨询人员应当完整、客观、准确地运用有关信息、资料向投资人或者客户提供投资分析、预测和建议

C. 证券投资咨询人员应当以行业公认的谨慎、诚实和勤勉尽责的态度，为投资人或者客户提供证券投资咨询服务

D. 规范在传播媒体上发表投资咨询文章、报告、意见

答案：A

解析：本题考查证券投资咨询人员执业行为的总体要求。证券投资咨询人员执业行为的总体要求：(1) 谨慎、诚实、勤勉尽责，证券投资咨询人员应当以行业公认的谨慎、诚实和勤勉尽责的态度，为投资人或者客户提供证券投资咨询服务；(2) 完整、客观、准确，证券投资咨询人员应当完整、客观、准确地运用有关信息、资料向投资人或者客户提供投资分析、预测和建议，不得断章取义地引用或者篡改有关信息、资料；(3) 规范在传播媒体上发表投资咨询文章、报告、意见。

3. A 公司从事证券投资顾问业务的内部控制要求包括（　　）。

A. 证券投资顾问人员管理制度要求

B. 证券投资顾问业务管理制度、合规管理和风险控制机制要求

C. 保证与服务方式、业务规模相适应

D. 业务留痕管理和档案保存要求

答案：ABCD

解析：本题考查证券投资顾问业务的内部控制要求。

4. A 公司可以从事的证券投资咨询活动（　　）。

A. 接受投资人或者客户委托，提供证券投资咨询服务

B. 通过电话、传真、电脑网络等电信设备系统，提供证券投资咨询服务

C. 举办有关证券投资咨询的讲座、报告会、分析会等

D. 中国证监会认定的其他形式

答案：ABCD

解析：本题考查证券投资咨询。证券投资咨询，是指从事证券投资咨询业务的机构及其投资咨询人员以下列形式为证券投资人或者客户提供证券投资分析、预测或者建议等直接或者间接有偿咨询服务的活动：(1) 接受投资人或者客户委托，提供证券投资咨询服务；(2) 举办有关证券投资咨询的讲座、报告会、分析会等；(3) 在报刊上发表证券投资咨询的文章、评论、报告，以及通过电台、电视等公众传播媒体提供证券投资咨询服务；(4) 通过电话、传真、电脑网络等电信设备系统，提供证券投资咨询服务。

（四）M 证券公司担任丙股份公司的财务顾问，指派员工 A、员工 B 担任首次公开发行股票并上市项目的保荐代表人，M 证券公司履行持续督导职责，据此回答以下 1 ~4 题。

1. 假如 M 证券公司担任丙股份公司的财务顾问期间未按照规定保存有关文件和资料的应处以（　　）万元以上（　　）万元以下的罚款。

A. 10；50　　B. 3；10　　C. 5；50　　D. 10；100

答案：D

解析：本题考查财务顾问的法律责任。发行人、证券登记结算机构、证券公司、证券服务机构未按照规定保存有关文件和资料的，责令改正，给予警告，并处以 10 万元以上 100 万元以下的罚款。

2. 财务顾问的职责包括（　　）。

A. 接受并购重组当事人的委托，对上市公司并购重组活动进行尽职调查，全面评估相关活动所涉及的风险

B. 根据中国证监会的相关规定，持续督导委托人依法履行相关义务

C. 接受委托人的委托，向中国证监会报送有关上市公司并购重组的申报材料，并根据中国证监会的审核意见，组织和协调委托人及其他专业机构进行答复

D. 在对上市公司并购重组活动及申报文件的真实性、准确性、完整性进行充分核查和验证的基础上，依据中国证监会的规定和监管要求，客观、公正地发表专业意见

答案：ABCD

解析：本题考查财务顾问的职责。

3. M 证券公司从业人员应不少于（　　）人，其中最近 3 年从事保荐相关业务的人员应不少于（　　）人。

A. 10；20　　B. 35；10　　C. 35；20　　D. 35；10

答案：C

解析：本题考查证券公司从事保荐业务的资格。

4. M 证券公司应当针对发行人的具体情况确定证券发行上市后持续督导的内容，承担下列（　　）工作。

A. 督导发行人有效执行并完善防止控股股东、实际控制人、其他关联方违规占用发行人资源的制度

B. 持续关注发行人为他人提供担保等事项，并发表意见

C. 督导发行人有效执行并完善防止其董事、监事、高级管理人员利用职务之

便损害发行人利益的内控制度

D. 持续关注发行人募集资金的专户存储、投资项目的实施等承诺事项

答案：ABCD

解析：本题考查保荐机构的内容。保荐机构应当针对发行人的具体情况确定证券发行上市后持续督导的内容，在持续督导期内督导发行人履行有关上市公司规范运作、信守承诺和信息披露等义务，审阅信息披露文件及向中国证监会、证券交易所提交的其他文件，除选项 ABCD 外，还承担下列工作：(1) 督导发行人有效执行并完善保障关联交易公允性和合规性的制度，并对关联交易发表意见；(2) 中国证监会、证券交易所规定及保荐协议约定的其他工作。

（五）张女士拥有 2 年的股票和基金等的投资经验，目前在甲证券公司拥有 A 股上市公司 X 公司股票 100 万元、交易型开放式指数基金 50 万元、国债 80 万元，近期拟在甲证券公司申请开通融资融券业务。据此回答以下1 ~4 个问题：

1. 张女士向甲证券公司申请开通融资融券业务权限，需提供的材料包括（　　）。

A. 有效身份证明文件　　B. 融资融券业务申请表

C. 客户财务状况证明　　D. 担保品证明

答案：ABCD

解析：本题考查客户申请融资融券业务的基本材料要求。客户向证券公司申请开展融资融券业务，应当由客户本人向证券公司营业部提出申请，并应根据证券公司营业部的要求提供相应的书面申请材料，一般包括有效身份证明文件、融资融券业务申请表、客户已开设相关账户的基本信息、客户财务状况证明、担保品证明等相关材料。

2. 甲证券公司根据张女士的申请，需要做的相关调查包括（　　）。

A. 张女士的婚姻状况、家庭成员情况

B. 张女士的收入来源及数额

C. 张女士的诚信合规记录

D. 张女士对融资融券授信方式的需求

答案：ABCD

解析：本题考查证券公司调查申请融资融券业务客户的一般要求。(1) 客户基本情况：个人客户一般包括但不限于姓名、性别、出生年月、联系方式、居住地址、文化程度、婚姻状况、家庭成员、职业、职务等。(2) 财产与收入状况：个人客户一般应提供其收入来源及数额、金融资产、非金融资产、债务情况及用作担保品的资金或证券资产情况等。(3) 证券投资经验及风险偏好：应包括但不限于客户

的投资期限、投资规模、投资收益、投资风格及风险偏好等。(4) 诚信合规记录：客户近几年证券投资交易清算履约情况、商业银行信用记录、其他信用记录等。(5) 融资融券需求：客户对融资融券业务规则、相关风险的认知情况及融资融券需求，如融资融券授信方式、额度、期限、利率及费率等。

3. 甲证券公司应将融资融券交易风险揭示书交由张女士书面确认，以下属于融资融券交易风险揭示书应包含内容的是（　　）。

A. 提示客户注意融资融券交易具有普通证券交易所具有的违约风险

B. 提示客户某些条件下将面临担保物被证券公司强制平仓的风险

C. 甲证券公司从事融资融券交易的保证金比例及计算公式

D. 开立信用业务相关账户的有关内容

答案：AB

解析：本题考查风险揭示书的相关内容。选项 AB 为融资融券业务风险揭示书的基本内容，选项 CD 为融资融券业务合同的基本内容。

4. 假设 X 公司股票属于上证 180 指数成分股股票，则张女士目前已知的资产最高可以充抵的保证金金额是（　　）。

A. 200 万元　　B. 191 万元

C. 195 万元　　D. 193.5 万元

答案：B

解析：本题考查融资融券业务中不同资产充抵保证金的比例。计算过程为：

保证金 $=100\times0.7+50\times0.9+80\times0.95=191$（万元）

（六）乙证券公司是经中国证监会批准成立的证券公司，最高决策机构为公司董事会，近期拟开展证券自营业务，已按要求成立投资决策机构和自营业务部门，公司净资本为 20 亿元。据此回答以下 1～4 题：

1. 以下可作为乙证券公司自营业务投资标的是（　　）。

A. 已经在境内证券交易所上市交易和转让的证券

B. 已经在全国中小企业股份转让系统挂牌转让的证券

C. 已经在符合规定的区域性股权交易市场挂牌转让的股票

D. 已经在符合规定的区域性股权交易市场挂牌转让的私募债券

答案：ABCD

解析：本题考查证券公司自营业务的投资范围。证券公司自营业务的投资范围包括：(1) 已经和依法可以在境内证券交易所上市交易和转让的证券。这是证券自营业务主要的投资对象，主要包括股票、债券、证券投资基金等；(2) 已经在全国中小企业股份转让系统挂牌转让的证券；（3）已经和依法可以在符合规定的区域性股权交易市场挂牌转让的私募债券，已经在符合规定的区域性股权交易市场挂牌转让的股票；（4）已经和依法可以在境内银行间市场交易的证券。主要包括政府债券、国际开发机构人民币债券、央行票据、金融债券、短期融资券、公司债券、中期票据、企业债券；（5）经国家金融监管部门或者其授权机构依法批准或备案发行并在境内金融机构柜台交易的证券。

2. 乙证券公司计划将自有资金全部投资于国债、投资级公司债和货币市场基金，当上述投资金额合计不超过（　　）时，无须取得证券自营业务资格。

A. 1亿元

B. 10亿元

C. 16亿元

D. 无论金额大小均需要取得证券自营业务资格

答案：C

解析：本题考查证券公司自营业务中无须取得证券自营业务资格的情况。证券公司将自有资金投资于依法公开发行的国债、投资级公司债、货币市场基金、央行票据等中国证监会认可的风险较低、流动性较强的证券，或者委托其他证券公司或者基金管理公司进行证券投资管理，且投资规模合计不超过其净资本80%的，无须取得证券自营业务资格。计算过程：$20 \times 0.8 = 16$ 亿元。

3. 根据相关规定，证券公司自营业务的最高决策机构是（　　）。

A. 董事会　　B. 投资决策机构

C. 自营业务部门　　D. 股东大会

答案：A

解析：本题考查证券公司自营业务的最高决策机构。证券公司董事会是证券公司自营业务的最高决策机构。

4. 乙证券公司从事债券交易人员薪酬与激励合计超过（　　）人民币的，超过部分应按照等分原则递延发放，周期不少于（　　）。

A. 100 万元；3 年　　B. 50 万元；1 年

C. 50 万元；2 年　　D. 100 万元；2 年

答案：D

解析：本题考查债券交易人员薪酬与激励的特殊规定。债券交易人员薪酬与激励合计超过100万元人民币的，超过部分应按照等分原则递延发放，周期不少于2年。

（七）丙证券公司是经中国证监会批准成立的证券公司，目前管理着A、B两款资产管理产品，产品的特征如下：

产品名称	产品净值	产品特点
A	10亿元	向不特定社会公众公开发行，超过80%投资于存款、债券等债权类资产
B	4 000万元	向合格投资者通过非公开方式发行，投资人数为2人；40%投资于股票、非上市企业股权等权益类资产，60%投资于商品及金融衍生品

据此回答以下1～4题：

1. 根据A产品的特点，其应属于以下哪种类型的资产管理产品（　　）。

A. 公募、固定收益类产品　　B. 私募、固定收益类产品

C. 公募、权益类产品　　D. 私募、混合类产品

答案：A

解析：本题考查资产管理产品的分类标准。公募产品面向不特定社会公众公开发行；固定收益类产品投资于存款、债券等债权类资产的比例不低于80%。

2. 根据B产品的特点，其应属于以下哪种类型的资产管理产品（　　）。

A. 公募、权益类、单一资产管理产品

B. 私募、混合类、集合资产管理产品

C. 公募、混合类、集合资产管理产品

D. 私募、混合类、单一资产管理产品

答案：B

解析：本题考查资产管理产品的分类标准。私募产品面向合格投资者通过非公开方式发行；混合类产品投资于债权类资产、权益类资产、商品及金融衍生品类资产且任一资产的投资比例未达到80%；集合资产管理产品的投资者人数不少于2人，不超过200人。

3. 由于某些原因，B产品的投资者人数仅剩1人，则（　　）个工作日后，B产品需要终止。

A. 5　　B. 7　　C. 14　　D. 30

答案：A

解析：本题考查集合资产管理产品应当终止的情形。集合资产管理计划存续期间，持续5个工作日投资者少于2人，资产管理计划应当终止。

4. 丙证券公司要成立B产品，应具备符合条件的高级管理人员和（　　）名以上投资经理，应具有投资研究部门，且专职从事投资研究的人员不少于（　　）人。

A. 1；2　　B. 1；3　　C. 3；3　　D. 2；3

答案：C

解析：本题考查证券公司开展私募资产管理业务，对运营团队人员的要求。证券公司开展私募资产管理业务，应具备符合条件的高级管理人员和3名以上投资经理，应具有投资研究部门，且专职从事投资研究的人员不少于3人。

（八）丁证券公司是全国股份转让系统业务的主办券商之一，AB公司为拟申请在全国股份转让系统挂牌的两家公司。A、B两家公司的情况如下：

公司名称	成立年限	注册资本	股东人数
A	2年	4 000万元	201人
B	1年	2 000万元	2人

据此回答以下1～4题：

1. 以下关于A、B两家公司申请在全国股份转让系统挂牌的表述正确的是(　　)。

A. A公司不可以在全国股份转让系统挂牌，原因是股东人数超过200人

B. B公司可以在全国股份转让系统挂牌

C. A公司可以在全国股份转让系统挂牌，但要向中国证监会申请核准

D. B公司不可以在全国股份转让系统挂牌，原因是股东人数太少

答案：C

解析：本题考查申请在全国股份转让系统挂牌的条件。股东人数超过200人的公司申请其股票挂牌公开转让，应当按照中国证监会有关规定制作公开转让的申请文件，向中国证监会申请核准；依法设立且存续满两年。

2. A、B两家公司中符合挂牌条件的公司，向前十名股东、实际控制人发行股票，连续12个月未超过（　　）的，应当严格按照中国证监会和全国股转公司的相关规定，履行内部决议程序和信息披露义务，无须提供主办券商出具的推荐文件以及律师事务所出具的法律意见书。

A. 200万元　　B. 400万元　　C. 1 000万元　　D. 2 000万元

答案：B

解析：本题考查向前十名股东、实际控制人、董事、监事、高级管理人员及核心员工定向发行股票的特殊规定。发行人向公司前十名股东、实际控制人、董事、监事、高级管理人员及核心员工定向发行股票，连续12个月内发行的股份未超过公司总股本10%且融资总额不超过2 000万元的，应当严格按照中国证监会和全国股转公

司的相关规定，履行内部决议程序和信息披露义务，无须提供主办券商出具的推荐文件以及律师事务所出具的法律意见书。计算过程：4 000 × 10% = 400 万元。

3.（　　）应当发挥自律管理作用，对从事公司股票转让和股票发行业务的证券公司进行监督，督促其勤勉尽责地履行尽职调查和督导职责。

A. 中国证监会　　B. 中国证券业协会

C. 证券公司　　D. 上市公司

答案：B

解析：本题考查全国股份转让系统业务中不同机构的职责。

4. A、B 两家公司中符合挂牌条件的公司，在股票定向发行过程中发现有违规对外担保，则（　　）。

A. 终止定向发行，并提交证监会审查

B. 在相关情形已经解除或者消除影响后进行定向发行

C. 相关信息完全披露后可进行定向发行

D. 不受影响，可正常定向发行

答案：B

解析：本题考查股票定向发行过程中发行人存在损害投资人权益情形的规定。发行人存在违规对外担保、资金占用或者其他权益被控股股东、实际控制人严重损害情形的，应当在相关情形已经解除或者消除影响后进行定向发行。

（九）甲证券公司营销人员王某拟向某 70 岁以上的高龄退休客户张某主动推介代销的某私募基金，客户张某在营业部填写基本信息表时，误将职业信息填写为“在职工程师”，但甲证券公司营销人员王某对张某填写的信息进行审慎核查并提出合理怀疑，营销人员王某对该错误信息提示甲某进行调整。另外，根据张某在营业部填写的风险承受能力测评问卷，显示张某的风险承受能力结果为 R1，但营销人员王某拟推荐的私募基金产品风险等级结果为 R5，于是营销人员王某放弃了主动向张某超风险推荐该私募基金的计划。

1. 以下不属于证券公司柜台市场私募产品相关信息披露途径的是（　　）。

A. 本公司公开网站

B. 机构间私募产品报价与服务系统

C. 网上股民交流平台

D. 中国证券业协会认可的其他信息披露平台

答案：C

解析：本题考查证券公司柜台市场信息披露的有关要求。证券公司应当通过本公司网站、机构间私募产品报价与服务系统或者中国证券业协会认可的其他信息披露平台，披露私募产品相关信息。

2. 证券公司在柜台市场开展业务，应当建立健全柜台市场（　　），合规管理和风险管理等制度，保障柜台市场安全、有序运行。

A. 产品管理；业务管理　　B. 绩效考核；风险管理

C. 合规管理；收益分配　　D. 收益分配；绩效考核

答案：A

解析：本题考查证券公司柜台市场业务内控制度建设的相关规定。证券公司在柜台市场开展业务，应当建立健全柜台市场产品管理、业务管理、合规管理和风险管理等制度，保障柜台市场安全、有序运行。

3. 关于证券公司在代销活动中应切实履行信息披露义务的说法，正确的是（　　）。

A. 证券公司应当向客户告知委托人提供的金融产品相关信息，或者协助客户向委托人查询有关信息

B. 及时告知投资人其认购、申购、赎回的基金名称以及基金份额的确认日期、确认份额和金额等信息

C. 做好有关信息传递工作，向投资人及时提供对其投资决策有重大影响的信息

D. 客户推介的金融产品流动性较低、透明度较低、损失可能超过购买支出或者不易理解的，证券公司应当专业性的文字向客户作出书面说明

答案：ABC

解析：本题考查证券公司在代销活动中应切实履行信息披露义务。客户推介的金融产品流动性较低、透明度较低、损失可能超过购买支出或者不易理解的，证券公司应当以简明、易懂的文字，向客户作出有针对性的书面说明。

4. 证券公司作为募集机构在开展私募基金募集业务过程中违反规定的，在中国证券投资基金业协会可以视情节轻重对募集机构采取相关措施中包括（　　）。

A. 限期改正　　B. 暂停受理业务

C. 撤销管理人登记　　D. 取消基金销售资格

答案：ABC

解析：本题考查《私募投资基金募集行为管理办法》的相关规定。证券公司作为募集机构在开展私募基金募集业务过程中违反规定的，中国证券投资基金业协会可以视情节轻重对募集机构采取要求限期改正、行业内谴责、加入黑名单、公开谴

责、暂停受理或办理相关业务、撤销管理人登记等纪律处分。

（十）甲证券公司某分支机构负责人周某，在未履行公司内部审核程序情况下，私自与某私募基金管理机构对接，引入 2 只私募产品在其分支机构内向客户销售。部分拟购买产品投资者不符合私募基金投资者适当性管理条件，该分支机构负责人周某要求多个客户将资金转入自己个人银行卡，并以其周某个人名义认购私募基金份额。地方证监局根据《证券公司监督管理条例》第七十条等规定，对甲证券公司处以责令改正、责令增加内部合规检查次数并责令处分有关人员的行政监管措施，并对该分支机构负责人周某采取公开谴责的行政监管措施。

1. 关于代销金融产品的基本要求，下列说法正确的是（　　）。

A. 因金融产品设计、运营和委托人提供的信息不真实、不准确、不完整而产生的责任由委托人和证券公司共同承担担保责任

B. 为保护投资者权益，证券公司应在代销金融产品前进行必要的委托人资格审查和产品尽职调查

C. 客户购买金融产品的资金，既可以由客户直接向委托人支付，也可通过证券公司支付

D. 未经基金销售机构聘任，任何人员不得从事基金销售活动

答案：BCD

解析：本题考查代销金融产品的基本要求。证券公司应与委托人通过签署书面代销合同明确双方的权利义务以及在信息披露、风险揭示、咨询查询、投诉处理、违约方面应急预案和后续处理机制等方面的分工，因金融产品设计、运营和委托人提供的信息不真实、不准确、不完整而产生的责任由委托人承担，证券公司不承担任何担保责任。故选项 A 错误。

2. 下列属于代销金融产品所遵循的基本原则有（　　）。

A. 证券公司代销金融产品应遵循平等、自愿、公平、诚实信用和适当性原则

B. 可以根据理财经理的意愿代替客户购买理财产品

C. 证券公司应当采取有效隔离措施，避免因其他业务风险影响代销业务稳健运行

D. 实行集中统一管理

答案：ACD

解析：本题考查代销金融产品的基本原则。代销金融产品所遵循的基本原则有：避免利益冲突。①证券公司代销金融产品应遵循平等、自愿、公平、诚实信用和适当性原则。②避免利益冲突，不得损害客户合法权益。证券公司在代销金融产品中需审慎评估及防范利益冲突，既要避免证券公司与客户之间的利益冲突，也要

避免代销活动中证券公司不同部门、不同业务、不同人员之间的利益冲突等。③证券公司应当采取有效隔离措施，避免因其他业务风险影响代销业务稳健运行。④集中统一管理。证券公司应当对代销金融产品活动实行集中统一管理，明确内设部门和分支机构在代销金融产品活动中的职责，防止分支机构擅自代销金融产品。

3. 证券从业人员应当严守职业道德，下列（　　）行为是禁止的。

A. 欺诈利益输送　　B. 操纵市场

C. 进行正当竞争　　D. 履行信息披露义务

答案：AB

解析：本题考查开展衍生品业务机构的职业道德。备案机构及其从业人员应当严守职业道德，禁止以下行为：欺诈利益输送；操纵市场；不公平交易；不正当竞争；规避信息披露义务；其他违法违规行为。

4. 证券公司进行柜台交易，应当与特定交易对手方或投资者以（　　）方式签订柜台交易合同，约定双方的权利义务。

A. 书面　　B. 电子

C. 书面、电子或代理人签署　　D. 书面或电子

答案：D

解析：本题考查证券公司进行柜台交易业务，应当与特定交易对手方或投资者签订柜台交易合同的方式。证券公司进行柜台交易，应当与特定交易对手方或投资者以书面或电子方式签订柜台交易合同，约定双方的权利义务。

（十一）甲证券公司营销人员王某拟向某 70 岁以上的高龄退休客户张某主动推介代销的某私募基金，客户张某在营业部填写基本信息表时，误将职业信息填写为“在职工程师”，但甲证券公司营销人员王某对张某填写的信息进行审慎核查并提出合理怀疑，营销人员王某对该错误信息提示甲某进行调整。另外，根据张某在营业部填写的风险承受能力测评问卷，显示张某的风险承受能力结果为 R1，但营销人员王某拟推荐的私募基金产品风险等级结果为 R5，于是营销人员王某放弃了主动向张某超风险推荐该私募基金的计划。

1. 以下不属于证券公司柜台市场私募产品相关信息披露途径的是（　　）。

A. 本公司公开网站

B. 机构间私募产品报价与服务系统

C. 网上股民交流平台

D. 中国证券业协会认可的其他信息披露平台

答案：C

解析：本题考查证券公司柜台市场信息披露的有关要求。证券公司应当通过本公司网站、机构间私募产品报价与服务系统或者中国证券业协会认可的其他信息披露平台，披露私募产品相关信息。

2. 证券公司在柜台市场开展业务，应当建立健全柜台市场（　　），合规管理和风险管理等制度，保障柜台市场安全、有序运行。

A. 产品管理；业务管理　　B. 绩效考核；风险管理

C. 合规管理；收益分配　　D. 收益分配；绩效考核

答案：A

解析：本题考查证券公司柜台市场业务内控制度建设的相关规定。证券公司在柜台市场开展业务，应当建立健全柜台市场产品管理、业务管理、合规管理和风险管理等制度，保障柜台市场安全、有序运行。

3. 关于证券公司在代销活动中应切实履行信息披露义务的说法，正确的是（　　）。

A. 证券公司应当向客户告知委托人提供的金融产品相关信息，或者协助客户向委托人查询有关信息

B. 及时告知投资人其认购、申购、赎回的基金名称以及基金份额的确认日期、确认份额和金额等信息

C. 做好有关信息传递工作，向投资人及时提供对其投资决策有重大影响的信息

D. 客户推介的金融产品流动性较低、透明度较低、损失可能超过购买支出或者不易理解的，证券公司应当专业性的文字向客户作出书面说明

答案：ABC

解析：本题考查证券公司在代销活动中应切实履行信息披露义务。客户推介的金融产品流动性较低、透明度较低、损失可能超过购买支出或者不易理解的，证券公司应当以简明、易懂的文字，向客户作出有针对性的书面说明。

4. 证券公司作为募集机构在开展私募基金募集业务过程中违反规定的，在中国证券投资基金业协会可以视情节轻重对募集机构采取相关措施中包括（　　）。

A. 限期改正　　B. 暂停受理业务

C. 撤销管理人登记　　D. 取消基金销售资格

答案：ABC

解析：本题考查《私募投资基金募集行为管理办法》的相关规定。证券公司作为募集机构在开展私募基金募集业务过程中违反规定的，中国证券投资基金业协会

可以视情节轻重对募集机构采取要求限期改正、行业内谴责、加入黑名单、公开谴责、暂停受理或办理相关业务、撤销管理人登记等纪律处分。

（十二）甲证券公司某分支机构负责人周某，在未履行公司内部审核程序情况下，私自与某私募基金管理机构对接，引入2只私募产品在其分支机构内向客户销售。部分拟购买产品投资者不符合私募基金投资者适当性管理条件，该分支机构负责人周某要求多个客户将资金转入自己个人银行卡，并以其周某个人名义认购私募基金份额。地方证监局根据《证券公司监督管理条例》第七十条等规定，对甲证券公司处以责令改正、责令增加内部合规检查次数并责令处分有关人员的行政监管措施，并对该分支机构负责人周某采取公开谴责的行政监管措施。

1. 关于代销金融产品的基本要求，下列说法正确的是（　　）。

A. 因金融产品设计、运营和委托人提供的信息不真实、不准确、不完整而产生的责任由委托人和证券公司共同承担担保责任

B. 为保护投资者权益，证券公司应在代销金融产品前进行必要的委托人资格审查和产品尽职调查

C. 客户购买金融产品的资金，既可以由客户直接向委托人支付，也可通过证券公司支付

D. 未经基金销售机构聘任，任何人员不得从事基金销售活动

答案：BCD

解析：本题考查代销金融产品的基本要求。证券公司应与委托人通过签署书面代销合同明确双方的权利义务以及在信息披露、风险揭示、咨询查询、投诉处理、违约方面应急预案和后续处理机制等方面的分工，因金融产品设计、运营和委托人提供的信息不真实、不准确、不完整而产生的责任由委托人承担，证券公司不承担任何担保责任。故选项A错误。

2. 下列属于代销金融产品所遵循的基本原则有（　　）。

A. 证券公司代销金融产品应遵循平等、自愿、公平、诚实信用和适当性原则

B. 可以根据理财经理的意愿代替客户购买理财产品

C. 证券公司应当采取有效隔离措施，避免因其他业务风险影响代销业务稳健运行

D. 实行集中统一管理

答案：ACD

解析：本题考查代销金融产品的基本原则。代销金融产品所遵循的基本原则有：避免利益冲突。①证券公司代销金融产品应遵循平等、自愿、公平、诚实信用

和适当性原则，②避免利益冲突，不得损害客户合法权益。证券公司在代销金融产品中需审慎评估及防范利益冲突，既要避免证券公司与客户之间的利益冲突，也要避免代销活动中证券公司不同部门、不同业务、不同人员之间的利益冲突等。③证券公司应当采取有效隔离措施，避免因其他业务风险影响代销业务稳健运行。④集中统一管理。证券公司应当对代销金融产品活动实行集中统一管理，明确内设部门和分支机构在代销金融产品活动中的职责，防止分支机构擅自代销金融产品。

3. 证券从业人员应当严守职业道德，下列（　　）行为是禁止的。

A. 欺诈利益输送　　　　B. 操纵市场

C. 进行正当竞争　　　　D. 履行信息披露义务

答案：AB

解析：本题考查开展衍生品业务机构的职业道德。备案机构及其从业人员应当严守职业道德，禁止以下行为：欺诈利益输送；操纵市场；不公平交易；不正当竞争；规避信息披露义务；其他违法违规行为。

4. 证券公司进行柜台交易，应当与特定交易对手方或投资者以（　　）方式签订柜台交易合同，约定双方的权利义务。

A. 书面　　　　B. 电子

C. 书面、电子或代理人签署　　　　D. 书面或电子

答案：D

解析：本题考查证券公司进行柜台交易业务，应当与特定交易对手方或投资者签订柜台交易合同的方式。证券公司进行柜台交易，应当与特定交易对手方或投资者以书面或电子方式签订柜台交易合同，约定双方的权利义务。

第四章　证券市场典型违法违规行为及法律责任

一、单项选择题。以下备选项中只有一项最符合题目要求，不选、错选均不得分。

1. 关于公开发行证券的特征，下列描述错误的是（　　）。

A. 向不特定对象发行的证券

B. 向特定对象发行证券累计超过 200 人

C. 法律、行政法规规定的其他发行行为

D. 向特定对象发行证券累计超过 200 人中，依法实施员工持股计划的员工人数应计算在内

答案：D

解析：本题考查公开发行证券的特征。选项 D 中表示 200 人不应将实施员工持股计划的员工人数计算在内。故选项 D 错误。

2. 关于变相公开发行证券的认定条件，描述有误的是（　　）。

A. 非公开发行股票及其股权转让，采用广告、公告、广播、电话、传真、信函、公开劝诱等公开方式向社会公众发行

B. 公司股东自行或委托他人以公开方式向社会公众转让股票

C. 非公开发行股票及其股权转让，采用推介会、说明会、网络、短信、公开劝诱或变相公开方式向社会公众发行

D. 向特定对象转让股票，未经中国证监会注册，转让后公司股东累计超过 100 人

答案：D

解析：本题考查变相公开发行证券的认定。选项 D 中转让后股东累计应为 200 人而非 100 人，故选项 D 错误。

3. 根据《刑法》第一百七十九条的规定，未经国家有关主管部门批准，擅自发行股票或者公司、企业债券，数额巨大、后果严重或者有其他严重情节的处罚，下列相关说法错误的是（　　）。

A. 发行人擅自发行股票，处 5 年以下有期徒刑或者拘役

B. 发行人擅自发行企业债券，处或单处非法募集资金金额1%以上5%以下罚金

C. 对犯该罪的擅自发行股票的单位，判处罚金

D. 单位犯该罪的，对其直接负责的主管人员和其他直接责任人员，处10年以下有期徒刑或者拘役

答案：D

解析：本题考查发行人的刑事责任。选项D中应为10年以下有期徒刑或拘役而非5年。

4. 关于擅自公开或者变相公开发行证券的说法，以下说法不正确的是（　　）。

A. 对变相公开发行证券的行为，应责令停止发行，退还所募资金并加算银行同期存款利息

B. 对变相公开发行证券的行为，应处以非法所募资金金额5%以上50%以下的罚款

C. 对擅自公开或者变相公开发行证券设立的公司，由依法履行监督管理职责的机构或者部门会同县级以上地方人民政府予以取缔

D. 对直接负责的主管人员和其他直接责任人员给予警告，并处以50万元以上300万元以下的罚款

答案：D

解析：本题考查发行人的法律行政责任。对直接负责的主管人员和其他直接责任人员给予警告，并处以50万元以上500万元以下的罚款。选项D应为500万元而非300万元，故选项D错误。

5. 对承销或者销售擅自公开发行或者变相公开发行的证券的责任处罚，下列说法正确的是（　　）。

A. 对证券公司承销的行为，应责令停止承销或者销售，没收违法所得，并处以违法所得10倍以上的罚款

B. 对证券公司承销没有违法所得或者违法所得不足100万元的行为，应处以100万元以上500万元以下的罚款

C. 对证券公司承销情节严重的行为，应并处暂停或者撤销相关业务许可

D. 对证券公司承销给投资者造成损失的行为，应当与发行人承担连带赔偿责任。对直接负责的主管人员和其他直接责任人员给予警告，并处以100万元以上300万元以下的罚款

答案：C

解析：本题考查中介机构的法律责任。根据《证券法》第一百八十三条的规

定，证券公司承销或者销售擅自公开发行或者变相公开发行的证券的，责令停止承销或者销售，没收违法所得，并处以违法所得1倍以上10倍以下的罚款；没有违法所得或者违法所得不足100万元的，处以100万元以上1 000万元以下的罚款；情节严重的，并处暂停或者撤销相关业务许可。给投资者造成损失的，应当与发行人承担连带赔偿责任。对直接负责的主管人员和其他直接责任人员给予警告，并处以50万元以上500万元以下的罚款。据此，选项A应处以1倍以上10倍以下的罚款；选项B应处以100万元以上1 000万元以下的罚款；选项D应并处以50万元以上500万元以下的罚款。故选项C正确。

6. 关于欺诈发行证券罪的犯罪构成，下列说法的错误的是（　　）。

A. 本罪的犯罪主体主要是单位，自然人不能成为犯罪主体

B. 本罪在主观上只能由故意构成，过失不构成本罪

C. 在本罪中行为人的罪过实质是欺诈发行证券

D. 本罪侵犯的客体是复杂客体，即国家对证券市场的管理秩序以及投资者（即股东、债权人和公众）的合法权益

答案：A

解析：本题考查欺诈发行证券罪的犯罪构成。欺诈发行证券罪的犯罪主体主要是单位，自然人在一定条件下也能成为犯罪主体；本罪在主观上只能由故意构成，过失不构成本罪；在本罪中行为人的罪过实质是欺诈发行证券；本罪侵犯的客体是复杂客体，即国家对证券市场的管理秩序以及投资者（即股东、债权人和公众）的合法权益。据此，选项A中自然人在一定条件下也可能成为犯罪主体，故选项A表述错误。

7. 在招股说明书、认股书等发行文件中隐瞒重要事实发行股票等其他证券，下列哪个行为应予立案追诉（　　）。

A. 非法募集资金金额在1 000万元以上的

B. 非法募集资金虚增或者虚减资产达到当期资产总额10%以上100万以下的

C. 非法募集资金虚增或者虚减营业收入达到当期营业收入总额10%以上100万以下的

D. 非法募集资金虚增或者虚减利润达到当期利润总额10%以上100万以下的

答案：A

解析：本题考查欺诈发行证券罪的刑事立案追诉标准。

虚增或者虚减资产达到当期资产总额30%以上的，故选项B未达立案追索标准；虚增或者虚减营业收入达到当期营业收入总额30%以上的，故选项C未达立

案追索标准；虚增或者虚减利润达到当期利润总额30%以上的，故选项D未达立案追索标准，只有选项A应立案追诉。

在招股说明书、认股书、公司、企业债券募集办法等发行文件中隐瞒重要事实或者编造重大虚假内容，发行股票或者公司、企业债券、存托凭证或者国务院依法认定的其他证券，涉嫌下列情形之一的，应予立案追诉：（1）非法募集资金金额在1 000万元以上的；（2）虚增或者虚减资产达到当期资产总额30%以上的；虚增或者虚减营业收入达到当期营业收入总额30%以上的；（3）虚增或者虚减利润达到当期利润总额30%以上的；（4）隐瞒或者编造的重大诉讼、仲裁、担保、关联交易或者其他重大事项所涉及的数额或者连续12个月的累计数额达到最近一期披露的净资产50%以上的；（5）造成投资者直接经济损失数额累计在100万元以上的；（6）为欺诈发行证券而伪造、变造国家机关公文、有效证明文件或者相关凭证、单据的；（7）为欺诈发行证券向负有金融监督管理职责的单位或者人员行贿的；（8）募集的资金全部或者主要用于违法犯罪活动的；（9）其他后果严重或者有其他严重情节的情形。

8. 关于欺诈发行证券罪的刑事立案追诉标准，下列描述不正确的是（　　）。

A. 隐瞒或者编造的重大诉讼、仲裁、担保、关联交易或者其他重大事项所涉及的数额或者连续12个月的累计数额达到最近一期披露的净资产50%以上的行为

B. 造成投资者直接经济损失数额累计在200万元以上的行为

C. 为欺诈发行证券而伪造、变造国家机关公文、有效证明文件或者相关凭证、单据的行为

D. 为欺诈发行证券向负有金融监督管理职责的单位或者人员行贿的行为

答案：B

解析：本题考查欺诈发行证券罪的刑事立案追诉标准。选项B应在100万元以上的，而非200万元。

9. 在招股说明书、公司、企业债券募集办法等发行文件中编造重大虚假内容，发行公司、企业债券、存托凭证或者国务院依法认定的其他证券，下列情形中，可以不予立案追诉的是（　　）。

A. 非法募集资金金额不足100万元的

B. 非法募集资金虚增或者虚减资产达到当期资产总额30%以上的

C. 募集的资金全部或者主要用于违法犯罪活动的

D. 隐瞒或者编造的重大诉讼、仲裁、担保、关联交易或者其他重大事项所涉及的数额或者连续12个月的累计数额达到最近一期披露的净资产50%以上的

答案：A

解析：本题考查欺诈发行证券罪的刑事立案追诉标准。

选项 A 应在 1 000 万元以上的，而非不足 100 万元。故选项 A 错误。在招股说明书、认股书、公司、企业债券募集办法等发行文件中隐瞒重要事实或者编造重大虚假内容，发行股票或者公司、企业债券、存托凭证或者国务院依法认定的其他证券，涉嫌下列情形之一的，应予立案追诉：（1）非法募集资金金额在 1 000 万元以上的；（2）虚增或者虚减资产达到当期资产总额 30% 以上的；虚增或者虚减营业收入达到当期营业收入总额 30% 以上的；（3）虚增或者虚减利润达到当期利润总额 30% 以上的；（4）隐瞒或者编造的重大诉讼、仲裁、担保、关联交易或者其他重大事项所涉及的数额或者连续 12 个月的累计数额达到最近一期披露的净资产 50% 以上的；（5）造成投资者直接经济损失数额累计在 100 万元以上的；（6）为欺诈发行证券而伪造、变造国家机关公文、有效证明文件或者相关凭证、单据的；（7）为欺诈发行证券向负有金融监督管理职责的单位或者人员行贿的；（8）募集的资金全部或者主要用于违法犯罪活动的；（9）其他后果严重或者有其他严重情节的情形。

10. 在招股说明书、认股书、公司、企业债券募集办法等发行文件中隐瞒重要事实或者编造重大虚假内容，发行股票或者公司、企业债券、存托凭证或者国务院依法认定的其他证券，下列处罚中，说法不正确的是（　　）。

A. 对数额巨大、后果严重或者有其他严重情节的行为，应处 5 年以下有期徒刑或者拘役，并处或者单处罚金

B. 对数额特别巨大、后果特别严重或者有其他特别严重情节的行为，处 5 年以上有期徒刑，并处罚金

C. 控股股东、实际控制人组织、指使实施前款的行为，应处 10 年以下有期徒刑或者拘役，并处或者单处非法募集资金金额 20% 以上 10 倍以下罚金

D. 对数额特别巨大、后果特别严重或者有其他特别严重情节的行为，应处 5 年以上有期徒刑，并处非法募集资金金额 20% 以上 1 倍以下罚金

答案：C

解析：本题考查发行人的刑事责任。选项 C 应处 5 年以下有期徒刑或者拘役，而非 10 年。故选项 C 错误。

根据《刑法》第一百六十条的规定，在招股说明书、认股书、公司、企业债券募集办法等发行文件中隐瞒重要事实或者编造重大虚假内容，发行股票或者公司、企业债券、存托凭证或者国务院依法认定的其他证券，数额巨大、后果严重或者有

其他严重情节的，处5年以下有期徒刑或者拘役，并处或者单处罚金；数额特别巨大、后果特别严重或者有其他特别严重情节的，处5年以上有期徒刑，并处罚金；控股股东、实际控制人组织、指使实施前款行为的，处5年以下有期徒刑或者拘役，并处或者单处非法募集资金金额20%以上1倍以下罚金；数额特别巨大、后果特别严重或者有其他特别严重情节的，处5年以上有期徒刑，并处非法募集资金金额20%以上1倍以下罚金。

11. 发行人在其公告的证券发行文件中隐瞒重要事实或者编造重大虚假内容，以下处罚不符合《证券法》规定的是（　　）。

A. 发行人尚未发行证券的，处以100万元以上1 000万元以下的罚款

B. 发行人已经发行证券的，处以非法所募资金金额10%以上1倍以下的罚款。对直接负责的主管人员和其他直接责任人员，处以100万元以上1 000万元以下的罚款

C. 发行人的控股股东、实际控制人组织、指使从事前款违法行为的，没收违法所得，并处以违法所得10%以上1倍以下的罚款

D. 发行人没有违法所得或者违法所得不足2 000万元的，处以200万元以上2 000万元以下的罚款。对直接负责的主管人员和其他直接责任人员，处以100万元以上1 000万元以下的罚款

答案：A

解析：本题考查发行人的刑事责任。选项A应处以200万元以上2 000万元以下的罚款，而非处以100万元以上1 000万元以下的罚款。故选项A错误。

根据《证券法》第一百八十一条的规定，发行人在其公告的证券发行文件中隐瞒重要事实或者编造重大虚假内容，尚未发行证券的，处以200万元以上2 000万元以下的罚款；已经发行证券的，处以非法所募资金金额10%以上1倍以下的罚款。对直接负责的主管人员和其他直接责任人员，处以100万元以上1 000万元以下的罚款。发行人的控股股东、实际控制人组织、指使从事前款违法行为的，没收违法所得，并处以违法所得10%以上1倍以下的罚款；没有违法所得或者违法所得不足2 000万元的，处以200万元以上2 000万元以下的罚款。对直接负责的主管人员和其他直接责任人员，处以100万元以上1 000万元以下的罚款。

12. 违反国家金融管理法律规定，向社会公众（包括单位和个人）吸收资金的行为，同时具备四个条件的，应当认定为《刑法》规定的“非法吸收公众存款或者变相吸收公众存款”。下列条件表述错误的是（　　）。

A. 经有关部门依法许可或者借用合法经营的形式吸收资金

B. 通过网络、媒体、推介会、传单、手机信息等途径向社会公开宣传

C. 承诺在一定期限内以货币、实物、股权等方式还本付息或者给付回报

D. 向社会公众即社会不特定对象吸收资金

答案：A

解析：本题考查非法吸收公众存款罪的认定。未经有关部门依法许可或者借用合法经营的形式吸收资金才应当被认定“非法吸收公众存款或者变相吸收公众存款”，而不是选项 A 中，“经有关部门依法许可”，故选项 A 错误。

根据《最高人民法院关于审理非法集资刑事案件具体应用法律若干问题的解释》第 1 条，违反国家金融管理法律规定，向社会公众（包括单位和个人）吸收资金的行为，同时具备下列四个条件的，除刑法另有规定的以外，应当认定为《刑法》第一百七十六条规定的“非法吸收公众存款或者变相吸收公众存款”：(1) 未经有关部门依法许可或者借用合法经营的形式吸收资金；(2) 通过网络、媒体、推介会、传单、手机信息等途径向社会公开宣传；(3) 承诺在一定期限内以货币、实物、股权等方式还本付息或者给付回报；(4) 向社会公众即社会不特定对象吸收资金。

13. 下列行为中，不应以非法吸收公众存款罪定罪处罚的是（　　）。

A. 不具有房产销售的真实内容或者不以房产销售为主要目的，以返本销售、售后包租、约定回购、销售房产份额等方式非法吸收资金的

B. 以转让林权并代为管护等方式非法吸收资金的

C. 以代种植（养殖）、租种植（养殖）、联合种植（养殖）等方式非法吸收资金的

D. 以销售商品、提供服务收取资金的

答案：D

解析：本题考查非法吸收公众存款罪的认定。以下第（4）条中，不具有销售商品、提供服务的真实内容或者不以销售商品、提供服务为主要目的，以商品回购、寄存代售等方式非法吸收资金的，被认定非法吸收公众存款罪，而并非选项 D 以销售商品、提供服务收取资金的方式，故选项 D 错误。

根据《最高人民法院关于审理非法集资刑事案件具体应用法律若干问题的解释》第 2 条，实施下列行为之一，符合本解释第一条第一款规定的条件的，应当依照《刑法》第一百七十六条的规定，以非法吸收公众存款罪定罪处罚：(1) 不具有房产销售的真实内容或者不以房产销售为主要目的，以返本销售、售后包租、约定回购、销售房产份额等方式非法吸收资金的；(2) 以转让林权并代为管护等方式

非法吸收资金的；(3) 以代种植（养殖）、租种植（养殖）、联合种植（养殖）等方式非法吸收资金的；(4) 不具有销售商品、提供服务的真实内容或者不以销售商品、提供服务为主要目的，以商品回购、寄存代售等方式非法吸收资金的；(5) 不具有发行股票、债券的真实内容，以虚假转让股权、发售虚构债券等方式非法吸收资金的；(6) 不具有募集基金的真实内容，以假借境外基金、发售虚构基金等方式非法吸收资金的；(7) 不具有销售保险的真实内容，以假冒保险公司、伪造保险单据等方式非法吸收资金的；(8) 以网络借贷、投资入股、虚拟币交易等方式非法吸收资金的；(9) 以委托理财、融资租赁等方式非法吸收资金的；(10) 以提供"养老服务"、投资"养老项目"、销售"老年产品"等方式非法吸收资金的；(11) 利用民间"会""社"等组织非法吸收资金的；(12) 其他非法吸收资金的行为。

14. 下列行为中，应当依照《刑法》第一百七十六条的规定，以非法吸收公众存款罪定罪处罚的是（　　）。

A. 具有发行股票、债券的真实内容，以真实转让股权、发售债券等方式收取资金的

B. 具有募集基金的真实内容，发售真实基金等方式收取资金的

C. 具有销售保险的真实内容，以保险公司、真实保险单据等方式吸收资金的

D. 以网络借贷、投资入股、虚拟币交易等方式非法吸收资金的

答案：D

解析：本题考查非法吸收公众存款罪的认定。选项 A 应为不具有发行股票、债券的真实内容，以虚假转让股权、发售虚构债券等方式非法吸收资金的行为，而非"具有发行股票、债券的真实内容，以真实转让股权、发售债券等方式收取资金"的行为，选项 B 应为不具有募集基金的真实内容，以假借境外基金、发售虚构基金等方式非法吸收资金的行为，而非"具有募集基金的真实内容，发售真实基金等方式收取资金的"的行为；选项 C 应为不具有销售保险的真实内容，以假冒保险公司、伪造保险单据等方式非法吸收资金的行为，而非"具有销售保险的真实内容，以保险公司、真实保险单据等方式吸收资金的"行为，故选项 D 正确。

15. 非法吸收公众存款罪定罪处罚的行为中，不包括（　　）。

A. 具有募集基金的真实内容，发售真实基金等方式收取资金

B. 以委托理财、融资租赁等方式非法吸收资金的

C. 以提供"养老服务"、投资"养老项目"、销售"老年产品"等方式非法吸收资金的

D. 利用民间"会""社"等组织非法吸收资金的

答案：A

解析：本题考查非法吸收公众存款罪的认定。选项 A 应为不具有销售保险的真实内容，以假冒保险公司、伪造保险单据等方式非法吸收资金的行为，而非“具有销售保险的真实内容，以保险公司、真实保险单据等方式吸收资金的”行为，故选项 A 错误。

16. 下列情形，不被认定为“以非法占有为目的”的情形的是（　　）。

A. 抽逃、转移资金、隐匿财产，逃避返还资金的

B. 隐匿、销毁账目，或者搞假破产、假倒闭，逃避返还资金的

C. 如实交代资金去向，积极返还资金的

D. 其他可以认定非法占有目的的情形

答案：C

解析：本题考查集资诈骗罪的认定。选项 C 如实交代资金去向，积极返还资金的属于正常行为，不属于诈骗非法集资，故选项 C 正确。

17. 违规披露、不披露重要信息罪的刑事立案标准，下列情形之一的，不应予立案追诉的是（　　）。

A. 造成股东、债权人或者其他人直接经济损失数额累计在 10 万元以上的

B. 虚增或者虚减资产达到当期披露的资产总额 30% 以上的

C. 虚增或者虚减营业收入达到当期披露的营业收入总额 30% 以上的

D. 虚增或者虚减利润达到当期披露的利润总额 30% 以上的

答案：A

解析：本题考查违规披露、不披露重要信息罪的刑事立案追诉标准。选项 A 应为造成股东、债权人或者其他人直接经济损失数额累计在 100 万元以上的，而非 10 万元以上，故选项 A 错误。

根据《最高人民检察院、公安部关于公安机关管辖的刑事案件立案追诉标准的规定（二）》第六条的规定，依法负有信息披露义务的公司、企业向股东和社会公众提供虚假的或者隐瞒重要事实的财务会计报告，或者对依法应当披露的其他重要信息不按照规定披露，涉嫌下列情形之一的，应予立案追诉：（1）造成股东、债权人或者其他人直接经济损失数额累计在 100 万元以上的；（2）虚增或者虚减资产达到当期披露的资产总额 30% 以上的；（3）虚增或者虚减营业收入达到当期披露的营业收入总额 30% 以上的；（4）虚增或者虚减利润达到当期披露的利润总额 30% 以上的；（5）未按照规定披露的重大诉讼、仲裁、担保、关联交易或者其他重大事项所涉及的数额或者连续 12 个月的累计数额达到最近一期披露的净

资产50%以上的；（6）致使不符合发行条件的公司、企业骗取发行核准或者注册并且上市交易的；（7）致使公司、企业发行的股票或者公司、企业债券、存托凭证或者国务院依法认定的其他证券被终止上市交易的；（8）在公司财务会计报告中将亏损披露为盈利，或者将盈利披露为亏损的；（9）多次提供虚假的或者隐瞒重要事实的财务会计报告，或者多次对依法应当披露的其他重要信息不按照规定披露的；（10）其他严重损害股东、债权人或者其他人利益，或者有其他严重情节的情形。

18. 关于诱骗投资者买卖证券、期货合约案，下列情形不足以要求刑事立案追诉的是（　　）。

A. 获利或者避免损失数额在2万元以上的

B. 造成投资者直接经济损失数额在50万元以上的

C. 虽未达到上述数额标准，但多次诱骗投资者买卖证券、期货合约的

D. 致使交易价格或者交易量异常波动的

答案：A

解析：本题考查诱骗投资者买卖证券、期货合约的刑事立案追诉标准。选项A应为获利或者避免损失数额在5万元以上的，而非“2万元以上”，故选项A错误。

根据《最高人民检察院、公安部关于公安机关管辖的刑事案件立案追诉标准的规定（二）》第三十三条的规定，诱骗投资者买卖证券、期货合约案，涉嫌下列情形之一的，应予立案追诉：（1）获利或者避免损失数额在5万元以上的；（2）造成投资者直接经济损失数额在50万元以上的；（3）虽未达到上述数额标准，但多次诱骗投资者买卖证券、期货合约的；（4）致使交易价格或者交易量异常波动的。

19. 关于证券交易所、期货交易所、证券公司、期货经纪公司的从业人员，证券业协会、期货业协会或者证券期货监督管理部门的工作人员，故意提供虚假信息或者伪造、变造、销毁交易记录，诱骗投资者买卖证券、期货合约，造成严重后果的刑事责任处罚，下列说法不正确的是（　　）。

A. 造成严重后果的，处10年以下有期徒刑或者拘役

B. 造成严重后果的，处或者单处1万元以上10万元以下罚金

C. 情节特别恶劣的，处5年以上10年以下有期徒刑

D. 情节特别恶劣的，处2万元以上20万元以下罚金

答案：A

解析：本题考查诱骗投资者买卖证券、期货合约的刑事立案追诉标准。选项A应为造成严重后果的，处5年以下有期徒刑或者拘役，而非“10年以下”，故选项A错误。

根据《刑法》第一百八十一条的规定，证券交易所、期货交易所、证券公司、期货经纪公司的从业人员，证券业协会、期货业协会或者证券期货监督管理部门的工作人员，故意提供虚假信息或者伪造、变造、销毁交易记录，诱骗投资者买卖证券、期货合约，造成严重后果的，处5年以下有期徒刑或者拘役，并处或者单处1万元以上10万元以下罚金；情节特别恶劣的，处5年以上10年以下有期徒刑，并处2万元以上20万元以下罚金。

20. 关于证券公司及其从业人员违反《证券法》第五十七条的规定，有损害客户利益的行为，下列错误的是（　　）。

A. 给予警告，没收违法所得

B. 处以违法所得1倍以上10倍以下的罚款

C. 没有违法所得或者违法所得不足10万元的，处以50万元以上500万元以下的罚款

D. 情节严重的，暂停或者撤销相关业务许可

答案：C

解析：本题考查诱骗投资者买卖证券、期货合约的刑事立案追诉标准。选项C应为没有违法所得或者违法所得不足10万元的，处以10万元以上100万元以下的罚款，而非“50万元以上500万元以下”，故选项C错误。

根据《证券法》第一百九十四条的规定，证券公司及其从业人员违反《证券法》第五十七条的规定，有损害客户利益的行为的，给予警告，没收违法所得，并处以违法所得1倍以上10倍以下的罚款；没有违法所得或者违法所得不足10万元的，处以10万元以上100万元以下的罚款；情节严重的，暂停或者撤销相关业务许可。

21. 利用未公开信息交易的刑事立案标准，下列情形不足以要求刑事立案追诉的是（　　）。

A. 获利或者避免损失数额在10万元以上的

B. 2年内3次以上利用未公开信息交易的

C. 明示、暗示3人以上从事相关交易活动的

D. 获利或者避免损失数额在100万元以上的

答案：A

解析：本题考查利用未公开信息交易的刑事立案标准。选项A应为获利或者避免损失数额在100万元以上的，而非“10万元以上”，故选项A错误。

根据《最高人民检察院、公安部关于公安机关管辖的刑事案件立案追诉标准的

规定（二）》第31条的规定，利用未公开信息交易行为，涉嫌下列情形之一的，应予立案追诉：(1) 获利或者避免损失数额在100万元以上的；(2) 2年内3次以上利用未公开信息交易的；(3) 明示、暗示3人以上从事相关交易活动的；(4) 具有其他严重情节的。

22. 关于证券交易内幕信息知情人或者非法获取内幕信息的人违反《证券法》规定从事内幕交易的，下列说法不正确的是（　　）。

A. 责令依法处理非法持有的证券，没收违法所得，并处以违法所得1倍以上10倍以下的罚款

B. 没有违法所得或者违法所得不足50万元的，处以50万元以上500万元以下的罚款

C. 单位从事内幕交易的，还应当对直接负责的主管人员和其他直接责任人员给予警告，并处以20万元以上200万元以下的罚款

D. 国务院证券监督管理机构工作人员从事内幕交易的，从轻处罚

答案：D

解析：本题考查利用未公开信息交易的法律责任。国务院证券监督管理机构工作人员从事内幕交易的，从重处罚，而非选项D“从轻处罚”，故选项D错误。

证券交易内幕信息知情人或者非法获取内幕信息的人违反《证券法》第五十三条的规定从事内幕交易的，责令依法处理非法持有的证券，没收违法所得，并处以违法所得1倍以上10倍以下的罚款；没有违法所得或者违法所得不足50万元的，处以50万元以上500万元以下的罚款。单位从事内幕交易的，还应当对直接负责的主管人员和其他直接责任人员给予警告，并处以20万元以上200万元以下的罚款。

23. 内幕交易、泄露内幕信息罪，主要包括以下特殊主体，其中不正确的是（　　）。

A. 发行人及其董事、监事、高级管理人员

B. 持有公司5%以上股份的股东及其董事、监事、高级管理人员，公司的实际控制人及其董事、监事、高级管理人员

C. 发行人不控股或者非实际控制的公司及其董事、监事、高级管理人

D. 由于所任公司职务或者因与公司业务往来可以获取公司有关内幕信息的人员

答案：C

解析：本题考查内幕交易、泄露内幕信息罪的犯罪构成。选项C应为发行人控

股或者实际控制的公司及其董事、监事、高级管理人员，而非“不控股或者非实际控制的公司”，故选项C不正确。

该罪的主体是特殊主体，主要包括两个方面。(1)《证券法》中，证券、期货交易内幕信息的知情人员、单位包括：①发行人及其董事、监事、高级管理人员；②持有公司5%以上股份的股东及其董事、监事、高级管理人员，公司的实际控制人及其董事、监事、高级管理人员；③发行人控股或者实际控制的公司及其董事、监事、高级管理人员；④由于所任公司职务或者因与公司业务往来可以获取公司有关内幕信息的人员；⑤上市公司收购人或者重大资产交易方及其控股股东、实际控制人、董事、监事和高级管理人员；⑥因职务、工作可以获取内幕信息的证券交易场所、证券公司、证券登记结算机构、证券服务机构的有关人员；⑦因职责、工作可以获取内幕信息的证券监督管理机构工作人员；⑧因法定职责对证券的发行、交易或者对上市公司及其收购、重大资产交易进行管理可以获取内幕信息的有关主管部门、监管机构的工作人员；⑨国务院证券监督管理机构规定的可以获取内幕信息的其他人员。(2) 非法获取证券、期货交易内幕信息的人员、单位。

24. 关于内幕交易、泄露内幕信息罪的主体是特殊主体，下列不属于的是(　　)。

A. 上市公司收购人或者重大资产交易方及其控股股东、实际控制人、董事、监事和高级管理人员

B. 因职务、工作可以获取内幕信息的证券交易场所、证券公司、证券登记结算机构、证券服务机构的有关人员

C. 职责、工作无法获取内幕信息的证券其他人员

D. 因法定职责对证券的发行、交易或者对上市公司及其收购、重大资产交易进行管理可以获取内幕信息的有关主管部门、监管机构的工作人员

答案：C

解析：本题考查内幕交易、泄露内幕信息罪的犯罪构成。选项C职责、工作无法获取内幕信息的证券其他人员，不会构成泄露内幕信息罪的犯罪，故选项C不属于泄露内幕信息罪。

25. 关于内幕交易、泄露内幕信息行为，下列情形不足以要求刑事立案追诉的是(　　)。

A. 获利或者避免损失数额在50万元以上的

B. 证券交易成交额在100万元以上200万元以下的

C. 期货交易占用保证金数额在100万元以上的

D. 2 年内 3 次以上实施内幕交易、泄露内幕信息行为的

答案：B

解析：本题考查内幕交易、泄露内幕信息罪的立案标准。选项 B 应为证券交易成交额在 200 万元以上的，而非“100 万元以上 200 万元以下”，故选项 B 表述错误。

根据《最高人民检察院、公安部关于公安机关管辖的刑事案件立案追诉标准的规定（二）》第三十条的规定，内幕交易、泄露内幕信息行为，涉嫌下列情形之一的，应予立案追诉：（1）获利或者避免损失数额在 50 万元以上的；（2）证券交易成交额在 200 万元以上的；（3）期货交易占用保证金数额在 100 万元以上的；（4）2 年内 3 次以上实施内幕交易、泄露内幕信息行为的；（5）明示、暗示 3 人以上从事与内幕信息相关的证券、期货交易活动的；（6）具有其他严重情节的。

26. 内幕交易获利或者避免损失数额在 25 万元以上，或者证券交易成交额在 100 万元以上，或者期货交易占用保证金数额在 50 万元以上，同时涉嫌下列情形之一的，应予立案追诉，对于这些行为的描述不正确的是（　　）。

A. 证券法规定的证券交易内幕信息知情人实施或者与他人共同实施内幕交易行为的

B. 以出售或者变相出售内幕信息等方式，明示、暗示他人从事与该内幕信息相关的交易活动的

C. 因证券、期货犯罪行为受过刑事追究的

D. 5 年内因证券、期货违法行为受过行政处罚的

答案：D

解析：本题考查内幕交易、泄露内幕信息罪的立案标准。选项 D 应为 2 年内因证券、期货违法行为受过行政处罚的，而非“5 年内”，故选项 D 错误。

27. 操纵证券、期货市场罪，是指有下列情形之一，操纵证券、期货市场，影响证券、期货交易价格或者证券、期货交易量，其中不属于该罪的是（　　）。

A. 单独或者合谋，集中资金优势、持股或者持仓优势或者利用信息优势联合或者连续买卖

B. 与他人串通，以事先约定的时间、价格和方式相互进行证券、期货交易

C. 在自己实际控制的账户之间进行证券交易，或者以自己为交易对象，自买自卖期货合约的

D. 以成交为目的的，正常买入、卖出证券、期货合约

答案：D

解析：本题考查操纵证券、期货市场罪的概念。选项D“以成交为目的的，正常买入、卖出证券、期货合约”属于正常行为，不属于操纵证券的概念，故选项D正确。

操纵证券、期货市场罪，是指有下列情形之一，操纵证券、期货市场，影响证券、期货交易价格或者证券、期货交易量：(1) 单独或者合谋，集中资金优势、持股或者持仓优势或者利用信息优势联合或者连续买卖；(2) 与他人串通，以事先约定的时间、价格和方式相互进行证券、期货交易；(3) 在自己实际控制的账户之间进行证券交易，或者以自己为交易对象，自买自卖期货合约的；(4) 不以成交为目的，频繁或者大量申报买入、卖出证券、期货合约并撤销申报；(5) 利用虚假或者不确定的重大信息，诱导投资者进行证券、期货交易；(6) 对证券、证券发行人、期货交易标的公开作出评价、预测或者投资建议，同时进行反向证券交易或者相关期货交易；(7) 以其他方法操纵证券、期货市场的。

28. 关于操纵证券、期货市场罪，下列行为不属于该罪的是（　　）。

A. 不以成交为目的，频繁或者大量申报买入、卖出证券、期货合约并撤销申报

B. 使用真实信息，建议投资者进行证券、期货交易

C. 对证券、证券发行人、期货交易标的公开作出评价、预测或者投资建议，同时进行反向证券交易或者相关期货交易

D. 与他人串通，以事先约定的时间、价格和方式相互进行证券、期货交易

答案：B

解析：本题考查操纵证券、期货市场罪的概念。选项B“使用真实信息，建议投资者进行证券、期货交易”属于正常行为，不属于操纵证券的概念，故选项B正确。

操纵证券、期货市场罪，是指有下列情形之一，操纵证券、期货市场，影响证券、期货交易价格或者证券、期货交易量：(1) 单独或者合谋，集中资金优势、持股或者持仓优势或者利用信息优势联合或者连续买卖；(2) 与他人串通，以事先约定的时间、价格和方式相互进行证券、期货交易；(3) 在自己实际控制的账户之间进行证券交易，或者以自己为交易对象，自买自卖期货合约的；(4) 不以成交为目的，频繁或者大量申报买入、卖出证券、期货合约并撤销申报；(5) 利用虚假或者不确定的重大信息，诱导投资者进行证券、期货交易；(6) 对证券、证券发行人、期货交易标的公开作出评价、预测或者投资建议，同时进行反向证券交易或者相关期货交易；(7) 以其他方法操纵证券、期货市场的。

29. 关于操纵证券、期货市场罪的构成，下列说法有误的是（　　）。

A. 该罪的主体为一般主体。凡达到刑事责任年龄并且具有刑事责任能力的自然人均可成为本罪主体

B. 单位不能构成本罪

C. 该罪的主观方面由故意构成

D. 该罪的客体是侵犯国家证券、期货管理制度和投资者合法权益

答案：B

解析：本题考查操纵证券、期货市场罪的犯罪构成。

选项 B 应为单位亦能构成本罪，而非“单位不能构成本罪”，故选项 B 错误。

30. 操纵证券、期货市场，影响证券、期货交易价格或者证券、期货交易量，获利或者避免损失数额在五十万元以上，同时涉嫌下列情形之一的，应予立案追诉，对于这些行为的描述不正确的是（　　）。

A. 发行人、上市公司及其董事、监事、高级管理人员、控股股东或者实际控制人实施操纵证券、期货市场行为的

B. 收购人、重大资产重组的交易对方及其董事、监事、高级管理人员、控股股东或者实际控制人实施操纵证券、期货市场行为的

C. 行为人明知操纵证券、期货市场行为被有关部门调查，仍继续实施的

D. 1 年内因操纵证券、期货市场行为受过行政处罚的

答案：D

解析：本题考查操纵证券、期货市场罪的立案标准。选项 D 应为 2 年内因操纵证券、期货市场行为受过行政处罚的，而非“1 年内”，故选项 D 正确。

二、多项选择题。以下备选项中有两项或两项以上符合题目要求，多选、少选、错选均不得分。

1. 下列情形，可以认定为“以非法占有为目的”的情形的是（　　）。

A. 抽逃、转移资金、隐匿财产，逃避返还资金的

B. 隐匿、销毁账目，或者搞假破产、假倒闭，逃避返还资金的

C. 如实交代资金去向，积极返还资金的

D. 其他可以认定非法占有目的的情形

答案：ABD

解析：本题考查集资诈骗罪的认定。选项 C 如实交代资金去向，积极返还资金的属于正常行为，不属于诈骗非法集资，故选项 ABD 正确。

根据《最高人民法院关于审理非法集资刑事案件具体应用法律若干问题的解释》第七条，使用诈骗方法非法集资，具有下列情形之一的，可以认定为“以非法占有为目的”：(1) 集资后不用于生产经营活动或者用于生产经营活动与筹集资金规模明显不成比例，致使集资款不能返还的；(2) 肆意挥霍集资款，致使集资款不能返还的；(3) 携带集资款逃匿的；(4) 将集资款用于违法犯罪活动的；(5) 抽逃、转移资金、隐匿财产，逃避返还资金的；(6) 隐匿、销毁账目，或者搞假破产、假倒闭，逃避返还资金的；(7) 拒不交代资金去向，逃避返还资金的；(8) 其他可以认定非法占有目的的情形。

2. 关于违规披露、不披露重要信息罪，下列说法正确的是（　　）。

A. 本罪的犯罪主体为特殊主体，即依法负有信息披露义务的公司、企业及相关责任人员

B. 本罪犯罪主观方面由故意构成，过失同样构成本罪

C. 本罪侵犯的客体是国家有关公司、企业的财会报告及其他重要信息的管理秩序和股东、社会公众和其他利害关系人的合法权益

D. 本罪在客观方面表现为向股东和社会公众提供虚假的或者隐瞒重要事实的财务会计报告等，严重损害股东或者其他人利益的行为

答案：ACD

解析：本题考查违规披露、不披露重要信息罪的概念。犯罪主观方面只能由故意构成，过失不构成本罪，而选项 B“过失同样构成本罪”是错误的表述，故选项 B 错误，故选项 ACD 正确。犯罪主体为特殊主体，即依法负有信息披露义务的公司、企业及相关责任人员；犯罪主观方面只能由故意构成，过失不构成本罪；本罪侵犯的客体是国家有关公司、企业的财会报告及其他重要信息的管理秩序和股东、社会公众和其他利害关系人的合法权益；本罪在客观方面表现为向股东和社会公众提供虚假的或者隐瞒重要事实的财务会计报告等，严重损害股东或者其他人利益的行为。

3. 中国证监会《信息披露违法行为行政责任认定规则》关于违规披露、不披露重要信息行政责任认定作出了相关规定。关于认定从轻或者减轻处罚考虑的情形中正确的是（　　）。

A. 直接参与信息披露违法行为

B. 在信息披露违法行为被发现前，及时主动要求公司采取纠正措施或者向证券监管机构报告

C. 在获悉公司信息披露违法后，向公司有关主管人员或者公司上级主管提出

质疑并采取了适当措施

D. 配合证券监管机构调查且有立功表现

答案：BCD

解析：本题考查违规披露、不披露重要信息行政责任认定。中国证监会《信息披露违法行为行政责任认定规则》关于违规披露、不披露重要信息行政责任认定作出了相关规定。第二十条规定，认定从轻或者减轻处罚考虑的情形除选项 BCD 外，还有：(1) 未直接参与信息披露违法行为；(2) 受他人胁迫参与信息披露违法行为；(3) 其他需要考虑的情形。

4. 关于违规披露、不披露重要信息行政责任的认定，其中减轻处罚考虑的情形包括（　　）。

A. 在获悉公司信息披露违法后，向公司有关主管人员或者公司上级主管提出质疑并采取了适当措施

B. 配合证券监管机构调查且有立功表现

C. 未受他人胁迫参与信息披露违法行为

D. 未直接参与信息披露违法行为

答案：ABD

解析：本题考查违规披露、不披露重要信息行政责任认定。选项 C 应为受他人胁迫参与信息披露违法行为，而非“未受他人胁迫”，选项 C 错误，故选项 ABD 正确。

5. 中国证监会关于违规披露、不披露重要信息行政责任认定作出了相关规定。第二十一条规定，下列情形认定为不予行政处罚的考虑，其中包括（　　）。

A. 当事人对认定的信息披露违法事项提出具体异议记载于董事会、监事会、公司办公会会议记录等，并在上述会议中投反对票的

B. 当事人在信息披露违法事实所涉及期间，正常且积极履行工作的

C. 对公司信息披露违法行为不负有主要责任的人员在公司信息披露违法行为发生后及时向公司和证券交易所、证券监管机构报告的

D. 当事人在信息披露违法事实所涉及期间，由于不可抗力、失去人身自由等无法正常履行职责的

答案：ACD

解析：本题考查违规披露、不披露重要信息行政责任认定。选项 B 当事人在信息披露违法事实所涉及期间，正常且积极履行工作的，属于正常行为，不属于违规披露重要信息行政责任，故选项 ACD 正确。

6. 关于擅自改变公开发行证券募集资金用途的认定，下列说法不正确的是（　　）。

A. 公司对公开发行股票所募集资金，必须按照招股说明书所列资金用途使用

B. 可以不按照公开发行募集文件所列资金用途使用，双方公司同意即可

C. 改变资金用途，必须经股东大会作出决议

D. 擅自改变用途未作纠正的，或者未经股东大会认可的，不得公开发行新股

答案：ACD

解析：本题考查擅自改变公开发行证券募集资金用途的认定。公司对公开发行股票所募集资金，必须按照招股说明书或者其他公开发行募集文件所列资金用途使用；改变资金用途，必须经股东大会作出决议。擅自改变用途未作纠正的，或者未经股东大会认可的，不得公开发行新股。选项 B“双方公司同意”属于正常行为，不属于擅自改变公开发行证券募集资金用途的认定，故选项 B 错误。

7. 关于公开发行公司债券筹集资金的用途，下面说法不正确的是（　　）。

A. 无须按照公司债券募集办法所列资金用途使用

B. 改变资金用途，必须经债券持有人会议作出决议

C. 公开发行公司债券筹集的资金，可用于弥补亏损

D. 公开发行公司债券筹集的资金，可用于非生产性支出

答案：ACD

解析：本题考查公开发行公司债券募集资金用途的认定。公开发行公司债券筹集的资金，必须按照公司债券募集办法所列资金用途使用；改变资金用途，必须经债券持有人会议作出决议。公开发行公司债券筹集的资金，不得用于弥补亏损和非生产性支出。选项 A 应为必须按照公司债券募集办法所列资金用途使用，而非“无须按照公司债券募集办法”；选项 C 应为公开发行公司债券筹集的资金，不得用于弥补亏损，而非“可用于弥补亏”；选项 D 应为公开发行公司债券筹集的资金，不得用于非生产性支出，而非“可用于非生产性支出”，故选项 ACD 说法错误。

8. 关于擅自改变公开发行证券募集资金用途的法律责任，根据《证券法》第一百八十五条的规定，下列说法正确的是（　　）。

A. 发行人违反本法相关规定擅自改变公开发行证券所募集资金的用途的，责令改正，处以 50 万元以上 500 万元以下的罚款

B. 发行人违反本法相关规定擅自改变公开发行证券所募集资金的用途的，对直接负责的主管人员和其他直接责任人员给予警告，并处以 10 万元以上 100 万元以下的罚款

C. 发行人的控股股东、实际控制人从事或者组织、指使从事前款违法行为的，给予警告，并处以 10 万元以上 100 万元以下的罚款

D. 发行人的控股股东、实际控制人从事或者组织、指使从事前款违法行为的，对直接负责的主管人员和其他直接责任人员，处以 10 万元以上 100 万元以下的罚款

答案：ABD

解析：本题考查擅自改变公开发行证券募集资金用途的法律责任。选项 C 应为发行人的控股股东、实际控制人从事或者组织、指使从事前款违法行为的，给予警告，并处以 50 万元以上 500 万元以下的罚款，而非“10 万元以上 100 万元以下”故 C 错误，选项 ABD 正确。

9. 关于证券公司承销证券，下列说法正确的是（　　）。

A. 应当对公开发行募集文件的真实性、准确性、完整性进行核查

B. 发现有虚假记载、误导性陈述或者重大遗漏的，不得进行销售活动

C. 发现有虚假记载的，已经销售的，可以继续销售活动

D. 发现有虚假记载的，已经销售的，必须立即采取纠正措施

答案：ABD

解析：本题考查违反证券承销业务规定的行为认定。证券公司承销证券，应当对公开发行募集文件的真实性、准确性、完整性进行核查。发现有虚假记载、误导性陈述或者重大遗漏的，不得进行销售活动；已经销售的，必须立即停止销售活动，并采取纠正措施，而非选项 C“可以继续销售活动”，故 ABD 正确，答案选 ABD。

10. 下列行为中，属于违反证券承销业务规定的行为有（　　）。

A. 进行虚假的广告宣传活动

B. 以正当竞争手段招揽承销业务

C. 可进行其他违反证券承销业务规定的行为

D. 误导投资者的其他宣传推介活动

答案：ACD

解析：本题考查违反证券承销业务规定的行为认定。选项 B 以正当竞争手段招揽承销业务属于正常行为，不属于违反证券承销业务规定的行为，选项 ACD 正确。

11. 根据《证券法》规定，关于违反证券承销业务规定的法律责任，下列说法正确的是（　　）。

A. 责令改正，给予警告，没收违法所得，可以并处 50 万元以上 500 万元以下

的罚款

B. 情节严重的，暂停或者撤销相关业务许可

C. 对直接负责的主管人员和其他直接责任人员给予警告，可以并处 20 万元以上 200 万元以下的罚款

D. 对直接负责的主管人员给予警告，情节严重的，并处以 50 万元以上 500 万元以下的罚款

答案：ABCD

解析：本题考查违反证券承销业务规定的法律责任。

12. 关于聘请证券公司的保荐人，下列说法正确的是（　　）。

A. 保荐人应当遵守业务规则和行业规范

B. 保荐人应当诚实守信，勤勉尽责

C. 保荐人对发行人的申请文件和信息披露资料进行审慎核查

D. 保荐人可督导发行人规范运作

答案：ABCD

解析：本题考查提供虚假证明文件、出具证明文件重大失实的法律责任。

13. 关于保荐人出具有虚假记载、误导性陈述或者重大遗漏的保荐书，或者不履行其他法定职责的，下列说法正确的是（　　）。

A. 责令改正，给予警告，没收业务收入，并处以业务收入 1 倍以上 10 倍以下的罚款

B. 没有业务收入或者业务收入不足 100 万元的，处以 100 万元以上 1 000 万元以下的罚款

C. 情节严重的，并处暂停或者撤销保荐业务许可

D. 对直接负责的主管人员和其他直接责任人员给予警告，并处以 10 万元以上 100 万元以下的罚款

答案：ABC

解析：本题考查提供虚假证明文件、出具证明文件重大失实的法律责任。对直接负责的主管人员和其他直接责任人员给予警告，并处以 50 万元以上 500 万元以下的罚款，而非选项 D“处以 10 万元以上 100 万元以下”，选项 ABC 正确。

根据《证券法》第一百八十二条的规定，保荐人出具有虚假记载、误导性陈述或者重大遗漏的保荐书，或者不履行其他法定职责的，责令改正，给予警告，没收业务收入，并处以业务收入 1 倍以上 10 倍以下的罚款；没有业务收入或者业务收入不足 100 万元的，处以 100 万元以上 1 000 万元以下的罚款；情节严重的，并处

暂停或者撤销保荐业务许可。

14. 承担资产评估、验资、验证等职责的中介组织的人员故意提供虚假证明文件，有下列情形之一的，处 5 年以上 10 年以下有期徒刑，并处罚金，这些行为包括（　　）。

A. 提供与证券发行相关的虚假的资产评估、会计、审计、法律服务、保荐等证明文件，情节特别严重的

B. 提供与重大资产交易相关的虚假的资产评估、会计、审计等证明文件，情节特别严重的

C. 在涉及公共安全的重大工程、项目中提供虚假的安全评价、环境影响评价等证明文件，致使公共财产、国家和人民利益遭受特别重大损失的

D. 有情节特别严重的行为，同时索取他人财物或者非法收受他人财物构成犯罪的，依照处罚较轻的规定定罪处罚

答案：ABC

解析：本题考查提供虚假证明文件、出具证明文件重大失实的法律责任。有前述行为，同时索取他人财物或者非法收受他人财物构成犯罪的，依照处罚较重的规定定罪处罚，而非选项 D“依照处罚较轻的规定定罪处罚”，故选项 ABC 正确。

15. 违规披露、不披露重要信息罪的刑事立案标准，下列情形应予立案追诉的是（　　）。

A. 造成股东、债权人或者其他人直接经济损失数额累计在 10 万元以上的

B. 虚增或者虚减资产达到当期披露的资产总额 30% 以上的

C. 虚增或者虚减营业收入达到当期披露的营业收入总额 30% 以上的

D. 虚增或者虚减利润达到当期披露的利润总额 30% 以上的

答案：BCD

解析：本题考查违规披露、不披露重要信息罪的刑事立案追诉标准。选项 A 应为造成股东、债权人或者其他人直接经济损失数额累计在 100 万元以上的，而非“经济损失数额累计在 10 万元以上的”，故选项 BCD 正确。

根据《最高人民检察院、公安部关于公安机关管辖的刑事案件立案追诉标准的规定（二）》第六条的规定，依法负有信息披露义务的公司、企业向股东和社会公众提供虚假的或者隐瞒重要事实的财务会计报告，或者对依法应当披露的其他重要信息不按照规定披露，除选项 BCD 外，涉嫌下列情形之一的，应予立案追诉：（1）造成股东、债权人或者其他人直接经济损失数额累计在 100 万元以上的；（2）未按照规定披露的重大诉讼、仲裁、担保、关联交易或者其他重大事项

所涉及的数额或者连续12个月的累计数额达到最近一期披露的净资产50%以上的；（3）致使不符合发行条件的公司、企业骗取发行核准或者注册并且上市交易的；（4）致使公司、企业发行的股票或者公司、企业债券、存托凭证或者国务院依法认定的其他证券被终止上市交易的；（5）在公司财务会计报告中将亏损披露为盈利，或者将盈利披露为亏损的；（6）多次提供虚假的或者隐瞒重要事实的财务会计报告，或者多次对依法应当披露的其他重要信息不按照规定披露的；（7）其他严重损害股东、债权人或者其他人利益，或者有其他严重情节的情形。

16. 关于背信运用受托财产罪的构成，下列说法正确的是（　　）。

A. 该罪的主体是特殊主体，为商业银行、证券交易所、期货交易所、证券公司、期货经纪公司、保险公司或者其他金融机构

B. 该罪的主观方面只能是过失，过失构成本罪

C. 该罪侵犯的客体是金融管理秩序和客户的合法权益

D. 该罪的客观方面表现为利用其资金、信息等优势或者滥用职权操纵市场、制造市场假象，影响证券、期货市场

答案：ACD

解析：本题考查背信运用受托财产罪的犯罪构成。关于选项B应为该罪的主观方面只能是故意，过失不构成本罪，而非“过失构成本罪”，故选项ACD正确。

17. 关于背信运用受托财产罪的刑事立案追诉标准，根据《最高人民检察院、公安部关于公安机关管辖的刑事案件立案追诉标准的规定（二）》第三十五条的规定，涉嫌下列情形之一的，应予立案追诉。这些涉嫌行为包括（　　）。

A. 擅自运用客户资金或者其他委托、信托的财产数额在30万元以上的

B. 虽未达到上述数额标准，但多次擅自运用客户资金或者其他委托、信托的财产的

C. 虽未达到上述数额标准，但多次擅自运用多个客户资金或者其他委托、信托的财产的

D. 擅自运用客户资金等其他情节严重的情形

答案：ABCD

解析：本题考查背信运用受托财产罪的刑事立案追诉标准。

18. 关于诱骗投资者买卖证券、期货合约罪的构成，下列说法正确的是（　　）。

A. 该罪的主体是特殊主体，主要包括证券交易所、期货交易所、证券公司、期货经纪公司的从业人员

B. 该罪的主体包括证券业协会、期货业协会或者证券期货监督管理部门的工作人员

C. 该罪的主观方面可以是故意，过失构成本罪

D. 该罪侵犯的客体是证券、期货交易市场的正常管理秩序和证券、期货投资人的合法利益

答案：ABCD

解析：本题考查诱骗投资者买卖证券、期货合约罪犯罪构成。

19. 关于诱骗投资者买卖证券、期货合约案，涉嫌下列情形之一的，应予立案追诉。这些涉嫌行为包括（　　）。

A. 获利或者避免损失数额在 2 万元以上的

B. 造成投资者直接经济损失数额在 50 万元以上的

C. 虽未达到上述数额标准，但多次诱骗投资者买卖证券、期货合约的

D. 致使交易价格或者交易量异常波动的

答案：BCD

解析：本题考查诱骗投资者买卖证券、期货合约的刑事立案追诉标准。选项 A 应为获利或者避免损失数额在 5 万元以上的，而非“2 万元以上”，故选项 A 错误，选项 BCD 正确。

20. 证券交易所、期货交易所、证券公司、期货经纪公司的从业人员，证券业协会、期货业协会或者证券期货监督管理部门的工作人员，故意提供虚假信息或者伪造、变造、销毁交易记录，诱骗投资者买卖证券、期货合约，造成严重后果的刑事责任处罚，下列正确的是（　　）。

A. 造成严重后果的，处 5 年以下有期徒刑或者拘役

B. 造成严重后果的，处或者单处 1 万元以上 10 万元以下罚金

C. 情节特别恶劣的，处 5 年以上 10 年以下有期徒刑

D. 情节特别恶劣的，处 2 万元以上 20 万元以下罚金

答案：ABCD

解析：本题考查诱骗投资者买卖证券、期货合约的刑事立案追诉标准。

21. 有下列情形之一，操纵证券、期货市场，影响证券、期货交易价格或者证券、期货交易量，情节严重的，处 5 年以下有期徒刑或者拘役，并处或者单处罚金；情节特别严重的，处 5 年以上 10 年以下有期徒刑，并处罚金，关于这些涉嫌行为，描述正确的是（　　）。

A. 不以成交为目的，频繁或者大量申报买入、卖出证券、期货合约并撤销

申报的

B. 利用虚假或者不确定的重大信息，诱导投资者进行证券、期货交易的

C. 对证券、证券发行人、期货交易标的公开作出评价、预测或者投资建议，同时进行反向证券交易或者相关期货交易的

D. 单独或者合谋，集中资金优势、持股或者持仓优势或者利用信息优势联合或者连续买卖的

答案：ABCD

解析：本题考查操纵证券、期货市场罪的法律责任。

22. 利用未公开信息交易的刑事立案标准，涉嫌下列情形之一的，应予立案追诉。这些涉嫌行为包括（　　）。

A. 获利或者避免损失数额在100万元以上的

B. 2年内3次以上利用未公开信息交易的

C. 明示、暗示3人以上从事相关交易活动的

D. 非法获利等其他严重情节的

答案：ABCD

解析：本题考查利用未公开信息交易的刑事立案标准。

23. 利用未公开信息交易，获利或者避免损失数额在50万元以上，或者证券交易成交额在500万元以上，或者期货交易占用保证金数额在100万元以上，同时涉嫌下列情形之一的，应予立案追诉。这些涉嫌行为包括（　　）。

A. 以出售或者变相出售未公开信息等方式，明示、暗示他人从事相关交易活动的

B. 因证券、期货犯罪行为受过刑事追究的

C. 两年内因证券、期货违法行为受过行政处罚的

D. 以出售或者变相出售未公开信息等方式，造成其他严重后果的

答案：ABCD

解析：本题考查利用未公开信息交易的刑事立案标准。

24. 关于证券交易内幕信息知情人或者非法获取内幕信息的人违反《证券法》规定从事内幕交易的，下列说法正确的是（　　）。

A. 责令依法处理非法持有的证券，没收违法所得，并处以违法所得1倍以上10倍以下的罚款

B. 没有违法所得或者违法所得不足50万元的，处以50万元以上500万元以下的罚款

C. 单位从事内幕交易的，还应当对直接负责的主管人员和其他直接责任人员给予警告，并处以 20 万元以上 200 万元以下的罚款

D. 国务院证券监督管理机构工作人员从事内幕交易的，从轻处罚

答案：ABC

解析： 本题考查利用未公开信息交易的法律责任。国务院证券监督管理机构工作人员从事内幕交易的，从重处罚，而非选项 D“从轻处罚”。

25. 内幕交易、泄露内幕信息罪的主体是特殊主体，下列说法正确的是（　　）。

A. 上市公司收购人或者重大资产交易方及其控股股东、实际控制人、董事、监事和高级管理人员

B. 因职务、工作可以获取内幕信息的证券交易场所、证券公司、证券登记结算机构、证券服务机构的有关人员

C. 因职责、工作可以获取内幕信息的证券监督管理机构工作人员

D. 因法定职责对证券的发行、交易或者对上市公司及其收购、重大资产交易进行管理可以获取内幕信息的有关主管部门、监管机构的工作人员

答案：ABCD

解析： 本题考查内幕交易、泄露内幕信息罪的犯罪构成。

26. 关于内幕交易、泄露内幕信息行为，涉嫌下列情形之一的，应予立案追诉。这些涉嫌行为包括（　　）。

A. 获利或者避免损失数额在 50 万元以上的

B. 证券交易成交额在 100 万元以上的

C. 期货交易占用保证金数额在 100 万元以上的

D. 2 年内 3 次以上实施内幕交易、泄露内幕信息行为的

答案：ACD

解析： 本题考查内幕交易、泄露内幕信息罪的立案标准。选项 B 应为证券交易成交额在 200 万元以上的，而非“100 万元以上”故选项 B 错误，选项 ACD 正确。

根据《最高人民检察院、公安部关于公安机关管辖的刑事案件立案追诉标准的规定（二）》第三十条的规定，内幕交易、泄露内幕信息行为，除选项 ACD 外，涉嫌下列情形之一的，也应予立案追诉：（1）证券交易成交额在 200 万元以上的；（2）明示、暗示 3 人以上从事与内幕信息相关的证券、期货交易活动的；（3）具有其他严重情节的。

27. 内幕交易获利或者避免损失数额在 25 万元以上，或者证券交易成交额在

100万元以上，或者期货交易占用保证金数额在50万元以上，同时涉嫌下列情形之一的，应予立案追诉。这些涉嫌行为包括（　　）。

A.《证券法》规定的证券交易内幕信息知情人实施或者与他人共同实施内幕交易行为的

B. 以出售或者变相出售内幕信息等方式，明示、暗示他人从事与该内幕信息相关的交易活动的

C. 因证券、期货犯罪行为受过刑事追究的

D. 5年内因证券、期货违法行为受过行政处罚的

答案：ABC

解析：本题考查内幕交易、泄露内幕信息罪的立案标准。选项D应为2年内因证券、期货违法行为受过行政处罚的，而非“5年内”，故选项D错误。

28. 关于操纵证券、期货市场罪，下列说法正确的是（　　）。

A. 与他人串通，以事先约定的时间、价格和方式，相互进行证券、期货交易

B. 利用虚假或者不确定的重大信息，诱导投资者进行证券、期货交易

C. 对证券、证券发行人、期货交易标的公开作出评价、预测或者投资建议，同时进行反向证券交易或者相关期货交易

D. 不以成交为目的，频繁或者大量申报买入、卖出证券、期货合约并撤销申报的

答案：ABCD

解析：本题考查操纵证券、期货市场罪的概念。

29. 操纵期货市场，影响期货交易量，获利数额在50万元以上，同时涉嫌下列情形之一的，应予立案追诉。这些涉嫌行为包括（　　）。

A. 因操纵证券、期货市场行为受过刑事追究的

B. 两年内因操纵证券、期货市场行为受过行政处罚的

C. 在市场出现重大异常波动等特定时段操纵证券、期货市场的

D. 因操纵期货市场等行为造成其他严重后果的

答案：ABCD

解析：本题考查操纵证券、期货市场罪的立案标准。

30. 操纵证券、期货市场，影响证券、期货交易价格或者证券、期货交易量，获利或者避免损失数额在50万元以上，同时涉嫌下列情形之一的，应予立案追诉。这些涉嫌行为包括（　　）。

A. 发行人、上市公司及其董事、监事、高级管理人员、控股股东或者实际控制人实施操纵证券、期货市场行为的

B. 收购人、重大资产重组的交易对方及其董事、监事、高级管理人员、控股股东或者实际控制人实施操纵证券、期货市场行为的

C. 行为人明知操纵证券、期货市场行为被有关部门调查，仍继续实施的

D. 因操纵证券、期货市场行为受过刑事追究的

答案：ABCD

解析：本题考查操纵证券、期货市场罪的立案标准。操纵证券、期货市场，影响证券、期货交易价格或者证券、期货交易量，获利或者避免损失数额在50万元以上，除涉嫌选项ABCD情形外，也包括下列情形之一的，应予立案追诉：(1) 两年内因操纵证券、期货市场行为受过行政处罚的；(2) 在市场出现重大异常波动等特定时段操纵证券、期货市场的；(3) 造成其他严重后果的。

三、判断题。不选、错选均不得分。

1. 关于违规披露、不披露重要信息罪的标准，未按照规定披露的重大诉讼、仲裁、担保、关联交易或者其他重大事项所涉及的数额或者连续12个月的累计数额达到最近一期披露的净资产50%以上的，应予以立案追诉。(　　)

答案：正确

解析：本题考查违规披露、不披露重要信息罪的刑事立案追诉标准。根据《最高人民检察院、公安部关于公安机关管辖的刑事案件立案追诉标准的规定(二)》第六条的规定，依法负有信息披露义务的公司、企业向股东和社会公众提供虚假的或者隐瞒重要事实的财务会计报告，或者对依法应当披露的其他重要信息不按照规定披露，涉嫌下列情形之一的，应予立案追诉：(1) 造成股东、债权人或者其他人直接经济损失数额累计在100万元以上的；(2) 虚增或者虚减资产达到当期披露的资产总额30%以上的；(3) 虚增或者虚减营业收入达到当期披露的营业收入总额30%以上的；(4) 虚增或者虚减利润达到当期披露的利润总额30%以上的；(5) 未按照规定披露的重大诉讼、仲裁、担保、关联交易或者其他重大事项所涉及的数额或者连续12个月的累计数额达到最近一期披露的净资产50%以上的；(6) 致使不符合发行条件的公司、企业骗取发行核准或者注册并且上市交易的；(7) 致使公司、企业发行的股票或者公司、企业债券、存托凭证或者国务院依法认定的其他证券被终止上市交易的；(8) 在公司财务会计报告中将亏损披露为盈利，或者将盈利披露为亏损的；(9) 多次提供虚假的或者隐瞒重要事实的财务会

计报告，或者多次对依法应当披露的其他重要信息不按照规定披露的；（10）其他严重损害股东、债权人或者其他人利益，或者有其他严重情节的情形。

2. 违规披露、不披露重要信息罪的犯罪主体为特殊主体，即依法负有信息披露义务的公司、企业及相关责任人员。（　）

答案：正确

解析：本题考查违规披露、不披露重要信息罪的概念。犯罪主体为特殊主体，即依法负有信息披露义务的公司、企业及相关责任人员；犯罪主观方面只能由故意构成，过失不构成本罪；本罪侵犯的客体是国家有关公司、企业的财会报告及其他重要信息的管理秩序和股东、社会公众和其他利害关系人的合法权益。

3. 肆意挥霍集资款，致使集资款不能返还的行为，可认定为“以非法占有为目的”，属于可认定集资诈骗罪的行为。（　）

答案：正确

解析：本题考查集资诈骗罪的认定。根据《最高人民法院关于审理非法集资刑事案件具体应用法律若干问题的解释》第七条，使用诈骗方法非法集资，具有下列情形之一的，可以认定为“以非法占有为目的”：（1）集资后不用于生产经营活动或者用于生产经营活动与筹集资金规模明显不成比例，致使集资款不能返还的；（2）肆意挥霍集资款，致使集资款不能返还的；（3）携带集资款逃匿的；（4）将集资款用于违法犯罪活动的；（5）抽逃、转移资金、隐匿财产，逃避返还资金的；（6）隐匿、销毁账目，或者搞假破产、假倒闭，逃避返还资金的；（7）拒不交代资金去向，逃避返还资金的；（8）其他可以认定非法占有目的的情形。

4. 以非法方式吸收公众存款的行为，属于非法吸收公众存款罪。（　）

答案：正确

解析：本题考查非法吸收公众存款罪。非法吸收公众存款罪，是指非法吸收公众存款或者变相吸收公众存款，扰乱金融秩序的行为。

5. 非法集资是根据国家金融管理规定，以许诺投资回报等方式，向特定对象收取资金的行为。（　）

答案：错误

解析：本题考查非法集资类犯罪的认定。非法集资指未经国务院金融管理部门依法许可或者违反国家金融管理规定，以许诺还本付息或者给予其他投资回报等方式，向不特定对象吸收资金的行为。非法集资的三要件为：一是“未经国务院金融管理部门依法许可或者违反国家金融管理规定”，即非法性；二是“许诺还本付息或者给予其他投资回报”，即利诱性；三是“向不特定对象吸收资金”，即社会性。

6. 行为人必须实施在招股说明书、认股书、公司、企业债券募集办法等发行文件中隐瞒重要事实或者编造重大虚假内容的行为，可被认定为欺诈发行证券罪。(　　)

答案：正确

解析：本题考查欺诈发行证券罪的认定。如果行为人仅是制作了虚假的招股说明书、认股书、公司、企业债券募集办法等发行文件，而未实施发行证券的行为，不构成本罪。必须是既制作了虚假的上述文件，且已经发行证券的才构成本罪；行为人制作虚假的招股说明书、认股书、公司、企业债券募集办法等发行文件发行证券的行为，必须达到一定的严重程度，即达到“数额巨大、后果严重或者有其他严重情节的”，才构成犯罪。

7. 欺诈发行证券，是指发行人符合发行条件，以欺骗手段骗取发行注册的行为。(　　)

答案：错误

解析：本题考查欺诈发行证券的概念。欺诈发行证券，是指发行人不符合发行条件，以欺骗手段骗取发行注册的行为。情节严重构成犯罪的，以欺诈发行证券罪定罪处罚。

8. 擅自发行股票、公司、企业债券罪的主体是一般主体，只能是自然人。(　　)

答案：错误

解析：本题考查擅自发行股票、公司、企业债券罪的认定。本罪的主体是一般主体，既可以是自然人，也可以是单位。

9. 诱骗投资者买卖证券、期货合约罪的主体是特殊主体，主要包括证券交易所、期货交易所、证券公司、期货经纪公司的从业人员。(　　)

答案：正确

解析：本题考查诱骗投资者买卖证券、期货合约罪的犯罪构成。诱骗投资者买卖证券、期货合约罪的主体是特殊主体，主要包括两个方面：(1) 证券交易所、期货交易所、证券公司、期货经纪公司的从业人员；(2) 证券业协会、期货业协会或者证券期货监督管理部门的工作人员。

10. 利用未公开信息交易罪的主体是特殊主体，包括证券交易所、期货交易所、证券公司、期货经纪公司、基金管理公司、商业银行、保险公司等金融机构的从业人员。(　　)

答案：正确

解析：本题考查利用未公开信息交易罪的概念。利用未公开信息交易罪的主体是特殊主体，主要包括两个方面：（1）证券交易所、期货交易所、证券公司、期货经纪公司、基金管理公司、商业银行、保险公司等金融机构的从业人员；（2）有关监管部门或者行业协会的工作人员。

11. 致使公司、企业发行的股票或者公司、企业债券、存托凭证或者国务院依法认定的其他证券被终止上市交易的违规披露、不披露重要信息罪，应予以立案追诉。（　）

答案：正确

解析：本题考查违规披露、不披露重要信息罪的刑事立案追诉标准。根据《最高人民检察院、公安部关于公安机关管辖的刑事案件立案追诉标准的规定（二）》第六条的规定，依法负有信息披露义务的公司、企业向股东和社会公众提供虚假的或者隐瞒重要事实的财务会计报告，或者对依法应当披露的其他重要信息不按照规定披露，涉嫌下列情形之一的，应予立案追诉：（1）造成股东、债权人或者其他人直接经济损失数额累计在100万元以上的；（2）虚增或者虚减资产达到当期披露的资产总额30%以上的；（3）虚增或者虚减营业收入达到当期披露的营业收入总额30%以上的；（4）虚增或者虚减利润达到当期披露的利润总额30%以上的；（5）未按照规定披露的重大诉讼、仲裁、担保、关联交易或者其他重大事项所涉及的数额或者连续12个月的累计数额达到最近一期披露的净资产50%以上的；（6）致使不符合发行条件的公司、企业骗取发行核准或者注册并且上市交易的；（7）致使公司、企业发行的股票或者公司、企业债券、存托凭证或者国务院依法认定的其他证券被终止上市交易的；（8）在公司财务会计报告中将亏损披露为盈利，或者将盈利披露为亏损的；（9）多次提供虚假的或者隐瞒重要事实的财务会计报告，或者多次对依法应当披露的其他重要信息不按照规定披露的；（10）其他严重损害股东、债权人或者其他人利益，或者有其他严重情节的情形。

12. 违规披露、不披露重要信息罪的犯罪主观方面由故意构成，过失同样构成本罪。（　）

答案：错误

解析：本题考查违规披露、不披露重要信息罪的概念。犯罪主观方面只能由故意构成，过失不构成本罪，故本题“违规披露、不披露重要信息罪的犯罪主观方面由故意构成，过失同样构成本罪”表述错误，答案为错误。

13. 携带集资款逃匿的行为，可以认定为“以非法占有为目的”，属于可认定集资诈骗罪的行为。（　）

答案：正确

解析：本题考查集资诈骗罪的认定。根据《最高人民法院关于审理非法集资刑事案件具体应用法律若干问题的解释》第七条，使用诈骗方法非法集资，具有下列情形之一的，可以认定为“以非法占有为目的”：(1) 集资后不用于生产经营活动或者用于生产经营活动与筹集资金规模明显不成比例，致使集资款不能返还的；(2) 肆意挥霍集资款，致使集资款不能返还的；(3) 携带集资款逃匿的；(4) 将集资款用于违法犯罪活动的；(5) 抽逃、转移资金、隐匿财产，逃避返还资金的；(6) 隐匿、销毁账目，或者搞假破产、假倒闭，逃避返还资金的；(7) 拒不交代资金去向，逃避返还资金的；(8) 其他可以认定非法占有目的的情形。

14. 变相吸收公众存款的行为，属于非法吸收公众存款罪。(　　)

答案：正确

解析：本题考查非法吸收公众存款罪。非法吸收公众存款罪，是指非法吸收公众存款或者变相吸收公众存款，扰乱金融秩序的行为。

15. 非法集资是未经过国务院金融管理部门的依法许可的。(　　)

答案：正确

解析：本题考查非法集资类犯罪的认定。非法集资指未经国务院金融管理部门依法许可或者违反国家金融管理规定，以许诺还本付息或者给予其他投资回报等方式，向不特定对象吸收资金的行为。

16. 行为人必须是既制作了虚假的公司、企业债券募集办法等发行文件，且已经发行证券的，才构成欺诈发行证券罪。(　　)

答案：正确

解析：本题考查欺诈发行证券罪的认定。如果行为人仅是制作了虚假的招股说明书、认股书、公司、企业债券募集办法等发行文件，而未实施发行证券的行为，不构成本罪。

17. 欺诈发行证券，是指发行人不符合发行条件，以正常手段发行注册的行为。(　　)

答案：错误

解析：本题考查欺诈发行证券的概念。欺诈发行证券，是指发行人不符合发行条件，以欺骗手段骗取发行注册的行为。情节严重构成犯罪的，以欺诈发行证券罪定罪处罚。

18. 利用未公开信息交易罪的主观方面是故意，过失同样构成本罪。(　　)

答案：错误

解析：本题考查利用未公开信息交易罪的概念。利用未公开信息交易罪的主体是特殊主体，主要包括两个方面：（1）证券交易所、期货交易所、证券公司、期货经纪公司、基金管理公司、商业银行、保险公司等金融机构的从业人员；（2）有关监管部门或者行业协会的工作人员；该罪的主观方面只能是故意，过失不构成本罪；该罪侵犯的客体是证券、期货交易市场的正常管理秩序和证券、期货投资人的合法利益；该罪的客观要件表现为利用因职务便利获取的内幕信息以外的其他未公开信息，违反规定，从事与该信息相关的证券、期货交易活动，或者明示、暗示他人从事相关交易活动，情节严重的行为。本题“过失同样构成本罪”表述不正确，故答案为错误。

19. 诱骗投资者买卖证券、期货合约罪的主体包括证券业协会、期货业协会或者证券期货监督管理部门的工作人员。（　　）

答案：正确

解析：本题考查诱骗投资者买卖证券、期货合约罪的犯罪构成。

20. 利用未公开信息交易罪的主体是特殊主体，包括有关监管部门或者行业协会的工作人员。（　　）

答案：正确

解析：本题考查利用未公开信息交易罪的概念。

21. 对于在公司财务会计报告中如实报告盈亏情况的，属于披露重要信息罪，应予以立案追诉。（　　）

答案：错误

解析：本题考查违规披露、不披露重要信息罪的刑事立案追诉标准。根据《最高人民检察院、公安部关于公安机关管辖的刑事案件立案追诉标准的规定（二）》第六条的规定，依法负有信息披露义务的公司、企业向股东和社会公众提供虚假的或者隐瞒重要事实的财务会计报告，或者对依法应当披露的其他重要信息不按照规定披露，涉嫌下列情形之一的，应予立案追诉：（1）造成股东、债权人或者其他人直接经济损失数额累计在100万元以上的；（2）虚增或者虚减资产达到当期披露的资产总额30%以上的；（3）虚增或者虚减营业收入达到当期披露的营业收入总额30%以上的；（4）虚增或者虚减利润达到当期披露的利润总额30%以上的；（5）未按照规定披露的重大诉讼、仲裁、担保、关联交易或者其他重大事项所涉及的数额或者连续12个月的累计数额达到最近一期披露的净资产50%以上的；（6）致使不符合发行条件的公司、企业骗取发行核准或者注册并且上市交易的；（7）致使公司、企业发行的股票或者公司、企业债券、存托凭证或者国务院依法认定的其他证券被终止上市交易的；（8）在公司财务会计报告中将亏损披露为盈利，或者将盈利披露为亏损的；(9) 多次提供虚假的或者隐瞒重要事实的财务会计报告，或者多次对依法应当披露的其他重要信息不按照规定披露的；(10) 其他严重损害股东、债权人或者其他人利益，或者有其他严重情节的情形。

22. 违规披露、不披露重要信息罪在客观方面表现为向股东和社会公众提供虚假的或者隐瞒重要事实的财务会计报告等，严重损害股东或者其他人利益的行为。(　　)

答案：正确

解析：本题考查违规披露、不披露重要信息罪的概念。

23. 将集资款用于正常商业活动的，属于可认定集资诈骗罪的行为。(　　)

答案：错误

解析：本题考查集资诈骗罪的认定。根据《最高人民法院关于审理非法集资刑事案件具体应用法律若干问题的解释》第七条，使用诈骗方法非法集资，具有下列情形之一的，可以认定为“以非法占有为目的”：(1) 集资后不用于生产经营活动或者用于生产经营活动与筹集资金规模明显不成比例，致使集资款不能返还的；(2) 肆意挥霍集资款，致使集资款不能返还的；(3) 携带集资款逃匿的；(4) 将集资款用于违法犯罪活动的；(5) 抽逃、转移资金、隐匿财产，逃避返还资金的；(6) 隐匿、销毁账目，或者搞假破产、假倒闭，逃避返还资金的；(7) 拒不交代资金去向，逃避返还资金的；(8) 其他可以认定非法占有目的的情形。

24. 未向社会公开宣传，在亲友或者单位内部针对特定对象吸收资金的，属于非法吸收或者变相吸收公众存款。(　　)

答案：错误

解析：本题考查非法吸收公众存款罪。非法吸收公众存款罪，是指非法吸收公众存款或者变相吸收公众存款，扰乱金融秩序的行为；未向社会公开宣传，在亲友或者单位内部针对特定对象吸收资金的，不属于非法吸收或者变相吸收公众存款，故答案为错误。

25. 非法集资会非法许诺还本付息或者给予其他的投资回报。(　　)

答案：正确

解析：本题考查非法集资类犯罪的认定。非法集资的三要件为：一是“未经国务院金融管理部门依法许可或者违反国家金融管理规定”，即非法性；二是“许诺还本付息或者给予其他投资回报”，即利诱性；三是“向不特定对象吸收资金”，即社会性。

26. 行为人制作虚假的招股说明书、认股书、公司、企业债券募集办法等发行

文件发行证券的行为，不需要达到一定的严重程度，便可构成犯罪。(　　)

答案：错误

解析：本题考查欺诈发行证券罪的认定。

27. 擅自发行股票、公司、企业债券罪的客体是国家对发行股票或者公司、企业债券的管理秩序。(　　)

答案：正确

解析：本题考查擅自发行股票、公司、企业债券罪的认定。

四、综合题。每问备选答案中有一项或多项符合题目要求，不选、错选均不得分。

(一) 2018 年下半年，F 公司因资金紧张、经营困难，公司法定代表人王某与公司高管研究决定发行私募债券融资，并安排财务负责人李某具体负责。为顺利发行债券，王某安排李某对会计事务所隐瞒 F 公司及王某负债数千万的重要事实，并提供虚假财务账表、凭证，通过虚构公司销售收入和应收款项、骗取审计询证等方式，致使会计事务所等审计报告发生重大误差，且在募集说明书中引用审计报告。2019 年 5 月，F 公司在某证券交易所骗取 5 000 万元中小企业私募债券发行备案，并在当年内分两期完成发行。F 公司获得募集资金后，未按约定用于公司生产经营，而是用于偿还公司及王某所欠银行贷款、民间借贷等，致使债券本金及利息无法到期偿付，造成投资者重大经济损失。2022 年 12 月，法院以欺诈发行债券罪依法做出判决，分别判处王某、李某有期徒刑。

据此回答以下 1 ~ 3 题。

1. 关于王某及李某的上述行为中，构成《刑法》第一百六十条的违法行为的是(　　)。

A. 在招股说明书、认股书、公司、企业债券募集办法中，隐瞒重要事实

B. 在招股说明书、认股书、公司、企业债券募集办法中，编造重大虚假内容

C. 发行股票或者公司、企业债券，数额不大、后果较轻

D. 发行股票或者公司、企业债券，数额巨大、后果严重

答案：ABD

解析：本题考查欺诈发行债券罪。王某及李某的上述行为构成《刑法》第一百六十条规定的“在招股说明书、认股书、公司、企业债券募集办法中，隐瞒重要事实的行为或者编造重大虚假内容，发行股票或者公司、企业债券，数额巨大、后果严重或者有其他严重情节”的违法行为。本案涉案金额 5 000 万元，已属于数额巨大、后果严重的涉案行为。故 C 选项“发行股票或者公司、企业债券，数额不大、

后果较轻”不符合《刑法》规定，答案为 ABD。

2. 关于王某及李某的欺诈发行证券罪的犯罪构成，下面说法正确的是（　　）。

A. 王某及李某对会计事务所隐瞒公司及王某负债数千万元的重要事实，但也是为了偿还公司及王某所欠银行贷款、民间借贷等，所以主观上不具有欺诈发行私募债的故意

B. 王某及李某对会计事务所隐瞒公司及王某负债数千万元的重要事实，客观上实施了“向会计事务所提供虚假财务账表、凭证通过虚构公司销售收入和应收款项、骗取审计询证等方式，致使会计事务所等审计报告发生重大误差，且在募集说明书中引用审计报告”的欺诈行为，并在某证券交易所骗取中小企业私募债券发行备案且完成发行

C. 犯罪客体方面，王某及李某的上述行为，侵犯了国家对证券市场的管理秩序

D. 犯罪客体方面，A 公司未按约定将募集资金用于公司生产经营，而是用于偿还公司及王某所欠银行贷款、民间借贷等，致使债券本金及利息无法到期偿付，造成投资者重大经济损失

答案：BCD

解析：本题考查欺诈发行债券罪的犯罪构成。王某及李某对会计事务所隐瞒公司及王某负债数千万元的重要事实，主观上不具有欺诈发行私募债的故意。犯罪客体方面，王某及李某的上述行为，侵犯了国家对证券市场的管理秩序，而后 A 公司未按约定将募集资金用于公司生产经营，而是用于偿还公司及王某所欠银行贷款、民间借贷等，致使债券本金及利息无法到期偿付，造成投资者重大经济损失。

3. 关于王某及李某的欺诈发行证券罪，根据《刑法》第一百六十条的规定，发行人的刑事责任中，下列表述正确的是（　　）。

A. 在招股说明书、企业债券募集办法等发行文件中隐瞒重要事实或者编造重大虚假内容，企业债券等，数额巨大、后果严重或者有其他严重情节的，处 5 年以下有期徒刑或者拘役，并处或者单处罚金

B. 数额特别巨大、后果特别严重或者有其他特别严重情节的，处 10 年以上有期徒刑，并处罚金

C. 控股股东、实际控制人组织、指使实施前款行为的，处 5 年以下有期徒刑或者拘役，并处或者单处非法募集资金金额 20% 以上 1 倍以下罚金

D. 数额特别巨大、后果特别严重或者有其他特别严重情节的，处 5 年以上有期徒刑，并处非法募集资金金额 20% 以上 1 倍以下罚金

答案：ACD

解析：本题考查欺诈发行债券罪。根据《刑法》第一百六十条的规定，在招股说明书、认股书、公司、企业债券募集办法等发行文件中隐瞒重要事实或者编造重大虚假内容，发行股票或者公司、企业债券、存托凭证或者国务院依法认定的其他证券，数额巨大、后果严重或者有其他严重情节的，处5年以下有期徒刑或者拘役，并处或者单处罚金；数额特别巨大、后果特别严重或者有其他特别严重情节的，处5年以上有期徒刑，并处罚金。

控股股东、实际控制人组织、指使实施前款行为的，处5年以下有期徒刑或者拘役，并处或者单处非法募集资金金额20%以上1倍以下罚金；数额特别巨大、后果特别严重或者有其他特别严重情节的，处5年以上有期徒刑，并处非法募集资金金额20%以上1倍以下罚金。选项B“数额特别巨大、后果特别严重或者有其他特别严重情节的，处10年以上有期徒刑”应为“处5年以上有期徒刑”，故选项ACD正确。

（二）朱某系甲证券公司副总经理，2021年5月，朱某与甲证券公司原总经理牛某共谋并组织实施，通过操纵乙公司股票交易，牟取非法利益。

经安排，朱某以丙公司及其他单位、个人名义共开设1 000余个账户，并将甲证券公司资金转存入上述账户，由朱某实际控制上述账户，牛某负责操作。

2021年10月至2022年3月，朱某、牛某伙同同案人通过控制的上述账户，不以成交为目的，频繁申报、撤单或大额申报、撤单，并进行与申报相反的交易。2022年2月2日，朱某、牛某控制账户组撤回申报买入乙公司股票量分别占当日该股票总申报买入量的58%、55%、62%，撤回申报金额分别为3.2亿元、1.1亿元、1.6亿元。随后，朱某、牛某控制账户组采取集中资金优势、持股优势，连续买卖等手段实施与虚假申报相反的交易行为，违法所得金额人民币3 000万元。朱某控制的上述账户内乙公司股票成交量多次占同期该股票连续20个交易日成交总量的30%以上，其中最高持有乙公司股票占总流通股38%，且未公告持股情况，严重危害正常的股票交易秩序。

法院经审理认为，朱某是甲证券公司员工，符合操纵证券、期货市场罪的主体要件；朱某安排他人实施作案，符合操纵证券、期货市场罪的主观故意要件；牛某明知朱某存在操纵证券市场行为的情况下，仍接受朱某的安排多次从事涉案股票交易；朱某、牛某不以成交为目的，频繁申报、撤单或大额申报、撤单，并采取集中资金优势、持股优势，连续买卖等手段进行与申报相反的交易，操纵证券交易量和交易价格，严重扰乱了证券交易秩序，也符合操纵证券、期货市场罪的客体和客观要件。法院裁判朱某犯操纵证券市场罪，判处有期徒刑 3 年 6 个月，并处罚金人民币 3 200 万元；牛某犯操纵证券市场罪，判处有期徒刑 2 年 8 个月，并处罚金人民币 1 800 万元。操纵证券市场违法所得予以追缴。

据此回答以下 1 ~2 题。

1. 关于朱某、牛某的操纵证券、期货市场罪的犯罪构成，下面正确的说法是（　　）。

A. 朱某是甲证券公司员工，符合操纵证券、期货市场罪的主体要件

B. 朱某安排他人实施作案，符合操纵证券、期货市场罪的主观故意要件

C. 牛某明知朱某存在操纵证券市场行为的情况下，仍接受朱某的安排多次从事涉案股票交易

D. 朱某、牛某不以成交为目的，频繁申报、撤单或大额申报、撤单，并采取集中资金优势、持股优势，连续买卖等手段进行与申报相反的交易，操纵证券交易量和交易价格，严重扰乱了证券交易秩序，也符合操纵证券、期货市场罪的客体和客观要件

答案：ABCD

解析： 本题考查操纵证券、期货市场罪的犯罪构成。朱某是甲证券公司员工，符合操纵证券、期货市场罪的主体要件；朱某安排他人实施作案，符合操纵证券、期货市场罪的主观故意要件；牛某明知朱某存在操纵证券市场行为的情况下，仍接受朱某的安排多次从事涉案股票交易；朱某、牛某不以成交为目的，频繁申报、撤单或大额申报、撤单，并采取集中资金优势、持股优势，连续买卖等手段进行与申报相反的交易，操纵证券交易量和交易价格，严重扰乱了证券交易秩序，也符合操纵证券、期货市场罪的客体和客观要件。故答案为 ABCD。

2. 法院裁判朱某及牛某犯操纵证券市场罪，操纵证券市场违法所得予以追缴。下列判罚中，符合刑事案件判罚的是（　　）。

A. 朱某犯操纵证券市场罪，判处有期徒刑 13 年 6 个月，并处罚金人民币 3 200 万元

B. 朱某犯操纵证券市场罪，判处有期徒刑 3 年 6 个月，并处罚金人民币 3 200 万元

C. 牛某犯操纵证券市场罪，判处有期徒刑 2 年 8 个月，并处罚金人民币 1 800 万元

D. 牛某犯操纵证券市场罪，判处有期徒刑 12 年 8 个月，并处罚金人民币 1 800 万元

答案：BC

解析：本题考查操纵证券、期货市场罪。根据《刑法》第一百八十二条的规定，有下列情形之一，操纵证券、期货市场，影响证券、期货交易价格或者证券、期货交易量，情节严重的，处5年以下有期徒刑或者拘役，并处或者单处罚金；情节特别严重的，处5年以上10年以下有期徒刑，并处罚金。选项A、D有期徒刑时间均超出最高有期徒刑时间，故答案为选项BC。

（三）甲证券公司为乙公司重大资产重组项目独立财务顾问。在此期间，乙公司多张股利分配银行进账单加盖印章的日期有明显涂改的痕迹，甲证券公司对该异常情况未予关注，未采取进一步的核查措施。甲证券公司向银行函证乙公司基本存款账户的银行存款余额时，对差异金额也未采取进一步核查措施。最终导致未能发现乙公司虚增银行存款。

2022年8月，甲证券公司走访乙公司的客户丙公司前，告知乙公司要抽查丙公司的凭证。在现场走访时，丙公司事先已将相关资料准备完毕并已签章；2022年9月，甲证券公司在收到关于乙公司财务造假的举报，且公司质控部对乙公司主要客户进行暗访发现异常后，再次走访乙公司的客户时，事先告知了乙公司访谈时需要查看对方的存货、收入账及凭证。对于甲公司的行为，下列表述正确的是（　　）。

A. 甲证券公司在核查乙公司的银行存款情况过程中未尽审慎义务

B. 甲证券公司应被责令改正违法行为，并处以罚款

C. 甲公司质控部对乙公司主要客户进行暗访发现异常后，再次走访乙公司的客户，因此甲公司尽到了审慎义务

D. 甲证券公司未发现乙公司财务造假的问题，导致所制作、出具的文件具有虚假记载，应受到行政处罚

答案：ABD

解析：本题考查甲证券公司在担任独立财务顾问的过程中的职责。甲证券公司在核查乙公司的银行存款情况过程中未尽审慎义务。依据《证券法》的规定，甲证券公司应当被责令改正违法行为，并处以罚款。其次，甲证券公司在担任独立财务顾问的过程中，对乙公司财务数据的尽职调查不充分、未勤勉尽责，未发现乙公司财务造假的问题，导致所制作、出具的文件具有虚假记载，也应受到行政处罚。此外，甲公司在对乙公司客户暗访异常后，应在规避让乙公司知情的情况下，再次暗访查验乙公司相关凭证，但甲公司却事先告知乙公司要再次查看相关单据，此行为有违审慎义务，因此选项C错误。应选择ABD。

（四）2022 年 4 月 1 日，吴某利用资金优势，控制并操作本人证券账户，大笔、连续申报买入丙公司股票，在涨停价大笔封单锁定丙公司股票价格。2022 年 5 月，吴某将之前买入的丙公司股票全部高价卖出，获利 300 万元。在上述操纵时段内，吴某分 10 笔连续大量申报买入丙公司股票总计数百万股，占市场同期总申买量的 24%；成交量总计占市场同期总成交量的 28%。吴某以涨停价申买丙公司股票的股数为市场第一，占市场涨停价位申买总量的 26%。经过前述操作后，丙公司股票价格从吴某第一次申买前的市场价 17.40 元上涨至 17.77 元，涨幅约 2%。对于吴某的涉案行为，下列表述正确的是（　　）。

A. 吴某通过利用资金优势，以大量、连续申报，在涨停价大笔封单等方式影响丙公司股票价格

B. 吴某的行为构成《证券法》所述操纵证券市场的行为

C. 根据当事人违法行为的事实、性质、情节与社会危害程度，依据《证券法》规定，吴某应当被没收非法所得，并处以罚款

D. 吴某利用自己的资金优势，连续买入特定丙公司股票，导致该证券异常上涨约 2%，符合法律规范认定的操纵证券市场行为的要素，应受到行政处罚

答案：ABCD

解析：本题考查操纵证券市场。吴某通过利用资金优势，以大量、连续申报，在涨停价大笔封单等方式影响丙公司股票价格的行为，违反了《证券法》第五十五的规定，构成《证券法》第一百九十二条所述操纵证券市场的行为。根据当事人违法行为的事实、性质、情节与社会危害程度，依据原《证券法》第一百九十二条的规定，吴某应当被没收非法所得，并处以罚款。此外，吴某利用自己的资金优势，连续买入特定丙公司股票，其买入数量和申报数量达到了特定时间内成交量和申报数量的较高比例，导致该证券异常上涨约 2%，符合法律规范认定的操纵证券市场行为的要素，应受行政处罚。

（五）甲公司拟通过公开发行股票筹集资金，2022 年 4 月，甲公司董事长与总经理张某就公开发行股票进行了讨论。5 月，张某与负责该股票发行事宜的乙证券公司就股票发行方案进行了讨论。9 月，张某于公司会议上参与讨论了发行甲公司股票的初步方案和募集资金投向。11 月，甲公司公告正筹划非公开发行股票，股票自当日起停牌。12 月，甲公司公告非公开发行股票预案并复牌。在此期间，张某实际控制“李某某”账户于 2022 年 10 月买入甲公司股票，并在甲公司复牌后，通过“李某某”账户将前期买入的甲公司股票全部卖出，卖出金额 120 万元，扣除交易税费亏损 10 万元。根据当事人违法行为的事实、性质、情节与社会危害程度，依

据《证券法》第一百九十一条的规定，张某被处以80万元罚款。

关于张某的案例分析，下列说法正确的是（　　）。

A. 张某为内幕知情人士，控制其他账户进行股票交易，违反相关法律规定

B. 张某利用内幕信息，符合内幕交易的认定要求

C. 因为交易金额不大，未达到入刑标准，所以不构成犯罪

D. 且处于亏损状态，没有达到情节严重，但需要行政机关依据《证券法》等相关行政规定进行行政处罚

答案：ABCD

解析：本题考查利用未公开信息交易。张某为内幕知情人士，其利用内幕信息，控制其他账户进行股票交易，违反相关法律规定，符合内幕交易的认定要求，但是因为交易金额不大，且处于亏损状态，没有达到情节严重，未达到入刑标准，不构成犯罪，但需要行政机关依据《证券法》等相关行政规定进行行政处罚。

第五章　行业文化、职业道德与从业人员行为规范

一、单项选择题。以下备选项中只有一项最符合题目要求，不选、错选均不得分。

1. 证券基金经营机构应当对其董事、监事、高级管理人员和分支机构负责人的人员名单在官方网站进行公示，并自发生变化之日起（　　）工作日内进行更新。

A. 5 个　　B. 10 个　　C. 20 个　　D. 30 个

答案：C

解析：本题考查董事、监事、高级管理人员及分支机构负责人、部门负责人备案公示。

2. 四个“深度融合”，即文化建设应坚持与（　　）、发展战略、发展方式、行为规范深度融合。

A. 道德约束　　B. 从业规则　　C. 公司治理　　D. 行政监督

答案：C

解析：本题考查四个“深度融合”。

3. 证券行业文化建设包括三个层次十个方面的关键要素，下列选项中不属于证券行业文化建设三层次的是（　　）。

A. 观念层　　B. 管理层　　C. 组织层　　D. 行为层

答案：B

解析：本题考查证券行业文化建设。证券行业文化建设的三个层次：观念层、组织层和行为层。

4. 证券期货经营机构应当制定工作人员廉洁从业规范，明确廉洁从业要求，加强从业人员廉洁培训和教育，培育廉洁从业文化，（　　）开展覆盖全体工作人员的廉洁培训与教育，确保工作人员熟悉廉洁从业的相关规定。

A. 每年　　B. 每季度　　C. 每月　　D. 每周

答案：A

解析：本题考查证券期货经营机构应当制定工作人员廉洁从业规范。

5. 证券经营机构应当制定具体、有效的（　　）、事中管控措施和事后追责机制。

A. 事前风险控制体系　　B. 事前风险评价体系

C. 事前风险防范体系　　D. 事前风险预知体系

答案：C

解析：本题考查廉洁从业的内控机制。证券经营机构应当制定具体、有效的事前风险防范体系、事中管控措施和事后追责机制，对所从事的业务种类、环节（包括业务承揽、承做、销售、交易、结算、交割、投资、采购、商业合作、人员招聘，以及申请行政许可、接受监管执法和自律管理等）及相关工作进行科学、系统的廉洁风险评估，识别廉洁从业风险点，强化岗位制衡与内部监督机制并确保运作有效。

6. 证券期货经营机构应当于每年（　　）前，向中国证监会有关派出机构报送上年度廉洁从业管理情况报告。

A. 3 月 30 日　　B. 4 月 30 日　　C. 5 月 30 日　　D. 6 月 30 日

答案：B

解析：本题考查廉洁从业的要求中的报告义务。

7. 证券公司建立健全廉洁从业内部控制，下列说法正确的是（　　）。

A. 证券公司建立健全廉洁从业内部控制，主要进行事中控制和事后追责

B. 证券公司董事会决定廉洁从业管理目标，对廉洁从业管理的有效性承担责任

C. 每年 6 月 1 日前，向中国证监会有关派出机构报送上年度廉洁从业管理情况报告

D. 证券基金经营机构高级管理人员职责分工发生调整，或者分支机构负责人改任本公司其他分支机构负责人的，应当在 10 个工作日内向中国证监会相关派出机构报告

答案：B

解析：本题考查证券公司建立健全廉洁从业内部控制。A 项，事前防范、事中控制、事后追责都需要认真落实；C 项，4 月 30 日之前报送；D 项，应为 5 个工作日。

8.（　　）决定廉洁从业管理目标，对廉洁从业管理的有效性承担责任。

A. 董事会　　B. 监事会　　C. 总经办　　D. 股东大会

答案：A

解析：本题考查董事会决定廉洁从业管理目标，对廉洁从业管理的有效性承担责任。证券期货经营机构主要负责人是落实廉洁从业管理职责的第一责任人，各级负责人应加强对所属部门、分支机构或子公司工作人员的廉洁从业管理，在职责范围内承担相应管理责任。

9. 证券经营机构应当制定工作人员廉洁从业规范，明确廉洁从业要求，加强从业人员廉洁培训和教育，培育廉洁从业文化，（　　）开展覆盖全体工作人员的廉洁培训和教育，确保工作人员熟悉廉洁从业的相关规定，提高工作人员廉洁意识。

A. 每周　　B. 每月　　C. 每季度　　D. 每年

答案：D

解析：本题考查廉洁从业的内控机制中的人员管理。

10. 证券期货经营机构在内部检查中，发现存在违反规定行为的，证券期货经营机构应当在（　　）工作日内，向中国证券业协会与有关派出机构报告。

A. 5 个　　B. 10 个　　C. 15 个　　D. 30 个

答案：A

解析：本题考查证券期货经营机构在内部检查。证券期货经营机构在内部检查中，发现存在违反规定行为的，证券期货经营机构应当在 5 个工作日内，向中国证券业协会与有关派出机构报告。

11. 证券经营机构应当制定具体、有效的事前风险防范体系、（　　）和事后追责机制，对所从事的业务种类、环节及相关工作进行科学、系统的廉洁风险评估，识别廉洁从业风险点，强化岗位制衡与内部监督机制并确保运作有效。

A. 事中审核体系　　B. 事中管控措施　　C. 事中处理机制　　D. 事中风险控制

答案：B

解析：本题考查廉洁从业的内控机制中的制度建设。

12. 奖励信息、处罚处分信息效力期限为 3 年，但因证券期货违法行为被行政处罚、市场禁入的信息，效力期限为（　　）年。

A. 5　　B. 10　　C. 12　　D. 15

答案：A

解析：本题考查诚信信息的效力期限。奖励信息、处罚处分信息效力期限为 3 年，但因证券期货违法行为被行政处罚、市场禁入的信息，效力期限为 5 年。效力期限自奖励、处罚处分决定生效之日起算。奖励、处罚处分本身有执行期间的，效力期限自执行期间届满之日起算。

13. 奖励信息、处罚处分信息效力期限为3年，但因证券期货违法行为被行政处罚、市场禁入的信息，效力期限为5年。效力期限自（　　）之日起算。

A. 奖励、处罚处分决定拟定　　B. 奖励、处罚处分决定声明

C. 奖励、处罚处分决定生效　　D. 奖励、处罚处分决定执行

答案：C

解析：本题考查诚信信息的效力期限。

14. 违反法律、行政法规或者中国证监会有关规定，情节严重的，可以对有关责任人员采取（　　）的证券市场禁入措施。

A. 1年至3年　　B. 3年至5年　　C. 5年至10年　　D. 终身

答案：B

解析：本题考查证券市场禁入措施。

15. 违反法律、行政法规或者中国证监会有关规定，情节严重的，可以对有关责任人员采取3年至5年的证券市场禁入措施。行为恶劣、严重扰乱证券市场秩序、严重损害投资者利益或者在重大违法活动中起主要作用等情节较为严重的，可以对有关责任人员采取（　　）年的证券市场禁入措施。

A. 1年至3年　　B. 3年至5年　　C. 5年至10年　　D. 终身

答案：C

解析：本题考查证券市场禁入措施。

16. 因重大违法违规行为受到金融监管部门的行政处罚或者被中国证监会采取证券市场禁入措施，执行期满未逾（　　），不得担任分支机构负责人。

A. 1年　　B. 2年　　C. 3年　　D. 5年

答案：D

解析：本题考查证券经营机构分支机构负责人的人员任职条件。

17. 组织、策划、领导或者实施重大违反法律、行政法规或者中国证监会有关规定的活动的，可以对与有关责任人员采取（　　）的证券市场进入措施。

A. 1年至3年　　B. 3年至5年　　C. 5年至10年　　D. 终身

答案：D

解析：本题考查证券市场禁入措施的期限。

18. 从事保荐、承销、资产管理、融资融券等证券业务及其他证券服务业务，负有法定职责的人员，故意不履行法律、行政法规或者中国证监会规定的义务，并造成特别严重后果的，可以对与有关责任人员采取（　　）的证券市场进入措施。

A. 1年至3年　　B. 3年至5年　　C. 5年至10年　　D. 终身

答案：D

解析：本题考查证券市场禁入措施的期限。

19. 中国证券业协会诚信管理中，奖励信息、处罚处分信息的效力期限一般为（　　）年。

A. 1　　B. 2　　C. 3　　D. 5

答案：C

解析：本题考查证券市场禁入措施的期限。

20.《证券期货市场诚信监督管理办法》规定的违法失信信息，在诚信档案中的效力期限为3年，但因证券期货违法行为被行政处罚、市场禁入、刑事处罚和判决承担较大侵权、违约民事赔偿责任的信息，其效力期限为（　　）年。

A. 5　　B. 10　　C. 12　　D. 15

答案：A

解析：本题考查《证券期货市场诚信监督管理办法》的相关内容。

21.《证券期货市场诚信监督管理办法》规定的违法失信信息，在诚信档案中的效力期限为（　　），但因证券期货违法行为被行政处罚、市场禁入、刑事处罚和判决承担较大侵权、违约民事赔偿责任的信息，其效力期限为5年。

A. 1年　　B. 2年　　C. 3年　　D. 5年

答案：C

解析：本题考查《证券期货市场诚信监督管理办法》的相关内容。

22.《证券期货市场诚信监督管理办法》规定的违法失信信息，在诚信档案中的效力期限为3年，但因证券期货违法行为被行政处罚、市场禁入、刑事处罚和判决承担较大侵权、违约民事赔偿责任的信息，其效力期限为（　　）。

A. 1年　　B. 2年　　C. 3年　　D. 5年

答案：D

解析：本题考查《证券期货市场诚信监督管理办法》的相关内容。

23. 违反法律、行政法规或者中国证监会有关规定，情节严重的，可以对有关责任人员采取3年至5年的证券市场禁入措施；行为恶劣、严重扰乱证券市场秩序、严重损害投资者利益或者在重大违法活动中起主要作用等情节较为严重的，可以对有关责任人员采取（　　）的证券市场禁入措施。

A. 3年至5年　　B. 4年至8年　　C. 5年至8年　　D. 5年至10年

答案：D

解析：本题考查证券市场禁入措施的期限。

24. 根据《证券、期货投资咨询管理暂行办法》，证券投资咨询人员申请取得证券投资咨询从业资格，必须具有从事证券业务（　　）年以上的经历。

A. 1　　B. 2　　C. 3　　D. 5

答案：B

解析：本题考查证券投资咨询业务（分析师）申请条件。

25. 下列关于保荐机构及其保荐代表人执业行为规范的说法，错误的是（　　）。

A. 保荐代表人应当遵守职业道德准则，珍视和维护保荐代表人职业声誉，保持应有的职业谨慎，保持和提高专业胜任能力

B. 保荐代表人应当维护发行人的合法利益，对从事保荐业务过程中获知的发行人信息保密

C. 保荐代表人不需要全程参与项目执行，并按照相关规定对发行人申请文件和信息披露资料进行尽职调查、审慎核查

D. 保荐代表人应当恪守独立履行职责的原则，不因迎合发行人或者满足发行人的不当要求而丧失客观、公正的立场，不得唆使、协助或者参与发行人及证券服务机构实施非法的或者具有欺诈性的行为

答案：C

解析：本题考查保荐代表人执业行为规范。

26. 申请从事有一般证券业务的人员，必须具备最近（　　）年未受过刑事处罚的条件。

A. 1　　B. 2　　C. 3　　D. 5

答案：C

解析：本题考查申请从事一般证券业务应当具备的条件。

27. 以下关于从事证券经济业务相关人员的要求，不符合的是（　　）。

A. 与客户权益变动相关业务的经办人员之间，应当建立制衡机制

B. 涉及客户资金账户及证券账户的开立、信息修改、注销，建立及变更客户资金存管关系，客户证券账户转托管和撤销指定交易等与客户权益直接相关的业务应当一人操作、一人复核，复核应当留痕

C. 涉及限制客户资产转移、改变客户证券账户和资金账户的对应关系、客户账户资产变动记录的差错确认与调整等非常规性业务操作，应当事先审批，事后复核，审批及复核均应留痕

D. 与客户权益变动直接或间接相关业务选择一人操作并复核

答案：D

解析：本题考查从事证券经济业务相关人员的要求。与客户权益变动相关业务的经办人员之间，应当建立制衡机制。

28. 根据《关于证券从业人员登记管理有关事项的通知》，从业人员受到刑事处罚、被证券市场禁入或受到协会“终止执业”纪律处分的，协会予以（　　）。

A. 注销登记　　B. 中止登记　　C. 重新注册　　D. 重新考试

答案：A

解析：本题考查《关于证券从业人员登记管理有关事项的通知》。

29. 持续督导工作结束后，保荐机构应当在发行人公告年度报告之日起的（　　）工作日内向中国证监会、证券交易所报送保荐总结报告书。

A. 5 个　　B. 10 个　　C. 15 个　　D. 30 个

答案：B

解析：本题考查保荐代表人执业行为规范中的持续督导要求。

二、多项选择题。以下备选项中有两项或两项以上符合题目要求，多选、少选、错选均不得分。

1. 行业文化建设的基本要求包括（　　）。

A. 坚持依法合规，牢固发展基础　　B. 服务实体经济的内在要求

C. 全面深化资本市场改革的重要保障　　D. 防范金融风险的有力抓手

答案：ABCD

解析：本题考查行业建设的基本要求。

2.（　　）是证券行业文化理念的体现，是资本市场长期稳定健康发展的价值取向。

A. 合规　　B. 诚信　　C. 专业　　D. 稳健

答案：ABCD

解析：本题考查行业的文化理念。合规、诚信、专业、稳健是证券行业文化理念的体现，是资本市场长期稳定健康发展的价值取向。

3. 证券行业文化建设包括三个层次十个方面的关键要素，三个层次中的行为层包括了（　　）要素。

A. 平衡各方利益　B. 建立长效激励　C. 加强声誉约束　D. 落实责任担当

答案：BCD

解析：本题考查行业文化建设十要素。证券行业文化建设包括三个层次十个方

面的关键要素：行为层，包括平衡各方利益、建立长效激励、加强声誉约束、落实责任担当四个要素。

4. 证券行业文化建设包括三个层次十个方面的关键要素，三个层次中的组织层包括了（　　）要素。

A. 平衡各方利益　B. 发展战略　C. 强化文化认同　D. 激发组织活力

答案：ABC

解析：本题考查行业文化建设十要素。组织层，包括融合发展战略、强化文化认同、激发组织活力三个要素。组织作用是文化建设的实现机制。

5. 证券行业文化建设包括三个层次十个方面的关键要素，三个层次中的观念层包括了（　　）要素。

A. 秉承守正创新　　B. 崇尚专业精神

C. 坚持可持续发展　　D. 激发组织活力

答案：ABC

解析：本题考查行业文化建设十要素。观念层，包括秉承守正创新、崇尚专业精神、坚持可持续发展三个要素。

6. 根据《关于加强证券经纪业务管理的规定》，从事技术、风险监控、合规管理的人员不得从事（　　）业务活动。

A. 营销　B. 客户账户开立　C. 客户资金存管　D. 客户账户销户

答案：ABCD

解析：本题考查《关于加强证券经纪业务管理的规定》的相关内容。

7. 证券期货经营机构及其工作人员在开展证券期货业务及相关活动中，不得以下列方式向公职人员、客户、正在洽谈的潜在客户或者其他利益关系人输送不正当利益，其中包括（　　）。

A. 提供礼金、礼品、房产、汽车、有价证券、股权、佣金返还等财物

B. 安排显著偏离公允价格的结构化、高收益、保本理财产品等交易

C. 提供旅游、宴请、娱乐健身、工作安排等利益

D. 直接或者间接向他人提供内幕信息、未公开信息、商业秘密和客户信息

答案：ABCD

解析：本题考查廉洁从业要求中的禁止性行为。

8. 证券经营机构及其工作人员在开展自营业务、资产管理业务、另类投资业务或者提供有关服务的过程中，不得通过以下方式输送或者谋取不正当利益（　　）。

A. 利用他人提供或者主动获取的内幕信息、未公开信息等从事或者明示、暗

示他人从事相关交易活动

B. 以获取佣金或者其他利益为目的，用客户资产进行不必要的证券交易

C. 不公平对待不同投资组合，在不同账户之间输送利益

D. 代表投资组合对外行使投票表决权的过程中，不按照客观独立的专业判断投票

答案：ABCD

解析：本题考查投资银行类业务禁止性行为。除选项 ABCD 外，证券经营机构及其工作人员在开展自营业务、资产管理业务、另类投资业务或者提供有关服务的过程中，不得通过以下方式输送或者谋取不正当利益：（1）侵占或者挪用受托资产；（2）以明显偏离市场公允估值的价格进行交易；（3）编造、传播虚假不实信息，或者利用信息优势、资金优势、持股持券优势，单独或者通过合谋，影响证券、期货及其他衍生品交易价格、交易量；（4）让渡资产管理账户实际投资决策权限；（5）其他输送或者谋取不正当利益的行为。

9. 根据《证券法》《证券基金经营机构董事、监事、高级管理人员及从业人员监督管理办法》《证券公司董事、监事、高级管理人员及从业人员管理规则》，从业人员符合下列条件之一的，可以不参加一般业务水平评价测试的相应科目测试，正确的有（　　）。

A. 通过国家法律职业资格考试的，可以不参加证券市场基本法律法规测试

B. 通过特许金融分析师（CFA）资格考试，可以不参加金融市场基础知识测试

C. 通过金融风险管理师（FRM）资格考试，可以不参加金融市场基础知识测试

D. 通过国家注册会计师资格考试，可以不参加金融市场基础知识测试

答案：ABD

解析：本题考查证券业从业人员不参加一般业务水平评价测试应符合的条件。

10. 证券期货经营机构及其工作人员在开展投资银行类业务过程中，不得以（　　）输送或者谋取不正当利益。

A. 以非公允价格或者不正当方式为自身或者利益关系人获取拟上市公司股权

B. 以非公允价格或者不正当方式为自身或者利益关系人获取拟并购重组上市公司股权或者标的资产股权

C. 以非公允价格为利益关系人配售债券或者约定回购债券

D. 安排显著偏离公允价格的结构化、高收益、保本理财产品等交易

答案：ABCD

解析：本题考查投资银行类业务禁止性行为。除选项 ABCD 外，证券期货经营机构及其工作人员在开展投资银行类业务过程中，也不得以下列方式输送或者谋取不正当利益：（1）泄露证券发行询价和定价信息，操纵证券发行价格；（2）直接或者间接通过聘请第三方机构或者个人的方式输送利益；（3）以与监管人员或者其他相关人员熟悉，或者以承诺价格、利率、获得批复及获得批复时间等为手段招揽项目、商定服务费；（4）在证券发行与承销过程中暗箱操作，以代持、信托等方式输送或者谋取不正当利益；（5）其他、输送或者谋取不正当利益的行为。

11. 有下列（　　）情况，证券期货经营机构应当在 5 个工作日内，向中国证监会有关派出机构报告。

A. 证券期货经营机构在内部检查中，发现存在违反规定行为的

B. 证券期货经营机构及其工作人员发现监管人员存在应当回避的情形而未进行回避、利用职务之便索取或者收受不正当利益等违反廉洁规定行为的

C. 证券期货经营机构及其工作人员发现其股东、客户等相关方以不正当手段干扰监管工作的

D. 证券期货经营机构或者其工作人员因违反廉洁从业规定被纪检监察部门、司法机关立案调查或者被采取纪律处分、行政处罚、刑事处罚等措施的

答案：ABCD

解析：本题考查廉洁从业要求的报告义务。

12. 有下列（　　）情形的，证券经营机构应当在 10 个工作日内，向协会报告：

A. 证券经营机构发现其工作人员违反《细则》规定，且进行内部追责的

B. 证券期货经营机构及其工作人员发现监管人员存在应当回避的情形而未进行回避、利用职务之便索取或者收受不正当利益等违反廉洁规定行为的

C. 证券经营机构及其工作人员发现协会工作人员存在利用职务之便索取或者收受不正当利益等违反廉洁规定行为的

D. 证券经营机构或者其工作人员因违反廉洁从业相关规定被纪检监察部门、司法机关立案调查或者被采取纪律处分、行政处罚、刑事处罚等措施的

答案：ACD

解析：本题考查廉洁从业要求的报告义务。

13. 证券期货经营机构及其工作人员在开展投资银行类业务过程中，不得以（　　）方式输送或者谋取不正当利益。

A. 以非公允价格或者不正当方式为自身或者利益关系人获取拟上市公司股权

B. 以非公允价格或者不正当方式为自身或者利益关系人获取拟并购重组上市公司股权或者标的资产股权

C. 泄露证券发行询价和定价信息，操纵证券发行价格

D. 证券经营机构及其工作人员发现协会工作人员存在利用职务之便索取或者收受不正当利益等违反廉洁规定行为的

答案：ABC

解析：本题考查投资银行类业务禁止性行为。除ABC外，证券期货经营机构及其工作人员在开展投资银行类业务过程中，不得以下列方式输送或者谋取不正当利益：(1) 以非公允价格为利益关系人配售债券或者约定回购债券；(2) 直接或者间接通过聘请第三方机构或者个人的方式输送利益；(3) 以与监管人员或者其他相关人员熟悉，或者以承诺价格、利率、获得批复及获得批复时间等为手段招揽项目、商定服务费；(4) 在证券发行与承销过程中暗箱操作，以代持、信托等方式输送或者谋取不正当利益；(5) 其他输送或者谋取不正当利益的行为。

14. 有下列（　　）情形的，中国证监会可以对有关责任人员从轻、减轻或者免予采取证券市场禁入措施。

A. 主动消除或者减轻违法行为危害后果的

B. 配合查处违法行为有立功表现的

C. 受他人指使、胁迫有违法行为，且能主动交代违法行为的

D. 泄露证券发行询价和定价信息，操纵证券发行价格

答案：ABC

解析：本题考查证券市场禁入措施的期限。除ABC外，有下列情形之一的，中国证监会可以对有关责任人员从轻、减轻或者免予采取证券市场禁入措施：

(1) 在执法单位依法作出行政处罚决定或者证券市场禁入决定前主动交代违法行为的；(2) 其他可以从轻、减轻或者免予采取证券市场禁入措施的。

15. 根据《证券法》《证券基金经营机构董事、监事、高级管理人员及从业人员监督管理办法》《证券公司董事、监事、高级管理人员及从业人员管理规则》，从业人员应当持续符合下列条件（　　）。

A. 品行良好

B. 具备从事证券基金业务所需的专业能力，掌握证券基金业务相关的专业知识

C. 最近5年未因犯罪被判处刑罚

D. 最近3年未被中国证监会撤销基金从业资格或者被基金业协会取消基金从业资格

答案：AB

解析：本题考查证券业从业人员任职条件。除AB外，从业人员应当持续符合下列条件：(1) 最近3年未因犯罪被判处刑罚；(2) 不存在《证券法》第一百二十五条第二款和第三款，以及《证券投资基金法》第十五条规定的情形；(3) 最近5年未被中国证监会撤销基金从业资格或者被基金业协会取消基金从业资格；(4) 未被中国证监会采取证券市场禁入措施，或者执行期已经届满；(5) 法律法规、中国证监会和行业协会规定的其他条件。

16. 机构及其工作人员应当自觉遵守以下勤勉尽责要求，其中包括（　　）。

A. 恪守职业操守，忠实勤勉，履行对投资者及其他利益相关方的责任和义务

B. 持续学习，不断提升专业能力，保证服务质量

C. 专业审慎，尽到合理专业的注意义务，履职尽责

D. 按规定做好相关工作底稿档案的记录、归集和保存管理

答案：ABCD

解析：本题考查机构及其工作人员应当自觉遵守的勤勉尽责要求。除选项ABCD外，机构及其工作人员还应当自觉遵守勤勉尽责要求包括：

(1) 对自己的专业能力有充分认识，不承诺力不能及或不能如期完成的业务，不推诿应承担的责任；(2) 实事求是，独立、审慎、客观、公正开展业务，不受其他单位和个人的非法干预和影响。

17. 以下符合机构及其工作人员应当自觉遵守公平竞争要求的有（　　）。

A. 尊重同行，公平竞争，禁止商业贿赂，自觉维护市场竞争秩序，坚决反对不正当竞争的行为

B. 不以恶性压价、支付回扣、虚假宣传，或者贬损、诋毁其他机构等不正当手段招揽业务

C. 不发表不当言论，贬损、诋毁其他同行，损害同行声誉和利益

D. 按规定做好相关工作底稿档案的记录、归集和保存管理

答案：ABC

解析：本题考查机构及其工作人员应当自觉遵守的勤勉尽责要求。

18. 证券从业人员应当（　　）。

A. 自觉遵守法律、行政法规

B. 接受并配合中国证监会的监督与管理

C. 接受并配合中国证券业协会的自律管理

D. 遵守交易场所有关规则，所在机构的规章制度

答案：ABCD

解析：本题考查证券从业人员职业道德准则相关内容。

19. 下列人员不符合申请证券分析师资格条件的有（ ）。

A. 张某仅具有高中学历

B. 李某为越南国籍

C. 钱某进入证券业刚满一年

D. 孙某仅通过了证券从业资格考试一门科目

答案：ABCD

解析：本题考查证券投资咨询人员应当具备的条件。注册登记为证券分析师的人员，其申请从事的证券业务类别为证券投资咨询业务（分析师）。申请从事证券投资咨询业务（分析师），除规定科目考试合格外，还应具备以下条件：（1）年满18岁；（2）大学本科以上学历；（3）具有完全民事行为能力；（4）已被机构聘用；（5）未受过刑事处罚或与证券业务有关的严重行政处罚；（6）不存在《证券法》规定不允许申请的情形；（7）未被中国证监会认定为证券市场禁入者，或者已过禁入期的；（8）具有中华人民共和国国籍；（9）具有从事证券业务2年以上的经历；（10）法律、行政法规和中国证监会规定的其他条件。

20. 根据《关于加强证券经纪业务管理的规定》，证券公司应当建立健全证券经纪业务人员管理和科学合理的绩效考核制度，规范证券经纪业务人员的以下行为（ ）。

A. 与客户权益变动相关业务的经办人员之间，应当建立制衡机制

B. 涉及客户资金账户及证券账户的开立、信息修改、注销，建立及变更客户资金存管关系

C. 客户证券账户转托管和撤销指定交易等与客户权益直接相关的业务应当一人操作、一人复核，复核应当留痕

D. 涉及限制客户资产转移、改变客户证券账户和资金账户的对应关系、客户账户资产变动记录的差错确认与调整等非常规性业务操作，应当事先审批，事后复核，审批及复核均应留痕

答案：ABCD

解析：本题考查《关于加强证券经纪业务管理的规定》的相关内容。

21. 下列有关证券投资咨询人员所必须具备的条件，正确的是（ ）。

A. 具备完全民事行为能力

B. 具有中华人民共和国国籍

C. 具有大专以上学历

D. 具备从事业务所需的相应专业能力，符合相关从业条件

答案：ABD

解析：本题考查证券、期货投资咨询人员申请取得证券、期货投资咨询从业资格。除选项 ABD 外，还必须具备下列条件：

（1）品行良好、正直诚实，具有良好的职业道德；（2）未受过刑事处罚或者与证券业务有关的严重行政处罚；（3）具有大学本科以上学历；（4）证券投资咨询人员具有从事证券业务两年以上的经历，期货投资咨询人员具有从事期货业务两年以上的经历；（5）中国证监会规定的其他条件。

22. 下列关于财务顾问主办人应具备的条件有（　　）。

A. 具备中国证监会规定的投资银行业务经历

B. 所任职机构同意推荐其担任本机构的财务顾问主办人

C. 最近 24 个月未因执业行为违反行业规范而受到行业自律组织的纪律处分

D. 最近 24 个月未因执业行为违法违规受到处罚

答案：ABC

解析：本题考查财务顾问主办人应具备的条件。除 ABC 外，还有：（1）参加中国证监会认可的财务顾问主办人胜任能力考试且成绩合格；（2）未负有数额较大到期未清偿的债务；（3）最近 24 个月无违反诚信的不良记录；（4）最近 36 个月未因执业行为违法违规受到处罚；（5）中国证监会规定的其他条件。

23. 持续督导工作结束后，保荐机构应当在发行人公告年度报告之日起的 10 个工作日内向中国证监会、证券交易所报送保荐总结报告书。保荐机构法定代表人和保荐代表人应当在保荐总结报告书上签字。保荐总结报告书应当包括下列内容（　　）。

A. 发行人的基本情况

B. 保荐工作概述

C. 履行保荐职责前期发生的重大事项及处理情况

D. 对证券服务机构参与证券发行上市相关工作情况的说明及评价

答案：ABD

解析：本题考查保荐代表人执业行为规范中的持续督导要求。除选项 ABD 外，保荐总结报告书应当包括下列内容：（1）履行保荐职责期间发生的重大事项及处理

情况；(2) 对发行人配合保荐工作情况的说明及评价；(3) 中国证监会、证券交易所要求的其他事项。

24. 根据《证券经纪人管理暂行规定》，证券经纪人不得有下列行为（ ）。

A. 替客户办理账户开立、注销、转移，证券认购、交易或者资金存取、划转、查询等事宜

B. 提供、传播虚假或者误导客户的信息，或者诱使客户进行不必要的证券买卖

C. 与客户约定分享投资收益，对客户证券买卖的收益或者赔偿证券买卖的损失作出承诺

D. 向客户介绍证券投资开户、教育意义、资金存取等业务流程

答案：ABC

解析：本题考查《证券经纪人管理暂行规定》。除选项 ABC 外，根据《证券经纪人管理暂行规定》，证券经纪人不得有下列行为 (1) 采取贬低竞争对手、进入竞争对手营业场所劝导客户等不正当手段招揽客户；(2) 泄露客户的商业秘密或者个人隐私；(3) 为客户之间的融资提供中介、担保或者其他便利；(4) 为客户提供非法的服务场所或者交易设施，或者通过互联网络、新闻媒体从事客户招揽和客户服务等活动；(5) 委托他人代理其从事客户招揽和客户服务等活动；(6) 损害客户合法权益或者扰乱市场秩序的其他行为。

25. 按照《证券业从业人员资格管理办法》，取得从业资格的人员，通过机构申请职业证书需具备（ ）条件。

A. 已被及机构聘用

B. 最近 2 年未受过刑事处罚

C. 未被中国证监会认定为证券市场禁入者，或者已过禁入期的

D. 品行端正，具有良好的职业道德

答案：ACD

解析：本题考查申请从事一般证券业务也应当具备的条件。

26. 根据《证券法》，证券投资咨询机构及其从业人员从事证券服务业务不得有下列行为（ ）。

A. 代理委托人从事证券投资

B. 与委托人约定分享证券投资收益或者分担证券投资损失

C. 买卖本证券投资咨询机构提供服务的证券

D. 法律、行政法规禁止的其他行为

答案：ABCD

解析：本题考查《证券法》的相关内容。

27. 根据《证券、期货投资咨询管理暂行办法》，证券投资咨询机构及其投资咨询人员，不得从事下列活动（　　）。

A. 代理投资人从事证券、期货买卖

B. 向投资人承诺证券、期货投资收益

C. 为自己买卖股票及具有股票性质、功能的证券以及期货

D. 利用咨询服务与他人合谋操纵市场或者进行内幕交易

答案：ABCD

解析：本题考查《证券、期货投资咨询管理暂行办法》禁止性行为的相关规定。

三、判断题。不选、错选均不得分。

1. 从业人员应当通过所在机构进行登记，机构也应当自从业人员入职（含试用期）之日起7个工作日内，通过协会从业人员管理平台，将经本机构审核通过的从业人员登记信息提交至协会进行登记。

答案：正确

解析：本题考查从业人员登记要求。

2. 服务实体经济的内在要求不属于行业文化建设的基本要求。

答案：错误

解析：本题考查行业建设的基本要求，其中包括：（1）坚持依法合规，牢固发展基础；（2）服务实体经济的内在要求；（3）全面深化资本市场改革的重要保障；（4）防范金融风险的有力抓手。

3. 稳健是证券行业文化理念的体现，是资本市场长期稳定健康发展的价值取向。

答案：正确

解析：本题考查行业的文化理念。“合规、诚信、专业、稳健”是证券行业文化理念的体现，是资本市场长期稳定健康发展的价值取向。

4. 委托、聘用第三方机构或者个人提供投资顾问、财务顾问、产品代销、专业咨询等服务，应当明确第三方的资质条件，事先签署服务协议，履行内部控制程序，协议中应明确约定双方责任。

答案：错误

解析：题考查廉洁从业的内控机制，委托、聘用第三方机构或者个人提供投资顾问、财务顾问、产品代销、专业咨询等服务，应当明确第三方的资质条件，事先签署服务协议，履行内部控制程序，协议中应明确约定服务内容、服务期限以及费用标准等。

5. 证券期货经营机构应当制定工作人员廉洁从业规范，明确廉洁从业要求，加强从业人员廉洁培训和教育，培育廉洁从业文化，每年开展覆盖全体工作人员的廉洁培训与教育，确保工作人员熟悉廉洁从业的相关规定。

答案：正确

解析：本题考查证券期货经营机构工作人员廉洁从业规范。

6. 申请从事一般证券业务的人员，必须具备最近2年未受过刑事处罚的条件。

答案：错误

解析：本题考查申请从事一般证券业务也应当具备的条件，申请从事一般证券业务的人员，必须最接近3年未受过刑事处罚。

7. 特殊机构及产品证券账户在开立及使用中不必严格遵守账户实名制有关要求。证券期货经营机构应当于每年6月1日前，向中国证监会有关派出机构报送上年度廉洁从业管理情况报告。

答案：错误

解析：本题考查廉洁从业的要求中的报告义务。证券期货经营机构应当于每年4月30日前，向中国证监会有关派出机构报送上年度廉洁从业管理情况报告。

8. 证券基金经营机构高级管理人员职责分工发生调整，或者分支机构负责人改任本公司其他分支机构负责人的，应当在10个工作日内向中国证监会相关派出机构报告。

答案：错误

解析：证券基金经营机构高级管理人员职责分工发生调整，或者分支机构负责人改任本公司其他分支机构负责人的，应当在5个工作日内向中国证监会相关派出机构报告。

9. 股东会决定廉洁从业管理目标，对廉洁从业管理的有效性承担责任。

答案：错误

解析：本题考查董事会决定廉洁从业管理目标，对廉洁从业管理的有效性承担责任。证券期货经营机构主要负责人是落实廉洁从业管理职责的第一责任人，各级负责人应加强对所属部门、分支机构或子公司工作人员的廉洁从业管理，在职责范围内承担相应管理责任。

10. 持续督导工作结束后，保荐机构应当在发行人公告年度报告之日起的10个工作日内向中国证监会、证券交易所报送保荐总结报告书。

答案：正确

解析：本题考查保荐代表人执业行为规范中的持续督导要求。

11. 证券期货经营机构在内部检查中，发现存在违反规定行为的，证券期货经营机构应当在5工作日内，向中国证券业协会与有关派出机构报告。

答案：正确

解析：本题考查证券期货经营机构在内部检查。注意：证券经营机构或者其工作人员因违反廉洁从业相关规定被纪检监察部门、司法机关立案调查或者被采取纪律处分、行政处罚、刑事处罚等措施的，证券经营机构应当在10个工作日内，向协会报告。

12. 奖励信息、处罚处分信息效力期限为3年，但因证券期货违法行为被行政处罚、市场禁入的信息，效力期限为5年。效力期限自奖励、处罚处分决定声明之日起算。

答案：错误

解析：本题考查诚信信息的效力期限。效力期限自奖励、处罚处分决定生效之日起算。奖励、处罚处分本身有执行期间的，效力期限自执行期间届满之日起算。

13. 违反法律、行政法规或者中国证监会有关规定，情节严重的，可以对有关责任人员采取3至5年的证券市场禁入措施。

答案：正确

解析：本题考查证券市场禁入措施。违反法律、行政法规或者中国证监会有关规定，情节严重的，可以对有关责任人员采取3至5年的证券市场禁入措施。行为恶劣、严重扰乱证券市场秩序、严重损害投资者利益或者在重大违法活动中起主要作用等情节较为严重的，可以对有关责任人员采取5至10年的证券市场禁入措施。

14. 根据《关于证券从业人员登记管理有关事项的通知》，从业人员受到刑事处罚、被证券市场禁入或受到协会“终止执业”纪律处分的，协会予以重新注册。

答案：错误

解析：本题考查《关于证券从业人员登记管理有关事项的通知》。根据《关于证券从业人员登记管理有关事项的通知》，从业人员受到刑事处罚、被证券市场禁入或受到协会“终止执业”纪律处分的，协会予以注销登记。

15. 对证券、期货投资咨询人员申请取得证券、期货投资咨询从业资格，必须具备具有中华人民共和国国籍。

答案：正确

解析：本题考查证券、期货投资咨询人员申请取得证券、期货投资咨询从业资格。必须具备下列条件：具有中华人民共和国国籍，具备完全民事行为能力，具备大学本科以上学历，通过中国证监会统一组织的证券、期货从业人员资格考试等。

16. 违反法律、行政法规或者中国证监会有关规定，情节严重的，可以对有关责任人员采取3年至5年的证券市场禁入措施。行为恶劣、严重扰乱证券市场秩序、严重损害投资者利益或者在重大违法活动中起主要作用等情节较为严重的，可以对有关责任人员采取5至10年的证券市场禁入措施。

答案：正确

解析：本题考查证券市场禁入措施。

17. 组织、策划、领导或者实施重大违反法律、行政法规或者中国证监会有关规定的活动的，可以对与有关责任人员采取终身的证券市场进入措施。

答案：正确

解析：本题考查证券市场禁入措施的期限。

18. 从事保荐、承销、资产管理、融资融券等证券业务及其他证券服务业务，负有法定职责的人员，故意不履行法律、行政法规或者中国证监会规定的义务，并造成特别严重后果的，可以对与有关责任人员采取终身的证券市场禁入措施。

答案：正确

解析：本题考查证券市场禁入措施的期限。

19. 中国证券业协会诚信管理中，奖励信息、处罚处分信息的效力期限一般为5年。

答案：错误

解析：本题考查证券市场禁入措施的期限。中国证券业协会诚信管理中，奖励信息、处罚处分信息的效力期限一般为3年。

20.《证券期货市场诚信监督管理办法》规定的违法失信信息，在诚信档案中的效力期限为3年，但因证券期货违法行为被行政处罚、市场禁入、刑事处罚和判决承担较大侵权、违约民事赔偿责任的信息，其效力期限为5年。

答案：正确

解析：本题考查《证券期货市场诚信监督管理办法》规定的违法失信信息，在诚信档案中的效力期限为3年，但因证券期货违法行为被行政处罚、市场禁入、刑事处罚和判决承担较大侵权、违约民事赔偿责任的信息，其效力期限为5年。

21. 违反法律、行政法规或者中国证监会有关规定，情节严重的，可以对有关责任人员采取3年至5年的证券市场禁入措施；行为恶劣、严重扰乱证券市场秩序、严重损害投资者利益或者在重大违法活动中起主要作用等情节较为严重的，可以对有关责任人员采取5年至10年的证券市场禁入措施。

答案：正确

解析：本题考查证券市场禁入措施的期限。

22. 根据《证券、期货投资咨询管理暂行办法》，证券投资咨询人员申请取得证券投资咨询从业资格，必须具有从事证券业务2年以上的经历。

答案：正确

解析：本题考查证券投资咨询业务（分析师）申请条件。

23. 申请从事有一般证券业务的人员，必须具备最近3年未受过刑事处罚的条件。

答案：正确

解析：本题考查申请从事一般证券业务应当具备的条件。申请从事有一般证券业务的人员，必须具备最近3年未受过刑事处罚的条件。

四、综合题。每问备选答案中有一项或多项符合题目要求，不选、错选均不得分。

（一）李某在A证券公司营业部任职开户岗位，为一般证券从业人员。2022年8月，客户王某在A证券公司开立账户进行证券交易委托。

1. 申请从事有一般证券业务的人员，必须具备最近（　　）年未受过刑事处罚的条件。

A. 1　　　B. 2　　　C. 3　　　D. 5

答案：C

解析：本题考查申请从事一般证券业务应当具备的条件。申请从事有一般证券业务的人员，必须具备最近3年未受过刑事处罚的条件。

2. 根据《关于证券从业人员登记管理有关事项的通知》，从业人员受到刑事处罚、被证券市场禁入或受到协会“终止执业”纪律处分的，协会予以（　　）。

A. 注销登记　　　B. 中止登记　　　C. 重新注册　　　D. 重新考试

答案：A

解析：本题考查《关于证券从业人员登记管理有关事项的通知》。根据《关于证券从业人员登记管理有关事项的通知》，从业人员受到刑事处罚、被证券市场禁入或受到协会“终止执业”纪律处分的，协会予以注销登记。

3. 根据《证券经纪人管理暂行规定》，证券经纪人不得有下列行为（　　）。

A. 替客户办理账户开立、注销、转移，证券认购、交易或者资金存取、划转、查询等事宜

B. 提供、传播虚假或者误导客户的信息，或者诱使客户进行不必要的证券买卖

C. 与客户约定分享投资收益，对客户证券买卖的收益或者赔偿证券买卖的损失作出承诺

D. 向客户介绍证券投资开户、教育意义、资金存取等业务流程

答案：ABC

解析：本题考查《证券经纪人管理暂行规定》。根据《证券经纪人管理暂行规定》，证券经纪人不得有下列行为：（1）替客户办理账户开立、注销、转移，证券认购、交易或者资金存取、划转、查询等事宜；（2）提供、传播虚假或者误导客户的信息，或者诱使客户进行不必要的证券买卖；（3）与客户约定分享投资收益，对客户证券买卖的收益或者赔偿证券买卖的损失作出承诺；（4）采取贬低竞争对手、进入竞争对手营业场所劝导客户等不正当手段招揽客户；（5）泄露客户的商业秘密或者个人隐私；（6）为客户之间的融资提供中介、担保或者其他便利；（7）为客户提供非法的服务场所或者交易设施，或者通过互联网络、新闻媒体从事客户招揽和客户服务等活动；（8）委托他人代理其从事客户招揽和客户服务等活动；（9）损害客户合法权益或者扰乱市场秩序的其他行为。

4. 按照《证券业从业人员资格管理办法》，取得从业资格的人员，通过机构申请职业证书需具备（　　）条件。

A. 已被及机构聘用

B. 最近 2 年未受过刑事处罚

C. 未被中国证监会认定为证券市场禁入者，或者已过禁入期的

D. 品行端正，具有良好的职业道德

答案：ACD

解析：本题考查《证券业从业人员资格管理办法》。取得从业资格的人员，通过机构申请职业证书需具备已被及机构聘用、未被中国证监会认定为证券市场禁入者，或者已过禁入期的和品行端正，具有良好的职业道德的条件。

（二）客户张某向 A 证券公司某营业部提出荐股需求。投资顾问陈某首先向客户张某告知相关法定事项，客户张某签署了法定文件后投资顾问陈某以 A 证券公司

发布的研究报告作为投资建议依据，向张某提供买入G股票的投资建议，同时提示潜在的投资风险，并向客户张某明示证券研究报告的发布人与发布时间。

1. 委托、聘用第三方机构或者个人提供投资顾问、财务顾问、产品代销、专业咨询等服务，应当明确第三方的资质条件，事先签署服务协议，履行内部控制程序，协议中应明确约定（　　）。

A. 服务内容　　B. 服务期限　　C. 费用标准　　D. 双方责任

答案：ABC

解析：本题考查廉洁从业的内控机制，委托、聘用第三方机构或者个人提供投资顾问、财务顾问、产品代销、专业咨询等服务，应当明确第三方的资质条件，事先签署服务协议，履行内部控制程序，协议中应明确约定服务内容、服务期限以及费用标准等。

2. 证券公司、证券投资咨询机构提供证券投资顾问服务，应当与客户签订证券投资顾问服务协议，并对协议实行编号管理。协议应当包括（　　）。

A. 当事人的权利义务

B. 证券投资顾问服务的内容和方式

C. 证券投资顾问的职责和禁止行为

D. 收费标准和支付方式

答案：ABCD

解析：本题考查签订证券投资顾问服务协议环节的规范要求。证券公司、证券投资咨询机构提供证券投资顾问服务，应当与客户签订证券投资顾问服务协议，并对协议实行编号管理，协议应当包括下列内容：(1) 当事人的权利义务；(2) 证券投资顾问服务的内容和方式；(3) 证券投资顾问的职责和禁止行为；(4) 收费标准和支付方式；(5) 争议或者纠纷解决方式；(6) 终止或者解除协议的条件和方式。

3. 根据《证券、期货投资咨询管理暂行办法》，证券投资咨询人员申请取得证券投资咨询从业资格，必须具有从事证券业务（　　）年以上的经历。

A. 1　　B. 2　　C. 3　　D. 5

答案：B

解析：本题考查证券投资咨询业务（分析师）申请条件。注册登记为证券分析师的人员，其申请从事的证券业务类别为证券投资咨询业务（分析师）。申请从事证券投资咨询业务（分析师），除规定科目考试合格外，还应具备以下条件：(1) 年满18岁；(2) 大学本科以上学历；(3) 具有完全民事行为能力；(4) 已被机构聘用；(5) 未受过刑事处罚或与证券业务有关的严重行政处罚；(6) 不存在《证券法》规定不允许申请的情形；(7) 未被中国证监会认定为证券市场禁入者，或者已过禁入期的；(8) 具有中华人民共和国国籍；(9) 具有从事证券业务2年以上的经历；(10) 法律、行政法规和中国证监会规定的其他条件。

（三）M证券公司担任丙股份公司的财务顾问，指派员工A、员工B担任首次公开发行股票并上市项目的保荐代表人，M证券公司履行持续督导职责，据此回答以1~2题。

1. 下列关于保荐机构及其保荐代表人执业行为规范的说法，错误的是（　　）。

A. 保荐代表人应当遵守职业道德准则，珍视和维护保荐代表人职业声誉，保持应有的职业谨慎，保持和提高专业胜任能力

B. 保荐代表人应当维护发行人的合法利益，对从事保荐业务过程中获知的发行人信息保密

C. 保荐代表人不需要全程参与项目执行，并按照相关规定对发行人申请文件和信息披露资料进行尽职调查、审慎核查

D. 保荐代表人应当恪守独立履行职责的原则，不因迎合发行人或者满足发行人的不当要求而丧失客观、公正的立场，不得唆使、协助或者参与发行人及证券服务机构实施非法的或者具有欺诈性的行为

答案：C

解析：本题考查保荐代表人执业行为规范。持续监督要求：保荐代表人应当全程参与项目执行，并按照相关规定对发行人申请文件和信息披露资料进行尽职调查、审慎核查。保荐机构及其保荐代表人应当按照法律法规、监管规定、自律规则等要求，针对发行人的具体情况，制定持续督导工作计划和实施方案，就持续督导工作的主要内容、重点、实施方式、步骤作出完整、有效的安排。

2. 下列关于财务顾问主办人应具备的条件有（　　）。

A. 具备中国证监会规定的投资银行业务经历

B. 所任职机构同意推荐其担任本机构的财务顾问主办人

C. 最近24个月未因执业行为违反行业规范而受到行业自律组织的纪律处分

D. 最近24个月未因执业行为违法违规受到处罚

答案：ABC

解析：本题考查财务顾问主办人应具备的条件。

第二部分　模拟测试

《证券市场基本法律法规》模拟试卷（一）

一、单项选择题（共 40 题，每小题 0.5 分，共 20 分。以下备选项中只有一项最符合题目要求，不选、错选均不得分。）

1. 我国证券法法律体系以（　　）为核心，为证券发行和交易行为的正常运行提供了法律法规保障，也为监管部门履行监管职责提供了制度依据。

A.《证券法》　　　　B.《公司法》

C.《民法典》　　　　D.《中国证券投资基金法》

2. 关于普通合伙人的主体适格性限制要求，下列说法正确的是（　　）。

A. 公益性的事业单位的财产可以对外承担无限连带责任

B. 国有独资企业可以成为普通合伙人

C. 社会团体可以成为普通合伙人

D. 上市公司不能成为普通合伙人

3. 关于合伙企业利润分配和亏损分担的原则，下列说法错误的是（　　）。

A. 合伙企业利润分配和亏损分担要按照合伙协议的约定办理

B. 合伙协议未约定或者约定不明确的，由合伙人协商决定

C. 无法确定出资比例的，由合伙人协商决定

D. 合伙协议不得约定将全部利润分配给部分合伙人或者由部分合伙人承担全部亏损

4. 在合伙企业存续期间，有下列情形（　　），合伙人可以退伙。

A. 出现合伙协议未约定的退伙事由

B. 发生合伙人难以继续参加合伙的事由

C. 未经全体合伙人一致同意

D. 其他合伙人入伙

5. 根据《合伙企业法》，对于合伙企业的概念，以下表述正确的是（　　）。

A. 由自然人、法人和其他组织依据相关法律，订立公司章程

B. 共同出资，共担风险，共享收益

C. 合伙企业对企业债务无须承担责任

D. 合伙企业是非营利性组织

6. 对于公开发行证券的程序，下列说法错误的是（　　）。

A. 发行人报送的证券发行申请文件，应当充分披露投资者作出价值判断和投资决策所必需的信息，内容应当真实、准确、完整

B. 发行人依法申请公开发行证券所报送的申请文件的格式、报送方式，由依法负责注册的机构或者部门规定

C. 参与证券发行申请注册的人员，不得与发行申请人有利害关系

D. 发行人在公告公开发行募集文件前可以提前告知投资人发行证券

7. 经证券交易所认可、为其上市交易的股票期权合约提供双边持续报价或者双边回应报价等服务的机构，这种做法是（　　）。

A. 权利金　　B. 行权　　C. 做市商　　D. 备兑开仓

8. 证券公司应当在营业场所妥善保存有关介绍业务的凭证、单据、账簿、报表、合同、数据信息等资料。证券公司保存上述文件资料的期限不得少于（　　）。

A. 3 年　　B. 5 年　　C. 10 年　　D. 15 年

9. 在我国，依法设立管理公开募集基金的基金管理公司，其注册资本一般不低于（　　），且必须为实缴货币资本。

A. 1 000 万元　　B. 1 亿元　　C. 5 亿元　　D. 10 亿元

10. 下列关于基金托管人、管理人和持有人，说法错误的是（　　）。

A. 基金管理人是基金产品的募集者和管理者，在我国基金管理人只能由依法成立的基金管理公司担任

B. 基金托管人是指在基金运作中承担资产保管、交易监督、资金清算等职责的当事人。

C. 基金托管人与基金管理人一般不得为同一机构，但可以相互出资持股

D. 基金持有人是基金的投资人，既可以是自然人也可以是法人

11. 关于普通合伙人的说法，下列表述正确的是（　　）。

A. 普通合伙人以其认缴的出资额为限对合伙企业承担责任

B. 普通合伙人不得参与与合伙企业相竞争的业务

C. 合伙企业中的普通合伙人不得执行合伙企业中的事务

D. 普通合伙企业的投资人数为 3 人以上，无上限规定

12. 证券的代销、包销期限最长不得超过（　　）日。

A. 30　　B. 50　　C. 60　　D. 90

13. 下列关于公开基金募集，说法错误的是（　　）。

A. 公开募集基金包括向不特定对象募集资金、向特定对象募集资金累计超过200人，以及法律、行政法规规定的其他情形

B. 公开募集基金的基金管理人，由基金管理公司或者经国务院证券监督管理机构按照规定核准的其他机构担任

C. 设立公开募集基金的基金管理公司须具备一定条件，并经中国证券基金业协会批准

D. 公开募集基金财产只能用于投资上市交易的股票、债券或国务院证券监督管理机构规定的其他证券及其衍生品种

14. 证券账户开立方式包括现场方式和非现场方式。其中，非现场方式包括（　　），以及中国结算认可的其他非现场开户方式。

A. 见证开户　　B. 线下开户　　C. 委托开户　　D. 电话开户

15. 客户委托指令的下达方式包括柜台委托、自助委托以及证券公司认可的其他合法委托方式，自助委托不包括（　　）。

A. 网上委托　　B. 电话委托　　C. 短信委托　　D. 热键委托

16. 证券经纪业务营销活动主要包括（　　）。

A. 客户服务　　B. 客户咨询　　C. 产品营销　　D. 售后服务

17. 证券公司在商业银行开立的（　　）用于存放证券公司拟向客户融出的资金及客户归还的资金。

A. 客户信用资金台账　　B. 客户信用交易担保资金账户

C. 客户信用证券账户　　D. 融资专用资金账户

18. 同一金融机构发行多只资产管理产品投资同一资产的，为防止同一资产发生风险波及多只资产管理产品，多只资产管理产品投资该资产的资金总规模合计不得超过（　　）。如果超出该限额，需经相关金融监督管理部门批准。

A. 100 亿元　　B. 300 亿元　　C. 200 亿元　　D. 500 亿元

19. 买方有权在将来特定时间以特定价格买入约定数量合约标的的期权合约，这是（　　）。

A. 看跌期权　　B. 看涨期权　　C. 协议行权　　D. 备兑开仓

20. 完成衍生品业务首次备案，备案机构应当于首次开展业务之日起（　　）内报送材料，完成该项业务首次备案。

A. 1 个月　　B. 2 个月　　C. 3 个月　　D. 6 个月

21. 基金合同应当约定给投资者设置不少于（　　）小时的投资冷静期，募集机构在投资冷静期内不得主动联系投资者。

A. 12　　B. 24　　C. 36　　D. 48

22. 证券公司信息技术治理的总体要求不包括（　　）。

A. 可用性　　B. 安全性　　C. 合规性　　D. 发展性

23. 证券公司首席信息官应具备从事信息技术相关工作（　　）年以上，或者在证券监管机构、证券基金业自律组织任职（　　）年以上的基本任职条件。

A. 5；10　　B. 5；8　　C. 10；8　　D. 10；10

24. 沪港通与深港通的基本交易规则不包括（　　）。

A. 订单设计　　B. 订单修改

C. T+1交收制度　　D. 回转交易

25. 证券公司开展资产管理业务，权益类产品投资于股票、非上市企业股权等权益类资产的比例不低于（　　）；商品及金融衍生品类产品投资于商品及金融衍生品的比例不低于（　　）。

A. 50%；50%　　B. 60%；60%　　C. 70%；70%　　D. 80%；80%

26. 为降低期限错配风险，金融机构应当强化资产管理产品久期管理，封闭式资产管理产品期限不得低于（　　）。

A. 30天　　B. 60天　　C. 90天　　D. 180天

27. 因重大违法违规行为受到金融监管部门的行政处罚或者被中国证监会采取证券市场禁入措施，执行期满未逾（　　）。

A. 1年　　B. 2年　　C. 3年　　D. 5年

28. 证券期货经营机构应当制定工作人员廉洁从业规范，明确廉洁从业有要求，加强从业人员廉洁培训和教育，培育廉洁从业文化，（　　）开展覆盖全体工作人员的廉洁培训与教育，确保工作人员熟悉廉洁从业的相关规定。

A. 每年　　B. 每季度　　C. 每月　　D. 每周

29. 投资者融券卖出时，融券保证金比例不得低于（　　）。

A. 80%　　B. 60%　　C. 50%　　D. 100%

30. 融资融券业务，是指在（　　）进行的证券交易中，证券公司向客户出借资金供其买入证券或者出借证券供其卖出，并由客户交存相应担保物的经营活动。

A. 证券交易所

B. 证券交易所或者国务院批准的其他证券交易场所

C. 证券交易所或场外交易所

D. 证券交易所、场外交易所或国务院批准的其他证券交易场所

31. 证券经纪业务的特点不包括（　　）。

A. 业务对象的广泛性　　B. 证券经纪商的中介性

C. 客户指令的委托性　　D. 客户资料的保密性

32. 下列不属于证券投资顾问业务和发布证券研究报告的区别的是（　　）。

A. 服务方式和内容不同　　B. 机构不同

C. 服务对象有所不同　　D. 市场影响有所不同

33. 期货公司办理合并、分立、停业、解散或者申请破产，应当经国务院期货监督管理机构核准，国务院期货监督管理机构应当自受理申请之日起（　　）内作出核准或者不予核准的决定。

A. 10 日　　B. 20 日　　C. 30 日　　D. 60 日

34. 根据《期货和衍生品法》相关规定，对于操纵期货市场或者衍生品市场的，责令改正，没收违法所得，并处以违法所得 1 倍以上 10 倍以下的罚款；没有违法所得或者违法所得不足 100 万元的，处以（　　）的罚款。单位操纵市场的，还应当对直接负责的主管人员和其他直接责任人员给予警告，并处以（　　）的罚款。

A. 50 万元以上 500 万元以下；50 万元以上 500 万元以下

B. 100 万元以上 1 000 万元以下；100 万元以上 1 000 万元以下

C. 50 万元以上 500 万元以下；100 万元以上 1 000 万元以下

D. 100 万元以上 1 000 万元以下；50 万元以上 500 万元以下

35. 关于合伙人的出资方式，不包括（　　）。

A. 货币　　B. 知识产权　　C. 劳务　　D. 商誉

36.（　　）是指在合伙企业存续期间，合伙人因特定情形发生而退出合伙企业，失去合伙人资格的法律事实或法律行为。

A. 退伙　　B. 入伙　　C. 合伙　　D. 散伙

37. 向特定对象发行证券累计超过（　　）人的，为公开发行。

A. 200　　B. 300　　C. 400　　D. 500

38. 下列情形不属于变相公开发行证券的是（　　）。

A. 非公开发行股票及其股权转让，采用广告、公告、广播、电话、传真、信函、公开劝诱等公开方式向社会公众发行

B. 向特定对象转让股票，未经中国证监会注册，转让后公司股东累计超过 300 人

C. 非公开发行股票及其股权转让，采用推介会、说明会、网络、短信、公开劝诱或变相公开方式向社会公众发行

D. 公司股东自行或委托他人以公开方式向社会公众转让股票

39. 关于擅自发行股票、公司、企业债券罪，说法正确的是（　　）。

A. 本罪的客体是国家对发行股票或者公司、企业债券的管理秩序

B. 本罪的主体是一般主体，只能是自然人

C. 本罪的主体只能是单位

D. 未经国家有关主管部门批准，向社会不特定对象发行、以转让股权等方式变相发行股票累计超过 300 人的，可认定该罪

40. 证券投资咨询机构及其执业人员面向社会公众开展的证券投资咨询业务活动基本原则不包括（　　）。

A. 不得以虚假信息、内幕信息或者市场传言为依据向客户或投资者提供分析、预测或建议

B. 证券投资咨询机构及其从业人员参加媒体等机构举办的荐股“擂台赛”、模拟证券投资大赛或类似的栏目或节目的需签署相关承诺协议

C. 证券投资咨询机构及其从业人员有权拒绝媒体对其所提供的稿件进行断章取义、作有损原意的删节和修改，并自提供之日起将其稿件以书面形式保存 3 年

D. 证券投资咨询从业人员向公众提供证券投资分析报告、投资分析文章等形式的咨询服务时，须先行取得所在机构的同意或认可

二、多项选择题。（共 40 题，每小题 1 分，共 40 分。以下备选项中有两项或两项以上符合题目要求，多选、少选、错选均不得分。）

41. 下列属于金融债券发行业务的一般规定的是（　　）。

A. 中国证监会依法对金融债券的发行进行监督管理

B. 金融债券的投资风险由证券公司承担

C. 金融债券可在全国银行间债券市场公开发行或定向发行

D. 金融债券的发行可以采取一次足额发行或限额内分期发行的方式

42. 下列关于违反债券发行与承销有关规定的法律责任说法正确的是（　　）。

A. 对违反法律法规及《公司债券发行与交易管理办法》规定的机构和人员，中国证监会可以对相关机构和人员采取责令改正、监管谈话、出具警示函、责令公开说明、责令定期报告等相关监管措施

B. 未经批准发行或者变相发行企业债券的，以及未通过证券经营机构发行企

业债券的，责令停止发行活动，退还非法所筹资金，处以相当于非法所筹资金金额5%以下的罚款

C. 交易商协会、同业拆借中心和中央结算公司应按照中国人民银行的要求，及时向中国人民银行报送与债务融资工具发行和交易等有关的信息

D. 企业债券监督管理机关的工作人员玩忽职守、徇私舞弊的，给予行政处分；构成犯罪的，依法追究刑事责任

43. 资信状况符合（　　）标准的公开发行公司债券，专业投资者和普通投资者可以参与认购。

A. 发行人最近5年无债务违约或者延迟支付本息的事实

B. 发行人最近一期末净资产规模不少于150亿元

C. 发行人最近36个月内累计公开发行债券不少于3期，发行规模不少于100亿元

D. 发行人最近3年平均可分配利润不少于债券1年利息的1.5倍

44. 为发行股份购买资产上市提供服务的独立财务顾问、证券服务机构，如果违反行业规范、业务规则，交易所可以视情节轻重对其单独或者合并采取的监管措施或者纪律处分包括（　　）。

A. 监管谈话

B. 公开谴责

C. 1至3年内不接受独立财务顾问、证券服务机构相关人员签字的申请文件或者信息披露文件

D. 通报批评

45. 关于有限合伙企业名称的说法，正确的是（　　）。

A. 名称中有特别要求

B. 名称中应当标明“有限合伙”字样

C. 名称中应当标明“有限合伙人”的名称

D. 名称中应当标明“有限合伙公司”字样

46. 证券公司承销证券，应当同发行人签订代销或者包销协议，载明（　　）事项。

A. 当事人的名称、住所及法定代表人姓名

B. 证券的种类、数量、金额及发行价格

C. 期限及起止日期

D. 违约责任

47. 普通合伙企业与有限合伙企业在（　　）存在主要区别。

A. 合伙人承担企业债务上　　B. 合伙人的权利

C. 合伙人的人数　　D. 设立的年限

48. 根据《合伙企业法》第十四条的规定，设立合伙企业，应当具备下列条件（　　）。

A. 设立合伙企业，必须有 2 个或 2 个以上自然人、法人或其他组织作为合伙人

B. 设立合伙企业合伙人应当以书面方式签订合伙协议

C. 有合伙人认缴或者实际缴付的出资

D. 有合伙企业的名称和生产经营场所

49. 证券公司进行行政重组，可以采取的主要方式有（　　）。

A. 注资　　B. 股权重组　　C. 债务重组　　D. 资产重组

50. 被处置证券公司以及其分支机构所在地人民政府，应当履行的监督协调义务包括（　　）。

A. 支持和配合公安部门查处证券公司风险处置中涉嫌犯罪的案件

B. 按照国家有关规定配合证券公司风险处置工作，制订维护社会稳定的预案，排查、预防和化解不稳定因素，维护被处置证券公司正常的营业秩序

C. 组织相关单位的人员成立个人债权甄别确认小组，按照国家规定对已登记的个人债权进行甄别确认

D. 对证券公司的违法行为立案稽查并予以处罚

51. 反恐怖融资是指为了预防和遏制为（　　）进行的融资活动，依照《反洗钱法》等法律法规采取相关措施的行为。

A. 恐怖主义　　B. 恐怖分子　　C. 恐怖主义组织　　D. 犯罪集团

52. 以下是专项计划资产管理人的职责是（　　）。

A. 对相关交易主体和基础资产进行全面的尽职调查

B. 办理资产支持证券发行事宜

C. 按照约定及时将募集资金支付给原始权益人

D. 安全保管专项计划相关资产

53. 以下属于证券公司开展资产管理业务的主要部门规章及规范性文件的是（　　）。

A.《关于规范金融机构资产管理业务的指导意见》

B.《证券公司证券自营业务指引》

C.《证券公司及基金管理公司子公司资产证券化业务管理规定》

D.《证券期货经营机构私募资产管理计划运作管理规定》

54. 证券经营机构及其工作人员在开展自营业务、资产管理业务、另类投资业务或者提供有关服务的过程中，不得通过（　　）方式输送或者谋取不正当利益。

A. 利用他人提供或者主动获取的内幕信息

B. 侵占或者挪用受托资产

C. 不公平对待不同投资组合，在不同账户之间输送利益

D. 以不正当手段为本人或者团队谋取佣金分配收入

55. 证券经营机构及其工作人员在证券经纪业务及其他销售产品或者提供服务过程中，不得通过（　　）方式输送或者谋取不正当利益。

A. 协助客户通过提供虚假个人信息、伪造资料、代持等方式，向不满足适当性要求及合格投资者要求的客户销售产品或者提供服务

B. 通过返还佣金或者其他利益、违规给予部分客户特殊优待等方式，输送或者谋取不正当利益

C. 泄露证券发行询价和定价信息，操纵证券发行价格

D. 违规向其他个人或者机构泄露客户资料、账户信息、交易情况等

56. 根据《证券公司董事、监事、高级管理人员及从业人员管理规则》从业人员应当遵守《宪法》《证券法》等法律法规及监管规定、自律规则、业务规范、公司制度，遵守社会公德和职业道德，维护职业声誉和行业声誉，诚实守信，勤勉尽责，忠实、专业、审慎地履行对公司和客户的责任和义务，保证执业质量，并恪守下列基本执业行为规范（　　）。

A. 遵守廉洁从业相关规定，落实廉洁从业各项要求

B. 在法律法规规定及公司授权范围内开展业务，遵循客户利益优先和公平对待客户原则，有效防范利益冲突

C. 公平进行业务竞争，自觉抵制不正当竞争行为，维护正常市场秩序

D. 法律法规、监管规定、自律规则、业务规范等规定的其他执业行为规范

57. 拟任证券经营机构分支机构负责人的人员，除应持续符合证券从业人员应符合的从业条件外，还应当同时符合下列任职条件（　　）。

A. 正直诚实，品行良好

B. 熟悉证券基金法律法规和中国证监会的规定

C. 具备 3 年以上与其拟任职务相关的证券、基金、金融、法律、会计、信息技术等工作经历

D. 具有与拟任职务相适应的管理经历和经营管理能力

58. 根据《证券基金经营机构董事、监事、高级管理人员及从业人员监督管理办法》，从业人员不得从事下列（　　）行为。

A. 利用职务之便为本人或者他人牟取不正当利益

B. 与其履行职责存在利益冲突的活动

C. 挪用或者侵占公司、客户资产或者基金财产

D. 向客户违规承诺收益或者承担损失

59. 有下列（　　）情形的，中国证监会可以对有关责任人员从轻、减轻或者免予采取证券市场禁入措施。

A. 主动消除或者减轻违法行为危害后果的

B. 配合查处违法行为有立功表现的

C. 受他人指使、胁迫有违法行为，且能主动交代违法行为的

D. 泄露证券发行询价和定价信息，操纵证券发行价格

60. 关于证券交易内幕信息知情人或者非法获取内幕信息的人违反《证券法》规定从事内幕交易的，下列说法正确的是（　　）。

A. 责令依法处理非法持有的证券，没收违法所得，并处以违法所得 1 倍以上 10 倍以下的罚款

B. 没有违法所得或者违法所得不足 50 万元的，处以 50 万元以上 500 万元以下的罚款

C. 单位从事内幕交易的，还应当对直接负责的主管人员和其他直接责任人员给予警告，并处以 20 万元以上 200 万元以下的罚款

D. 国务院证券监督管理机构工作人员从事内幕交易的，从轻处罚

61. 根据《关于加强证券经纪业务管理的规定》，证券公司应当建立健全证券经纪业务人员管理和科学合理的绩效考核制度，规范证券经纪业务人员哪些行为?（　　）

A. 与客户权益变动相关业务的经办人员之间，应当建立制衡机制

B. 涉及客户资金账户及证券账户的开立、信息修改、注销，建立及变更客户资金存管关系

C. 客户证券账户转托管和撤销指定交易等与客户权益直接相关的业务应当一人操作、一人复核，复核应当留痕

D. 涉及限制客户资产转移、改变客户证券账户和资金账户的对应关系、客户账户资产变动记录的差错确认与调整等非常规性业务操作，应当事先审批，事后复

核，审批及复核均应留痕

62. 根据《国务院办公厅关于加强金融消费者权益保护工作的指导意见》，银行业机构、证券业机构、保险业机构以及其他从事金融或与金融相关业务的机构应当遵循平等自愿、诚实守信等原则，充分尊重并自觉保障金融消费者的财产安全权、知情权、自主选择权、公平交易权、（　　）等基本权利，依法、合规开展经营活动。

A. 依法求偿权　　B. 受教育权　　C. 受尊重权　　D. 信息安全权

63. 根据《证券法》相关规定，经国务院证券监督管理机构核准，取得经营证券业务许可证，证券公司可以经营下列部分或者全部证券业务：证券经纪；证券投资咨询；与证券交易、证券投资活动有关的财务顾问、（　　）以及其他证券业务。

A. 证券承销与保荐　　B. 证券融资融券

C. 证券做市交易　　D. 自营业务

64. 以下关于各主体在信息技术管理过程中的作用，说法正确的是（　　）。

A. 中国证监会及其派出机构依法对证券经营与服务机构借助信息技术手段从事证券基金业务活动或提供相关服务实施监督管理

B. 中国证券业协会及中国证券投资基金业协会依照《证券基金经营机构信息技术管理办法》制定相关配套业务规则，协助开展信息技术相关备案、监测、检测和检查等工作

C. 中证信息技术服务有限责任公司在中国证监会指导下制定和完善相关自律规则，对证券基金经营机构借助信息技术手段从事证券基金业务活动或提供相关服务实施自律管理

D. 证券公司依照相关规定加强自身信息技术管理

65. 根据《私募投资基金监督管理暂行办法》《私募投资基金募集行为管理办法》的规定，合格的单位投资者，净资产应不低于（　　）。

A. 500 万元　　B. 1 000 万元　　C. 2 000 万元　　D. 5 000 万元

66. 基金托管人应当履行的职责包括（　　）。

A. 安全保管基金财产

B. 对所托管的不同基金财产分别设置账户，确保基金财产的完整与独立

C. 按照规定监督基金管理人的投资运作

D. 复核、审查基金管理人计算的基金资产净值和基金份额申购、赎回价格

67. 变相公开发行证券，包括下列哪些情形（　　）。

A. 非公开发行股票及其股权转让，采用广告、公告、广播、电话、传真、信

函等公开方式向社会公众发行

B. 公司股东自行或委托他人以公开方式向社会公众转让股票

C. 非公开发行股票及其股权转让，采用推介会、说明会、网络、短信、公开劝诱或变相公开方式向社会公众发行

D. 向特定对象转让股票，未经中国证监会注册，转让后公司股东累计超过300人

68. 有下列情形（　　）之一的，对股东会回购股权决议投反对票的股东可以请求公司按照合理的价格收购其股权。

A. 公司合并、分立、转让主要财产的

B. 公司连续5年不向股东分配利润，但公司该5年连续盈利，并且符合《公司法》规定的分配利润条件的

C. 公司章程规定的其他解散事由出现，股东会会议通过决议修改章程使公司存续的

D. 公司章程规定的营业期限届满，股东会会议通过决议修改章程使公司存续的

69. 重大资产重组是指挂牌公司及其控股或者控制的企业在日常经营活动之外（　　）进行资产交易，导致公司业务、资产发生重大变化的资产交易行为。

A. 购买资产　　　　B. 出售资产

C. 通过其他方式进行资产交易　　　　D. 对外担保

70. 证券公司以资产管理计划资产从事重大关联交易的，应当遵循的规定有（　　）。

A. 遵守法律、行政法规、中国证监会的规定和合同约定

B. 事先取得投资者的同意，事后及时告知投资者和托管人

C. 向中国证监会相关派出机构和中国证券业协会报告

D. 投资于证券期货的关联交易还需向证券期货交易所报告

71. 下列关于公开发行公司债券应当符合的条件，正确的是（　　）。

A. 具备健全且运行良好的组织机构

B. 最近三年平均可分配利润可以支付公司债券一年的利息

C. 最近五年平均可分配利润可以支付公司债券两年的利息

D. 最近五年平均可分配利润可以支付公司债券三年的利息

72. 审核证券上市交易申请时，应根据证券交易所上市规则规定的上市条件，对发行人（　　）等提出要求。

A. 经营年限　　B. 财务状况

C. 最高公开发行比例　　D. 诚信记录

73. 证券经纪人制度的主要内容包括（　　）。

A. 证券经纪人可以接受至少 2 家证券公司的委托，并应当专门代理证券公司从事客户招揽和客户服务等活动

B. 证券公司应当对证券经纪人进行不少于60个小时的执业前培训，其中法律法规和职业道德的培训时间不少于20个小时

C. 证券公司应当将证券经纪人的执业行为纳入合规管理范围，将证券经纪人执业行为的合规性纳入其绩效考核范围

D. 证券公司应当在与证券经纪人签订委托合同、对其进行执业前培训并经测试合格后，为其向中国证券业协会进行登记

74. 以下属于证券公司债券交易范围的是（　　）。

A. 现券买卖　　B. 债券回购　　C. 债券远期　　D. 债券借贷

75. 另类子公司应当于每月结束后10个工作日内编制并向中国证券业协会报送另类投资业务月度报表，这里的月度报表应当包括（　　）。

A. 已投资品种　　B. 项目的名称

C. 投资金额　　D. 财务信息

76. 合伙企业的财产包括（　　）。

A. 合伙人王某的出资　　B. 以合伙企业名义取得的收益

C. 依法取得的财产　　D. 合伙人张某的私家车

77. 证券公司应当按照法律、行政法规和中国证监会的规定建立完备的（　　）体系。

A. 合规管理　　B. 风险管理

C. 内部控制　　D. 外部监督

78.《证券公司监督管理条例》以保护投资者利益和防范证券公司风险为出发点，重点规定了（　　）等主要业务的规则和风险控制措施。

A. 证券经纪业务　　B. 证券自营业务

C. 证券资产管理业务　　D. 融资融券

79. 信息披露义务人未按照规定披露信息，信息披露义务人应当承担赔偿责任，这里应承担责任的义务人有（　　）。

A. 发行方的控股股东　　B. 发行人的保荐人

C. 发行人的董事、监事　　D. 证券交易所

80. 设立证券登记结算机构，下列说法正确的有（　　）。

A. 自有资金不少于人民币 1 亿元

B. 自有资金不少于人民币 2 亿元

C. 证券交易所必须在其名称中标明“证券交易所”字样

D. 具有证券登记、存管和结算服务所必需的场所和设施

三、判断题（共 30 题，每小题 1 分，共 30 分。不选、错选均不得分。）

81. 法律规范是动态的，法对人们的行为或社会关系具有指引、评价、总结、教育及惩戒的作用。（　　）

82. 在公司章程记载事项中，必要记载事项可进一步区分为绝对必要记载事项和相对必要记载事项。（　　）

83. 上市公司不得成为普通合伙人。（　　）

84. 有限合伙人可以用货币、实物、劳务、知识产权、土地使用权或者其他财产权利作价出资。（　　）

85. 特殊的普通合伙企业应当建立执业风险基金。（　　）

86. 基金份额持有人既是基金财产的所有者，也是基金财产的管理人。（　　）

87. 设立管理公开募集基金的基金管理公司，其注册资本不得低于 10 亿元人民币，且必须为实缴货币资本。（　　）

88. 私募基金管理人提供的登记申请材料完备的，中国基金业协会应当自收齐登记材料之日起 10 个工作日内，以通过网站公示私募基金管理人基本情况的方式，为私募基金管理人办结登记手续。（　　）

89. 基金募集期间募集的资金应当存入专门账户，在基金募集行为结束前，任何人不得动用。（　　）

90. 在合伙企业存续期间，发生合伙人难以继续参加合伙的事由，合伙人可以退伙。（　　）

91. 证券公司应当在营业场所妥善保存有关介绍业务的凭证、单据、账簿、报表、合同、数据信息等资料。证券公司保存上述文件资料的期限不得少于 10 年。

（　　）

92. 开放式基金的基金规模在基金存续期间是固定的。（　　）

93. 证券公司反洗钱内部控制制度包括洗钱风险自评估制度、客户身份识别制度和风险等级划分制度、客户信息公开制度和信息共享制度。（　　）

94. 当客户有洗钱、恐怖融资活动嫌疑时，证券公司应当重新识别客户身份。（　）

95. 首次公开发行证券采用统一定价方式的，发行人和主承销商可以在符合中国证监会相关规定和深交所、中国证券业协会自律规则前提下，协商设置参与询价的网下投资者具体条件，并在发行公告中披露。（　）

96. 证券发行上市保荐业务的主要监管措施包括中国证监会对保荐机构及其相关人员进行持续动态的跟踪管理，记录其业务资格、执业情况、违法违规行为、其他不良行为以及对其采取的监管措施等。（　）

97. 金融债券发行与承销业务的主要部门规章及规范性文件包括《全国银行间债券市场金融债券发行管理办法》和《商业银行次级债券发行管理办法》。（　）

98. 融资融券业务标的证券为交易型开放式指数基金（ETF）的，上市交易超过 3 个交易日。（　）

99. 融资融券业务标的证券为交易型开放式指数基金（ETF）的，基金持有户数不少于 200 户。（　）

100. 融资融券业务标的证券为债券的，剩余期限在 1 年以上。（　）

101. 股票期权合约是一种非标准化合约。（　）

102. 证券公司与期货公司签订、变更或者终止委托协议时，双方应当在 5 个工作日内报各自所在地的中国证监会派出机构备案。（　）

103. 股票期权卖方，是指持有股票期权合约义务仓的投资者。（　）

104. 实际控制的账户连续 3 个交易日的累计成交量达到同期该期货合约总成交量 20% 以上，且期货交易占用保证金数额在 100 万元以上的情形，不足以要求立案追诉。（　）

105. 利用未公开信息交易罪的主体是特殊主体，包括证券交易所、期货交易所、证券公司、期货经纪公司、基金管理公司、商业银行、保险公司等金融机构的从业人员。（　）

106. 单独或者通过合谋，集中资金优势、持股优势或者利用信息优势联合或者连续买卖，属于操纵证券、期货市场罪。（　）

107. 基金金融资产管理公司属于《证券业从业人员管理办法》所规定的从事证券业务的机构。（　）

108. 根据《上市公司并购重组财务顾问业务管理办法》规定，财务顾问主办人应当 24 个月未因执业行为违法违规受到处罚。（　）

109. 证券评级机构及其人员从事证券评级业务，应当遵循独立性原则，对同一

类评级对象评级，或者对同一评级对象跟踪评级，应当采用一致的评级标准和工作程序。（　）

110. 已经和依法可以在境内证券交易所上市交易和转让的证券属于证券自营业务主要的投资对象。（　）

四、综合题（共10题，每小题1分，共10分。每问备选答案中有一项或多项符合题目要求，不选、错选均不得分。）

（一）A公司成立于2019年1月31日，周某作为A公司的发起人，持有35%的股权，并约定于2020年1月31日前向A公司提供价值50万的办公设备。然而，由于周某个人原因，其向A公司承诺提供的相关办公设备至今仍未兑现。

111. 在以上情景中，公司的发起人、股东周某虚假出资，未向A公司交付或者未按期交付作为出资的货币或者非货币财产的，由公司登记机关责令改正，处以虚假出资金额（　）的罚款。

A. 5%～10%　　B. 5%～15%

C. 10%～15%　　D. 10%～20%

（二）甲有限合伙企业成立于2004年，乙公司为普通合伙人，丁某为有限合伙人。2005年，陈某与甲企业签订《借款协议》，约定甲企业从陈某处借款100万元。2006年，甲企业的合伙人变更为丙公司（普通合伙人）和丁公司（有限合伙人），同时，乙公司和丁某退伙。

112. 在以上情景中，乙公司不可能是（　）。

A. 已上市的公司　　B. 医院

C. 自然人　　D. 非国有独资公司

（三）2019年7月到2011年1月，李某在担任甲公募基金的基金经理期间，利用根据公司授权获得的公司管理12只股票型基金、混合基金投资品种信息的查询权，登录公司投资管理交易系统查询相关基金的委托、成交流水，使用自己证券账户同步于或者略晚于各基金买入同一公司股票，共交易股票10只，累计买入成交金额300余万元，盈利5万余元。据此回答以下3题：

113. 下列关于李某上述行为说法正确的是（　）。

A. 违背基金从业人员对基金及基金份额持有人应负的忠实、勤勉、受托义务

B. 损害了有关基金及基金管理人的声誉

C. 损害了投资者对有关基金及基金管理人的信赖和信心

D. 损害了基金财产和基金持有人利益

114. 李某的行为违反了相关法律，以下说法正确的是（　　）。

A. 李某的上述行为违反了《证券投资基金法》中有关基金从业人员不得利用因职务便利获取的未公开信息从事相关交易活动的规定

B. 李某的上述行为违反了《证券法》中有关禁止特定人员直接或者借他人名义持有、买卖股票的规定，构成违法行为

C. 李某的上述行为违反了《证券法》中内有关禁止，内幕消息知情人将内幕消息泄露给第三方的规定，构成违法行为

D. 李某的上述行为违反了《证券法》中操纵证券市场的相关规定

115. 下列关于对李某违法行为，的判罚合理的是（　　）。

A. 取消李某的基金从业资格　　B. 禁止李某终身禁入证券市场

C. 对李某处以 20 万元罚款　　D. 对李某处以 5 万元的罚款

（四）2020 年 4 月，中央全面深化改革委员会第十三次会议审议通过《创业板改革并试点注册制总体实施方案》，2021 年 9 月，习近平总书记在 2021 年中国国际服务贸易交易会全球服务贸易峰会上致辞中宣布，继续支持中小企业创新发展，深化新三板改革，设立北京证券交易所，打造服务创新型中小企业主阵地。据此回答以下 3 题：

116. 以下属于企业债券发行与承销业务的主要部门规章及规范性文件的是（　　）。

A.《关于进一步推进企业债券市场化方向改革有关工作的意见》

B.《国家发展改革委关于推进企业债券市场发展、简化发行核准程序有关事项的通知》

C.《国家发展改革委关于进一步改进和加强企业债券管理工作的通知》

D.《关于试行全面加强企业债券风险防范的若干意见的函》

117. 证券公司申请保荐业务资格应当具有良好的保荐业务团队且专业结构合理，从业人员不少于（　　）人。

A. 10　　B. 15　　C. 35　　D. 20

118. 考虑到科创企业具有投入大、迭代快等特点，在总结现有股票交易涨跌幅制度实施中的利弊得失基础上，将科创板股票的涨跌幅限制放宽至（　　）。

A. 20%　　B. 40%　　C. 10%　　D. 30%

（五）李先生是一名个人投资者，拥有 2 年的股票和基金等的投资经验，目前在甲证券公司拥有 A 股上市公司 X 公司股票 100 万元，Y 公司股票 200 万元，货币市场基金 100 万元，近期拟在甲证券公司申请开通办理融资融券业务。据此回答以

下 2 个问题：

119. 甲证券公司根据李先生的申请，需要做的相关调查包括（　　）。

A. 李先生的收入情况　　B. 李先生的风险承受能力

C. 李先生的学历　　D. 李先生的家庭地址

120. 甲证券公司应与李先生签署融资融券业务合同，以下属于融资融券业务合同内容的是（　　）。

A. 提示客户注意融资融券交易具有普通证券交易所具有的违约风险

B. 提示客户某些条件下将面临担保物被证券公司强制平仓的风险

C. 甲证券公司从事融资融券交易的保证金比例及计算公式

D. 开立信用业务相关账户的有关内容

模拟试卷（一）参考答案与解析

一、单项选择题

1. 答案：A

解析：我国证券法法律体系以《证券法》为核心，由相关法律、行政法规、部门规章及规范性文件和自律性规则共同组成，为证券发行和交易行为的正常运行提供了法律法规保障，也为监管部门履行监管职责提供了制度依据。

2. 答案：D

解析：为保护国有资产和上市公司股东的利益，国有独资公司、国有企业、上市公司不得成为普通合伙人，公益性事业单位的财产不可以对外承担无限连带责任。

3. 答案：C

解析：根据《合伙企业法》第三十三条的规定，合伙企业利润分配和亏损分担的原则是：首先，按照合伙协议的约定办理；合伙协议未约定或者约定不明确的，由合伙人协商决定；协商不成的，由合伙人按照实缴出资比例分配、分担；无法确定出资比例的，由合伙人平均分配、分担。此外，合伙协议不得约定将全部利润分配给部分合伙人或者由部分合伙人承担全部亏损。

4. 答案：B

解析：在合伙企业存续期间，有下列情形之一的，合伙人可以退伙：合伙协议约定的退伙事由出现；经全体合伙人一致同意；发生合伙人难以继续参加合伙的事由；其他合伙人严重违反合伙协议约定的义务。

5. 答案：B

解析：合伙企业是指由自然人、法人和其他组织依照《合伙企业法》订立合伙协议，共同出资，共担风险，共享收益，对合伙企业债务承担责任的经营性组织。

6. 答案：D

解析：发行证券的信息依法公开前，任何知情人不得公开或者泄露该信息。发行人不得在公告公开发行募集文件前发行证券。

7. 答案：C

解析：做市商，是指经证券交易所认可、为其上市交易的股票期权合约提供双边持续报价或者双边回应报价等服务的机构。

8. 答案：B

解析：证券公司应当在营业场所妥善保存有关介绍业务的凭证、单据、账簿、报表、合同、数据信息等资料。证券公司保存上述文件资料的期限不得少于5年。

9. 答案：B

解析：根据《证券投资基金法》第十三条的规定，设立管理公开募集基金的基金管理公司，应当具备的条件有：注册资本不低于1亿元人民币，且必须为实缴货币资本。

10. 答案：C

解析：基金托管人与基金管理人一般不得为同一机构，且不得可以相互出资持股。

11. 答案：B

解析：在企业债务方面，普通合伙企业的所有出资人均须对合伙企业的债务承担无限连带责任；在竞业禁止方面，普通合伙人不得自营或与他人合作经营与合伙企业相竞争的业务；在合伙人权利方面，普通合伙企业的合伙人对执行合伙事务享有同等的权利；在合伙人数量方面，普通合伙企业的投资人数为2人以上，无上限规定。

12. 答案：D

解析：证券的代销、包销期限最长不得超过90日。

13. 答案：C

解析：设立公开募集基金的基金管理公司须具备一定条件，并经国务院证券监督管理机构批准。

14. 答案：A

解析：证券账户开立方式包括现场方式和非现场方式；其中，非现场方式包括见证开户、网上开户，以及中国结算认可的其他非现场开户方式。

15. 答案：C

解析：客户向证券公司下达委托指令的方式由双方约定，其中客户委托指令的下达方式包括柜台委托、自助委托以及证券公司认可的其他合法委托方式，自助委托包括网上委托、电话委托、热键委托等。

16. 答案：A

解析：证券经纪业务营销活动主要包括客户招揽和客户服务两个方面。

17. 答案：D

解析：证券公司在商业银行开立的融资专用资金账户用于存放证券公司拟向客户融出的资金及客户归还的资金。

18. 答案：B

解析：同一金融机构发行多只资产管理产品投资同一资产的，为防止同一资产发生风险波及多只资产管理产品，多只资产管理产品投资该资产的资金总规模合计不得超过300亿元。如果超出该限额，需经相关金融监督管理部门批准。

19. 答案：B

解析：认购期权（又称“看涨期权”），是指买方有权在将来特定时间以特定价格买入约定数量合约标的的期权合约。

20. 答案：A

解析：备案机构应当于首次开展业务之日起1个月内报送材料，完成衍生品业务首次备案。

21. 答案：B

解析：基金合同应当约定给投资者设置不少于24小时的投资冷静期，募集机构在投资冷静期内不得主动联系投资者。

22. 答案：D

解析：证券公司应当完善信息技术运用过程中的权责分配机制，建立健全信息技术管理制度和操作流程，保障与业务活动规模及复杂程度相适应的信息技术投入水平，持续满足信息技术资源的可用性、安全性与合规性要求。

23. 答案：C

解析：证券公司应当指定一名熟悉证券、基金业务，具有信息技术相关专业背景、任职经历、履职能力的高级管理人员为首席信息官，由其负责信息技术管理工作，并具备下列任职条件：(1) 从事信息技术相关工作10年以上，或者在证券监管机构、证券基金业自律组织任职8年以上；(2) 最近3年未被金融监管机构实施行政处罚或采取重大行政监管措施；(3) 中国证监会规定的其他条件。

24. 答案：C

解析：沪港通与深港通的基本交易规则还包括订单设计、订单修改、T+2交收制度、额度控制、回转交易等内容。

25. 答案：D

解析：权益类产品投资于股票、非上市企业股权等权益类资产的比例不低于80%；商品及金融衍生品类产品投资于商品及金融衍生品的比例不低于80%。

26. 答案：C

解析：为降低期限错配风险，金融机构应当强化资产管理产品久期管理，封闭式资产管理产品期限不得低于90天。

27. 答案：D

解析：因重大违法违规行为受到金融监管部门的行政处罚或者被中国证监会采取证券市场禁入措施，执行期满未逾5年。

28. 答案：A

解析：证券期货经营机构应当制定工作人员廉洁从业规范，明确廉洁从业有要求，加强从业人员廉洁培训和教育，培育廉洁从业文化，每年开展覆盖全体工作人员的廉洁培训与教育，确保工作人员熟悉廉洁从业的相关规定。

29. 答案：C

解析：投资者融券卖出时，融券保证金比例不得低于50%。

30. 答案：B

解析：融资融券业务是指在证券交易所或者国务院批准的其他证券交易场所进行的证券交易中，证券公司向客户出借资金供其买入证券或者出借证券供其卖出，并由客户交存相应担保物的经营活动。

31. 答案：C

解析：证券经纪业务的特点包括：（1）业务对象的广泛性；（2）证券经纪商的中介性；（3）客户指令的权威性；（4）客户资料的保密性。

32. 答案：B

解析：证券投资顾问业务和发布证券研究报告的区别：（1）立场不同；（2）服务方式和内容不同；（3）服务对象有所不同；（4）市场影响有所不同。

33. 答案：D

解析：根据《期货和衍生品法》第六十二条的规定，期货公司办理下列事项，应当经国务院期货监督管理机构核准：（1）合并、分立、停业、解散或者申请破产；（2）变更主要股东或者公司的实际控制人；（3）变更注册资本且调整股权结构；（4）变更业务范围；（5）国务院期货监督管理机构规定的其他重大事项。上述第（3）项、第（5）项所列事项，国务院期货监督管理机构应当自受理申请之日起20日内作出核准或者不予核准的决定；上述所列其他事项，国务院期货监督管理机构应当自受理申请之日起60日内作出核准或者不予核准的决定。

34. 答案：D

解析：根据《期货和衍生品法》第一百二十五条的规定，违反本法第十二条的规定，操纵期货市场或者衍生品市场的，责令改正，没收违法所得，并处以违法所得1倍以上10倍以下的罚款；没有违法所得或者违法所得不足100万元的，处以100万元以上1 000万元以下的罚款。单位操纵市场的，还应当对直接负责的主管人员和其他直接责任人员给予警告，并处以50万元以上500万元以下的罚款。

35. 答案：D

解析：合伙人的出资方式包括：货币；实物、知识产权、土地使用权；劳务。

36. 答案：A

解析：退伙，是指在合伙企业存续期间，合伙人因特定情形发生而退出合伙企业，失去合伙人资格的法律事实或法律行为。

37. 答案：A

解析：有下列情形之一的，为公开发行：（1）向不特定对象发行证券的；（2）向特定对象发行证券累计超过200人的，但依法实施员工持股计划的员工人数不计算在内。

38. 答案：B

解析：变相公开发行包括但不限于以下几种情形：（1）非公开发行股票及其股权转让，采用广告、公告、广播、电话、传真、信函、推介会、说明会、网络、短信、公开劝诱等公开方式或变相公开方式向社会公众发行；（2）公司股东自行或委托他人以公开方式向社会公众转让股票；（3）向特定对象转让股票，未经中国证监会注册，转让后公司股东累计超过200人。选项B中转让后股东累计应为200人而非300人。

39. 答案：A

解析：未经国家有关主管部门批准，向社会不特定对象发行、以转让股权等方式变相发行股票或者公司、企业债券，或者向特定对象发行、变相发行股票或者公司、企业债券累计超过200人的，构成犯罪的，以擅自发行股票、公司、企业债券罪定罪处罚。本罪的主体是一般主体，既可以是自然人，也可以是单位；本罪的主观方面是故意；本罪的客体是国家对发行股票或者公司、企业债券的管理秩序。本罪的主体可以是自然人，也可以是公司，故选项B和C错误，以不法方式发行累计超过200人的，构成犯罪，故选项D错误。

40. 答案：B

解析：证券投资咨询机构及其从业人员不得参加媒体等机构举办的荐股“擂台赛”、模拟证券投资大赛或类似的栏目或节目。

二、多项选择题

41. 答案：CD

解析：金融债券发行业务的一般规定：（1）中国人民银行依法对金融债券的发行进行监督管理；未经中国人民银行核准，任何金融机构不得擅自发行金融债券；（2）金融债券的投资风险由投资者自行承担；（3）金融债券可在全国银行间债券市场公开发行或定向发行；（4）金融债券的发行可以采取一次足额发行或限额内分期发行的方式。

42. 答案：ABCD

解析：违反债券发行与承销有关规定的法律责任。违反债券发行与承销有关规定的法律责任包括：（1）对违反法律法规及《公司债券发行与交易管理办法》规定的机构和人员，中国证监会可以对相关机构和人员采取责令改正、监管谈话、出具警示函、责令公开说明、责令定期报告等相关监管措施；依法应予行政处罚的，依照《证券法》《行政处罚法》等法律法规和中国证监会的有关规定进行处罚；涉嫌犯罪的，依法移送司法机关，追究其刑事责任。（2）未经批准发行或者变相发行企业债券的，以及未通过证券经营机构发行企业债券的，责令停止发行活动，退还非法所筹资金，处以相当于非法所筹资金金额5%以下的罚款。（3）中国人民银行依法对交易商协会、同业拆借中心和中央结算公司进行监督管理；交易商协会、同业拆借中心和中央结算公司应按照中国人民银行的要求，及时向中国人民银行报送与债务融资工具发行和交易等有关的信息。（4）企业债券监督管理机关的工作人员玩忽职守、徇私舞弊的，给予行政处分；构成犯罪的，依法追究刑事责任。

43. 答案：CD

解析：资信状况符合以下标准的公开发行公司债券，专业投资者和普通投资者可以参与认购：（1）发行人最近3年无债务违约或者延迟支付本息的事实；（2）发行人最近3年平均可分配利润不少于债券1年利息的1.5倍；（3）发行人最近一期末净资产规模不少于250亿元；（4）发行人最近36个月内累计公开发行债券不少于3期，发行规模不少于100亿元；（5）中国证监会根据投资者保护的需要规定的其他条件。未达到前款规定标准的公开发行公司债券，仅限于专业投资者参与认购。

44. 答案：ABCD

解析：为发行股份购买资产或者重组上市提供服务的独立财务顾问、证券服务机构及其相关人员未履行诚实守信、勤勉尽责义务，违反行业规范、业务规则，或者未依法履行尽职调查、报告和披露以及持续督导职责的，交易所可以视情节轻重对其单独或者合并采取监管措施或者纪律处分，除选项ABCD外，还包括：（1）口头警告；（2）书面警示；（3）3个月至3年内不接受独立财务顾问、证券服务机构提交的申请文件或者信息披露文件。

45. 答案：AB

解析：有限合伙企业名称中应当标明“有限合伙”字样。

46. 答案：ABCD

解析：证券公司承销证券，应当同发行人签订代销或者包销协议，载明下列事项：当事人的名称、住所及法定代表人姓名；代销、包销证券的种类、数量、金额及发行价格；代销、包销的期限及起止日期；代销、包销的付款方式及日期；代销、包销的费用和结算办法；违约责任。

47. 答案：ABC

解析：主要区别有；（1）合伙人对企业债务的责任方面；（2）合伙人数量方面；（3）合伙人权利方面；（4）利润分配方面；（5）竞业禁止方面；（6）关联交易方面；（7）出资份额出质方面。

48. 答案：ABCD

解析：设立合伙企业，应当具备下列条件：（1）有2个以上合伙人；合伙人为自然人的，应当具有完全民事行为能力与具有资合性特征的公司不同，合伙企业具有较强的人合性特征。设立合伙企业，必须有2个或2个以上自然人、法人或其他组织作为合伙人；（2）有书面合伙协议；（3）有合伙人认缴或者实际缴付的出资；（4）有合伙企业的名称和生产经营场所。

49. 答案：ABCD

解析：证券公司进行行政重组，可以采取注资、股权重组、债务重组、资产重组、合并或者其他方式。

50. 答案：ABC

解析：被处置证券公司以及其分支机构所在地人民政府，应当履行以下监督协调义务：（1）支持和配合公安部门查处证券公司风险处置中涉嫌犯罪的案件；（2）按照国家有关规定配合证券公司风险处置工作，制订维护社会稳定的预案，排查、预防和化解不稳定因素，维护被处置证券公司正常的营业秩序；（3）组织相关单位的人员成立个人债权甄别确认小组，按照国家规定对已登记的个人债权进行甄别确认。

51. 答案：ABC

解析：反恐怖融资是指为了预防和遏制为恐怖主义、恐怖分子和恐怖主义组织进行的融资活动，依照《反洗钱法》等法律法规采取相关措施的行为。

52. 答案：ABC

解析：专项计划资产的管理人应当履行下列职责：(1) 对相关交易主体和基础资产进行全面的尽职调查，可聘请会计师事务所、资产评估机构等相关中介机构出具专业意见；(2) 在专项计划存续期间，督促原始权益人以及为专项计划提供服务的有关机构，履行法律规定及合同约定的义务；(3) 办理资产支持证券发行事宜；(4) 按照约定及时将募集资金支付给原始权益人；(5) 为资产支持证券投资者的利益管理专项计划资产；(6) 建立相对封闭、独立的基础资产现金流归集机制，切实防范专项计划资产与其他资产混同以及被侵占、挪用等风险；(7) 监督、检查特定原始权益人持续经营情况和基础资产现金流状况，出现重大异常情况的，管理人应当采取必要措施，维护专项计划资产安全；(8) 按照约定向资产支持证券投资者分配收益；(9) 履行信息披露义务；(10) 负责专项计划的终止清算；(11) 法律、行政法规和中国证监会规定以及计划说明书约定的其他职责。

53. 答案：ACD

解析：《证券公司证券自营业务指引》属于证券公司自营业务的相关法律法规。

54. 答案：ABC

解析：选项 D 为证券投资咨询业务中禁止行为。

55. 答案：ABD

解析：证券经营机构及其工作人员在证券经纪业务及其他销售产品或者提供服务过程中，除选项 ABD 外，也不得通过以下方式输送或者牟取不正当利益：(1) 安排向特定客户销售显著偏离公允价格的结构化、高收益、保本理财产品等交易；(2) 委托不具备资质的人员或者机构招揽客户，并输送不正当利益；(3) 以所在机构名义或者以所在机构员工身份，销售未经公司核准销售的金融产品；(4) 其他输送或者谋取不正当利益的行为。

56. 答案：ABCD

解析：《证券基金经营机构董事、监事、高级管理人员及从业人员监督管理办法》。

57. 答案：ABCD

解析：拟任证券经营机构分支机构负责人的人员，除应持续符合证券从业人员应符合的从业条件外，还应当同时符合下列任职条件：正直诚实，品行良好；熟悉证券基金法律法规和中国证监会的规定；具备 3 年以上与其拟任职务相关的证券、基金、金融、法律、会计、信息技术等工作经历；具有与拟任职务相适应的管理经历和经营管理能力。

58. 答案：ABCD

解析：考查《证券基金经营机构董事、监事、高级管理人员及从业人员监督管理办法》规定的禁止性行为。从业人员不得从事的行为除选项 ABCD 外，还有：(1) 不正当交易或者利益输送；(2) 私下接受客户委托从事证券基金投资；(3) 泄露因职务便利获取的未公开信息、利用该信息从事或者明示、暗示他人从事相关的交易活动；(4) 违规向客户提供资金、证券或者违规为客户融资提供中介、担保或者其他便利；(5) 滥用职权、玩忽职守，不按照规定履行职责；(6) 违反法律法规和中国证监会的规定，从事证券、基金和未上市企业股权投资；(7) 法律法规和中国证监会规定禁止的其他行为。

59. 答案：ABC

解析：有下列情形之一的，中国证监会可以对有关责任人员从轻、减轻或者免予采取证券市场禁入措施：(1) 主动消除或者减轻违法行为危害后果的；(2) 配合查处违法行为有立功表现的；(3) 受他人指使、胁迫有违法行为，且能主动交代违法行为的；(4) 在执法单位依法作出行政处罚决定或者证券市场禁入决定前主动交代违法行为的。

60. 答案：ABC

解析：证券交易内幕信息知情人或者非法获取内幕信息的人违反《证券法》第五十三条的规定从事内幕交易的，责令依法处理非法持有的证券，没收违法所得，并处以违法所得 1 倍以上 10 倍以下的罚款；没有违法所得或者违法所得不足 50 万元的，处以 50 万元以上 500 万元以下的罚款。单位从事内幕交易的，还应当对直接负责的主管人员和其他直接责任人员给予警告，并处以 20 万元以上 200 万元以下的罚款。国务院证券监督管理机构工作人员从事内幕交易的，从重处罚。

61. 答案：ABCD

解析：根据《关于加强证券经纪业务管理的规定》，证券公司应当建立健全证券经纪业务人员管理和科学合理的绩效考核制度，规范证券经纪业务人员行为。与客户权益变动相关业务的经办人员之间，应当建立制衡机制。涉及客户资金账户及证券账户的开立、信息修改、注销，建立及变更客户资金存管关系，客户证券账户转托管和撤销指定交易等与客户权益直接相关的业务应当一人操作、一人复核，复核应当留痕。涉及限制客户资产转移、改变客户证券账户和资金账户的对应关系、客户账户资产变动记录的差错确认与调整等非常规性业务操作，应当事先审批，事后复核，审批及复核均应留痕。

62. 答案：ABCD

解析：根据《国务院办公厅关于加强金融消费者权益保护工作的指导意见》，金融消费者有财产安全权、知情权、自主选择权、公平交易权、依法求偿权、受教育权、受尊重权、信息安全权等八项基本权利。

63. 答案：ABCD

解析：根据《证券法》第一百二十条的规定，经国务院证券监督管理机构核准，取得经营证券业务许可证，证券公司可以经营下列部分或者全部证券业务：证券经纪，证券投资咨询，与证券交易、证券投资活动有关的财务顾问，证券承销与保荐，证券融资融券，证券做市交易，证券自营，其他证券业务。

64. 答案：AD

解析：中国证监会及其派出机构依法对证券经营与服务机构借助信息技术手段从事证券基金业务活动或提供相关服务实施监督管理。中国证券业协会及中国证券投资基金业协会依照《证券基金经营机构信息技术管理办法》制定和完善相关自律规则，对证券基金经营机构借助信息技术手段从事证券基金业务活动或提供相关服务实施自律管理。中证信息技术服务有限责任公司在中国证监会指导下制定相关配套业务规则，协助开展信息技术相关备案、监测、检测和检查等工作。

65. 答案：B

解析：根据《私募投资基金监督管理暂行办法》《私募投资基金募集行为管理办法》的规定，合格的单位投资者，净资产应不低于 1 000 万元。

66. 答案：ABCD

解析：根据《证券投资基金法》第三十六条的规定，基金托管人依法应当履行下列职责：(1) 安全保管基金财产；(2) 按照规定开设基金财产的资金账户和证券账户；(3) 对所托管的不同基金财产分别设置账户，确保基金财产的完整与独立；(4) 保存基金托管业务活动的记录、账册、报表和其他相关资料；(5) 按照基金合同的约定，根据基金管理人的投资指令，及时办理清算、交割事宜；(6) 办理与基金托管业务活动有关的信息披露事项；(7) 对基金财务会计报告、中期和年度基金报告出具意见；(8) 复核、审查基金管理人计算的基金资产净值和基金份额申购、赎回价格；(9) 按照规定召集基金份额持有人大会；(10) 按照规定监督基金管理人的投资运作。除上述职责以外，基金托管人还应当履行国务院证券监督管理机构规定的其他职责。

67. 答案：ABC

解析：向特定对象转让股票，未经中国证监会注册，转让后公司股东累计超过

200 人，而非 300 人，故选项 D 错误。

68. 答案：ABCD

解析：本题考查公司回购股权的内容。有下列情形之一的，对股东会回购股权决议投反对票的股东可以请求公司按照合理的价格收购其股权：(1) 公司连续 5 年不向股东分配利润，而公司该 5 年连续盈利，并且符合《公司法》规定的分配利润条件的；(2) 公司合并、分立、转让主要财产的；(3) 公司章程规定的营业期限届满或者章程规定的其他解散事由出现，股东会会议通过决议修改章程使公司存续的。

69. 答案：ABC

解析：重大资产重组是指挂牌公司及其控股或者控制的企业在日常经营活动之外购买、出售资产或者通过其他方式进行资产交易，导致公司业务、资产发生重大变化的资产交易行为。

70. 答案：ABD

解析：证券公司以资产管理计划资产从事重大关联交易的，向中国证监会相关派出机构和中国证券投资基金业协会报告。

71. 答案：AB

解析：公开发行公司债券，应当符合下列条件：具备健全且运行良好的组织机构；最近 3 年平均可分配利润足以支付公司债券 1 年的利息；国务院规定的其他条件。

72. 答案：ABD

解析：证券交易所上市规则规定的上市条件，应当对发行人的经营年限、财务状况、最低公开发行比例和公司治理、诚信记录等提出要求。

73. 答案：BCD

解析：证券经纪人只能接受 1 家证券公司的委托，并应当专门代理证券公司从事客户招揽和客户服务等活动。

74. 答案：ABD

解析：证券公司应当统一组织回访客户，对新开户客户应当在 1 个月内完成回访，对原有客户的回访比例应当不低于上年末客户总数（不含休眠账户及中止交易账户客户）的 10%。

75. 答案：ABCD

解析：证券公司债券交易包括现券买卖、债券回购、债券远期、债券借贷等符合规定的债券交易业务。

76. 答案：ABCD

解析：月度报表应当包括已投资品种或项目的名称、投资金额、期限、持股比例（如有）、交易对手方（如有）、投资模式或交易结构（如有）、财务信息等。年度报告除了上述信息外，还应当包括投资品种或项目的运行和损益情况、另类子公司合规管理和风险管理情况等。

77. 答案：ABC

解析：合伙企业的财产包括合伙人的出资、以合伙企业名义取得的收益和依法取得的其他财产。

78. 答案：ABC

解析：证券公司应当按照法律、行政法规和中国证监会的规定建立完备的合规管理、风险管理和内部控制体系。

79. 答案：ABCD

解析：《证券公司监督管理条例》以保护投资者利益和防范证券公司风险为出发点，重点规定了证券经纪业务、证券自营业务、证券资产管理业务和融资融券等主要业务的规则和风险控制措施。

80. 答案：BCD

解析：设立证券登记结算机构，应当具备下列条件：（1）自有资金不少于人民币2亿元；（2）具有证券登记、存管和结算服务所必需的场所和设施；（3）国务院证券监督管理机构规定的其他条件。证券登记结算机构的名称中应当标明“证券登记结算”字样。

三、判断题

81. 答案：错误

解析：本题考查法的特征。社会生活是不断变化的，是动态的。而法律规范则是静态的，一经制定，除非立法机关根据一定程序对法律进行修改，否则在其生效范围内，法律规范是不变的。法对人们的行为或社会关系具有指引、评价、预测、教育及强制的作用。本题中“动态的”“总结、惩罚”等提法不准确。

82. 答案：正确

解析：本题考查公司章程记载事项。必要记载事项可分为绝对必要记载事项和相对必要记载事项。绝对必要记载事项是法律规定的必须记载的事项，如不记载，可导致章程无效。相对必要记载事项是法律规定应当记载的事项，如不记载，法律可采取补救措施。

83. 答案：正确

解析：为保护国有资产和上市公司股东的利益，国有独资公司、国有企业、上市公司不得成为普通合伙人。

84. 答案：错误

解析：有限合伙人不得以劳务出资。

85. 答案：正确

解析：特殊的普通合伙企业应当建立执业风险基金。

86. 答案：错误

解析：基金份额持有人是指根据基金合同和基金招募说明书持有基金份额的基金出资人，是基金财产的所有者和基金投资的受益人。基金管理人是指按照法律、法规的规定和基金合同的约定，为基金份额持有人的利益，对基金财产进行管理及运作的机构。

87. 答案：错误

解析：根据《证券投资基金法》第十三条的规定，设立管理公开募集基金的基金管理公司，其注册资本不低于1亿元人民币，且必须为实缴货币资本。

88. 答案：错误

解析：私募基金管理人提供的登记申请材料完备的，中国基金业协会应当自收齐登记材料之日起20个工作日内，以通过网站公示私募基金管理人基本情况的方式，为私募基金管理人办结登记手续。

89. 答案：正确

解析：根据《证券投资基金法》第六十条及第一百二十八条的规定，基金募集期间募集的资金应当存入专门账户，在基金募集行为结束前，任何人不得动用。

90. 答案：正确

解析：在合伙企业存续期间，有下列情形之一的，合伙人可以退伙：合伙协议约定的退伙事由出现；经全体合伙人一致同意；发生合伙人难以继续参加合伙的事由；其他合伙人严重违反合伙协议约定的义务。

91. 答案：错误

解析：证券公司应当在营业场所妥善保存有关介绍业务的凭证、单据、账簿、报表、合同、数据信息等资料。证券公司保存上述文件资料的期限不得少于5年。

92. 答案：错误

解析：开放式基金的基金份额可以在基金合同约定的时间和场所进行申购或者赎回，导致开放式基金的规模一直处于增加或减少的变动之中。

93. 答案：错误

解析：本题考查证券公司反洗钱内部控制制度的内容。证券公司应当结合本机构经营规模以及洗钱和恐怖融资风险状况，建立健全洗钱风险自评估制度、客户身份识别制度和风险等级划分制度、客户身份资料和交易记录保存制度、大额交易和可疑交易报告制度、信息共享制度、保密制度、宣传培训制度等反洗钱内部控制制度，制定反洗钱内部操作规程和控制措施。但“客户信息公开制度”不属于此要求，故本题表述错误。

94. 答案：正确

解析：本题考查证券公司重新识别客户身份的要求。

95. 答案：错误

解析：本题考查创业板首次公开发行证券发行与承销信息披露的特别规定。首次公开发行证券采用询价方式的，发行人和主承销商可以在符合中国证监会相关规定和深交所、中国证券业协会自律规则前提下，协商设置参与询价的网下投资者具体条件，并在发行公告中披露。

96. 答案：正确

解析：本题考查证券发行上市保荐业务的主要监管措施。

97. 答案：正确

解析：本题考查金融债券发行与承销的主要部门规章及规范性文件。

98. 答案：错误

解析：本题考查融资融券业务标的证券为交易型开放式指数基金（ETF）的相关要求。融资融券业务标的证券为交易型开放式指数基金（ETF）的，上市交易超过 5 个交易日。

99. 答案：错误

解析：本题考查融资融券业务标的证券为交易型开放式指数基金（ETF）的相关要求。融资融券业务标的证券为交易型开放式指数基金（ETF）的，基金持有户数不少于 2 000 户。

100. 答案：正确

解析：本题考查融资融券业务标的证券为债券的相关要求。融资融券业务标的证券为债券的，融资融券业务标的证券为债券的，剩余期限在 1 年以上。

101. 答案：错误

解析：股票期权合约为沪深交易所统一制定的、规定买方有权在将来特定时间以特定价格买入或者卖出约定股票或者跟踪股票指数的交易型开放式指数基金（ETF）等标的物的标准化合约。

102. 答案：正确

解析：证券公司与期货公司签订、变更或者终止委托协议的，双方应当在5个工作日内报各自所在地的中国证监会派出机构备案。

103. 答案：正确

解析：股票期权卖方，是指持有股票期权合约义务仓的投资者。

104. 答案：正确

解析：本题考查操纵证券、期货市场罪的立案标准。根据《最高人民检察院、公安部关于公安机关管辖的刑事案件立案追诉标准的规定（二）》第三十四条的规定，实施刑法第一百八十二条第一款第二项、第三项操纵期货市场行为，实际控制的账户连续10个交易日的累计成交量达到同期该期货合约总成交量20%以上，且期货交易占用保证金数额在500万元以上的，应予立案追诉。

105. 答案：正确

解析：本题考查利用未公开信息交易罪的概念。利用未公开信息交易罪的主体是特殊主体，主要包括证券交易所、期货交易所、证券公司、期货经纪公司、基金管理公司、商业银行、保险公司等金融机构的从业人员，故本题正确。

106. 答案：正确

解析：本题考查操纵证券、期货市场罪的法律责任。根据《证券法》第五十五条的规定，禁止任何人单独或者通过合谋，集中资金优势、持股优势或者利用信息优势联合或者连续买卖等手段操纵证券市场，故本题正确。

107. 答案：错误

解析：从事证券业务的机构有：证券公司、基金管理公司、基金托管机构、基金销售机构、证券投资咨询机构、证券资信评估机构、中国证监会规定的其他从事证券业务的机构。

108. 答案：错误

解析：根据《上市公司并购重组财务顾问业务管理办法》，在财务顾问机构中负责并购重组项目的签名人员为财务顾问主办人。财务顾问主办人应当具备下列条件：最近24个月无违反诚信的不良记录；最近24个月未因执业行为违反行业规范而受到行业自律组织的纪律处分；最近36个月未因执业行为违法违规受到处罚。

109. 答案：错误

解析：证券评级机构及其人员从事证券评级业务，应当遵循一致性原则，对同一类评级对象评级，或者对同一评级对象跟踪评级，应当采用一致的评级标准和工作程序。

110. 答案：正确

解析：已经和依法可以在境内证券交易所上市交易和转让的证券是证券自营业务主要的投资对象，主要包括股票、债券、证券投资基金等。

四、综合题

111. 答案：B

解析：本题考查公司的发起人、股东虚假出资的法律责任。公司的发起人、股东虚假出资，未交付或者未按期交付作为出资的货币或者非货币财产的，由公司登记机关责令改正，处以虚假出资金额5%以上15%以下的罚款。故选B。

112. 答案：AB

解析：为保护国有资产和上市公司股东的利益，国有独资公司、国有企业、上市公司不得成为普通合伙人。公益性的事业单位、社会团体也不得成为普通合伙人。

113. 答案：ABCD

解析：案例中李某利用其职务和信息优势，利用未公开信息交易股票的行为，违背基金从业人员对基金及基金份额持有人应负的忠实、勤勉、受托义务，构成了利益冲突行为，损害了有关基金及基金管理人的声誉，损害了投资者对有关基金及基金管理人的信赖和信心，损害了基金财产和基金持有人利益。答案为ABCD。

114. 答案：AB

解析：李某的上述行为违反了《证券投资基金法》中有关基金从业人员不得利用因职务便利获取的未公开信息从事相关交易活动的规定，以及《证券法》中有关禁止特定人员直接或者借他人名义持有、买卖股票的规定，构成违法行为。案例中不涉及内幕消息泄露和市场操纵行为。故答案为AB。

115. 答案：AB

解析：根据《证券投资基金法》第二十三条及第一百二十四条的规定，基金管理人的股东、实际控制人要求基金管理人利用基金财产为自己或者他人牟取利益，损害基金份额持有人利益的，责令改正，没收违法所得，并处违法所得1倍以上5倍以下罚款；没有违法所得或者违法所得不足100万元的，并处10万元以上100万元以下罚款；对直接负责的主管人员和其他直接责任人员给予警告，暂停或者撤销基金或证券从业资格，并处3万元以上30万元以下罚款。案例中，李某的违法行为的事实确凿、但并未造成巨大的社会危害，因而合理的处罚应是：一是取消李某的基金从业资格；二是对李某处以10万元以上100万元以下的罚款。故答案是AB。

116. 答案：ABCD

解析： 本题考查企业债券发行与承销的主要部门规章及规范性文件。

117. 答案：C

解析： 本题考查证券公司申请保荐业务资格。证券公司申请保荐业务资格应当具备具有良好的保荐业务团队且专业结构合理，从业人员不少于35人，其中最近3年从事保荐相关业务的人员不少于20人。

118. 答案：A

解析： 本题考查科创板中的放宽涨跌幅限制。考虑到科创企业具有投入大、迭代快等特点，在总结现有股票交易涨跌幅制度实施中的利弊得失基础上，将科创板股票的涨跌幅限制放宽至20%。为尽快形成合理价格，新股上市后的前5个交易日不设涨跌幅限制。

119. 答案：ABCD

解析： 本题考查证券公司调查申请融资融券业务客户的一般要求。包括：(1) 客户基本情况：个人客户一般包括但不限于姓名、性别、出生年月、联系方式、居住地址、文化程度、婚姻状况、家庭成员、职业、职务等；(2) 财产与收入状况：个人客户一般应提供其收入来源及数额、金融资产、非金融资产、债务情况及用作担保品的资金或证券资产情况等；(3) 证券投资经验及风险偏好：应包括但不限于客户的投资期限、投资规模、投资收益、投资风格及风险偏好等；(4) 诚信合规记录：客户近几年证券投资交易清算履约情况、商业银行信用记录、其他信用记录等；(5) 融资融券需求：客户对融资融券业务规则、相关风险的认知情况及融资融券需求，如融资融券授信方式、额度、期限、利率及费率等。

120. 答案：CD

解析： 本题考查融资融券业务合同的相关内容。选项AB为融资融券业务风险揭示书的基本内容，选项CD为融资融券业务合同的基本内容。

《证券市场基本法律法规》模拟试卷（二）

一、单项选择题（共40题，每小题0.5分，共20分。以下备选项中只有一项最符合题目要求，不选、错选均不得分。）

1. 关于合伙企业清算期间债权保护的说法，下列错误的是（　　）。

A. 清算人自被确定之日起10日内将合伙企业解散事项通知债权人

B. 债权人应当自接到通知书之日起30日内，向清算人申报债权

C. 债权人申报债权，应当说明债权的有关事项，并提供证明材料

D. 清算人无需对债权进行登记

2. 对于公开发行证券的程序，下列说法错误的是（　　）。

A. 发行人报送的证券发行申请文件，应当充分披露投资者作出价值判断和投资决策所必需的信息，内容应当真实、准确、完整

B. 发行人依法申请公开发行证券所报送的申请文件的格式、报送方式，由依法负责注册的机构或者部门规定

C. 参与证券发行申请注册的人员，不得与发行申请人有利害关系

D. 发行人在公告公开发行募集文件前可以提前告知投资人发行证券

3. 股票发行采用（　　），代销期限届满，向投资者出售的股票数量未达到拟公开发行股票数量70%的，为发行失败。

A. 包销　　B. 代销　　C. 承销　　D. 委托

4. 收购要约约定的收购期限不得少于（　　）日，并不得超过（　　）日。

A. 10；20　　B. 20；50　　C. 30；60　　D. 40；50

5. 为健全股票期权经纪业务制度，拟负责股票期权经纪业务的高级管理人员具备股票期权业务知识和相应的专业能力，需要配备（　　）名具备相应专业能力的业务人员。

A. 2　　B. 3　　C. 4　　D. 5

6. 接受金融产品发行人的委托，为其销售金融产品或者介绍金融产品购买人的行为是（　　）。

A. 私募产品　　B. 证券自营业务

C. 代销金融产品　　　　D. 融资融券业务

7. 为保护投资者权益，证券公司应在代销金融产品前进行必要的（　　）。

A. 委托人资格审查　　　　B. 产品尽职调查

C. 问卷调查　　　　D. 委托人资格审查和产品尽职调查

8. 关于另类子公司进行风险监控，下列说法错误的是（　　）。

A. 证券公司应当对另类子公司的交易行为进行日常监控

B. 另类子公司应当建立健全文档管理制度，妥善保管尽职调查报告、投资项目评估材料、投资决策记录等重要投资文件

C. 证券公司不承担对另类子公司风险处置的责任

D. 证券公司对另类子公司的各类投资的风险敞口和公司整体损益情况进行联动分析和监控，并定期进行压力测试

9. 据《私募投资基金监督管理暂行办法》《私募投资基金募集行为管理办法》的规定合格的个人投资者，金融资产应不低于（　　）或者最近3年个人年均收入不低于（　　）。

A. 500万元；50万元　　　　B. 300万元；50万元

C. 300万元；30万元　　　　D. 500万元；30万元

10. 根据《证券投资基金法》规定，未经核准，擅自从事基金托管业务的，责令停止，没收违法所得，并处违法所得（　　）罚款；没有违法所得或者违法所得不足100万元的，并处10万元以上100万元以下罚款；对直接负责的主管人员和其他直接责任人员给予警告，并处（　　）罚款。

A. 1倍以上5倍以下；3万元以上30万元以下

B. 1倍以上5倍以下；5万元以上50万元以下

C. 1倍以上10倍以下；3万元以上30万元以下

D. 1倍以上10倍以下；5万元以上50万元以下

11. 根据《证券投资基金法》第十七条、第三十四条及第一百二十条的规定，公开募集基金的基金管理人的董事、监事、高级管理人员和其他从业人员以及基金托管人的专门基金托管部门的高级管理人员和其他从业人员，其本人、配偶、利害关系人进行证券投资，应当事先向基金管理人申报，并不得与基金份额持有人发生利益冲突。未按照上述规定申报的，责令改正，处（　　）罚款。

A. 3万元以上5万元以下　　　　B. 3万元以上10万元以下

C. 5万元以上10万元以下　　　　D. 10万元以上20万元以下

12. 根据《证券投资基金法》相关规定，基金托管人与基金管理人不得为同一

机构，不得相互出资或者持有股份。基金管理人、基金托管人违反上述规定的要求，相互出资或者持有股份的，责令改正，可以处（　　）以下罚款。

A. 5 万元　　B. 10 万元　　C. 30 万元　　D. 50 万元

13. 根据《期货和衍生品法》相关规定，出借自己的期货账户或者借用他人的期货账户从事期货交易的，责令改正，给予警告，可以处（　　）以下的罚款；属于国家工作人员的，还应当依法给予处分。

A. 10 万元　　B. 20 万元　　C. 50 万元　　D. 100 万元

14. 以下不属于证券公司应当重新识别客户身份的情形的是（　　）。

A. 客户行为或者交易情况出现异常的

B. 客户有洗钱、恐怖融资活动嫌疑的

C. 认定为高风险客户的

D. 先前获得的客户身份资料的真实性、有效性、完整性存在疑点的

15. 证券公司应当委托外部专业机构开展信息技术管理工作的全面审计，频率不低于每（　　）；未能有效实施信息技术管理被采取行政处罚措施、监管措施或者自律管理措施的，应当在（　　）内完成对有关事项的专项审计。

A. 每年一次；三个月　　B. 每年一次；半年

C. 每三年一次；三个月　　D. 每三年一次；半年

16. 下列不属于证券投资咨询机构利用“荐股软件”从事证券投资咨询业务监管要求的是（　　）。

A. 在公司营业场所、公司网站、中国证券业协会网站公示信息，包括但不限于公司名称、住所、联系方式、投诉电话，证券投资咨询业务许可证号，证券投资咨询执业人员姓名及其登记编码

B. 遵循客户适当性原则，制定了解客户的制度和流程，对“荐股软件”产品进行分类分级，并向客户揭示产品的特点及风险，将合适的产品销售给适当的客户

C. 不得对产品功能和服务业绩进行虚假、不实、夸大、误导性的营销宣传，不得以任何方式向客户承诺或者保证投资收益

D. 产品销售、协议签订、服务提供、客户回访、投诉处理等业务环节均应当自行开展，可以委托未取得证券投资咨询业务资格的机构和个人代理

17. 下列属于财务顾问的法律责任规定的是（　　）。

A. 发行人、证券登记结算机构、证券公司、证券服务机构未按照规定保存有关文件和资料的，责令改正，给予警告，并处以 1 万元以上 10 万元以下的罚款

B. 财务顾问及其财务顾问主办人出现唆使、协助或者伙同委托人干扰中国人

民银行审核工作的，中国人民银行对其采取监管谈话、出具警示函、责令改正等监管措施

C. 财务顾问不再符合《上市公司并购重组财务顾问业务管理办法》规定条件的，应当在7个工作日内向中国证监会报告并依法进行公告，由中国证监会责令改正

D. 中国证券业协会对财务顾问及其财务顾问主办人违反自律规范的行为，依法进行调查，给予纪律处分

18. 下列不属于证券投资咨询机构及其从业人员在与自身有利害冲突的情况下应当进行回避的是（　　）。

A. 证券公司的自营、受托投资管理、财务顾问和投资银行等业务部门的专业人员在离开原岗位后的12个月内不得从事面向社会公众开展的证券投资咨询业务

B. 经中国证监会核准的公开发行证券的企业的承销商或上市推荐人及其所属的证券投资咨询机构和证券投资咨询从业人员

C. 证券投资咨询机构或其从业人员在知悉本机构、本人以及财产上的利害关系人与有关证券有利害关系时，不得就该证券的走势或投资的可行性提出评价或建议

D. 中国证监会根据合理理由认定的其他可能存在利益冲突的情形

19. 下列不属于财务顾问从事上市公司并购重组财务顾问业务应当履行的职责的是（　　）。

A. 接受并购重组当事人的委托，对上市公司并购重组活动进行尽职调查，全面评估相关活动所涉及的风险

B. 对委托人进行证券市场规范化运作的辅导，使其熟悉有关法律、行政法规和中国证监会的规定，充分了解其应承担的义务和责任，督促其依法履行报告、公告和其他法定义务

C. 接受委托人的委托，向中国人民银行报送有关上市公司并购重组的申报材料，并根据中国人民银行的审核意见，组织和协调委托人及其他专业机构进行答复

D. 在对上市公司并购重组活动及申报文件的真实性、准确性、完整性进行充分核查和验证的基础上，依据中国证监会的规定和监管要求，客观、公正地发表专业意见

20. 下列关于证券投资咨询机构及人员从业管理的说法错误的是（　　）。

A. 证券投资咨询机构应当有100万元人民币以上的注册资本

B. 证券投资咨询人员不得同时在2个或者2个以上的证券投资咨询机构执业

C. 同一人员不得同时登记为证券分析师和证券投资顾问

D. 登记信息完备且符合规定的，中国证券业协会于7个工作日内办结登记并生成唯一登记编码

21. 下列（　　）不属于证券公司、证券投资咨询机构和其他财务顾问机构不得担任财务顾问的情形。

A. 最近24个月内存在违反诚信的不良记录

B. 最近24个月内因执业行为违反行业规范而受到行业自律组织的纪律处分

C. 最近36个月内因违法违规经营受到处罚或者因涉嫌违法违规经营正在被调查

D. 最近24个月内因违法违规经营受到处罚或者因涉嫌违法违规经营正在被调查

22. 下列不属于证券公司申请保荐业务资格应当具备的条件的是（　　）。

A. 注册资本不低于人民币5 000万元、净资本不低于人民币5 000万元

B. 具有良好的保荐业务团队且专业结构合理，从业人员不少于35人，其中最近3年从事保荐相关业务的人员不少于20人

C. 最近3年内未因重大违法违规行为受到行政处罚

D. 具有完善的公司治理和内部控制制度，风险控制指标符合相关规定

23. 融资融券业务标的证券为债券的，债券托管面值在（　　）亿元以上。

A. 1　　B. 2　　C. 5　　D. 10

24. 融资融券业务标的证券为债券的，债券信用评级达到（　　）以上。

A. BBB（含）　　B. AAA　　C. AA（含）　　D. A（含）

25. 王女士计划融资买入2 000股A股某股票，买入价格为20元/股，证券公司应向王女士收取的融资保证金最低为（　　）元。

A. 20 000　　B. 32 000　　C. 40 000　　D. 12 000

26. 郭先生持有A股某股票A，数量为1万股，计划以股票A充抵保证金融资买入另一只A股股票B，股票A为上证180指数成分股股票，目前市场上股票A价格为10元/股，股票B价格为20元/股，则郭先生最高可买入的股票B数量为（　　）股。

A. 3 000　　B. 2 000　　C. 3 500　　D. 3 250

27. 关于擅自公开或者变相公开发行证券的责任处罚，以下不正确的是（　　）。

A. 变相公开发行证券的，责令停止发行，退还所募资金并加算银行同期存款利息

B. 变相公开发行证券的，处以非法所募资金金额5%以上50%以下的罚款

C. 对直接负责的主管人员和其他直接责任人员给予警告，并处以50万元以上300万元以下的罚款

D. 对擅自公开或者变相公开发行证券设立的公司，由依法履行监督管理职责的机构或者部门会同县级以上地方人民政府予以取缔

28. 下列行为属于欺诈发行的是（　　）。

A. 发行人符合发行条件，但以欺诈方式发行证券

B. 发行人不符合发行条件，但以正规方式发型证券

C. 发行人符合发行条件，以正规方式发行证券

D. 发行人不符合发行条件，且以欺诈手段发行证券

29. 证券公司及其从业人员违反《证券法》第五十七条的规定，有损害客户利益的行为，下列表述错误的是（　　）。

A. 给予警告，没收违法所得

B. 处以违法所得2倍以上20倍以下的罚款

C. 没有违法所得或者违法所得不足10万元的，处以10万元以上100万元以下的罚款

D. 情节严重的，暂停或者撤销相关业务许可

30. 关于利用未公开信息交易罪的构成，下面说法不正确的是（　　）。

A. 该罪的主体是特殊主体，包括证券交易所、期货交易所、证券公司、期货经纪公司、基金管理公司、商业银行、保险公司等金融机构的从业人员

B. 该罪的主观方面是故意，过失同样构成本罪

C. 该罪的主体是特殊主体，包括有关监管部门或者行业协会的工作人员

D. 该罪侵犯的客体是证券、期货交易市场的正常管理秩序和证券、期货投资人的合法利益

31. 利用未公开信息交易的刑事立案标准，涉嫌下列情形之一的，应予立案追诉，下列情形不足以要求刑事立案追诉的是（　　）。

A. 获利或者避免损失数额在100万元以上的

B. 明示、暗示2人以上从事相关交易活动的

C. 2年内3次以上利用未公开信息交易的

D. 明示、暗示3人以上从事相关交易活动的

32. 中国证券业协会诚信管理中，奖励信息、处罚处分信息的效力期限一般为（　　）年。

A. 1　　B. 2　　C. 3　　D. 5

33. 证券期货经营机构应当制定工作人员廉洁从业规范，明确廉洁从业有要求，加强从业人员廉洁培训和教育，培育廉洁从业文化，（ ）开展覆盖全体工作人员的廉洁培训与教育，确保工作人员熟悉廉洁从业的相关规定。

A. 每年 B. 每季度 C. 每月 D. 每周

34. 证券经营机构应当制定具体、有效的（ ）、事中管控措施和事后追责机制，对所从事的业务种类、环节及相关工作进行科学、系统的廉洁风险评估，识别廉洁从业风险点，强化岗位制衡与内部监督机制并确保运作有效。

A. 事前风险控制体系 B. 事前风险评价体系

C. 事前风险防范体系 D. 事前风险预知体系

35. 下列不属于《证券业从业人员资格管理办法》所规定的从事证券业务的机构的是（ ）。

A. 证券投资咨询机构 B. 证券资信评估机构

C. 基金销售机构 D. 基金金融资产管理公司

36. （ ）对证券公司股东准入和监管要求作出了规定，夯实了证券公司主体责任，强化了内部追责。

A. 《证券公司治理准则》

B. 《证券公司股权管理规定》

C. 《证券期货投资者适当性管理办法》

D. 《期货交易管理条例》

37. （ ）应当在股东（大）会年会上报告并在年度报告中披露董事的履职情况。

A. 监事会 B. 大股东 C. 董事会 D. 总经理

38. 有关证券交易所的交易规则的说法，下列错误的是（ ）。

A. 证券交易所允许非会员直接参与股票的集中交易

B. 投资者应当与证券公司签订证券交易委托协议，并在证券公司实名开立账户，委托该证券公司代其买卖证券

C. 未经证券交易所许可，任何单位和个人不得发布证券交易即时行情

D. 上市公司可以向证券交易所申请其上市交易股票的停牌或者复牌，不得滥用停牌或者复牌损害投资者的合法权益

39. 证券登记结算机构应当妥善保存登记、存管和结算的原始凭证及有关文件和资料。其保存期限不得少于（ ）。

A. 10 年 B. 20 年 C. 30 年 D. 永久

40. 证券交易内幕信息知情人或者非法获取内幕信息的人违反《证券法》第五十三条的规定从事内幕交易的，责令依法处理非法持有的证券，没收违法所得，并处以违法所得（　　）的罚款；没有违法所得或者违法所得不足（　　）的，处以 50 万元以上 500 万元以下的罚款。

A. 1 倍以上 10 倍以下；50 万元　　B. 1 倍以上 5 倍以下；100 万元

C. 1 倍以上 10 倍以下；100 万元　　D. 1 倍以上 5 倍以下；50 万元

二、多项选择题。（共 40 题，每小题 1 分，共 40 分。以下备选项中有两项或两项以上符合题目要求，多选、少选、错选均不得分。）

41. 根据《证券投资基金法》相关规定，基金管理人、基金托管人及其董事、监事、高级管理人员和其他从业人员将其固有财产或者他人财产混同于基金财产从事证券投资的，关于处罚表述正确的是（　　）。

A. 责令改正，没收违法所得

B. 并处违法所得 1 倍以上 5 倍以下罚款

C. 没有违法所得或者违法所得不足 100 万元的，并处 10 万元以上 100 万元以下罚款

D. 基金管理人、基金托管人有上述行为的，还应当对其直接负责的主管人员和其他直接责任人员给予警告、暂停或者撤销基金从业资格，并处 3 万元以上 30 万元以下罚款

42. 根据《证券公司风险处置条例》第十一条的规定，被接管证券公司停止履行职责的机构包括（　　）。

A. 股东会或股东大会　　B. 董事会

C. 监事会　　D. 经理

43. 融资融券的标的证券为债券的，应当符合下列哪些条件？（　　）

A. 债券托管面值在 2 亿元以上

B. 债券剩余期限在 1 年以上

C. 债券信用评级达到 AA 级（含）以上

D. 交易所规定的其他条件

44. 证券公司应对申请融资融券业务的客户进行征信调查，一般包括（　　）。

A. 客户基本情况　　B. 财产与收入状况

C. 证券投资经验及风险偏好　　D. 诚信合规记录

45. 期货公司可以从事的业务包括（　　）。

A. 股票期权经纪业务

B. 主营业务

C. 做市业务

D. 与股票期权备兑开仓及行权相关的证券现货经纪业务

46. 证券期货经营机构及其工作人员在开展证券期货业务及相关活动中，不得以下列方式（即《规定》第九条规定的方式）向公职人员、客户、正在洽谈的潜在客户或者其他利益关系人输送不正当利益，其中包括（　　）。

A. 提供礼金、礼品、房产、汽车、有价证券、股权、佣金返还等财物，或者为上述行为提供代持等便利

B. 安排显著偏离公允价格的结构化、高收益、保本理财产品等交易

C. 提供旅游、宴请、娱乐健身、工作安排等利益

D. 直接或者间接向他人提供内幕信息、未公开信息、商业秘密和客户信息，明示或者暗示他人从事相关交易活动

47. 融资融券的标的证券为股票的，应符合的条件有（　　）。

A. 在交易所上市交易超过 3 个月。但科创板与实施注册制的创业板股票上市首日即可成为标的证券

B. 融资买入标的股票的流通股本不少于 5 000 万股或流通市值不低于 5 亿元

C. 股东人数不少于 200 人

D. 股票发行公司已完成股权分置改革

48. 合伙企业有下列（　　）情形的，应当解散。

A. 合伙期限届满，合伙人决定不再经营

B. 合伙人已不具备法定人数满 15 天

C. 合伙协议约定的合伙目的已经实现或者无法实现

D. 依法被吊销营业执照、责令关闭或者被撤销

49. 证券行业文化建设包括三个层次十个方面的关键要素，其中行为层包括（　　）要素。

A. 平衡各方利益　B. 建立长效激励　C. 加强声誉约束　D. 落实责任担当

50. 根据《关于加强证券经纪业务管理的规定》，证券公司应当建立健全证券经纪业务人员管理和科学合理的绩效考核制度，规范证券经纪业务人员以下行为（　　）。

A. 与客户权益变动相关业务的经办人员之间，应当建立制衡机制

B. 涉及客户资金账户及证券账户的开立、信息修改、注销，建立及变更客户

资金存管关系

C. 客户证券账户转托管和撤销指定交易等与客户权益直接相关的业务应当一人操作、一人复核，复核应当留痕

D. 涉及限制客户资产转移、改变客户证券账户和资金账户的对应关系、客户账户资产变动记录的差错确认与调整等非常规性业务操作，应当事先审批，事后复核，审批及复核均应留痕

51. 为降低投资者期权交易成本，沪、深证券交易所目前提供常用组合策略有（　　）。

A. 认购牛市价差策略　　B. 认沽牛市价差策略

C. 认购熊市价差策略　　D. 认沽熊市价差策略

52. 关于私募类金融产品可以公开宣传的信息是（　　）。

A. 私募基金管理人的品牌

B. 私募基金管理人的发展战略

C. 私募基金管理人的投资策略

D. 基金业协会已备案私募基金的基本信息

53. 根据《证券、期货投资咨询管理暂行办法》，证券投资咨询机构及其投资咨询人员不得从事下列活动（　　）。

A. 代理投资人从事证券、期货买卖

B. 向投资人承诺证券、期货投资收益

C. 法律、法规、规章所禁止的其他证券、期货欺诈行为

D. 保守所在机构的商业秘密，客户的商业秘密及个人隐私

54. 以下属于不合格账户业务的认定与规范不合格账户的情形的是（　　）。

A. 违规以他人名义或利用虚假身份开立的账户

B. 违规使用他人账户或使用虚假身份开立的账户

C. 代理关系不规范

D. 账户关键信息不全

55. 以下属于证券公司及相关从业人员从事私募资产管理业务禁止行为的有（　　）。

A. 泄露因职务便利获取的未公开信息

B. 利用资产管理计划从事内幕交易

C. 按照法律法规及合同约定的时间和方式获得资产管理计划的信息披露资料

D. 为违法或者规避监管的证券期货业务活动提供交易便利

56. 以下可以是资产证券化业务基础资产的是（　　）。

A. 企业应收款　　B. 租赁债权　　C. 企业应付款　　D. 信托受益权

57. 利用未公开信息交易的刑事立案标准，涉嫌下列情形之一的，应予立案追诉。这些涉嫌行为包括（　　）。

A. 获利或者避免损失数额在100万元以上的

B. 2年内3次以上利用未公开信息交易的

C. 明示、暗示3人以上从事相关交易活动的

D. 除以上情形外，具有其他严重情节的

58. 对于承销或者销售擅自公开发行或者变相公开发行证券的责任处罚，下列说法不正确的是（　　）。

A. 证券公司承销的，责令停止承销或者销售，没收违法所得，并处以违法所得10倍以上的罚款

B. 证券公司承销没有违法所得或者违法所得不足100万元的，处以100万元以上500万元以下的罚款

C. 证券公司承销情节严重的，处暂停或者撤销相关业务许可

D. 证券公司承销给投资者造成损失的，应当与发行人承担连带赔偿责任。对直接负责的主管人员和其他直接责任人员给予警告，并处以100万元以上300万元以下的罚款

59. 证券公司经营融资融券业务，应当以自己的名义在商业银行开设的信用账户包括（　　）。

A. 融券专用证券账户　　B. 客户信用交易担保资金账户

C. 融资专用资金账户　　D. 信用交易资金交收账户

60. 资产支持证券可以在以下（　　）交易场所挂牌、转让。

A. 证券交易所

B. 全国中小企业股份转让系统

C. 机构间私募产品报价与服务系统

D. 证券公司柜台市场以及中国证监会认可的其他证券交易场所

61. 开展资产证券化业务时，证券公司、托管人、销售机构和投资顾问等服务机构及其人员违反相关法律法规，可能要承担的法律责任是（　　）。

A. 被责令整改

B. 被采取市场禁入措施

C. 被行政处罚

D. 相关从业人员涉嫌犯罪的，依法移送司法机关，追究其刑事责任

62. 下列关于“荐股软件”说法正确的是（　）。

A. “荐股软件”，是指具备提供涉及具体证券投资品种的投资分析意见，或者预测具体证券投资品种的价格走势证券投资咨询服务功能的软件产品、软件工具或者终端设备

B. 向投资者销售或者提供“荐股软件”，并直接或者间接获取经济利益的，属于从事证券投资咨询业务，应当经中国人民银行许可，符合证券投资咨询业务条件

C. 证券投资咨询机构利用“荐股软件”从事证券投资咨询业务，应当遵循客观公正、诚实信用原则，不得误导、欺诈客户，不得损害客户利益

D. 证券投资咨询机构利用“荐股软件”从事证券投资咨询业务，必须遵守《证券法》法律法规和中国证监会的有关规定

63. 证券公司经营管理主要负责人对公司合规运营承担责任，履行下列合规管理职责（　）。

A. 组织制定公司规章制度，并监督其实施

B. 督导、提醒公司其他高级管理人员在其分管领域中认真履行合规管理职责，落实合规管理要求

C. 支持合规负责人及合规部门按照监管要求和公司制度规定，向董事会、监管部门报告合规风险事项

D. 督促公司下属各单位就合规风险事项开展自查或配合公司调查，严格按照公司规定进行合规问责，并落实整改措施

64. 证券公司应当按照规定，结合内部控制制度和风险管理机制的相关要求，履行可疑交易报告的义务。以下符合可疑交易报告情形的有（　）。

A. 短期内相同收付款人间频繁发生资金收付，且交易金额接近大额交易标准

B. 自然人客户短期内频繁收取法人、其他组织汇款

C. 长期闲置的账户原因不明地突然启用，且短期内出现大量资金收付

D. 提前偿还贷款

65. 证券公司客户身份识别的基本步骤是（　）。

A. 了解　　B. 登记　　C. 核对　　D. 留存

66. 下列关于机构或者人员，禁止参与处置证券公司风险工作，说法正确的是（　）。

A. 曾受过刑事处罚或者涉嫌犯罪正在被立案侦查、起诉

B. 涉嫌严重违法正在被行政管理部门立案稽查或者曾因严重违法行为受到行

政处罚未逾 3 年

C. 仍处于证券市场禁入期

D. 内部控制薄弱、存在重大风险隐患

67. 下列关于证券公司的信息材料报送的说法正确的是（　　）。

A. 证券公司应当按照规定向国务院证券监督管理机构报送业务、财务等经营管理信息和资料。报送的内容包括年度、月度报告以及临时报告

B. 证券公司应当自每一会计年度结束之日起 3 个月内，向国务院证券监督管理机构报送年度报告；自每月结束之日起 10 个工作日内，报送月度报告

C. 国务院证券监督管理机构有权要求证券公司及其主要股东、实际控制人在指定的期限内提供有关信息、资料。证券公司及其主要股东、实际控制人向国务院证券监督管理机构报送或者提供的信息、资料，必须真实、准确、完整

D. 证券公司发生影响或者可能影响证券公司经营管理、财务状况、风险控制指标或者客户资产安全的重大事件的，证券公司应当立即向国务院证券监督管理机构报送临时报告

68. 下列属于证券公司、证券投资咨询机构或者其他财务顾问机构不得担任独立财务顾问的是（　　）。

A. 上市公司董事会或者独立董事聘请的独立财务顾问，不得同时担任收购人的财务顾问或者与收购人的财务顾问存在关联关系

B. 最近 3 年财务顾问与上市公司存在资产委托管理关系、相互提供担保，或者最近一年财务顾问为上市公司提供融资服务

C. 上市公司持有或者通过协议、其他安排与他人共同持有财务顾问的股份达到或者超过 5%，或者选派代表担任财务顾问的董事

D. 持有或者通过协议、其他安排与他人共同持有上市公司股份达到或者超过 5%，或者选派代表担任上市公司董事

69. 以下说法正确的是（　　）。

A. 证券投资咨询机构向证券监管部门报送的文件、资料有虚假陈述或者重大遗漏的，由证监会派出机构处 1 万元以上 10 万元以下的罚款

B. 证券投资咨询机构证券、期货投资咨询人员同时在两个或者两个以上的证券、期货投资咨询机构执业的，由证监会派出机构单处或者并处警告、没收违法所得、1 万元以上 10 万元以下罚款

C. 证券经营机构向社会公众提供本机构内部使用的证券、期货信息简报、快讯、动态以及信息系统的由证监会派出机构责令改正，并处以警告或者 1 万元以上

5 万元以下罚款

D. 证券公司、证券投资咨询机构及其人员从事证券投资顾问业务，违反法律、行政法规和《证券投资顾问业务暂行规定》的，中国证监会及其派出机构可以采取责令改正、监管谈话、出具警示函、责令增加内部合规检查次数并提交合规检查报告、责令清理违规业务、责令暂停新增客户、责令处分有关人员等监管措施

70. 下列关于证券基金经营机构使用香港机构证券投资咨询服务的有关规定说法正确的是（　　）。

A. 允许证券基金经营机构委托香港机构，为证券基金经营机构管理的参与港股通的证券投资基金，提供关于港股通股票的投资建议服务

B. 从事发布证券研究报告业务的证券公司可以向客户转发港股研究报告，但最近 3 年因发布证券研究报告业务违法违规行为受到行政处罚或者被采取重大行政监管措施的证券公司除外

C. 证券公司应当在发布对象公平对待、利益冲突防范、信息披露、跨越隔离墙行为管理、静默期安排、留痕管理方面符合内地发布证券研究报告有关规定

D. 证券公司应当与香港机构签订协议，约定双方的权利、义务和责任，服务的内容、方式和禁止行为等事项

71. 信息技术合规与风险管理机制的事前内部审查事项包括（　　）。

A. 业务系统的流程设计、功能设置、参数配置和技术实现应当遵循业务合规的原则

B. 风险管理系统功能完备、权限清晰，能够与业务系统同步上线运行

C. 具备完善的信息安全防护措施，能够保障经营数据和客户信息的安全、完整

D. 具备符合要求的信息系统备份及运维管理能力，能够保障相关系统安全、平稳运行

72. 根据《期货和衍生品法》相关规定，期货公司办理（　　）事项，应当经国务院期货监督管理机构核准，国务院期货监督管理机构应当自受理申请之日起 60 日内作出核准或者不予核准的决定。

A. 合并、分立、停业、解散或者申请破产

B. 变更主要股东或者公司的实际控制人

C. 变更注册资本且调整股权结构

D. 变更业务范围

73. 下列关于证券公司注册资本的说法正确的是（　　）。

A. 同时经营证券经纪，证券投资咨询两项业务的证券公司，注册资本最低限额为人民币 5 000 万元

B. 经营证券承销与保荐业务的证券公司，注册资本最低限额为人民币 5 000 万元

C. 经营融资融券业务的证券公司，注册资本最低限额为人民币 1 亿元

D. 同时从事证券承销与保荐业务、证券做市交易、自营业务的证券公司，注册资本最低限额为人民币 5 亿元

74. 下列关于封闭式基金与开放式基金的说法正确的是（　　）。

A. 封闭式基金的基金合同期限是固定的，基金的存续期限也是固定的。合同期限届满后，在满足一定条件下，可以延长合同期限或转换运作方式

B. 开放式基金是指基金份额总额不固定，基金份额可以在基金合同约定的时间和场所申购或者赎回的基金

C. 开放式基金的规模一直处于增加或减少的变动之中

D. 封闭式基金在完成募集后，由基金管理人向证券交易所提出上市申请，经证券交易所依法审核同意后，基金份额在证券交易所进行上市交易。投资者对封闭式基金份额的买卖，只能根据基金份额上市交易规则，委托证券公司在证券交易所完成交易，且交易双方均是基金的投资者

75. 证券公司的信用风险管理应遵循（　　）原则。

A. 全面性　　B. 内部制衡　　C. 全流程风控　　D. 完备性

76. 证券公司可根据自身管理需要将信用风险计量结果运用于（　　）等方面。

A. 准入管理　　B. 限额管理　　C. 薪酬管理　　D. 风险报告

77. 证券公司应根据业务需要，通过授信限额控制信用风险暴露和水平，并运用（　　）等方式缓释与控制信用风险。

A. 担保品　　B. 集中度管理

C. 净额结算　　D. 保证和信用衍生工具

78. 关于擅自改变公开发行证券所募集资金的用途的，可能受到处罚有（　　）。

A. 责令改正，处以 50 万元以上 500 万元以下的罚款

B. 对直接负责的主管人员和其他直接责任人员给予警告，并处以 10 万元以上 100 万元以下的罚款

C. 发行人的控股股东、实际控制人从事或者组织、指使从事上述违法行为的，给予警告，并处以 50 万元以上 500 万元以下的罚款

D. 情节严重的，并处暂停或者撤销相关业务许可

79. 证券登记结算机构应履行下列哪项职能（　　）。

A. 设立证券账户、结算账户　　B. 证券的存管和过户

C. 证券交易的清算和交收　　D. 受发行人的委托派发证券权益

80. 关于证券交易所的说法，下列正确的有（　　）。

A. 证券交易所可以根据证券品种、行业特点、公司规模等因素设立不同的市场层次

B. 证券交易所应当遵守社会公共利益优先原则，维护市场的公平、有序、透明

C. 证券交易所必须在其名称中标明“证券交易所”字样

D. 进入实行会员制的证券交易所参与集中交易的，必须是证券交易所的会员

三、判断题（共 30 题，每小题 1 分，共 30 分。不选、错选均不得分。）

81. 法律关系客体是法律关系主体的权利和保障所指向的对象。（　　）

82. 在公司章程记载事项中，任意记载事项对当事人无法律约束力。（　　）

83. 新合伙人入伙除合伙协议另有约定外，应当经全体合伙人一致同意。（　　）

84. 合伙企业不能清偿到期债务的，合伙人无须承担无限连带责任。（　　）

85. 证券代销是指证券公司代发行人发售证券，在承销期结束时，将未售出的证券全部退还给发行人的承销方式。（　　）

86. 证券投资基金按照按运作方式不同可分为封闭式基金与开放式基金。（　　）

87. 非公开募集基金财产的证券投资既包括买卖公开发行的股份有限公司股票、债券、基金份额，不可以投资如股权、期货、期权以及基金合同约定的其他投资标的。（　　）

88. 我国的期货市场法律体系以《期货和衍生品法》为核心，由法律、行政法规、部门规章、规范性文件及自律规则共同组成，为期货投资活动的正常运行保驾护航。（　　）

89. 期货交易实行保证金制度，期货结算机构向结算参与人收取保证金，结算参与人向交易者收取保证金，保证金主要用于结算和履约保障。（　　）

90. 完成衍生品业务首次备案，备案机构应当于首次开展业务之日起 1 个月内报送材料，完成该项业务首次备案。（　　）

91. 沪港通与深港通的基本交易规则包括 T +1 交收制度。（　　）

92. 证券期货经营机构应当制定工作人员廉洁从业规范，每季度开展覆盖全体工作人员的廉洁培训与教育，确保工作人员熟悉廉洁从业的相关规定。（　　）

93. 证券公司规章制度属于证券公司反洗钱工作需要保密的事项。（　　）

94. 对于B股非银证转账外部资金进出的情形，如证券公司未发现交易或行为异常的，可以不提交大额交易报告。（　　）

95. 资信状况符合发行人最近3年平均可分配利润不少于债券1年利息的1.5倍标准的公开发行公司债券，专业投资者和普通投资者可以参与认购。（　　）

96. 保荐机构受聘履行保荐职责应遵守证券发行规模达到一定数量的，可以采用联合保荐，但参与联合保荐的保荐机构不得超过5家。（　　）

97. 终止保荐协议的，保荐机构和发行人应当自终止之日起15个工作日内向中国证监会、证券交易所报告，说明原因。（　　）

98. 证券登记结算机构依据证券公司客户信用交易担保证券账户内的记录，确认证券公司受托持有证券的事实，并以证券持有人为名义持有人，登记于证券持有人名册。（　　）

99. 操纵证券市场，影响证券交易价格，情节严重的，处5年以下有期徒刑或者拘役，并处或者单处罚金。（　　）

100. 静态市盈率在250倍的A股股票，在按市值或净值折算可充抵保证金时，折算率为0。（　　）

101. 证券公司及其他子公司与另类子公司存在利益冲突的人员可兼任另类子公司的董事。（　　）

102. 证券公司从事介绍业务的工作人员可进行期货交易。（　　）

103. 期货经理对于期货经纪合同不承担对客户的责任。（　　）

104. 利用虚假或者不确定的重大信息，诱导投资者进行期货交易，行为人进行相关期货交易，实际控制的账户连续10个交易日的累计成交量达到同期该期货合约总成交量20%以上，且期货交易占用保证金数额在500万元以上，则可要求操纵证券、期货市场的刑事立案追诉。（　　）

105. 利用未公开信息交易罪的主体是特殊主体，包括有关监管部门或者行业协会的工作人员。（　　）

106. 与他人串通，以事先约定的时间、价格和方式相互进行证券交易，属于操纵证券、期货市场罪。（　　）

107. 证券评级机构及其人员从事证券评级业务，应当制定科学的评级方法、完善的质量控制制度。（　　）

108. 登记人员离职的，证券公司应当自劳动关系或者委托代理关系解除之日起5个工作日内为其办理注销登记。（　　）

109. 证券公司应当自相关人员从事证券业务之日起10个工作日内，通过中国证券业协会从业人员管理平台，将经公司审核合格的登记信息提交至中国证券业协会进行登记。 ( )

110. 证券投资顾问业务和发布证券研究报告的区别的是机构不同。 ( )

四、综合题（共10题，每小题1分，共10分。每问备选答案中有一项或多项符合题目要求，不选、错选均不得分。）

（一）X公司于2012年9月成立，其高管在Y期货有限公司开设期货账户。2020年6月起至2022年7月，X公司为逃避证券期货监管，其高管甲某等人以租借或者收购方式，实际控制了19名自然人和7个法人期货账户，与X公司自有账户组成账户组，采用高频程序化交易方式从事股指期货合约交易。其间，X公司隐瞒实际控制账户组、大量账户从事高频程序化交易等情况，规避中金所的监管措施，从而取得不正当交易优势；并将自行研发的报单交易系统非法接入中金所交易系统，直接进行交易，从而非法取得额外交易速度优势。2022年6月1日至7月6日，X公司及其高管，利用以逃避期货公司资金和持仓验证等非法手段获取的交易速度优势，大量交易中证500股指期货主力合约、沪深300股指期货主力合约合计377.44万手，从中非法获利人民币3.893亿余元。据此回答以下2题：

111. 案例中存在的违法行为有（ ）。

A. 隐瞒实际控制账户组、大量账户从事高频程序化交易

B. 将自行研发的报单交易系统非法接入中金所交易系统

C. 利用交易速度和资金优势，大量操纵股指期货交易，影响期货交易价格或者期货交易量

D. 非法设立期货公司，或者未经核准从事相关期货业务的

112. 根据《期货和衍生品法》相关规定，期货公司经国务院期货监督管理机构核准可以从事的期货业务有（ ）。

A. 期货经纪

B. 期货交易咨询

C. 期货做市交易

D. 融资融券业务

（二）国务院于2008年以国务院令的形式颁布了《证券公司监督管理条例》，首次对证券公司聘用证券经纪人予以认可，为证券经纪业务营销提供了一种新的选择。中国证监会、中国证券业协会先后发布了《证券经纪人管理暂行规定》《证券基金经营机构董事、监事、高级管理人员及从业人员监督管理办法》等规范性文件和自律规则，对证券经纪人的定义、登记、行为规范和法律地位等作出了明确规

定。据此回答以下3题：

113. 下列选项中，说法正确的是（　　）。

A. 证券经纪人只能接受一家证券公司的委托，并应当专门代理证券公司从事客户招揽和客户服务等活动；证券公司应当在与证券经纪人签订委托合同前，对其资格条件进行严格审查

B. 证券公司应当在与证券经纪人签订委托合同、对其进行执业前培训并测试合格，不必向中国证券业协会进行登记

C. 证券公司应当建立健全信息查询制度，保证客户能够通过现场、电话或者互联网络的方式随时查询证券经纪人的姓名、代理权限、代理期间、服务的证券营业部、执业地域范围及登记编号等信息

D. 证券公司应当建立健全异常交易和操作监控制度，采取技术手段，对证券经纪人所招揽和服务客户的账户进行有效监控，发现异常情况的，立即查明原因并按照规定处理

114. 下列选项中不属于证券经纪业务相关的法律、法规的是（　　）。

A.《关于加强证券经纪业务管理的规定》

B.《证券法》

C.《证券公司监督管理条例》

D.《中国证券登记结算有限责任公司证券账户管理规则》

（三）乙证券公司是经中国证监会批准成立的证券公司，最高决策机构为公司董事会，近期拟开展证券自营业务，已按要求成立投资决策机构和自营业务部门，公司净资本为20亿元。

目前有以下几种投资标的：

标的类型	市值（规模）	标的类型	市值（规模）
股票A	50亿元	公司债券C	50亿元
股票B	200亿元	国债	—

据此回答以下3个问题：

115. 若乙证券公司自营业务全部投资于股票A，无特殊情况，则最多可持有（　　）。

A. 2.5亿元　　B. 6亿元　　C. 20亿元　　D. 50亿元

116. 若乙证券公司自营业务全部投资于股票B和公司债券C，无特殊情况，最多可持有两类资产合计金额（　　）。

A. 10 亿元　　B. 15 亿元　　C. 16 亿元　　D. 20 亿元

117. 乙证券公司最多可投资各类资产金额合计是（　）。

A. 20 亿元　　B. 111 亿元　　C. 108.5 亿元　　D. 100 亿元

（四）2022 年，甲证券公司总经理王某，向上市公司推荐丙公司的节能环保技术，并具体参与了乙公司收购该技术及非公开发行股票的全过程。其中，2022 年 8 月 6 日，王某参与了项目的考察洽谈活动，并于同月 28 日与乙公司、丙公司签订了《三方合作框架协议书》，约定了甲公司、乙公司、丙公司的合作内容。2022 年 12 月，乙公司公告停牌筹划重大事项；同月，乙公司发布签订收购节能环保专利技术的框架协议的公告。2023 年 1 月，乙公司复牌并公告非公开发行股票预案。

中国证监会依法认定，上述公告内容系内幕信息，在内幕信息敏感期内，王某分别与其朋友尚某、妹妹王某某、妹夫陈某联络、接触。上述人员在乙公司股票内幕信息敏感期内大量买入该只股票共计 1 029 万余股，成交金额 2 936 万余元，并分别于乙公司因重大事项停牌前、发布收购节能环保技术及非公开发行股票信息公告复牌后将所持有的乙公司股票全部卖出，非法获利共计 1 229 万余元。

公安机关以王某涉嫌泄露内部信息罪，尚某、妹妹王某某、妹夫陈某涉嫌泄露内部交易罪向人民检察院移送起诉。据此回答以下 2 题：

118. 下列判罚中，符合刑事案件判罚的是（　）。

A. 以泄露内幕信息罪判处王某有期徒刑 16 年 6 个月

B. 以泄露内幕信息罪判处王某罚金人民币 1 935 万元

C. 以内幕交易罪分别判处尚某有期徒刑 6 年、陈某有期徒刑 5 年、王某某有期徒刑 3 年，并处罚金不等，违法所得予以追缴

D. 对犯罪情节较轻、能如实供述犯罪事实、积极退赃、具有悔罪表现对王某某、依法从轻处罚并宣告缓刑

119. 关于该案的法律意义，下面说法正确的是（　）。

A. 依法惩治内幕交易违法犯罪，促使内幕信息知情人严格依法履职

B. 证券从业人员及上市公司高管、员工应当恪守职业道德，对可能影响市场行情的敏感信息履行保密义务，自觉维护证券从业市场生态

C. 在办理共同犯罪案件时，对于主动认罪悔罪、退赃退赔的犯罪嫌疑人、被告人，应当依法从宽处理

D. 对于拒不供认犯罪事实的犯罪嫌疑人、被告人，应当依法从严惩处

（五）2019 年 7 月到 2021 年 1 月，李某在分别担任证券经纪人和证券投资咨询人员期间，利用职务之便替客户办理账户开立，李某在电话里告诉客户他知道某只

股票有利好消息，但需要客户向他支付5万元的服务费，同时和客户约定客户带新客户加入微信群可获得服务费分成。

120. 李某的行为违反了《证券法》，证券投资咨询机构及其从业人员从事证券服务业务不得有下列行为（　　）。

A. 代理委托人从事证券投资

B. 与委托人约定分享证券投资收益或者分担证券投资损失

C. 买卖本证券投资咨询机构提供服务的证券

D. 法律、行政法规禁止的其他行为

模拟试卷（二）参考答案与解析

一、单项选择题

1. 答案：D

解析：本题考查合伙企业清算期间债权保护。清算人自被确定之日起 10 日内将合伙企业解散事项通知债权人，并于 60 日内在报纸上公告。债权人应当自接到通知书之日起 30 日内，未接到通知书的自公告之日起 45 日内，向清算人申报债权。债权人申报债权，应当说明债权的有关事项，并提供证明材料。清算人应当对债权进行登记。

2. 答案：D

解析：本题考查公开发行证券的程序。发行证券的信息依法公开前，任何知情人不得公开或者泄露该信息。发行人不得在公告公开发行募集文件前发行证券。

3. 答案：B

解析：本题考查代销制度。股票发行采用代销方式，代销期限届满，向投资者出售的股票数量未达到拟公开发行股票数量 70% 的，为发行失败。

4. 答案：C

解析：收购要约约定的收购期限不得少于 30 日，并不得超过 60 日。

5. 答案：B

解析：考查股票期权经纪业务制度。为健全股票期权经纪业务制度，拟负责股票期权经纪业务的高级管理人员具备股票期权业务知识和相应的专业能力，需要配备 3 名具备相应专业能力的业务人员。

6. 答案：C

解析：本题考查代销金融产品的定义。代销金融产品，是指接受金融产品发行人的委托，为其销售金融产品或者介绍金融产品购买人的行为。

7. 答案：D

解析：本题考查代销金融产品的基本要求。为保护投资者权益，证券公司应在代销金融产品前进行必要的委托人资格审查和产品尽职调查。

8. 答案：C

解析： 考查另类子公司的风险监控。证券公司应当承担对另类子公司风险处置的责任，督促另类子公司建立舆论监测及市场质疑快速反应机制，及时分析判断与另类投资业务相关的舆论反映和市场质疑，并进行自我检查。选项 C 表述错误。

9. 答案：B

解析： 根据《私募投资基金监督管理暂行办法》《私募投资基金募集行为管理办法》的规定，合格的个人投资者，金融资产应不低于 300 万元或者最近 3 年个人年均收入不低于 50 万元。

10. 答案：A

解析： 未经核准，擅自从事基金托管业务的，责令停止，没收违法所得，并处违法所得 1 倍以上 5 倍以下罚款；没有违法所得或者违法所得不足 100 万元的，并处 10 万元以上 100 万元以下罚款；对直接负责的主管人员和其他直接责任人员给予警告，并处 3 万元以上 30 万元以下罚款。

11. 答案：B

解析： 根据《证券投资基金法》第十七条、第三十四条及第一百二十条的规定，公开募集基金的基金管理人的董事、监事、高级管理人员和其他从业人员以及基金托管人的专门基金托管部门的高级管理人员和其他从业人员，其本人、配偶、利害关系人进行证券投资，应当事先向基金管理人申报，并不得与基金份额持有人发生利益冲突。未按照上述规定申报的，责令改正，处 3 万元以上 10 万元以下罚款。

12. 答案：B

解析： 根据《证券投资基金法》第三十五条及第一百二十六条的规定，基金托管人与基金管理人不得为同一机构，不得相互出资或者持有股份。基金管理人、基金托管人违反上述规定的要求，相互出资或者持有股份的，责令改正，可以处 10 万元以下罚款。

13. 答案：C

解析： 根据《期货和衍生品法》第一百二十八条的规定，违反本法第十八条第二款的规定，出借自己的期货账户或者借用他人的期货账户从事期货交易的，责令改正，给予警告，可以处 50 万元以下的罚款。

14. 答案：C

解析： 本题考查证券公司重新识别客户身份的要求。对于高风险客户或者高风险账户持有人，金融机构应当了解其资金来源、资金用途、经济状况或者经营状况等信息，加强对其金融交易活动的监测分析，做到持续识别客户身份。此外，对于认定为高风险客户的，应当进行持续识别客户身份。

15. 答案：C

解析：本题考查证券公司信息技术合规和风险管理的事后评估审计要求。证券公司应当委托外部专业机构开展信息技术管理工作的全面审计，频率不低于每3年一次；未能有效实施信息技术管理被采取行政处罚措施、监管措施或者自律管理措施的，应当在3个月内完成对有关事项的专项审计。

16. 答案：D

解析：证券投资咨询机构利用“荐股软件”从事证券投资咨询业务的监管要求：产品销售、协议签订、服务提供、客户回访、投诉处理等业务环节均应当自行开展，不得委托未取得证券投资咨询业务资格的机构和个人代理。

17. 答案：D

解析：财务顾问的法律责任：发行人、证券登记结算机构、证券公司、证券服务机构未按照规定保存有关文件和资料的，责令改正，给予警告，并处以10万元以上100万元以下的罚款，故选项A错误；财务顾问及其财务顾问主办人出现唆使、协助或者伙同委托人干扰中国证监会审核工作的，中国证监会对其采取监管谈话、出具警示函、责令改正等监管措施，故选项B错误；财务顾问不再符合《上市公司并购重组财务顾问业务管理办法》规定条件的，应当在5个工作日内向中国证监会报告并依法进行公告，由中国证监会责令改正，故选项C错误。

18. 答案：A

解析：证券公司的自营、受托投资管理、财务顾问和投资银行等业务部门的专业人员在离开原岗位后的6个月内不得从事面向社会公众开展的证券投资咨询业务。

19. 答案：C

解析：财务顾问从事上市公司并购重组财务顾问业务，应当接受委托人的委托，向中国证监会报送有关上市公司并购重组的申报材料，并根据中国证监会的审核意见，组织和协调委托人及其他专业机构进行答复等职责。

20. 答案：D

解析：证券投资咨询机构及人员从业管理；证券投资咨询人员通过所在机构向中国证券业务协会登记。登记信息完备且符合规定的，中国证券业协会于5个工作日内办结登记并生成唯一登记编码。

21. 答案：D

解析：证券公司、证券投资咨询机构和其他财务顾问机构有下列情形之一的，不得担任财务顾问：（1）最近24个月内存在违反诚信的不良记录；（2）最近24个月内因执业行为违反行业规范而受到行业自律组织的纪律处分；（3）最近36个月内因违法违规经营受到处罚或者因涉嫌违法违规经营正在被调查。

22. 答案：A

解析：选项A应为：注册资本不低于人民币1亿元、净资本不低于人民币5 000万元。

23. 答案：A

解析：融资融券业务标的证券为债券的，债券托管面值在1亿元以上。

24. 答案：C

解析：融资融券业务标的证券为债券的，债券信用评级达到AA（含）以上。

25. 答案：C

解析：投资者融资买入证券时，融资保证金比例不得低于100%，计算公式为：保证金＝融资买入证券数量×买入价格×100%。

26. 答案：C

解析：使用证券充抵保证金时，上证180指数成分股股票及深证100指数成分股股票的折算率最高不超过70%；投资者融资买入证券时，融资保证金比例不得低于100%，计算公式为：融资买入证券数量＝保证金/买入价格＝股票A市值×70%/股票B买入价格＝3 500股。

27. 答案：C

解析：对直接负责的主管人员和其他直接责任人员给予警告，并处以50万元以上500万元以下的罚款，而非选项C中“300万元以下”。

28. 答案：D

解析：欺诈发行证券，是指发行人不符合发行条件，以欺骗手段骗取发行注册的行为。情节严重构成犯罪的，以欺诈发行证券罪定罪处罚。

29. 答案：B

解析：选项B应为“处以违法所得1倍以上10倍以下的罚款”，而非“处以违法所得2倍以上20倍以下的罚款”。

30. 答案：B

解析：选项B应为“该罪的主观方面只能是故意，过失不构成本罪”，而非“过失同样构成本罪”。

31. 答案：B

解析：选项B应为明示、暗示3人以上从事相关交易活动的，而非“2人以上”。

32. 答案：C

解析：中国证券业协会诚信管理中，奖励信息、处罚处分信息的效力期限一般为3年。

33. 答案：A

解析：证券期货经营机构应当制定工作人员廉洁从业规范，明确廉洁从业有要求，加强从业人员廉洁培训和教育，培育廉洁从业文化，每年开展覆盖全体工作人员的廉洁培训与教育，确保工作人员熟悉廉洁从业的相关规定。

34. 答案：C

解析：证券经营机构应当制定具体、有效的事前风险防范体系、事中管控措施和事后追责机制，对所从事的业务种类、环节（包括业务承揽、承做、销售、交易、结算、交割、投资、采购、商业合作、人员招聘，以及申请行政许可、接受监管执法和自律管理等）及相关工作进行科学、系统的廉洁风险评估，识别廉洁从业风险点，强化岗位制衡与内部监督机制并确保运作有效。

35. 答案：D

解析：从事证券业务的机构有：证券公司、基金管理公司、基金托管机构、基金销售机构、证券投资咨询机构、证券资信评估机构、中国证监会规定的其他从事证券业务的机构。

36. 答案：B

解析：《证券公司股权管理规定》对证券公司股东准入和监管要求作出了规定夯实证券公司主体责任强化内部追责。

37. 答案：C

解析：董事会应当在股东（大）会年会上报告并在年度报告中披露董事的履职情况，包括报告期内董事参加董事会会议的次数、投票表决等情况。

38. 答案：A

解析：本题考查证券交易所的交易规则。证券交易所不得允许非会员直接参与股票的集中交易。

39. 参考答案；B

解析：证券登记结算机构应当妥善保存登记、存管和结算的原始凭证及有关文件和资料。其保存期限不得少于20年。

40. 答案：D

解析：证券交易内幕信息知情人或者非法获取内幕信息的人违反《证券法》第五十三条的规定从事内幕交易的，责令依法处理非法持有的证券，没收违法所得，并处以违法所得1倍以上10倍以下的罚款；没有违法所得或者违法所得不足50万元的，处以50万元以上500万元以下的罚款。

二、多项选择题

41. 答案：ABCD

解析：根据《证券投资基金法》第二十条及第一百二十三条的规定，基金管理人、基金托管人及其董事、监事、高级管理人员和其他从业人员将其固有财产或者他人财产混同于基金财产从事证券投资的，责令改正，没收违法所得，并处违法所得1倍以上5倍以下罚款；没有违法所得或者违法所得不足100万元的，并处10万元以上100万元以下罚款；基金管理人、基金托管人有上述行为的，还应当对其直接负责的主管人员和其他直接责任人员给予警告，暂停或者撤销基金从业资格，并处3万元以上30万元以下罚款。

42. 答案：BCD

解析：被接管证券公司股东会或者股东大会、董事会、监事会以及经理、副经理停止履行职责。

43. 答案：BCD

解析：融资融券业务标的证券为债券的，应当符合下列条件：（1）债券托管面值在1亿元以上；（2）债券剩余期限在1年以上；（3）债券信用评级达到AA级（含）以上；（4）交易所规定的其他条件。

44. 答案：ABCD

解析：证券公司应对申请融资融券业务的客户进行征信调查，一般包括：（1）客户基本情况；（2）财产与收入状况；（3）证券投资经验及风险偏好；（4）诚信合规记录；（5）融资融券需求等。

45. 答案：AD

解析：考查股票期权业务相关知识。期货公司可以从事股票期权经纪业务，与股票期权备兑开仓以及行权相关的证券现货经纪业务。

46. 答案：ABCD

解析：证券期货经营机构及其工作人员在开展证券期货业务及相关活动中，不得以ABCD所列方式向公职人员、客户、正在洽谈的潜在客户或者其他利益关系人输送不正当利益。

47. 答案：AD

解析：融资融券业务标的证券为股票的，融资买入标的股票的流通股本不少于

1亿股或流通市值不低于5亿元，融券卖出标的股票的流通股本不少于2亿股或流通市值不低于8亿元，股东人数不少于4 000人。

48. 答案：ACD

解析：本题考查合伙企业解散的情形。合伙人已不具备法定人数满30天。

49. 答案：ABCD

解析：证券行业文化建设包括三个层次十个方面的关键要素：行为层，包括平衡各方利益、建立长效激励、加强声誉约束、落实责任担当四个要素。

50. 答案：ABCD

解析：根据《关于加强证券经纪业务管理的规定》，证券公司应当建立健全证券经纪业务人员管理和科学合理的绩效考核制度，规范证券经纪业务人员行为。

51. 答案：ABCD

解析：本题考查常用组合策略。沪、深证券交易所目前提供6种常用组合策略：认购牛市价差策略、认沽牛市价差策略、认购熊市价差策略、认沽熊市价差策略、跨式空头与宽跨式空头策略。

52. 答案：ABCD

解析：本题考查私募类金融产品可以公开宣传的信息。

53. 答案：ABC

解析：根据《证券、期货投资咨询管理暂行办法》，证券投资咨询机构及其投资咨询人员，不得从事下列活动：代理投资人从事证券、期货买卖；向投资人承诺证券、期货投资收益；与投资人约定分享投资收益或者分担投资损失；为自己买卖股票及具有股票性质、功能的证券以及期货；利用咨询服务与他人合谋操纵市场或者进行内幕交易；法律、法规、规章所禁止的其他证券、期货欺诈行为。

54. 答案：ABCD

解析：本题考查不合格账户业务的认定。不合格账户主要有如下三类情形：

①违规以他人名义或利用虚假身份开立的账户、违规使用他人账户或使用虚假身份开立的账户，证券公司应当要求投资者办理账户注销手续，有证券余额的，应当督促投资者清空证券后予以注销。

②代理关系不规范，即投资者委托他人代理开立证券账户，但缺少经公证的授权委托书等能够证明委托代理关系的相关材料，证券公司应当督促投资者补齐经公证的授权委托书能证明其委托代理关系的材料。

③账户关键信息不全、不准确或关键凭证缺失，即证券账户名称、有效身份证明文件类型、有效身份证明文件号码三项关键信息不全、不准确，或有效身份证明

文件复印件等关键凭证缺失，证券公司应当督促投资者变更证券账户关键信息或补齐账户资料。

55. 答案：ABD

解析：证券公司及相关从业人员从事私募资产管理业务，不得有下列行为：(1) 利用资产管理计划从事内幕交易。操纵市场或者其他不当。违法的证券期货业务活动；(2) 泄露因职务便利获取的未公开信息。利用该信息从事或者明示。暗示他人从事相关交易活动；(3) 为违法或者规避监管的证券期货业务活动提供交易便利；(4) 从事非公平交易、利益输送等损害投资者合法权益的行为；(5) 利用资产管理计划进行商业贿赂；(6) 侵占、挪用资产管理计划财产；(7) 利用资产管理计划或者职务便利为投资者以外的第三方谋取不正当利益；(8) 直接或者间接向投资者返还管理费；(9) 以获取佣金或者其他不当利益为目的，使用资产管理计划财产进行不必要的交易；(10) 法律、行政法规和中国证监会规定禁止的其他行为。

56. 答案：ABD

解析：资产证券化业务基础资产可以是企业应收款、租赁债权、信贷资产、信托受益权等财产权利，基础设施、商业物业等不动产财产或不动产收益权，以及中国证监会认可的其他财产或财产权利。企业应付款属于企业负债类，不属于财产或财产权利。

57. 答案：ABCD

解析：根据《最高人民检察院、公安部关于公安机关管辖的刑事案件立案追诉标准的规定（二）》第三十一条的规定，利用未公开信息交易行为，涉嫌下列情形之一的，应予立案追诉：(1) 获利或者避免损失数额在100万元以上的；(2) 2年内3次以上利用未公开信息交易的；(3) 明示、暗示3人以上从事相关交易活动的；(4) 具有其他严重情节的。

58. 答案：ABD

解析：选项A应处以1倍以上10倍以下的罚款；选项B应处以100万元以上1 000万元以下的罚款；选项D应并处以50万元以上500万元以下的罚款。

59. 答案：BC

解析：证券公司经营融资融券业务，应当以自己的名义，在商业银行分别开立融资专用资金账户和客户信用交易担保资金账户。

60. 答案：ABCD

解析：资产支持证券可以按照规定在证券交易所、全国中小企业股份转让系统、机构间私募产品报价与服务系统、证券公司柜台市场以及中国证监会认可的其他证券交易场所进行挂牌、转让。

61. 答案：ABCD

解析：对于违反规定的服务机构，中国证监会及其派出机构可采取责令改正、监管谈话、出具警示函、责令公开说明、责令参加培训、责令定期报告、认定为不适当人选等监管措施；依法应予行政处罚的，依照《证券法》《证券投资基金法》等法律法规和中国证监会的有关规定进行处罚；涉嫌犯罪的，依法移送司法机关，追究其刑事责任。

62. 答案：ACD

解析：向投资者销售或者提供“荐股软件”，并直接或者间接获取经济利益的，属于从事证券投资咨询业务，应当经中国证监会许可，符合证券投资咨询业务条件。

63. 答案：ABC

解析：本题考查证券公司经营管理主要负责人的合规管理职责。其他高级管理人员的合规管理职责之一为在其分管领域组织贯彻执行公司各项规章制度，组织起草、制定其分管领域的规章制度，并监督其实施。

64. 答案：ABC

解析：本题考查可疑交易报告制度的要求。证券公司应当按照规定，结合内部控制制度和风险管理机制的相关要求，履行客户尽职调查、客户身份资料和交易记录保存、大额交易和可疑交易报告的义务。

65. 答案：ABCD

解析：本题考查证券公司客户身份识别制度。证券公司在与客户建立业务关系时，应当识别客户身份，了解实际控制客户的自然人和交易的实际受益人，核对客户的有效身份证件或者其他身份证明文件，登记客户身份基本信息，并留存有效身份证件或者其他身份证明文件的复印件或者影印件。

66. 答案：ABCD

解析：有下列情形之一的机构或者人员，禁止参与处置证券公司风险工作：(1) 曾受过刑事处罚或者涉嫌犯罪正在被立案侦查、起诉；(2) 涉嫌严重违法正在被行政管理部门立案稽查或者曾因严重违法行为受到行政处罚未逾 3 年；(3) 仍处于证券市场禁入期；(4) 内部控制薄弱、存在重大风险隐患；(5) 与被处置证券公司处置事项有利害关系；(6) 国务院证券监督管理机构认定不宜参与处置证券公司风险工作的其他情形。

67. 答案：ACD

解析：证券公司应当自每一会计年度结束之日起 4 个月内，向国务院证券监督管理机构报送年度报告；自每月结束之日起 7 个工作日内，报送月度报告。

68. 答案：ACD

解析：最近 2 年财务顾问与上市公司存在资产委托管理关系、相互提供担保，或者最近一年财务顾问为上市公司提供融资服务。故排除 B，选择 ACD。

69. 答案：CD

解析：证券投资咨询业务的法律责任和监管措施：（1）证券投资咨询机构向证券监管部门报送的文件、资料有虚假陈述或者重大遗漏的，由证监会派出机构处 1 万元以上 5 万元以下的罚款；（2）证券投资咨询机构证券、期货投资咨询人员同时在两个或者两个以上的证券、期货投资咨询机构执业的，由证监会派出机构单处或者并处警告、没收违法所得、1 万元以上 3 万元以下罚款。

70. 答案：ABCD

解析：证券基金经营机构适用香港机构证券投资咨询服务的有关规定。

71. 答案：ABCD

解析：本题考查信息技术合规与风险管理机制的事前内部审查事项。

72. 答案：ABD

解析：根据《期货和衍生品法》第六十二条的规定，期货公司办理下列事项，应当经国务院期货监督管理机构核准：（1）合并、分立、停业、解散或者申请破产；（2）变更主要股东或者公司的实际控制人；（3）变更注册资本且调整股权结构；（4）变更业务范围；（5）国务院期货监督管理机构规定的其他重大事项。上述第 3 项、第 5 项所列事项，国务院期货监督管理机构应当自受理申请之日起 20 日内作出核准或者不予核准的决定；上述所列其他事项，国务院期货监督管理机构应当自受理申请之日起 60 日内作出核准或者不予核准的决定。

73. 答案：ACD

解析：根据《证券法》第一百二十一条的规定，证券公司经营证券承销与保荐、证券融资融券、证券做市交易、证券自营、其他证券业务之一的，注册资本最低限额为人民币 1 亿元。

74. 答案：ABCD

解析：封闭式基金和开放式基金的区别。

75. 答案：ABC

解析：证券公司的信用风险管理应遵循“全面性、内部制衡、全流程风控”的原则组织进行相关业务。

76. 答案：ABD

解析：证券公司可根据自身管理需要将信用风险计量结果运用于准入管理、限额管理、风险报告、风险预警等方面。

77. 答案：ABCD

解析：证券公司应根据业务需要，通过授信限额控制信用风险暴露和水平，并运用担保品、集中度管理、净额结算、保证和信用衍生工具等方式缓释与控制信用风险。

78. 答案：ABC

解析：《证券法》第一百八十五条的规定。

79. 答案：ABCD

解析：本题考查证券登记结算机构的职能：证券登记结算机构应履行下列职能：（1）证券账户、结算账户的设立；（2）证券的存管和过户；（3）证券持有人名册登记；（4）证券交易的清算和交收；（5）受发行人的委托派发证券权益；（6）办理与上述业务有关的查询、信息服务；

80. 答案：ABCD

解析：本题考查证券交易场所的规定。

三、判断题

81. 答案：错误

解析：本题考查法律关系的基本构成。法律关系的客体是法律关系主体的“权利和义务”所指向的对象，而非“权利和保障”，故本题中的表述错误。

82. 答案：错误

解析：本题考查公司章程记载事项。一般将公司章程记载事项区分为必要记载事项和任意记载事项。任意记载事项是可根据需要由当事人自己决定的任何不违背法律的事项。但任意记载事项一经记载，即产生法律效力，对当事人发生约束力，故本题中的表述错误。

83. 答案：正确

解析：新合伙人入伙除合伙协议另有约定外，应当经全体合伙人一致同意。

84. 答案：错误

解析：合伙企业不能清偿到期债务的，合伙人需要承担无限连带责任。

85. 答案：正确

解析：证券代销，是指证券公司代发行人发售证券，在承销期结束时，将未售出的证券全部退还给发行人的承销方式。

86. 答案：正确

解析： 按运作方式不同，证券投资基金可分为封闭式基金与开放式基金。

87. 答案：错误

解析： 非公开募集基金财产的证券投资既包括买卖公开发行的股份有限公司股票、债券、基金份额，也包括国务院证券监督管理机构规定的其他证券及其衍生品种，如股权、期货、期权以及基金合同约定的其他投资标的。

88. 答案：正确

解析：《期货和衍生品法》于2022年4月20日通过，自2022年8月1日起施行，使我国的期货市场法律体系以《期货和衍生品法》为核心。

89. 答案：正确

解析： 保证金制度是我国期货交易的基本制度之一，保证金的形式包括现金，国债、股票、基金份额、标准仓单等流动性强的有价证券，保证金用于结算和履约保障。

90. 答案：正确

解析： 备案机构应当于首次开展业务之日起1个月内报送材料，完成衍生品业务首次备案。

91. 答案：错误

解析： 沪港通与深港通的基本交易规则还包括订单设计、订单修改、T+2交收制度、额度控制、回转交易等内容。

92. 答案：错误

解析： 证券期货经营机构应当制定工作人员廉洁从业规范，明确廉洁从业有要求，加强从业人员廉洁培训和教育，培育廉洁从业文化，每年开展覆盖全体工作人员的廉洁培训与教育，确保工作人员熟悉廉洁从业的相关规定。

93. 答案：错误

解析： 本题考查证券公司反洗钱工作保密事项的要求。反洗钱工作需要保密的事项包括：①客户身份资料和交易信息；②大额交易和可疑交易报告；③反映交易分析和内部处理情况的工作记录；④对依法监测、分析、报告可疑交易的有关情况；⑤配合调查可疑交易和涉嫌洗钱犯罪活动等有关信息；⑥可疑交易监测标准；⑦客户风险等级；⑧黑名单信息；⑨洗钱风险评估相关内容等。但题目中“证券公司规章制度”不涉及此范畴。故题目表述有误。

94. 答案：正确

解析： 本题考查大额交易报告制度的程序规定。

95. 答案：正确

解析：本题考查公司债券发行业务的一般规定。

96. 答案：错误

解析：本题考查聘请保荐机构相关规定。保荐机构受聘履行保荐职责应遵守证券发行规模达到一定数量的，可以采用联合保荐，但参与联合保荐的保荐机构不得超过2家。

97. 答案：错误

解析：本题考查撤换保荐机构相关规定。终止保荐协议的，保荐机构和发行人应当自终止之日起5个工作日内向中国证监会、证券交易所报告，说明原因。

98. 答案：错误

解析：本题考查融资融券业务权益处理时，证券登记结算机构的职责。证券登记结算机构依据证券公司客户信用交易担保证券账户内的记录，确认证券公司受托持有证券的事实，并以证券公司为名义持有人，登记于证券持有人名册。

99. 答案：正确

解析：本题考查证券公司自营业务违反相关法律的法律责任。有下列情形之一：操纵证券、期货市场，影响证券、期货交易价格或者证券、期货交易量，情节严重的，处5年以下有期徒刑或者拘役，并处或者单处罚金；情节特别严重的，处5年以上10年以下有期徒刑，并处罚金。

100. 答案：错误

解析：本题考查融资融券业务中可充抵保证金的证券按市值或净值折算时对折算率的要求。可充抵保证金的证券中，按净值折算的被实施风险警示、暂停上市、进入退市整理期的证券，静态市盈率在300倍以上或者为负数的A股股票，以及权证的折算率为0。本题静态市盈率为250倍未达到300倍。

101. 答案：错误

解析：证券公司及其他子公司与另类子公司存在利益冲突的人员不得兼任另类子公司的董事、监事、高级管理人员、投资决策机构成员。

102. 答案：错误

解析：证券公司与期货公司应当独立经营，保持财务、人员、经营场所等分开隔离，证券公司从事介绍业务的工作人员不得进行期货交易。

103. 答案：正确

解析：证券公司按照委托协议对期货公司承担介绍业务受托责任。基于期货经纪合同的责任由期货公司不能直接对客户承担。

104. 答案：正确

解析：本题考查操纵证券、期货市场罪的立案标准。根据《最高人民检察院、公安部关于公安机关管辖的刑事案件立案追诉标准的规定（二）》第三十四条的规定，利用虚假或者不确定的重大信息，诱导投资者进行期货交易，行为人进行相关期货交易，实际控制的账户连续10个交易日的累计成交量达到同期该期货合约总成交量20%以上，且期货交易占用保证金数额在500万元以上的，应予立案追诉，故答案正确。

105. 答案：正确

解析：本题考查利用未公开信息交易罪的概念。利用未公开信息交易罪的主体是特殊主体，主要包括有关监管部门或者行业协会的工作人员，故答案正确。

106. 答案：正确

解析：本题考查操纵证券、期货市场罪的法律责任。根据《证券法》第五十五条的规定，禁止任何人用于他人串通，以事先约定的时间、价格和方式相互进行证券交易等手段操纵证券市场，故答案正确。

107. 答案：正确

解析：证券评级机构及其人员从事证券评级业务，应当制定科学的评级方法、完善的质量控制制度，遵守行业规范、职业道德和业务规则，勤勉尽责，恪尽职守，审慎分析，充分揭示相关风险。

108. 答案：正确

解析：登记人员离职的，证券公司应当自劳动关系或者委托代理关系解除之日起5个工作日内为其办理注销登记。

109. 答案：错误

解析：证券公司应当自相关人员从事证券业务之日起5个工作日内，通过中国证券业协会从业人员管理平台，将经公司审核合格的登记信息提交至中国证券业协会进行登记。

110. 答案：错误

解析：证券投资顾问业务和发布证券研究报告的区别：（1）立场不同；（2）服务方式和内容不同；（3）服务对象有所不同；（4）市场影响有所不同。

四、综合题

111. 答案：ABCD

解析：本案中，X公司高管等人违反有关规定，隐瞒实际控制账户组、大量账户从事高频程序化交易等情况，规避中金所对风险控制的监管措施，将自行研发的报单交易系统非法接入中金所交易系统，利用以逃避期货公司资金和持仓验证等非法手段获取的交易速度优势，大量操纵股指期货交易，影响期货交易价格或者期货交易量，其行为符合操纵期货市场罪的构成要件。

112. 答案：ABC

解析：根据《期货和衍生品法》第六十三条的规定，期货公司经国务院期货监督管理机构核准可以从事下列期货业务：(1) 期货经纪；(2) 期货交易咨询；(3) 期货做市交易；(4) 其他期货业务。期货公司从事资产管理业务的，应当符合《证券投资基金法》等法律、行政法规的规定。

113. 答案：ACD

解析：本题考查证券公司委托证券经纪人开展证券经纪业务营销的应当符合的要求。

114. 答案：AD

解析：本题考查证券经纪业务相关法律、行政法规和部门规章及规范性文件。AD 属于证券公司经纪业务的部门规章及规范性文件。

115. 答案：A

解析：本题考查证券公司证券自营业务的风险控制指标。证券公司持有一种权益类证券的成本不得超过净资本的30%，同时持有一种权益类证券的市值与其总市值的比例不得超过5%，因包销、中国证监会认可的做市业务以及股票质押违约处理等导致的情形及中国证监会另有认定的除外。本题最多可持有净资本的30%和总市值的5%中孰低值，即 $50 \times 5\% = 2.5$（亿元）。

116. 答案：C

解析：本题考查证券公司证券自营业务的风险控制指标。证券公司自营业务持有一种权益类证券的成本不得超过净资本的30%，持有一种非权益类证券的规模不得超过其总规模的20%。本题计算过程 $20 \times 30\% + 50 \times 20\% = 16$（亿元）。

117. 答案：C

解析：本题考查证券公司证券自营业务的风险控制指标。乙证券公司投资股票A的金额上限是2.5亿元，投资股票B的金额上限是6亿元，投资非权益类资产最多为净资产的500%，假设全部投资于国债，可直接达到上限100亿元，合计为108.5亿元。

118. 答案：BCD

解析：本题考查泄露内幕信息罪。根据《刑法》第一百八十条第一款、第二款的规定，证券、期货交易内幕信息的知情人员或者非法获取证券、期货交易内幕信息的人员，在涉及证券的发行，证券、期货交易或者其他对证券、期货交易价格有重大影响的信息尚未公开前，买入或者卖出该证券，或者从事与该内幕信息有关的期货交易，或者泄露该信息，或者明示、暗示他人从事上述交易活动，情节严重的，处5年以下有期徒刑或者拘役，并处或者单处违法所得1倍以上5倍以下罚金；情节特别严重的，处5年以上10年以下有期徒刑，并处违法所得1倍以上5倍以下罚金。对犯罪情节较轻、能如实供述犯罪事实、积极退赃、具有悔罪的，应酌情予以从轻处罚。选项A“有期徒刑16年6个月”超过了最高期限10年，故答案为BCD。

119. 答案：ABCD

解析：本题考查泄露内幕信息罪。该案的意义为，依法惩治内幕交易违法犯罪，促使内幕信息知情人严格依法履职。证券从业人员及上市公司高管、员工应当恪守职业道德，对可能影响市场行情的敏感信息履行保密义务，自觉维护证券从业市场生态。在办理共同犯罪案件时，对于主动认罪悔罪、退赃退赔的犯罪嫌疑人、被告人，应当依法从宽处理。对于拒不供认犯罪事实的犯罪嫌疑人、被告人，应当依法从严惩处。故答案为ABCD。

120. 答案：ABCD

解析：《证券法》中证券投资咨询机构及其从业人员从事证券服务业务不得有下列行为：代理委托人从事证券投资；与委托人约定分享证券投资收益或者分担证券投资损失；买卖本证券投资咨询机构提供服务的证券；法律、行政法规禁止的其他行为。

《证券市场基本法律法规》模拟试卷（三）

一、单项选择题（共40题，每小题0.5分，共20分。以下备选项中只有一项最符合题目要求，不选、错选均不得分。）

1. 关于合伙企业的法律责任，下列说法错误的是（　　）。

A. 提交虚假文件或者采取其他欺骗手段，取得合伙企业登记的，由企业登记机关责令改正，处以5 000元以上5万元以下的罚款

B. 合伙企业未在其名称中标明“普通合伙”“特殊普通合伙”或者“有限合伙”字样的，由企业登记机关责令限期改正，处以5 000元以上5万元以下的罚款

C. 合伙企业未领取营业执照，而以合伙企业或者合伙企业分支机构名义从事合伙业务的，处以5 000元以上5万元以下的罚款

D. 合伙企业登记事项发生变更时，未依照规定办理变更登记的，由企业登记机关责令限期登记；逾期不登记的，处以2 000元以上2万元以下的罚款

2. 合伙企业提交虚假文件或者采取其他欺骗手段，取得合伙企业登记的，由企业登记机关责令改正，情节严重的，撤销企业登记，并处以（　　）的罚款。

A. 5 000元以上5万元以下　　B. 5万元以上20万元以下

C. 2 000元以上1万元以下　　D. 5万元以上10万元以下

3. 经证券交易所认可、为其上市交易的股票期权合约提供双边持续报价或者双边回应报价等服务的机构，这种做法是（　　）。

A. 权利金　　B. 做市商　　C. 行权　　D. 备兑开仓

4. 证券公司和委托其进行中间介绍业务的期货公司需要彼此独立经营，（　　）除外。

A. 财务　　B. 经营场所　　C. 期货行情信息　　D. 人员

5. 下列不属于证券公司可以在区域股权市场开展的业务有（　　）。

A. 推荐企业挂牌

B. 推荐企业展示

C. 开展区域性股权市场业务过程的内幕交易

D. 为合格投资者提供企业研究报告和尽职调查信息

6. 根据《证券投资基金法》相关规定，基金销售机构、基金销售支付机构、基金份额登记机构应当确保基金销售结算资金、基金份额的安全、独立，禁止任何单位或者个人以任何形式挪用基金销售结算资金、基金份额。挪用基金销售结算资金或者基金份额的，责令改正，没收违法所得，并处违法所得（　　）罚款；没有违法所得或者违法所得不足100万元的，并处（　　）罚款。对直接负责的主管人员和其他直接责任人员给予警告，并处（　　）以下罚款。

A. 1倍以上5倍以下；5万元以上50万元以下；3万元以上30万元以下

B. 1倍以上5倍以下；10万元以上100万元以下；3万元以上30万元以下

C. 1倍以上10倍以下；5万元以上50万元以下；3万元以上30万元以下

D. 1倍以上10倍以下；10万元以上100万元以下；3万元以上30万元以下

7. 担任非公开募集基金的管理人，应当按照《私募投资基金监督管理暂行办法》的有关规定向（　　）履行登记手续，报送基本情况。

A. 国务院证券监督管理机构　　B. 证券投资基金业协会

C. 中国人民银行　　D. 地方工商管理部门

8. 封闭式基金是指基金份额总额在基金合同期限内（　　），基金份额持有人（　　）申请赎回的基金；开放式基金是指基金份额总额（　　），基金份额（　　）在基金合同约定的时间和场所申购或者赎回的基金。

A. 固定不变；可以；固定；不可以　　B. 固定不变；不可以；不固定；可以

C. 不固定；不可以；固定；可以　　D. 不固定；可以；固定；不可以

9. 根据《证券公司监督管理条例》相关规定，证券公司的股东应当用货币或者证券公司经营必需的非货币财产出资。证券公司股东的非货币财产出资总额不得超过证券公司注册资本的（　　）。

A. 20%　　B. 30%　　C. 40%　　D. 50%

10. 证券公司解聘合规负责人，应当有正当理由，并自解聘之日起（　　）个工作日内将解聘的事实和理由书面报告国务院证券监督管理机构。

A. 3　　B. 5　　C. 10　　D. 30

11. 证券公司的董事、监事、高级管理人员等对该证券公司被处置负有主要责任的，暂停其任职资格（　　）。

A. 1至2年　　B. 1至3年　　C. 1至5年　　D. 1至6年

12. 甲有限合伙企业成立于2017年3月，顾某为普通合伙人，丁某为有限合伙人。2018年3月，潘某与甲公司签订《借款协议》约定，甲公司从潘某处借款800

万元。2019 年 5 月，甲的合伙人变更为乙公司（普通合伙人）和丙公司（有限合伙人），同时，顾某和丁某退休。后因甲迟迟不归还 800 万元借款及利息，潘某提起诉讼。下列说法错误的是（　　）。

A. 顾某应该对该债务承担无限责任

B. 丁某已经退休，不再承担该项债务责任

C. 乙某作为新入伙合伙人，应对该债务承担无限责任

D. 丙公司作为甲公司的有限合伙人，对入伙前的债务以其认缴的出资额为限承担责任

13. 证券公司代发行人发售证券，在承销期结束时，将未售出的证券全部退还给发行人的承销方式，这种方式是（　　）。

A. 代销　　B. 包销　　C. 承销　　D. 委托

14. 证券的代销、包销期限最长不得超过（　　）日。

A. 30　　B. 50　　C. 60　　D. 90

15. 在上市公司收购中，收购人持有的被收购的上市公司的股票，在收购行为完成后的（　　）个月内不得转让。

A. 125　　B. 16　　C. 17　　D. 18

16. 基金管理人或者基金托管人不按照规定召集基金份额持有人大会的，责令改正，可以处（　　）罚款；对直接负责的主管人员和其他直接责任人员给予警告，暂停或者撤销基金从业资格。

A. 5 万元以下　　B. 10 万元以下　　C. 30 万元以下　　D. 50 万元以下

17. 下列关于信息技术服务机构的说法，错误的是（　　）。

A. 信息技术服务的范围包括重要信息系统的开发、测试、集成及测评

B. 证券公司借助信息技术手段从事证券基金业务活动的，可以委托信息技术服务机构提供产品或服务，法律责任也可以相应地减轻或免除

C. 证券公司应当清晰、准确、完整地掌握重要信息系统的技术架构、业务逻辑和操作流程等内容，确保重要信息系统运行始终处于自身控制范围

D. 除非另有规定，证券公司不得将重要信息系统的运维、日常安全管理交由信息技术服务机构独立实施

18. 发行人申请从事（　　）发行事项，依法采取承销方式的，应当聘请具有保荐业务资格的证券公司履行保荐职责。

A. 二次公开发行股票

B. 上市公司发行新股、可转换公司债券

C. 私募发行存托凭证

D. 中国人民银行认定的其他情形

19. 下列关于公司债券发行业务的说法错误的是（　　）。

A. 公司债券，是指公司依照法定程序发行、约定在一定期限还本付息的有价证券

B. 发行人及其控股股东、实际控制人应当全面配合承销机构、受托管理人、证券服务机构的相关工作

C. 中国人民银行依法对公司债券的发行及其交易或转让活动进行监督管理

D. 发行公司债券，可以附认股权、可转换成相关股票等条款

20. 证券公司将自有资金投资于依法公开发行的国债、投资级公司债、货币市场基金、央行票据等中国证监会认可的风险较低、流动性较强的证券，或者委托其他证券公司或者基金管理公司进行证券投资管理，且投资规模合计不超过其净资本（　　）的，无须取得证券自营业务资格。

A. 50%　　B. 80%　　C. 90%　　D. 75%

21. 下列关于证券公司自营业务的表述，正确的是（　　）。

A. 为增加盈利，可以通过证券交易内幕信息知情人获取和使用内幕信息从事证券交易活动

B. 证券公司可以在一定范围内利用自营业务操纵证券市场

C. 可以使用自营业务资金购买本证券公司控股股东发行的证券

D. 自营业务与经纪业务不能混合操作

22. 证券、期货交易内幕信息的知情人员在涉及证券、期货交易的信息尚未公开前，买入或者卖出该证券，情节严重的，处（　　）年以下有期徒刑或者拘役，并处或者单处违法所得1倍以上（　　）倍以下罚金。

A. 3；3　　B. 5；5　　C. 3；5　　D. 5；3

23. 股份有限公司申请股票在全国股份转让系统挂牌，应依法设立且存续满（　　）年。

A. 1　　B. 2　　C. 3　　D. 5

24. 证券投资咨询人员具有从事证券业务（　　）以上的经历。

A. 1年　　B. 2年　　C. 3年　　D. 5年

25. 奖励信息、处罚处分信息效力期限为3年，但因证券期货违法行为被行政处罚、市场禁入的信息，效力期限为5年。效力期限自（　　）之日起算。

A. 奖励、处罚处分决定拟定　　B. 奖励、处罚处分决定颁布

C. 奖励、处罚处分决定生效　　　　D. 奖励、处罚处分决定执行

26. 组织、策划、领导或者实施重大违反法律、行政法规或者中国证监会有关规定的活动的，可以对与有关责任人员采取（　　）的证券市场进入措施。

A. 1 至 3 年　　B. 3 至 5 年　　C. 5 至 10 年　　D. 终身

27. 中国证券业协会诚信管理中，奖励信息、处罚处分信息的效力期限一般为（　）年。

A. 1　　B. 2　　C. 3　　D. 5

28. 证券经营机构应当制定具体、有效的事前风险防范体系、（　）和事后追责机制，对所从事的业务种类、环节及相关工作进行科学、系统的廉洁风险评估，识别廉洁从业风险点，强化岗位制衡与内部监督机制并确保运作有效。

A. 事中审核体系　　　　B. 事中管控措施

C. 事中处理机制　　　　D. 事中风险控制

29. 证券期货经营机构在内部检查中，发现存在违反规定行为的，证券期货经营机构应当在（　　）工作日内，向中国证券业协会与有关派出机构报告。

A. 5 个　　B. 10 个　　C. 15 个　　D. 30 个

30. 关于诱骗投资者买卖证券、期货合约罪的构成，下列说法错误的是（　　）。

A. 该罪的主观方面可以是故意，过失不构成本罪

B. 该罪的主体是特殊主体，主要包括证券交易所、期货交易所、证券公司、期货经纪公司的从业人员

C. 该罪的主体包括证券业协会、期货业协会或者证券期货监督管理部门的工作人员

D. 该罪侵犯的客体是证券、期货交易市场的正常管理秩序和证券、期货投资人的合法利益

31. 关于诱骗投资者买卖证券、期货合约案，涉嫌下列情形之一的，应予立案追诉。下列情形不足以要求立案追诉的是（　　）。

A. 获利或者避免损失数额在 2 万元以上的

B. 造成投资者直接经济损失数额在 50 万元以上的

C. 虽未达到上述数额标准，但多次诱骗投资者买卖证券、期货合约的

D. 致使交易价格或者交易量异常波动的

32. 证券交易所、期货交易所、证券公司、期货经纪公司的从业人员，证券业协会、期货业协会或者证券期货监督管理部门的工作人员，故意提供虚假信息或者

伪造、变造、销毁交易记录，诱骗投资者买卖证券、期货合约，造成严重后果的责任处罚，下列说法不正确的是（　　）。

A. 造成严重后果的，处5年以下有期徒刑或者拘役

B. 造成严重后果的，处或者单处20万元以上罚金

C. 情节特别恶劣的，处5年以上10年以下有期徒刑

D. 情节特别恶劣的，处20万元以上200万元以下罚金

33. 关于欺诈发行证券罪的犯罪构成，下列说法不正确的是（　　）。

A. 在本罪中行为人的罪过实质是欺诈发行证券

B. 本罪在主观上只能由故意构成，过失不构成本罪

C. 本罪的犯罪主体主要是单位，自然人不能成为犯罪主体

D. 本罪侵犯的客体是复杂客体，即国家对证券市场的管理秩序以及投资者（即股东、债权人和公众）的合法权益

34. 关于欺诈发行证券罪的刑事立案追诉标准，下列说法不正确的是（　　）。

A. 造成投资者直接经济损失数额累计在200万元以上的

B. 隐瞒或者编造的重大诉讼、仲裁、担保、关联交易或者其他重大事项所涉及的数额或者连续12个月的累计数额达到最近一期披露的净资产50%以上的

C. 为欺诈发行证券而伪造、变造国家机关公文、有效证明文件或者相关凭证、单据的

D. 为欺诈发行证券向负有金融监督管理职责的单位或者人员行贿的

35. 合格境内机构投资者是指符合相关条件，经中国证监会批准在（　　）募集资金，运用所募集的部分或者全部资金以资产组合方式进行境外证券投资管理的境内基金管理公司和证券公司等证券经营机构。

A. 中华人民共和国境内及境外　　B. 中华人民共和国境外

C. 中华人民共和国境内　　D. 中华人民共和国境外证券市场

36. 资产证券化业务，是指以（　　）所产生的（　　）为偿付支持，通过结构化等方式进行信用增级，在此基础上发行资产支持证券的业务活动。

A. 固定资产；收入　　B. 证券业务；利润

C. 借贷资产；利息　　D. 基础资产；现金流

37. 证券公司开展私募资产管理业务，应具备符合条件的高级管理人员和（　　）名以上投资经理，应具有投资研究部门，且专职从事投资研究的人员不少于（　　）人。

A. 2；2　　B. 3；3　　C. 5；5　　D. 3；5

38. 以下关于证券自营业务的表述，正确的是（　　）。

A. 证券公司将自有资金投资于依法公开发行的国债，投资规模合计不超过其净资本 80% 的，无须取得证券自营业务资格

B. 证券公司不可以委托其他证券公司进行证券投资管理

C. 具备证券自营业务资质的证券公司可以为从事《证券公司证券自营投资品种清单》所列品种以外的金融产品投资的子公司提供融资或担保

D. 不具备证券自营业务资格的证券公司不可以从事以对冲风险为目的的金融衍生产品交易

39. 下列关于撤换保荐机构相关规定的说法错误的是（　　）。

A. 刊登证券发行募集文件前终止保荐协议的，保荐机构和发行人应当自终止之日起 5 个工作日内分别向中国证监会报告，并说明原因

B. 刊登证券发行募集文件以后直至持续督导工作结束，保荐机构和发行人不得终止保荐协议，但存在合理理由的情形除外

C. 终止保荐协议的，保荐机构和发行人应当自终止之日起 5 个工作日内向中国证监会、证券交易所报告，说明原因

D. 持续督导期间，保荐机构被撤销保荐业务资格的，发行人应当在 3 个月内另行聘请保荐机构，未在规定期限内另行聘请的，中国证监会可以为其指定保荐机构

40. 根据《证券公司监督管理条例》第十条的规定，发生（　　）情形，不得成为持有证券公司 5% 以上股权的股东、实际控制人。

A. 因故意犯罪被判处刑罚，刑罚执行完毕超过 3 年

B. 净资产高于实收资本的 50%，或者或有负债低于净资产的 50%

C. 净资产低于实收资本的 50%，或者或有负债达到净资产的 50%

D. 可以清偿到期债务

二、多项选择题。（共 40 题，每小题 1 分，共 40 分。以下备选项中有两项或两项以上符合题目要求，多选、少选、错选均不得分。）

41. 下列关于证券投资顾问业务有关规定的说法错误的是（　　）。

A. 基本原则包括：守法合规、诚实信用、忠实客户利益、公平互惠

B. 证券投资顾问服务协议应当约定，自签订协议之日起 7 个工作日内，客户可以书面通知方式提出解除协议

C. 证券公司、证券投资咨询机构从事证券投资顾问业务，应当建立客户回访

机制，明确客户回访的程序、内容和要求，并指定专门人员独立实施

D. 证券投资顾问不得通过广播、电视、网络、报刊等公众媒体，作出买入、卖出或者持有具体证券的投资建议

42. 证券公司经营融资融券业务，应当以自己的名义，在证券登记结算机构分别开立（　　）。

A. 融券专用证券账户　　B. 客户信用交易担保证券账户

C. 信用交易证券交收账户　　D. 信用交易资金交收账户

43. 下列关于证券发行与承销信息披露有关规定的说法错误的是（　　）。

A. 为规范证券发行与承销行为，保护投资者合法权益，国务院制定《证券发行与承销管理办法》，对证券发行与承销行为相关信息披露要求进行详细、明确的规定

B. 发行人和主承销商在发行过程中，应当按照中国证监会规定的要求编制信息披露文件，履行信息披露义务

C. 首次公开发行股票招股意向书刊登后，发行人和主承销商可以向网下投资者进行推介和询价，并通过互联网等方式向公众投资者进行推介

D. 承销商应当保留推介、定价、配售等承销过程中的相关资料至少 5 年并存档备查

44. 以下属于证券自营业务投资范围的是（　　）。

A. 已经和依法可以在境内证券交易所上市交易和转让的证券

B. 已经在全国中小企业股份转让系统挂牌转让的证券

C. 已经和依法可以在符合规定的区域性股权交易市场挂牌转让的私募债券

D. 已经和依法可以在境内银行间市场交易的证券

45. 根据《证券法》第五十五条的规定，禁止任何人以下列手段操纵证券市场，影响或者意图影响证券交易价格或者证券交易量，关于操纵证券、期货市场罪，下列行为属于该罪的是（　　）。

A. 单独或者通过合谋，集中资金优势、持股优势或者利用信息优势联合或者连续买卖的行为

B. 与他人串通，以事先约定的时间、价格和方式相互进行证券交易的行为

C. 以成交为目的正常申报的行为

D. 在自己实际控制的账户之间进行证券交易的行为

46. 根据《证券法》第五十五条的规定，禁止任何人以下列手段操纵证券市场，关于操纵证券、期货市场罪，下列行为表述正确的是（　　）。

A. 不以成交为目的，频繁或者大量申报并撤销申报

B. 对证券、发行人公开作出评价、预测或者投资建议，并进行反向证券交易

C. 利用在其他相关市场的活动操纵证券市场

D. 以真实或者确定的信息，建议投资者进行证券交易

47. 关于证券投资咨询人员所必须具备的条件，以下描述正确的是（　　）。

A. 具备完全民事行为能力

B. 具有中华人民共和国国籍

C. 具有大专以上学历

D. 具备从事业务所需的相应专业能力，符合相关从业条件

48. 根据《证券、期货投资咨询管理暂行办法》，证券投资咨询机构及其投资咨询人员，不得从事下列活动（　　）。

A. 代理投资人从事证券、期货买卖

B. 向投资人承诺证券、期货投资收益

C. 法律、法规、规章所禁止的其他证券、期货欺诈行为

D. 保守所在机构的商业秘密，客户的商业秘密及个人隐私

49. 关于合伙企业清偿的内容，包括（　　）。

A. 支付清算费用　　B. 支付法定补偿金

C. 缴纳税款　　D. 进行利润分配

50. 关于合伙企业注销后的债务承担，下列说法正确的有（　　）。

A. 合伙企业注销后，原普通合伙人对合伙企业存续期间的债务仍应承担无限连带责任

B. 合伙企业不能清偿到期债务的，债权人可以要求普通合伙人清偿

C. 合伙企业不能清偿到期债务的，债权人可以依法向人民法院提出破产清算申请

D. 合伙企业依法被宣告破产的，普通合伙人对合伙企业债务仍应承担无限连带责任

51. 证券的发行、交易活动，必须遵循（　　）的原则。

A. 公开　　B. 公平　　C. 公正　　D. 公众

52. 非公开募集基金财产可以投资的标的物有（　　）。

A. 可以投资上市公司债券　　B. 可以投资于上市公司股票

C. 可以投资于期权　　D. 可以投资于期货

53. 根据《期货和衍生品法》相关规定，当期货市场出现异常情况时，期货交

易所可以按照其章程规定的权限和程序，决定采取（　　）紧急措施，并应当立即报告国务院期货监督管理机构。

A. 调整保证金

B. 调整涨跌停板幅度

C. 调整会员、交易者的交易限额或持仓限额标准

D. 限制开仓

54. 下列关于期货交易的说法正确的有（　　）。

A. 期货交易者进行期货交易的，应当持有证明身份的合法证件，以本人名义申请开立账户

B. 期货交易实行保证金制度，期货结算机构向结算参与人收取保证金，结算参与人向交易者收取保证金

C. 从事套期保值等风险管理活动的，可以申请持仓限额豁免

D. 期货交易是指以期货合约或者标准化期权合约为交易标的的交易活动

55. 国务院证券监督管理机构对治理结构不健全、内部控制不完善、经营管理混乱、设立账外账或者进行账外经营、拒不执行监督管理决定、违法违规的证券公司，应当责令其限期改正，并可以采取强制措施有（　　）。

A. 责令更换董事、监事、高级管理人员或者限制其权利

B. 对证券公司进行临时接管，并进行全面核查

C. 责令增加内部合规检查的次数并提交合规检查报告

D. 责令暂停证券公司或者其境内分支机构的部分或者全部业务、限期撤销境内分支机构

56. 下列有关佣金管理的说法正确的是（　　）。

A. 证券经纪商向客户收取的佣金不得高于证券交易金额的5%，也不得低于代收的证券交易监管费和证券交易所手续费

B. 国债现券、企业债、国债回购以及以后出现的新的交易品种，其交易佣金标准由证券交易所制定并报中国证监会和原国家计委备案，备案30天内无异议后实施

C. 证券公司收取的交易佣金应当与代收的印花税、证券监管费、证券交易经手费、登记过户费等其他费用分开列示

D. 证券公司应当在公司网站、营业场所、客户端公示对应类别的投资者具体证券交易佣金收取标准，证券公司实际收取的证券交易佣金应当与公示标准一致

57. 下列关于北京证券交易所的说法正确的是（　　）。

A. 坚守“一个定位”；处理好“两个关系”

B. 交易方式包括竞价交易、大宗交易、协议转让与其他交易方式，同时采取多种价格稳定机制

C. 个人参与北交所股票交易需申请权限开通前20个交易日证券账户和资金账户内资产日均不低于人民币50万元

D. 北京证券交易所于2021年9月3日注册成立，是经国务院批准设立的我国第一家公司制证券交易所，受中国证监会监督管理

58. 下列关于证券经纪业务说法正确的是（　　）。

A. 证券经纪业务的风险，是指证券公司在开展证券经纪业务过程中因种种原因而导致其自身利益遭受损失的可能性

B. 技术风险主要来自硬件设备和软件两个方面

C. 营业部在办理业务时，不论是否繁忙、客户是谁，每笔业务都必须严格按规定的程序操作

D. 证券公司应设立监察总监；监察总监是公司的合规负责人，对公司及其工作人员的经营管理和执业行为的合规性进行审查监督和检查

59. 根据《证券公司融资融券业务管理办法》的规定，除下列哪些情形外，任何人不得动用证券公司客户信用交易担保证券账户内的证券和客户信用交易担保资金账户内的资金（　　）。

A. 收取客户应当支付的违约金

B. 客户提取还本付息、支付税费及违约金后的剩余证券和资金

C. 法律、行政法规和该办法规定的其他情形

D. 司法机关依法对客户信用证券账户或者信用资金账户记载的权益采取财产保全或者强制执行措施

60. 证券公司或其分支机构违反《证券公司融资融券业务管理办法》，中国证监会或者其派出机构可采取以下监管措施（　　）。

A. 责令改正　　　　B. 暂停部分或者全部业务

C. 撤销业务许可　　　　D. 责令参加培训

61. 下列关于交易席位与交易单元的说法正确的是（　　）。

A. 根据上交所、深交所、北交所的相关规定，席位代表了会员在证券交易所的权益，会员须拥有席位方可在证券交易所进行交易

B. 根据上交所、深交所规定，会员应当至少取得并持有一个席位，会员可以共有席位

C. 证券公司从事证券经纪、自营、融资融券、做市、证券资产管理等业务，原则上应当使用不同的交易单元进行

D. 根据上交所、深交所、北交所、全国股转公司的相关规定，交易单元是指会员向交易所申请设立的、参与证券交易与接受监管及服务的基本业务单位

62. 以下属于在柜台市场发行、销售与转让的私募产品的是（　　）。

A. 证券公司及其子公司以非公开募集方式设立或者承销的资产管理计划

B. 保险公司设立并通过证券公司发行、销售与转让的产品

C. 金融衍生品

D. 信托公司设立并通过证券公司发行、销售与转让的产品

63. 以下属于经金融管理部门认定的视为刚性兑付的行为有（　　）。

A. 金融机构为资产管理产品投资的非标准化债权类资产或者股权类资产提供担保

B. 金融机构为资产管理产品投资的非标准化债权类资产或者股权类资产提供回购承诺

C. 采取滚动发行等方式，使资产管理产品的本金、收益、风险在不同投资者之间发生转移，实现产品保本保收益

D. 资产管理产品不能如期兑付或者兑付困难时，发行或者管理该产品的金融机构自行筹集资金偿付或者委托其他机构代为偿付

64. 关于欺诈发行证券罪的犯罪构成，下列说法正确的是（　　）。

A. 本罪的犯罪主体主要是单位，自然人不能成为犯罪主体

B. 本罪在主观上只能由故意构成，过失不构成本罪

C. 在本罪中行为人的罪过实质是欺诈发行证券

D. 本罪侵犯的客体是复杂客体，即国家对证券市场的管理秩序以及投资者（即股东、债权人和公众）的合法权益

65. 下列关于设立公开募集基金的基金管理公司的条件，正确的有（　　）。

A. 主要股东最近 5 年没有违法记录

B. 注册资本不低于 1 亿元人民币，且必须为实缴货币资本

C. 设立公开募集基金的管理公司应经过中国证券基金业协会批准

D. 取得基金从业资格证的人员应达到法定人数，董事、监事、高级管理人员具备相应的任职条件

66. 下列关于公开募集基金与非公开募集资金的说法正确的有（　　）。

A. 设立公开募集基金的基金管理公司须具备一定条件，并经国务院证券监督管理机构批准

B. 担任非公开募集基金的管理人，应当按照《私募投资基金监督管理暂行办法》的有关规定向中国证券投资基金业协会履行登记手续，报送基本情况

C. 非公开募集基金应当向合格投资者募集，合格投资者累计不得超过 200 人

D. 公开募集基金向应当不特定对象募集资金、向特定对象募集资金累计超过 200 人

67. 基金托管人是指按照法律、法规的规定和基金合同的约定，在证券投资基金活动中承担（　　）职责的商业银行或其他金融机构。

A. 基金资产保管　　B. 基金资金清算

C. 交易监督　　D. 会计核算

68. 根据《证券公司风险处置条例》相关规定，证券公司证券类资产是指证券公司为维持证券经纪业务正常进行所必需的（　　）等资产。行政清理组采用招标、公开询价等方式转让证券类资产。

A. 计算机信息管理系统　　B. 交易系统

C. 通信网络系统　　D. 通信网络系统

69. 下列选项中，属于证券交易内幕信息知情人的有（　　）。

A. 发行人及其董事、监事、高级管理人员

B. 持有公司 1% 以上股份的股东及其董事、监事、高级管理人员，公司的实际控制人及其董事、监事、高级管理人员

C. 发行人控股或者实际控制的公司及其董事、监事、高级管理人员

D. 由于所任公司职务或者因与公司业务往来可以获取公司有关内幕信息的人员

70. 证券公司应当在报送年度报告的同时报送年度信息技术管理专项报告，提交报告的内容应当满足（　　）的要求。

A. 真实　　B. 科学　　C. 准确　　D. 完整

71. 下列关于北京证券交易所的说法正确的是（　　）。

A. 坚守“一个定位”；处理好“两个关系”

B. 交易方式包括竞价交易、大宗交易、协议转让与其他交易方式，同时采取多种价格稳定机制

C. 个人参与北交所股票交易需申请权限开通前 20 个交易日证券账户和资金账户内资产日均不低于人民币 50 万元

D. 北京证券交易所于 2021 年 9 月 3 日注册成立，是经国务院批准设立的我国第一家公司制证券交易所，受中国证监会监督管理

72. 下列关于证券经纪业务的说法正确的是（　　）。

A. 证券经纪业务的风险，是指证券公司在开展证券经纪业务过程中因种种原因而导致其自身利益遭受损失的可能性

B. 技术风险主要来自硬件设备和软件两个方面

C. 营业部在办理业务时，不论是否繁忙、客户是谁，每笔业务都必须严格按规定的程序操作

D. 证券公司应设立监察总监；监察总监是公司的合规负责人，对公司及其工作人员的经营管理和执业行为的合规性进行审查监督和检查

73. 根据《证券公司融资融券业务管理办法》的规定，除下列哪些情形外，任何人不得动用证券公司客户信用交易担保证券账户内的证券和客户信用交易担保资金账户内的资金（　　）。

A. 收取客户应当支付的违约金

B. 客户提取还本付息、支付税费及违约金后的剩余证券和资金

C. 法律、行政法规和该办法规定的其他情形

D. 司法机关依法对客户信用证券账户或者信用资金账户记载的权益采取财产保全或者强制执行措施

74. 在招股说明书、认股书、公司、企业债券募集办法等发行文件中隐瞒重要事实或者编造重大虚假内容，发行股票或者公司、企业债券、存托凭证或者国务院依法认定的其他证券，下列处罚中，符合《刑法》认定的是（　　）。

A. 数额巨大、后果严重或者有其他严重情节的，处 5 年以下有期徒刑或者拘役，并处或者单处罚金

B. 数额特别巨大、后果特别严重或者有其他特别严重情节的，处 5 年以上有期徒刑，并处罚金

C. 控股股东、实际控制人组织、指使实施前款行为的，处 10 年以下有期徒刑或者拘役，并处或者单处非法募集资金金额 20% 以上 10 倍以下罚金

D. 数额特别巨大、后果特别严重或者有其他特别严重情节的，处 5 年以上有期徒刑，并处非法募集资金金额 20% 以上 1 倍以下罚金

75. 证券公司应当建立长效合理的薪酬管理制度，充分反映合规管理和风险管理要求，避免短期、过度激励等不当激励行为。对（　　）和核心业务人员建立薪酬递延支付机制。

A. 董事长　　B. 高级管理人员

C. 主要业务部门负责人　　D. 股东

76. 证券公司应设立监督检查部门或岗位，独立履行（　　）等监督检查职能，负责提出内部控制缺陷的改进建议并敦促有关责任单位及时改进。

A. 合规检查　　B. 财务稽核

C. 业务稽核　　D. 风险控制

77. 证券公司应当采取保密措施，防止敏感信息的不当流动和使用，包括但不限于（　　）。

A. 与公司工作人员签署保密文件，要求工作人员对工作中获取的敏感信息严格保密

B. 加强对涉及敏感信息的信息系统、通讯及办公自动化等信息设施、设备的管理，保障敏感信息安全

C. 对可能知悉敏感信息的工作人员使用公司的信息系统或配发的设备形成的电子邮件、即时通信信息和其他通信信息进行监测

D. 建立内幕信息知情人管理制度

78. 公司可以根据公司实际需要，在公开侧业务之间或保密侧业务之间采取（　）等措施，防范敏感信息的不当流动和使用。

A. 信息隔离　　B. 跨墙　　C. 观察名单　　D. 限制名单

79. 按照《证券公司合规管理实施指引》的要求，证券公司董事会、监事会或监事、经营管理主要负责人、其他高级管理人员、下属各单位负责人及其他工作人员均有自己的合规管理职责。其中，属于证券公司董事会的合规管理职责的是（　）。

A. 组织制定规章制度，并监督其实施

B. 审议批准年度合规报告

C. 决定解聘对发生重大合规风险负有主要责任或者领导责任的高级管理人员

D. 决定聘任、解聘、考核合规负责人决定其薪酬待遇

80. 证券公司在评价期内存在（　　）或股东虚假出资、抽逃出资等违法违规行为的，将公司分类结果下调3个级别；情节严重的，将公司分类结果直接认定为D类。

A. 挪用客户资产　B. 违规委托理财　C. 财务信息虚假　D. 恶意规避监管

三、判断题（共30题，每小题1分，共30分。不选、错选均不得分。）

81. 法律关系主体，简称为“法律主体”，包括自然人、组织和国家三类。（　　）

82. 公司合并由董事会作出决议并执行。（　　）

83. 非公开发行证券不得采用广告、公开劝诱和变相公开方式。（　　）

84. 持有公司6%以上股份的股东属于证券内幕信息知情人。 （ ）

85. 在上市公司收购中，收购人持有的被收购的上市公司的股票，在收购行为完成后的18个月内不得转让。 （ ）

86. 证券公司应当自每一会计年度结束之日起4个月内，向国务院证券监督管理机构报送年度报告。 （ ）

87. 证券公司经营证券经纪，证券投资咨询、证券自营业务，与证券交易、证券投资活动有关的财务顾问业务的，注册资本最低限额为人民币5 000万元。 （ ）

88. 在交易所上市的证券公司证券需设置的组织机构包括股东大会、董事会、经理、董事会秘书、监事会，还可根据需要决定是否设独立董事。 （ ）

89. 停业整顿是证券公司自我整改处置措施。 （ ）

90. 退伙是指在合伙企业存续期间，合伙人因特定情形发生而退出合伙企业，失去合伙人资格的法律事实或法律行为。 （ ）

91. 证券公司可以采用股权重组的方式进行行政重组。 （ ）

92. 程序化交易报备制度是期货交易的基本制度。 （ ）

93. 当客户来自金融行动特别工作组（FATF）指定的高风险国家或地区时，证券公司应采取相应的强化措施进行身份识别。 （ ）

94. 由中国证券投资基金业协会发布的《证券基金经营机构信息技术管理办法》是对证券公司加强信息技术管理的重要规定。 （ ）

95. 证券公司承销或者销售擅自公开发行或者变相公开发行的证券的，责令停止承销或者销售，没收违法所得，并处以违法所得1倍以上10倍以下的罚款。 （ ）

96. 承销机构在承销公司债券过程中以不正当竞争手段招揽承销业务的，中国证监会可以对承销机构及其直接负责的主管人员和其他直接责任人员采取相关监管措施。 （ ）

97. 发行人应在金融债券发行前和存续期间履行信息披露义务。信息披露应通过中国证监会进行。 （ ）

98. 融资融券业务融资买入标的股票的流通股本不少于1亿股或流通市值不低于5亿元。 （ ）

99. 融资融券业务的标的证券为股票的，应在交易所上市交易超过6个月。但科创板与实施注册制的创业板股票上市首日即可成为标的证券。 （ ）

100. 投资者融券卖出时，融券保证金比例不得低于100%。 （ ）

101. 证券公司开展中间介绍业务时，可代理客户进行期货交易。 （ ）

102. 证券公司作为募集机构在开展私募基金募集业务过程中违反规定的，中国

证券投资基金业协会可以取消基金销售资格。（　　）

103. 募集机构应当向特定对象宣传推介私募基金，未经特定对象确定程序，不得向任何人宣传推介私募基金。（　　）

104. 不以成交为目的，频繁或者大量申报买入、卖出证券、期货合约并撤销申报，当日累计撤回申报量达到同期该证券、期货合约总申报量50%以上，且证券撤回申报额在1 000万元以上、撤回申报的期货合约占用保证金数额在500万元以上的可要求刑事立案追诉。（　　）

105. 利用未公开信息交易罪侵犯的客体是证券、期货交易市场的正常管理秩序和证券、期货投资人的合法利益。（　　）

106. 在自己实际控制的账户之间进行的证券交易，属于操纵证券、期货市场罪。（　　）

107. 证券投资咨询人员违反《证券、期货投资咨询管理暂行办法》规定的，由地方证管办（证监会）单处或者并处警告、没收违法所得、1万元以上3万元以下罚款。（　　）

108. 期货交易实行保证金制度，期货结算机构向结算参与人收取保证金，结算参与人向交易者收取保证金，保证金主要用于结算和履约保障。（　　）

109. 从业人员应当通过所在机构进行登记，机构也应当自从业人员入职（含试用期）之日起7个工作日内，通过协会从业人员管理平台，将经本机构审核通过的从业人员登记信息提交至协会进行登记。（　　）

110. 基金销售机构属于基金合同当事人。（　　）

四、综合题（共10题，每小题1分，共10分。每问备选答案中有一项或多项符合题目要求，不选、错选均不得分。）

（一）袁某为A公司高级管理人员。在其家庭装修过程中，袁某一度出现短暂的个人资金周转问题，于是袁某示意公司财务人员李某代其调用A公司资金进行个人款项垫付，并告知李某，在下一笔公司业务订单中，将把对应的业务中收私下转给李某作为酬劳。据此回答以下问题：

111. 以下哪一项不属于公司董事、高级管理人员的行为限制？（　　）

A. 不得挪用公司资金

B. 不得将公司资金以其个人名义或者以其他个人名义开立账户存储

C. 不得与本公司订立合同或者进行交易

D. 不得接受他人与公司交易的佣金归为己有

（二）甲有限合伙企业成立于2004年，乙公司为普通合伙人，丁某为有限合伙人。2005年，陈某与甲企业签订《借款协议》，约定甲企业从陈某处借款100万元。2006年，甲企业的合伙人变更为丙公司（普通合伙人）和丁公司（有限合伙人），同时，乙公司和丁某退伙。

112. 下列说法错误的是（　　）。

A. 乙公司对合伙企业的债务承担无限连带责任

B. 丁某以其认缴的出资额为限对合伙企业承担责任

C. 丁公司作为甲企业的新有限合伙人不承担入伙前的甲企业的债务

D. 乙公司不能是上市公司

（三）A公司拟申请在科创板首次公开发行股票并上市，聘请丙证券公司担任保荐机构，丙公司开展尽职调查并撰写申报文件。据此回答以下3题：

113. 丙证券公司履行保荐职责，应当指定（　　）名品行良好、具备组织实施保荐项目专业能力的保荐代表人具体负责（　　）家发行人的保荐工作。

A. 1；2　　B. 2；1　　C. 3；1　　D. 1；3

114. 科创板证券承销与保荐业务相关部门规章、规范性文件及业务规则主要包括（　　）。

A.《深圳证券交易所股票上市规则》

B.《上海证券交易所科创板股票发行上市审核规则》

C.《上海证券交易所科创板股票发行与承销实施办法》

D.《上海证券交易所科创板股票上市规则》

115. 丙证券公司从事保荐业务需（　　）允许。

A. 中国证监会　　B. 国务院

C. 中国人民银行　　D. 财政部

（四）丙证券公司是经中国证监会批准成立的证券公司，目前管理着AB两款资产管理产品，产品的特征如下：

产品名称	产品净值	产品特点
A	10亿元	向不特定社会公众公开发行，超过80%投资于存款、债券等债权类资产
B	4 000万元	向合格投资者通过非公开方式发行，投资人数为2人 40%投资于股票、非上市企业股权等权益类资产，60%投资于商品及金融衍生品

据此回答以下3个问题：

116. 根据A产品的特点，其应属于以下哪种类型的资产管理产品（　　）。

A. 公募、固定收益类产品　　　　B. 私募、固定收益类产品

C. 公募、权益类产品　　　　　　D. 私募、混合类产品

117. 根据B产品的特点，其应属于以下哪种类型的资产管理产品（　　）。

A. 公募、权益类、单一资产管理产品

B. 私募、混合类、集合资产管理产品

C. 公募、混合类、集合资产管理产品

D. 私募、混合类、单一资产管理产品

118. 由于某些原因，B产品的投资者人数仅剩1人，则（　　）个工作日后，B产品需要终止。

A. 5　　　　B. 7　　　　C. 14　　　　D. 30

（五）高某，时任乙股票型证券投资基金经理。高某于2018年4月至2019年12月，将因任职基金经理获取的基金未公开信息泄露给大学同学陈某，并与陈某共同向陈某配偶王某账户出资，由陈某操作，二人共同利用未公开信息从事相关证券交易活动。高某、陈某的上述行为违反了《证券投资基金法》规定。

根据当事人违法行为的事实、性质、情节与社会危害程度，依据《证券法》和《证券市场禁入规定》的规定，高某被采取4年证券市场禁入措施，自宣布决定之日起，在禁入期间，不得从事证券业务或者担任上市公司董事、监事、高级管理人员职务。据此回答以下2题：

119. 高某、陈某的上述行为违反了《证券投资基金法》规定，下列表述正确的是（　　）。

A. 高某的职务是证券投资基金经理，符合利用未公开信息交易的主体要求

B. 将因任职基金经理获取的基金未公开信息泄露给他人，符合利用未公开信息交易的客观要件

C. 有意泄露信息符合利用未公开信息交易的主观要件

D. 违反了市场交易制度，对市场造成了破坏，符合利用未公开信息交易的客体要求

120. 高某、陈某的上述行为违反了《证券法》的相关规定，根据《证券法》第一百九十一条的规定，证券交易内幕信息的知情人或者非法获取内幕信息的人违反《证券法》规定从事内幕交易的，应处以相应处罚。下列说法正确的是（　　）。

A. 违反《证券法》规定从事内幕交易的，责令依法处理非法持有的证券，没收违法所得，并处以违法所得10倍以上的罚款

B. 没有违法所得或者违法所得不足50万元的，处以50万元以上500万元以下的罚款

C. 单位从事内幕交易的，还应当对直接负责的主管人员和其他直接责任人员给予警告，并处以20万元以上200万元以下的罚款

D. 国务院证券监督管理机构工作人员从事内幕交易的，从重处罚

模拟试卷（三）参考答案与解析

一、单项选择题

1. 答案：B

解析：本题考查合伙企业的法律责任。违反《合伙企业法》规定，合伙企业未在其名称中标明“普通合伙”“特殊普通合伙”或者“有限合伙”字样的，由企业登记机关责令限期改正，处以 2 000 元以上 1 万元以下的罚款。

2. 答案：B

解析：本题考查合伙企业的法律责任。提交虚假文件或者采取其他欺骗手段，取得合伙企业登记的，由企业登记机关责令改正，处以 5 000 元以上 5 万元以下的罚款；情节严重的，撤销企业登记，并处以 5 万元以上 20 万元以下的罚款。

3. 答案：B

解析：做市商，是指经证券交易所认可、为其上市交易的股票期权合约提供双边持续报价或者双边回应报价等服务的机构。

4. 答案：C

解析：证券公司与期货公司应当独立经营，保持财务、人员、经营场所等分开隔离。

5. 答案：C

解析：本题考查证券公司可以在区域股权市场开展的业务。证券公司可以在区域性股权市场开展以下业务：(1) 推荐企业挂牌；(2) 承销可转换为股票的公司债券，推荐本公司承销的可转换为股票的公司债券在区域性股权市场挂牌转让；(3) 代理开立区域性股权市场证券账户；(4) 为在区域性股权市场开户的合格投资者买卖证券提供居间介绍服务；(5) 利用自有资金或依法管理的资产管理等产品投资区域性股权市场的证券；(6) 为证券的非公开发行组织合格投资者进行路演推介或其他促成投融资需求对接的活动；(7) 为合格投资者提供企业研究报告和尽职调查信息；(8) 与商业银行、小额贷款公司等开展业务合作，为企业提供融资服务；(9) 改制辅导、管理培训、管理咨询、财务顾问等相关服务；(10) 推荐企业展示；(11) 中国证监会或中国证券业协会规定的其他业务。

6. 答案：B

解析：参考《证券投资基金法》第一百条及第一百三十九条的规定。

7. 答案：B

解析：担任非公开募集基金的管理人，应当按照《私募投资基金监督管理暂行办法》的有关规定向中国证券投资基金业协会履行登记手续，报送基本情况。

8. 答案：B

解析：采用封闭式运作方式的基金，简称“封闭式基金”，是指基金份额总额在基金合同期限内固定不变，基金份额持有人不得申请赎回的基金；采用开放式运作方式的基金，简称“开放式基金”，是指基金份额总额不固定，基金份额可以在基金合同约定的时间和场所申购或者赎回的基金。

9. 答案：B

解析：根据《证券公司监督管理条例》第九条第一款、第三款的规定，证券公司的股东应当用货币或者证券公司经营必需的非货币财产出资。证券公司股东的非货币财产出资总额不得超过证券公司注册资本的30%。

10. 答案：A

解析：证券公司解聘合规负责人，应当有正当理由，并自解聘之日起3个工作日内将解聘的事实和理由书面报告国务院证券监督管理机构。

11. 答案：B

解析：证券公司的董事、监事、高级管理人员等对该证券公司被处置负有主要责任的，暂停其任职资格1至3年；情节严重的，撤销其任职资格、证券从业资格，并可以按照规定对其采取证券市场禁入的措施。

12. 答案：B

解析：根据《合伙企业法》第八十八条的规定，丁某作为原有限合伙人，以其退伙时从甲公司取回的财产承担责任，选项B错误。

13. 答案：A

解析：证券代销，是指证券公司代发行人发售证券，在承销期结束时，将未售出的证券全部退还给发行人的承销方式。

14. 答案：D

解析：证券的代销、包销期限最长不得超过90日。

15. 答案：D

解析：本题考查收购完成后转让时间。在上市公司收购中，收购人持有的被收购的上市公司的股票，在收购行为完成后的18个月内不得转让。

16. 答案：A

解析：根据《证券投资基金法》第八十三条及第一百三十二条的规定，基金份额持有人大会由基金管理人召集。基金份额持有人大会设立日常机构的，由该日常机构召集；该日常机构未召集的，由基金管理人召集。基金管理人未按规定召集或者不能召开的，由基金托管人召集。基金管理人或者基金托管人不按照上述规定召集基金份额持有人大会的，责令改正，可以处5万元以下罚款；对直接负责的主管人员和其他直接责任人员给予警告，暂停或者撤销基金从业资格。

17. 答案：B

解析：本题考查证券公司信息技术服务机构及其责任划分。证券公司借助信息技术手段从事证券基金业务活动的，可以委托信息技术服务机构提供产品或服务，但证券公司依法应当承担的责任不因委托而免除或减轻。

18. 答案：B

解析：发行人申请从事下列发行事项，依法采取承销方式的，应当聘请具有保荐业务资格的证券公司（即保荐机构）履行保荐职责：（1）首次公开发行股票；（2）上市公司发行新股、可转换公司债券；（3）公开发行存托凭证；（4）中国证监会认定的其他情形。

19. 答案：C

解析：公司债券发行业务的一般规定。中国证监会依法对公司债券的发行及其交易或转让活动进行监督管理。

20. 答案：B

解析：证券公司将自有资金投资于依法公开发行的国债、投资级公司债、货币市场基金、央行票据等中国证监会认可的风险较低、流动性较强的证券，或者委托其他证券公司或者基金管理公司进行证券投资管理，且投资规模合计不超过其净资本80%的，无须取得证券自营业务资格。

21. 答案：D

解析：自营业务与经纪业务不能混合操作。

22. 答案：B

解析：证券、期货交易内幕信息的知情人员或者非法获取证券、期货交易内幕信息的人员，在涉及证券的发行，证券、期货交易或者其他对证券、期货交易价格有重大影响的信息尚未公开前，买入或者卖出该证券，或者从事与该内幕信息有关的期货交易，或者泄露该信息，或者明示、暗示他人从事上述交易活动，情节严重的，处5年以下有期徒刑或者拘役，并处或者单处违法所得1倍以上5倍以下罚金；情节特别严重的，处5年以上10年以下有期徒刑，并处违法所得1倍以上5倍以下罚金。

23. 答案：B

解析：股份有限公司申请股票在全国股份转让系统挂牌，应依法设立且存续满两年，有限责任公司按原账面净资产值折股整体变更为股份有限公司的，存续时间可以从有限责任公司成立之日起计算。

24. 答案：B

解析：证券投资咨询人员应当具备的条件，证券投资咨询人员具有从事证券业务2年以上的经历，期货投资咨询人员具有从事期货业务两年以上的经历。

25. 答案：C

解析：效力期限自奖励、处罚处分决定生效之日起算。奖励、处罚处分本身有执行期间的，效力期限自执行期间届满之日起算。

26. 答案：D

解析：证券市场禁入措施的期限。

27. 答案：C

解析：中国证券业协会诚信管理中，奖励信息、处罚处分信息的效力期限一般为3年。

28. 答案：B

解析：证券经营机构应当制定具体、有效的事前风险防范体系、事中管控措施和事后追责机制，对所从事的业务种类、环节（包括业务承揽、承做、销售、交易、结算、交割、投资、采购、商业合作、人员招聘，以及申请行政许可、接受监管执法和自律管理等）及相关工作进行科学、系统的廉洁风险评估，识别廉洁从业风险点，强化岗位制衡与内部监督机制并确保运作有效。

29. 答案：A

解析：证券期货经营机构在内部检查中，发现存在违反规定行为的，证券期货经营机构应当在5个工作日内，向中国证券业协会与有关派出机构报告。

30. 答案：A

解析：选项A应为该罪的主观方面可以是故意，过失构成本罪，而非“但过失不构成本罪”。

31. 答案：A

解析：根据《最高人民检察院、公安部关于公安机关管辖的刑事案件立案追诉标准的规定（二）》第三十三条的规定，诱骗投资者买卖证券、期货合约案，涉嫌下列情形之一的，应予立案追诉：(1) 获利或者避免损失数额在5万元以上的；(2) 造成投资者直接经济损失数额在50万元以上的；(3) 虽未达到上述数额标准，但多次诱骗投资者买卖证券、期货合约的；(4) 致使交易价格或者交易量异常波动的。

32. 答案：B

解析：根据《刑法》第一百八十一条的规定，选项B应为"处1万元以上10万元以下罚金"，而非"处或者单处20万元以上罚金"。

33. 答案：C

解析：欺诈发行证券罪的犯罪主体主要是单位，自然人在一定条件下也能成为犯罪主体。选项C中自然人在一定条件下也可能成为犯罪主体，故表述错误。

34. 答案：A

解析：在招股说明书、认股书、公司、企业债券募集办法等发行文件中隐瞒重要事实或者编造重大虚假内容，发行股票或者公司、企业债券、存托凭证或者国务院依法认定的其他证券，涉嫌下列情形之一的，应予立案追诉：(1) 非法募集资金金额在1 000万元以上的；(2) 虚增或者虚减资产达到当期资产总额30%以上的；(3) 虚增或者虚减营业收入达到当期营业收入总额30%以上的；(4) 虚增或者虚减利润达到当期利润总额30%以上的；(5) 隐瞒或者编造的重大诉讼、仲裁、担保、关联交易或者其他重大事项所涉及的数额或者连续12个月的累计数额达到最近一期披露的净资产50%以上的；(6) 造成投资者直接经济损失数额累计在100万元以上的；(7) 为欺诈发行证券而伪造、变造国家机关公文、有效证明文件或者相关凭证、单据的；(8) 为欺诈发行证券向负有金融监督管理职责的单位或者人员行贿的；(9) 募集的资金全部或者主要用于违法犯罪活动的；(10) 其他后果严重或者有其他严重情节的情形。

35. 答案：C

解析：《合格境内机构投资者境外证券投资管理试行办法》。

36. 答案：D

解析：根据中国证监会《证券公司及基金管理公司子公司资产证券化业务管理规定》，资产证券化业务是指以基础资产所产生的现金流为偿付支持，通过结构化等方式进行信用增级，在此基础上发行资产支持证券的业务活动。

37. 答案：B

解析：证券公司开展私募资产管理业务，应具备符合条件的高级管理人员和3名以上投资经理，应具有投资研究部门，且专职从事投资研究的人员不少于3人。

38. 答案：A

解析：证券自营业务的投资范围特别规定。具备证券自营业务资格的证券公司可以从事金融衍生产品交易，不具备证券自营业务资格的证券公司只能以对冲风险为目的，从事金融衍生产品交易；证券公司可以委托具备证券资产管理业务资格、特定客户资产管理业务资格或者合格境内机构投资者资格的其他证券公司或者基金管理公司进行证券投资管理；具备证券自营业务资质的证券公司可以设立子公司，从事《证券公司证券自营投资品种清单》所列品种以外的金融产品等投资。该证券公司不得为子公司提供融资或担保。

39. 答案：D

解析：持续督导期间，保荐机构被撤销保荐业务资格的，发行人应当在1个月内另行聘请保荐机构，未在规定期限内另行聘请的，中国证监会可以为其指定保荐机构。因原保荐机构被撤销保荐业务资格而另行聘请保荐机构的，另行聘请的保荐机构持续督导的时间不得少于1个完整的会计年度。

40. 答案：C

解析：考查成为持有证券公司5%以上股权的股东、实际控制人资格的禁止性规定。根据《证券公司监督管理条例》第十条的规定，有下列情形之一的单位或者个人，不得成为持有证券公司5%以上股权的股东、实际控制人：(1) 因故意犯罪被判处刑罚，刑罚执行完毕未逾3年；(2) 净资产低于实收资本的50%，或者或有负债达到净资产的50%；(3) 不能清偿到期债务。

二、多项选择题

41. 答案：CD

解析：证券投资顾问业务的有关规定：(1) 基本原则：守法合规、诚实信用、忠实客户利益；(2) 证券投资顾问服务协议应当约定，自签订协议之日起5个工作日内，客户可以书面通知方式提出解除协议。

42. 答案：ABCD

解析：本题考查证券公司在证券登记结算机构开设的信用账户。证券公司经营融资融券业务，应当以自己的名义，在证券登记结算机构分别开立融券专用证券账户、客户信用交易担保证券账户、信用交易证券交收账户和信用交易资金交收账户。

43. 答案：AD

解析：证券发行与承销信息披露的有关规定：为规范证券发行与承销行为，保护投资者的合法权益，中国证监会制定《证券发行与承销管理办法》，对证券发行与承销行为相关信息披露要求进行详细、明确的规定，选项A错误。承销商应当保留推介、定价、配售等承销过程中的相关资料至少3年并存档备查，包括推介宣传材料、路演现场录音等，如实、全面反映询价、定价和配售过程，选项D错误。

44. 答案：ABCD

解析：本题考查证券公司自营业务可以投资的品种。

45. 答案：ABD

解析：根据《证券法》第五十五条的规定，禁止任何人以下列手段操纵证券市场，影响或者意图影响证券交易价格或者证券交易量：（1）单独或者通过合谋，集中资金优势、持股优势或者利用信息优势联合或者连续买卖；（2）与他人串通，以事先约定的时间、价格和方式相互进行证券交易；（3）在自己实际控制的账户之间进行证券交易；（4）不以成交为目的，频繁或者大量申报并撤销申报；（5）利用虚假或者不确定的重大信息，诱导投资者进行证券交易；（6）对证券、发行人公开作出评价、预测或者投资建议，并进行反向证券交易；（7）利用在其他相关市场的活动操纵证券市场；（8）操纵证券市场的其他手段。

46. 答案：ABC

解析：根据《证券法》第五十五条的规定，禁止任何人以下列手段操纵证券市场，影响或者意图影响证券交易价格或者证券交易量：（1）单独或者通过合谋，集中资金优势、持股优势或者利用信息优势联合或者连续买卖；（2）与他人串通，以事先约定的时间、价格和方式相互进行证券交易；（3）在自己实际控制的账户之间进行证券交易；（4）不以成交为目的，频繁或者大量申报并撤销申报；（5）利用虚假或者不确定的重大信息，诱导投资者进行证券交易；（6）对证券、发行人公开作出评价、预测或者投资建议，并进行反向证券交易；（7）利用在其他相关市场的活动操纵证券市场；（8）操纵证券市场的其他手段。

47. 答案：ABD

解析：本题考查证券、期货投资咨询人员申请取得证券、期货投资咨询从业资格的必备条件。

48. 答案：ABC

解析：根据《证券、期货投资咨询管理暂行办法》，证券投资咨询机构及其投资咨询人员，不得从事下列活动：代理投资人从事证券、期货买卖；向投资人承诺证券、期货投资收益；与投资人约定分享投资收益或者分担投资损失；为自己买卖股票及具有股票性质、功能的证券以及期货；利用咨询服务与他人合谋操纵市场或者进行内幕交易；法律、法规、规章所禁止的其他证券、期货欺诈行为。

49. 答案：ABCD

解析：本题考查合伙企业清偿内容。合伙企业财产在支付清算费用和职工工资、社会保险费用、法定补偿金以及缴纳所欠税款、清偿债务后的剩余财产，依照普通合伙企业利润分配、亏损分担规则进行分配。

50. 答案：ABCD

解析：本题考查合伙企业注销后的债务承担。

51. 答案：ABC

考题：本题考查证券的发行、交易活动，必须遵循公开、公平、公正的“三公”原则。

52. 答案：ABCD

解析：非公开募集基金财产的证券投资既包括买卖公开发行的股份有限公司股票、债券、基金份额，也包括国务院证券监督管理机构规定的其他证券及其衍生品种，如股权、期货、期权以及基金合同约定的其他投资标的。

53. 答案：ABCD

解析：根据《期货和衍生品法》第八十七条的规定，当期货市场出现异常情况时，期货交易所可以按照其章程规定的权限和程序，决定采取下列紧急措施，并应当立即报告国务院期货监督管理机构。(1) 调整保证金；(2) 调整涨跌停板幅度；(3) 调整会员、交易者的交易限额或持仓限额标准；(4) 限制开仓；(5) 强行平仓；(6) 暂时停止交易；(7) 其他紧急措施。

54. 答案：ABCD

解析：参考有关期货交易的规定。

55. 答案：ABCD

解析：根据《证券公司监督管理条例》第七十条的规定，国务院证券监督管理机构对治理结构不健全、内部控制不完善、经营管理混乱、设立账外账或者进行账外经营、拒不执行监督管理决定、违法违规的证券公司，应当责令其限期改正，并可以采取包括 ABCD 选项的下列措施：(1) 对证券公司及其有关董事、监事、高级管理人员、境内分支机构负责人给予谴责；(2) 责令处分有关责任人员，并报告结果。

56. 答案：CD

解析：佣金管理。证券经纪商向客户收取的佣金（包括代收的证券交易监管费和证券交易所手续费等）不得高于证券交易金额的3%，也不得低于代收的证券交易监管费和证券交易所手续费；国债现券、企业债（含可转换债券）、国债回购以及以后出现的新的交易品种，其交易佣金标准由证券交易所制定并报中国证监会和原国家计委备案，备案15天内无异议后实施。

57. 答案：ABCD

解析：北京证券交易所。

58. 答案：ABC

解析：证券公司应设立合规总监；合规总监是公司的合规负责人，对公司及其工作人员的经营管理和执业行为的合规性进行审查监督和检查。

59. 答案：ABCD

解析：根据《证券公司融资融券业务管理办法》的规定，除下列情形外，任何人不得动用证券公司客户信用交易担保证券账户内的证券和客户信用交易担保资金账户内的资金：(1) 为客户进行融资融券交易的结算；(2) 收取客户应当归还的资金、证券；(3) 收取客户应当支付的利息、费用、税款；(4) 按照该办法的规定以及与客户的约定处分担保物；(5) 收取客户应当支付的违约金；(6) 客户提取还本付息、支付税费及违约金后的剩余证券和资金；(7) 法律、行政法规和该办法规定的其他情形。

60. 答案：ABCD

解析：证券公司或其分支机构违反《证券公司融资融券业务管理办法》，中国证监会或者其派出机构可采取责令改正、监管谈话、出具警示函、责令公开说明、责令参加培训、责令定期报告、暂不受理与行政许可有关的文件、暂停部分或者全部业务、撤销业务许可等相关监管措施。

61. 答案：ACD

解析：根据上交所、深交所规定，会员（证券公司）应当至少取得并持有一个席位，但会员（证券公司）不得共有席位。会员（证券公司）取得的席位可向其他会员转让，但不得退回证券交易所。未经证券交易所同意，会员（证券公司）不得将席位出租、质押，或将席位所属权益以其他任何方式转给他人。

62. 答案：ABCD

解析：证券公司在柜台市场发行、销售与转让的产品范围。

63. 答案：ABCD

解析：刚性兑付的情形。

64. 答案：BCD

解析：欺诈发行证券罪的犯罪主体主要是单位，自然人在一定条件下也能成为犯罪主体；本罪在主观上只能由故意构成，过失不构成本罪；在本罪中行为人的罪过实质是欺诈发行证券；本罪侵犯的客体是复杂客体，即国家对证券市场的管理秩序以及投资者（即股东、债权人和公众）的合法权益。据此，选项 A 中自然人在一定条件下也可能成为犯罪主体，故选项 A 表述错误。

65. 答案：BD

解析：根据《证券投资基金法》第十三条的规定，设立管理公开募集基金的基金管理公司，应当具备的条件之一是，主要股东应当具有经营金融业务或者管理金融机构的良好业绩、良好的财务状况和社会信誉，资产规模达到国务院规定的标准，最近 3 年没有违法记录。除上述条件外，设立管理公开募集基金的基金管理公司还应当具备法律、行政法规规定的和经国务院批准的国务院证券监督管理机构规定的其他条件。

66. 答案：ABCD

解析：公开募集基金包括向不特定对象募集资金、向特定对象募集资金累计超过 200 人，以及法律、行政法规规定的其他情形。

67. 答案：ABCD

解析：基金托管人是指按照法律、法规的规定和基金合同的约定，在证券投资基金活动中承担基金资产保管、基金资金清算、交易监督、会计核算等职责的商业银行或其他金融机构。

68. 答案：ABCD

解析：证券类资产是指证券公司为维持证券经纪业务正常进行所必需的计算机信息管理系统、交易系统、通信网络系统、交易席位等资产。行政清理组采用招标、公开询价等方式转让证券类资产。

69. 答案：ACD

解析：持有公司 5% 以上股份的股东及其董事、监事、高级管理人员，公司的实际控制人及其董事、监事、高级管理人员属于证券交易内幕信息知情人。

70. 答案：ACD

解析：本题考查证券公司信息技术管理专项报告的要求。证券公司应当在报送年度报告的同时报送年度信息技术管理专项报告，说明报告期内信息技术治理、信息技术合规与风险管理、信息技术安全管理、信息技术审计等方面执行规定的情况。证券公司提交报告的内容应当真实、准确、完整。

71. 答案：ABCD

解析：北京证券交易所。

72. 答案：ABC

解析：证券公司应设立合规总监；合规总监是公司的合规负责人，对公司及其工作人员的经营管理和执业行为的合规性进行审查监督和检查。

73. 答案：ABCD

解析：《证券公司融资融券业务管理办法》的规定。

74. 答案：ABD

解析：选项 C 应为“控股股东、实际控制人组织、指使实施前款行为的，处 5 年以下有期徒刑或者拘役，并处或者单处非法募集资金金额 20% 以上 1 倍以下罚金”。

75. 答案：ABC

解析：证券公司应当建立长效合理的薪酬管理制度，充分反映合规管理和风险管理要求，避免短期、过度激励等不当激励行为。对董事长、高级管理人员、主要业务部门负责人、分支机构负责人和核心业务人员建立薪酬递延支付机制。

76. 答案：ABCD

解析：证券公司应监督检查部门或岗位。

77. 答案：ABCD

解析：证券公司保密措施。

78. 答案：ABCD

解析：证券公司可以根据公司实际需要，在公开侧业务之间或保密侧业务之间采取信息隔离、跨墙、观察名单、限制名单等措施，防范敏感信息的不当流动和使用。

79. 答案：BCD

解析：组织制定规章制度，并监督其实施属于经营管理主要负责人的合规管理职责；对发生重大合规风险负有主要责任或者领导责任的董事、高级管理人员提出罢免的建议属于监事会或监事的合规管理职责。

80. 答案：ABCD

解析：证券公司在评价期内存在挪用客户资产、违规委托理财、财务信息虚假、恶意规避监管或股东虚假出资、抽逃出资等违法违规行为的，将公司分类结果下调 3 个级别；情节严重的，将公司分类结果直接认定为 D 类。

三、判断题

81. 答案：正确

解析：本题考查法律关系的基本构成。法律主体的种类，主要包括自然人、组织和国家三类。

82. 答案：错误

解析：本题考查公司合并规则。公司合并或分立，应当由公司的股东（大）会作出决议，而非“董事会”，故本题中的表述错误。

83. 答案：正确

解析： 非公开发行证券不得采用广告、公开劝诱和变相公开方式。

84. 答案：错误

解析： 证券交易内幕信息的知情人包括持有公司5%以上股份的股东及其董事、监事、高级管理人员，公司的实际控制人及其董事、监事、高级管理人员。

85. 答案：正确

解析： 在上市公司收购中，收购人持有的被收购的上市公司的股票，在收购行为完成后的18个月内不得转让。

86. 答案：正确

解析： 证券公司应当按照规定向国务院证券监督管理机构报送业务、财务等经营管理信息和资料。报送的内容包括年度、月度报告以及临时报告。年度、月度报告的内容。证券公司应当自每一会计年度结束之日起4个月内，向国务院证券监督管理机构报送年度报告；自每月结束之日起7个工作日内，报送月度报告。

87. 答案：错误

解析： 根据《证券法》第一百二十一条的规定，证券公司经营证券经纪，证券投资咨询，与证券交易、证券投资活动有关的财务顾问业务的，注册资本最低限额为人民币5 000万元。

88. 答案：错误

解析： 根据《公司法》《证券法》《证券公司监督管理条例》的相关规定，股份有限公司的组织机构包括股东大会、董事会、经理和监事会。股票在证券交易所上市交易的股份有限公司即上市公司除设立上述机构外，还要设独立董事和董事会秘书。

89. 答案：正确

解析： 证券公司风险处置措施包括停业整顿、托管、接管、行政重组、撤销及破产清算和重整。其中，停业整顿是自我整改处置措施。

90. 答案：正确

解析： 退伙，是指在合伙企业存续期间，合伙人因特定情形发生而退出合伙企业，失去合伙人资格的法律事实或法律行为。

91. 答案：正确

解析： 证券公司进行行政重组，可以采取注资、股权重组、债务重组、资产重组、合并或者其他方式。

92. 答案：正确

解析： 期货交易的基本制度主要有：账户实名制、保证金制度、持仓限额制度、实际控制关系报备制度和程序化交易报备制度。

93. 答案：正确

解析：本题考查证券公司对于客户身份识别的基本要求。对于客户或其受益所有人属于外国政要、国际组织高级管理人员等特定自然人及前述人员的特定关系人的，或客户来自金融行动特别工作组（FATF）、亚太反洗钱组织（APG）、欧亚反洗钱和反恐怖融资组织（EAG）等国际反洗钱组织指定高风险国家或地区的，证券公司应采取相应强化的身份识别措施。

94. 答案：错误

解析：本题考查证券公司信息技术管理规范的制定主体。为加强证券基金经营机构信息技术管理，保障证券基金行业信息系统安全、合规运行，保护投资者合法权益，中国证监会于2018年12月19日发布了《证券基金经营机构信息技术管理办法》，于2019年6月1日正式实施，而非由“中国证券投资基金业协会”发布。

95. 答案：正确

解析：本题考查违反证券发行与承销有关规定的法律责任。

96. 答案：正确

解析：本题考查公司债券发行与承销有关规定的法律责任。

97. 答案：错误

解析：本题考查金融债券发行与承销信息披露的有关规定。发行人应在金融债券发行前和存续期间履行信息披露义务，信息披露应通过中国货币网、中国债券信息网进行。

98. 答案：正确

解析：本题考查融资融券业务的标的证券为股票时应当符合的条件。融资融券业务融资买入标的股票的流通股本不少于1亿股或流通市值不低于5亿元。

99. 答案：错误

解析：本题考查融资融券业务的标的证券为股票时应当符合的条件。融资融券业务的标的证券为股票的，应在交易所上市交易超过3个月。但科创板与实施注册制的创业板股票上市首日即可成为标的证券。

100. 答案：错误

解析：本题考查融资融券保证金比例。投资者融券卖出时，融券保证金比例不得低于50%。

101. 答案：错误

解析：证券公司受期货公司委托从事介绍业务，应当提供下列服务：（1）协助办理开户手续；(2) 提供期货行情信息、交易设施；(3) 中国证监会规定的其他服务。

102. 答案：错误

解析： 证券公司作为募集机构在开展私募基金募集业务过程中违反规定的，中国证券投资基金业协会可以视情节轻重对募集机构采取要求限期改正、行业内谴责、加入黑名单、公开谴责、暂停受理或办理相关业务、撤销管理人登记等纪律处分。

103. 答案：正确

解析： 私募基金不得进行公开宣传。

104. 答案：正确

解析： 本题考查操纵证券、期货市场罪的立案标准。

105. 答案：正确

解析： 本题考查利用未公开信息交易罪的概念。该罪侵犯的客体是证券、期货交易市场的正常管理秩序和证券、期货投资人的合法利益，故答案为正确。

106. 答案：正确

解析： 本题考查操纵证券、期货市场罪的法律责任。根据《证券法》第五十五条的规定，禁止任何人在自己实际控制的账户之间进行证券交易等手段操纵证券市场，故答案正确。

107. 答案：正确

解析： 证券投资咨询人员违反《证券法》第一百六十一条的规定，给投资者造成损失的，应当依法承担赔偿责任。证券投资咨询人员违反《证券、期货投资咨询管理暂行办法》规定的，由地方证管办（证监会）单处或者并处警告、没收违法所得、1 万元以上 3 万元以下罚款。

108. 答案：正确

解析： 保证金制度是我国期货交易的基本制度之一，保证金的形式包括现金，国债、股票、基金份额、标准仓单等流动性强的有价证券，保证金用于结算和履约保障。

109. 答案：正确

解析： 从业人员应当通过所在机构进行登记，机构也应当自从业人员入职（含试用期）之日起 7 个工作日内，通过协会从业人员管理平台，将经本机构审核通过的从业人员登记信息提交至协会进行登记。

110. 答案：错误

解析： 基金合同当事人包括基金份额持有人、基金管理人和基金托管人。

四、综合题

111. 答案：C

解析：本题考查对公司董事、高级管理人员的特别行为限制。董事、高级管理人员不得有下列行为：（1）挪用公司资金；（2）将公司资金以其个人名义或者以其他个人名义开立账户存储；（3）违反公司章程的规定，未经股东会、股东大会或者董事会同意，将公司资金借贷给他人或者以公司财产为他人提供担保；（4）违反公司章程的规定或者未经股东会、股东大会同意，与本公司订立合同或者进行交易；（5）未经股东会或者股东大会同意，利用职务便利为自己或者他人谋取属于公司的商业机会，自营或者为他人经营与所任职公司同类的业务；（6）接受他人与公司交易的佣金归为己有；（7）擅自披露公司秘密；（8）违反对公司忠实义务的其他行为。因此，本题中ABD均属于受限制行为。

112. 答案：C

解析：丁公司作为甲企业的新有限合伙人，对入伙前甲企业的债务，以其认缴的出资额为限承担责任。

113. 答案：B

解析：本题考查保荐职责。保荐机构履行保荐职责，应当指定2名品行良好、具备组织实施保荐项目专业能力的保荐代表人具体负责1家发行人的保荐工作。

114. 答案：BCD

解析：本题考查科创板证券承销与保荐业务的主要部门规章、规范性文件及业务规则。《深圳证券交易所股票上市规则》属于主板证券承销与保荐业务相关主要部门规章、规范性文件及业务规则。

115. 答案：A

解析：本题考查证券发行上市保荐业务的一般规定。证券公司从事证券发行上市保荐业务，应当依照《证券发行上市保荐业务管理办法》相关规定向中国证监会申请保荐业务资格。未经中国证监会核准，任何机构不得从事保荐业务。

116. 答案：A

解析：本题考查资产管理产品的分类标准。公募产品面向不特定社会公众公开发行；固定收益类产品投资于存款、债券等债权类资产的比例不低于80%。

117. 答案：B

解析：本题考查资产管理产品的分类标准。私募产品面向合格投资者通过非公开方式发行；混合类产品投资于债权类资产、权益类资产、商品及金融衍生品类资产且任一资产的投资比例未达到80%；集合资产管理产品的投资者人数不少于2

人，不超过200人。

118. 答案：A

解析：本题考查集合资产管理产品应当终止的情形。集合资产管理计划存续期间，持续5个工作日投资者少于2人，资产管理计划应当终止。

119. 答案：ABCD

解析：本题考查利用未公开信息交易的行政处罚。高某的职务是证券投资基金经理，符合利用未公开信息交易的主体要求；将因任职基金经理获取的基金未公开信息泄露给他人，符合利用未公开信息交易的客观要件；有意泄露信息符合利用未公开信息交易的主观要件；违反了市场交易制度，对市场造成了破坏，符合利用未公开信息交易的客体要求。但因未达到情节严重的程度，故不构成利用未公开信息交易罪，不需通过《刑法》进行调控，由行政部门依据相关行政法律依据进行行政处罚。

120. 答案：BCD

解析：本题考查利用未公开信息交易的行政处罚。根据《证券法》第一百九十一条规定，证券交易内幕信息的知情人或者非法获取内幕信息的人违反《证券法》第五十三条的规定从事内幕交易的，责令依法处理非法持有的证券，没收违法所得，并处以违法所得1倍以上10倍以下的罚款；没有违法所得或者违法所得不足50万元的，处以50万元以上500万元以下的罚款。单位从事内幕交易的，还应当对直接负责的主管人员和其他直接责任人员给予警告，并处以20万元以上200万元以下的罚款。国务院证券监督管理机构工作人员从事内幕交易的，从重处罚。选项A“10倍以上的罚款”表述不正确，故答案为BCD。

后　记

"证券行业专业人员一般业务水平评价测试辅导教材（2023）"，一套包括《〈金融市场基础知识〉考点突破及模拟强化》和《〈证券市场基本法律法规〉考点突破及模拟强化》两本图书。何诚颖教授牵头并主持了本套丛书的编写和修订工作。

其中，在《〈证券市场基本法律法规〉考点突破及模拟强化》编撰过程中，参加统稿、审稿工作的成员有：郭瑞瑾、汪天琦、罗丹那、何牧原；参加复核工作的成员有：郭瑞瑾、汪天琦、罗丹那、何牧原、何涛；参加出题工作的成员有：郭瑞瑾、汪天琦、冯鲍、陈禹帆、何牧原、罗丹那、黄紫盈、陈猛、欧沣纬、方翼飞、吴萌、罗森辉、杨荧、覃思嘉、吕成双、毕一鸣、谭凡、张雅鑫、欧深、冯湄娜、叶彬慧、杨烁等。

由于编写时间紧迫，书中难免有不足、疏漏和错误之处，恳请广大读者海涵并指正。有关本套辅导教材的勘误，也可扫描"电子阅读"二维码访问，以了解最新勘误情况。

再次感谢广大读者的支持与理解。

辅导教材编写组

2023 年 2 月